O BRASIL INEVITÁVEL

Ética, mestiçagem e borogodó

Mércio Gomes

O BRASIL INEVITÁVEL

Ética, mestiçagem e borogodó

Copyright © 2019 Mércio Gomes

EDITOR
José Mario Pereira

EDITORA ASSISTENTE
Christine Ajuz

REVISÃO
Luciana Messeder

PRODUÇÃO
Mariângela Felix

CAPA
Julio Moreira | Equatorium

DIAGRAMAÇÃO
Arte das Letras

CIP-BRASIL CATALOGAÇÃO NA FONTE.
SINDICATO NACIONAL DOS EDITORES DE LIVROS, RJ.

G615b

    Gomes, Mércio Pereira

      O Brasil inevitável: ética, mestiçagem e borogodó / Mércio Pereira Gomes. – 1ª ed. – Rio de Janeiro: Topbooks, 2019.
      413 p.; 23cm.

      Inclui índice
      ISBN: 978-85-7475-282-2

      1. Ética antropológica. 2. Brasil – História – Aspectos sociais. 3. Ética social – Brasil. I. Título.

19-55004   CDD: 171.7
                                                                                  CDU: 177

TODOS OS DIREITOS RESERVADOS POR
Topbooks Editora e Distribuidora de Livros Ltda.
Rua Visconde de Inhaúma, 58 / gr. 203 – Centro
Rio de Janeiro – CEP: 20091-007
Telefax: (21) 2233-8718 e 2283-1039
topbooks@topbooks.com.br/www.topbooks.com.br
Estamos também no Facebook e Instagram.

Em homenagem à memória de
Darcy Ribeiro
Vilém Flusser e
Luiz Sérgio Coelho de Sampaio

À guisa de advertência

Até o século XVIII artigos e livros eram escritos sem muita preocupação com a citação de autores e fontes bibliográficas. Eis que os autores se conheciam, debatiam as ideias uns dos outros e, com ou sem rivalidades, exprimiam um tempo de constituição de novas ideias.

Estamos no século XXI, na era da informática, da Wikipédia, do Google e de outros serviços que nos auxiliam na busca de autores, livros, citações e dados gerais.

Qualquer um pode querer saber o que está por trás de uma ideia, se ela é original ou se vem de outros autores. É evidente que novas ideias e novos modos de analisar os temas são constantemente criados.

Este livro trata de muitos temas sobre o Brasil. Alguns deles são gerais e já foram descritos ou analisados por diversos autores. Neste caso, são citados os autores dessas primeiras descrições e análises e, às vezes, os continuadores de tais ideias. Outros temas são originais e as ideias neles contidas podem ser do presente autor ou podem ter derivado de autores que, de tão lidos e amados, foram incorporados na base inconsciente do pensamento deste autor.

Esta breve advertência sugere ao leitor interessado nas ideias, temas e autores que consulte os meios de busca acessíveis. E que, se não quiser, aproveite o correr da leitura e vivencie o momento como se estivéssemos, de outro modo, no século XVIII.

Antes tínhamos uns dois mil autores escrevendo e uns duzentos mil leitores lendo. Agora, temos uns duzentos mil autores e uns dois bilhões de leitores críticos e espertos. Tudo que é escrito ou dito pode ser checado, comparado e avaliado imediatamente. Nos dias atuais, a leitura crítica se tornou mais fácil e o leitor voltou a ser tão participativo quanto no passado.

Sumário

Introdução 15
Por que estou escrevendo este livro, para que, em que me inspiro, o que este livro pode contribuir para o Brasil atual. A visão da antropologia hiperdialética sobre o Brasil. Os quatro modos de ser brasileiro: conservador, nativista, utópico e liberal. Leve resumo dos capítulos.

Capítulo 1: Moral eu tenho, a ética é que me complica 37
A moral é uma qualidade humana, a ética um sistema de comportamento imposto de fora para dentro. É também um jogo social, uma busca de sociabilidade superior em um mundo desigual. O Brasil tem moral, falta aperfeiçoá-la. A ética entra em conflito com a moral brasileira. O jogo deve ser consciente para que elas se influenciem mutuamente.

Capítulo 2: A elite quer mandar, o povão quer gozar e ninguém quer ficar de fora 93
A formação das classes sociais dentro do velho sistema estamental. A história colonial ampliando-se na incorporação do índio como caboclo, do africano como escravo e como liberto. Os processos reais de mestiçagem racial e cultural – a formação de uma cultura mestiça popular. A permanência da formação cultural na atualidade.

Capítulo 3: Por que a economia brasileira não funciona a contento 131
A partir da fenomenologia do relacionamento social e econômico de trabalhadores autônomos com a classe média brasileira, faz-se uma análise sobre a ineficiência fundamental da economia brasileira pelas condições sociais de sua formação e sua continuidade até os nossos dias. Demonstra-se como a classe média, formada de gente educada para ser técnica e ajudar na formação do capital, também se mostra ineficiente por não querer e poder assumir seu papel econômico, e irresponsável por estar

presa às condições do corporativismo que a torna dependente do patrimonialismo originário da classe dominante ligada ao Estado nacional.

Capítulo 4: Um papagaio em cada lar 159
Trata-se de revelar como a sensibilidade do povão vem de seu passado. O costume usado para demonstrar esse tema é o de se criar passarinhos em gaiolas, conectado ao costume indígena do xerimbabo e todo o processo social em que isso se desenvolveu. Evidencia-se como esse costume representa um valor da cultura brasileira de amor e respeito pela natureza. Nos últimos tempos, devido a injunções éticas, só os mais pobres, de origem rural, é que mantêm esse costume. Sugere-se que esse costume não deve ser condenado, muito menos criminalizado, sob pena de se perder algo fundamental para a preservação da cultura brasileiro-mestiça e sua relação com a natureza. Já o tráfico de pássaros e animais deve ser vigiado e condenado. Ao incentivar esse costume, os aspectos negativos, como tráfico e crueldade, irão eventualmente desaparecer.

Capítulo 5: Ninguém quer ser presidente, ou, a classe média
não tem confiança em si mesma 187
A classe média como a senhora do conhecimento, terceira força do capitalismo, fraqueza no Brasil, eivada de briguinhas, sem moral para se autodeterminar e ter um papel político mais forte.

Capítulo 6: O passado arrasta-se na universidade 223
Trata-se de refletir, em forma de um diálogo platônico, sobre as mazelas da civilização brasileira atual, a partir do fetichismo da greve em universidades, em função do predomínio de ideias filosóficas sofísticas, das condições da pós-modernidade e da qualidade narcísica da classe média brasileira.

Capítulo 7: Visões do Brasil. Parte I: Tempos formativos (1500-1920) 265
Os cronistas, visitantes, as ideias que tentaram explicar o Brasil colonial e imperial. Grandes pensadores e suas correntes teóricas e históricas. José Bonifácio como semente das três principais correntes interpretativas do Brasil: a conservadora, a liberal e a nativista. As raízes do pensamento utópico.

Capítulo 8: Visões do Brasil. Parte II: A modernidade brasileira..........319
A modernidade no pensamento brasileiro. As grandes mudanças na literatura e na representação do Brasil. A redenção do negro com Gilberto Freyre, pensador conservador e nativista. O liberalismo social de Sérgio Buarque de Holanda. A formação do pensamento econômico de esquerda de Caio Prado Jr. O pensamento brasileiro enclausurado na academia. A destemperança das ideias entre esquerda e direita. A pós-modernidade e a perda de foco intelectual. Os novos pensadores e suas proezas. O reconhecimento da visão utópico-delirante do Brasil.

Capítulo 9: Erguendo-se paulatinamente para a historicidade..........383
A retomada do potencial brasileiro pela explanação de seus defeitos e sua superação. A síntese hiperdialética das quatro visões sobre o Brasil. A tomada de consciência flusseriana da historicidade brasileira. A ascensão da mulher como força de rompimento e recriação do Brasil.

Agradecimentos..........401

Índice Remissivo..........403

Introdução

Como um ser singelo no turbilhão de gente perdida neste mundo de deus-dará, também devo confessar que sofro grandes momentos de angústia e de dúvidas sobre o Brasil: se vale a pena aqui viver no meio de tanta violência, injustiça, desigualdade, preconceitos e esculhambação; ou, ao contrário, como em dias de Carnaval, no futebol, na família, na amizade, nos momentos de alegria, na vida vivida, se aqui não seria mesmo o paraíso perdido onde, um dia, quando tudo se consertasse, o país se encontraria consigo mesmo e o amor viveria eternamente.

Muitos pensam que o quê o Brasil vem passando nos últimos tempos é incomum, mas não é. Tem sido assim há muitos anos, o lado ruim piorando crescentemente e a percepção da ruindade se espalhando e atingindo todas as idades. A criançada – quanto lamentamos! – perde a inocência muito antes de chegada a hora. A cada ano, levas de gente resolvem emigrar e correm para obter passaportes dos países de seus avós, mudam-se para buscar trabalho e alívio para suas decepções, ainda que se quedem neste autoexílio lamentando de saudades a pátria abandonada. Por outro lado, e concomitantemente, nós brasileiros vivemos muito mais do que vivíamos há cinquenta anos, comemos mais e melhor (e estamos virando obesos), temos mais bens e conforto em nossas casas e casebres, mais conexões entre nós mesmos e com o mundo, fazemos uma ciência razoável, produzimos bons filmes, linda música, grande arquitetura e, por isso mesmo, conseguimos muitas vezes, por nós mesmos ou por nossos poetas e sábios, usufruir de lampejos de felicidade e de bonança diante da vida e do Absoluto que nos abrigam.

"Quantos povos vivem como nós ou melhor que nós?", nos perguntamos nos momentos de satisfação, para, no momento seguinte, respondermos amargamente que só no Brasil acontece tal porcaria.

Nós, brasileiros, temos sido assim há muito tempo. Comportamo-nos como histéricos, mudando de humor de uma hora para outra, maldizendo-nos e enaltecendo-nos quase no mesmo fôlego.

Entretanto, se não estamos satisfeitos com o que pensamos sobre nós mesmos, é preciso buscar compreender quais as bases culturais, econômicas e políticas que nos formaram e nos conflagraram até o presente, o que há nessas bases que podem ser vistas de outro modo, por outra perspectiva, para então, consequentemente, podermos nos perguntar se continuaremos a ser os mesmos de sempre, ou se há meios ou esperança de mudarmos aquilo que não queremos ser, sem deixarmos de ser o que queremos perenizar.

Talvez haja novas maneiras de interpretar o Brasil, sem cair necessariamente no pessimismo autodestrutivo, tampouco no otimismo desvairado, em um racionalismo intransigente ou em uma acomodação de destino inescapável. Estes são os quatro modos de sentir e interpretar o Brasil e eles estão presentes em cada um de nós, alguns com mais intensidade do que outros. Não se pode deles escapar. Cada um desses modos diz algo de nós, abrange uma parte de nós, de maneira que temos de nos conciliar com as influências que eles exercem sobre nós. Mas, pela própria parcialidade que cada um deles representa, vemos que nenhum desses sentimentos dá conta do sentimento geral sobre o Brasil, que deve ser muito maior do que todos eles juntos. Eis o primeiro sentido que este livro quer produzir: o Brasil é maior do que o que se pensa dele.

Veremos no correr de nossa explanação que esses quatro sentimentos vão corresponder de alguma maneira a quatro modos de pensar o Brasil, ditos em estilo curto e grosso: o conservador ou direitista; o utópico ou radical; o nativista ou esquerdista; e o racionalista ou liberal.

Para chegar à reconciliação com o Brasil inevitável, o segundo sentido deste livro, tanto pelo que necessariamente já passou, como também pelo que eventualmente virá a ser, já lá se foram uns bons vinte anos de dedicação ao estudo dos fundamentos históricos e antropológicos que permitiram a formulação de uma nova interpretação do Brasil. A tarefa principal tem consistido em definir e fazer as conexões entre os vários aspectos da vida cultural, econômica, política e social presentes na formação de nosso povo e de nossa sociedade, traçando a linha de seu desenvolvimento até o presente. A cada momento, como para confirmar essa trajetória, houve que se refazer o caminho de volta de um certo presente para o seu passado, numa dialética reversa.

Durante esse tempo, elaborei uma teoria em antropologia que abrange esses aspectos ou dimensões de uma sociedade, de sorte que o grande tema Brasil poderia ser bem enquadrado sem perda de atenção a toda a sua complexidade formativa, seu desenrolar histórico, sua conformação estrutural e seu nervo transcendental. Junto a essa visada teórica, incorporei minha longa vivência com índios e gente rural pobre e rica, minhas observações vividas de cidades, bairros de classe média, favelas, vida universitária, bem como de tudo mais que tenho presenciado, inclusive a perspectiva externa pelos dez anos que vivi fora do país. Além disso, tenho sido um dedicado leitor de história do Brasil, desde as cartas de Caminha e Vespúcio até o presente, e das pessoas que já escreveram sobre o país: dos jesuítas que vieram para catequizar os índios e educar a elite local até os estrangeiros que se encantaram ou se enojaram com o que viram por aqui em suas estadias, breves ou longas.

Pensei muito seriamente em escrever uma trilogia. O primeiro livro seria uma revisão antropológica da formação do povo brasileiro. Pretendia expor evidências empíricas e inferências comparativas e lógicas no sentido de demonstrar que o povo brasileiro se constituiu *ab initio* pela confluência dos indígenas com os portugueses que aqui aportaram. Tal conúbio aconteceu desde o começo com muita intensidade, seja nas feitorias e capitanias mal estruturadas, seja posteriormente nas vilas de São Vicente, de Olinda, de Salvador, de São Paulo, do Rio de Janeiro e de tantas outras mais. Um primeiro contingente de mestiços entre índios e brancos passou a exercer um papel constitutivo na sociedade em formação. Alguns poucos eram absorvidos pelo contingente português, como filhos legítimos ou descendentes bastardos e eram incorporados no *estamento social* paterno, ao passo que a maioria ficava com seus parentes maternos nas aldeias estabelecidas próximo a vilas e engenhos, bem como nos novos arrabaldes em formação. Em continuidade, já se aproximando do fim do primeiro século de dominação portuguesa, intensificou-se a entrada maciça de africanos, ainda que com uma proporção de mulheres raramente chegando aos 15%, e logo a mestiçagem floresceu entre brancos e negros e, em seguida, entre negros e indígenas. Aqui sucedeu uma mestiçagem muito intensa e extensa, tanto carnal quanto espiritual, que foi estabelecendo uma reserva de mão de obra para o trabalho (doméstico, derrubada de mata, coleta de produtos silvestres etc.), para a defesa do projeto português (remadores, guerreiros, marinheiros, batedores), para a produção de alimentos (farinha, peixe salgado, caça, produtos silvestres) e bens (cestaria, cerâmica, tecelagem, redes de dormir etc.), enfim, para toda sorte de atividade que não fosse preenchida pelo escravo africano. Ao mesmo tempo, a mestiçagem espiritual produziu uma nova forma de sociabilidade, de convivência e de pensar a existência. Sob o comando de um português adaptável aos trópicos, os descendentes e mestiços de índios, africanos, lusos e cristãos-novos trocaram, experimentaram e sintetizaram novos modos de louvar a vida e a morte. À revelia do poder hierarquizado luso, foi se formando uma nova convivência de uma gente já não mais puro luso, puro índio nem puro negro: uma população mestiça que procurava um espaço social, cultural e espiritual para tocar suas vidas.

Ao entender esse processo por uma nova visada histórico-antropológica, só o fato de mudar o enfoque para reconhecer um papel mais preponderante do índio já traria uma nova e refrescante visão sobre a formação da sociedade brasileira. Afinal de contas, nem tudo foi trabalho escravo, também houve trabalho servil e trabalho livre em nossa história. Enfatizar o papel do índio se constituindo brasileiro poderia me ocasionar críticas e dissabores de toda sorte, porque o africano iria perder uma parte de sua consagrada importância na caracterização da formação do nosso povo e da nossa cultura básica, tal como é acreditada agora, pelo menos, desde *Casa-grande & senzala*, de Gilberto Freyre. Mas valeria a pena. Demonstrar que o elemento indígena está presente – na criação das vilas e dos povoados quinhentistas e seiscentistas; na construção e na consolidação dos engenhos de açúcar; nas fazendas de gado; nas vilas de pescadores; nos arrabaldes das vilas; nas franjas e nos interstícios da produção econômica; entre as famílias cristãs e cristãs-novas; nas igrejas e nas missões – iria trazer um facho de luz para entender como o Brasil cresceu e se expandiu pelo interior; como combateu e venceu os franceses e os holandeses; como era banal possuir servos e empregados domésticos por salários vis; como era possível sobreviver em mocambos e taperas pobres e em condições desumanas de saneamento e bem-estar; como se criou uma alegria descompromissada com a ordem social, com os poderes de classe, com as ambições de integração no mundo. E, sobretudo, como foi por meio do elemento indígena que a sociedade brasileira se formou e conseguiu adaptar e aculturar o elemento africano, dando-lhe a esperança de ter um sentido em sua vida.

Tudo isso é resultado do papel fundamental do índio na formação brasileira, algo que quase todos os pensadores modernos brasileiros subestimaram, inclusive Darcy Ribeiro, o que mais se aproximou do que penso. Este primeiro livro daria pano para mangas e possivelmente levaria muitos historiadores a relerem seus materiais em nova perspectiva. Talvez os emulasse a procurar elementos históricos para comprovar o que eu estaria dizendo, por vezes sem dados tão explicitados, e a refazer suas análises de fatos localizados ou de uma narrativa histórica mais densa. Tal livro provavelmente não sairá em nenhuma ocasião posterior, mas aqui está representado em diversos capítulos, sobretudo no Capítulo 2, que trata da formação do nosso sistema de estamentos e classes sociais; no Capítulo 3, que trata da presença indígena em nossa economia interna; e no Capítulo 4, que trata de como o animalzinho de estimação (o papagaio, o xerimbabo, o passarinho) deriva do uso do indígena e permanece em nossa alma para nos mostrar que a natureza não pode estar tão longe de nossa cultura.

O segundo livro seria sobre o pensamento social brasileiro. Aqui minha intenção seria mostrar a existência, no Brasil, de uma amplitude de pensamento sobre o país, sua cultura, sua sociedade e seu futuro, fato evidente nos muitos autores que escreveram sobre o nosso país, independentemente da posição social ou da perspectiva política que adotaram. Aliás, minha primeira tarefa nesse livro seria demonstrar que o patriarca José Bonifácio de Andrada e Silva foi o nosso maior pensador do século XIX, talvez o maior desde sempre. Certamente, foi aquele que pensou de modo tão abrangente o tema Brasil que seu ideário contém as sementes desse tal conjunto que daria forma ao pensamento social brasileiro. O pensamento de Bonifácio versava sobre temas sociais como a escravidão africana, a distribuição de terras, o respeito às sociedades indígenas e a necessidade de uma política de aproximação e incorporação do índio à sociedade brasileira em formação, bem como sobre temas políticos, tais como a justificação de um monarca português para estabelecer um reino no Brasil e, anteriormente, para fazer de Portugal e Brasil uma união política de peso internacional, além de sustentar a importância da integração econômica do Brasil com todos os países.

Tal pensamento seria analisado como a matriz ideológica dos três modos básicos de pensar o Brasil – o conservador, o liberal e o nativista. O quarto modo de pensar o Brasil, o pensamento utópico, o desvairado pensamento de que o Brasil é o país do futuro, o formador do novo homem, a nova Roma lavada em sangue – iria surgir e ser reconhecido por outros pensadores. Veremos.

O livro tentaria mostrar que esses quatro modos de pensar o Brasil abarcam os temas e as variações interpretativas formuladas a partir de Bonifácio. Portanto, aquilo que discutimos hoje, as variações de perspectivas, os autores e as argumentações apresentadas, do próprio Brasil e até de fora, pode ser visto com toda clareza pelo espectro dessa variação de quatro posições conceituais, se não ideológicas. E mais, que todas elas são adequadas, se não corretas, não somente a seus modos, mas também em parcialidades que se complementam. Enfim, que o pensamento social brasileiro precisa ser resgatado em sua totalidade para que o Brasil possa ser entendido. Em outras palavras, Bonifácio estabeleceu a sementeira de dentro da qual sairiam os troncos e galhos que formariam as árvores nas quais se sustentaram nossos principais autores e nossos mais importantes temas.

Autores como Domingos José Gonçalves de Magalhães, Francisco Adolpho de Varnhagen e Antônio Gonçalves Dias, sobre os índios, ainda em meados do século XIX; os adeptos das políticas exercidas pelos Partidos Conservador, Liberal e Republicano; os que pensaram sobre o negro e a sociedade brasileira no terceiro quartel do século XIX, tais como José de Alencar, Castro Alves e Joaquim Nabuco; os que escreveram sobre o Brasil e seu povo mestiço e desolado diante do darwinismo social, como Manoel Bomfim, Euclides da Cunha e Capistrano de Abreu; os que abriram as mentes dos brasileiros para entender o nosso país modernamente, tais como Mário de Andrade, Oswald de Andrade, Gilberto Freyre, Sérgio Buarque de Holanda e Caio Prado Júnior; e, enfim, todos os que foram se formando nas estruturas do pensar científico, pretensamente sistematizado e positivo, do qual foram se formando novos pensadores para explicar o país no pós-guerra, tais como Florestan Fernandes, Dante Moreira Leite e Celso Furtado. Só para citar aqueles que tiveram papel crucial em suas épocas, períodos bem circunscritos e influentes nas décadas seguintes. Pois, com a consolidação da universidade como formadora e ao mesmo tempo constritora de pensamento, tudo ficou mais hegemonicamente paramarxista ou, ao menos, baseado no princípio da determinação da economia, e o pensamento se prendeu em uma falsa aura de certezas que terminou por estiolar o que originalmente fora feito para estar sempre fresco.

No final do milênio, Darcy Ribeiro, curtido por anos de exílio, sobretudo na América Latina, com uma visão mais ampla da sociedade brasileira do que a que tivera nas décadas passadas, publicou seu livro máximo, *O povo brasileiro* (1995), que resumiu todo o esforço da esquerda brasileira em analisar não somente as mazelas da formação histórica do país, como também as vantagens de ser brasileiro, indicando caminhos para a resolução dos principais e permanentes problemas do Brasil, desde a desigualdade social à nossa submissão econômica, política e até cultural ao imperialismo. Esse livro foi saudado por Antonio Candido de Mello e Souza, um dos grandes intelectuais surgidos da academia uspiana, como uma obra essencial para se entender o Brasil. Há que se acrescentar que, a partir de 1970, quando a academia brasileira foi ampliada em muitas novas universidades e diversos departamentos de ciências sociais, história e literatura, deu-se um crescimento exponencial de estudos sobre vários aspectos da história, da vida cotidiana e do pensamento social brasileiro. Esses estudos diversificaram e aprimoraram novas e antigas técnicas de pesquisa e resultaram em interpretações acadêmicas pontuais e específicas sobre temas recorrentes e temas novos. Entre os temas recorrentes estão os estudos sobre escravidão, colonialismo, subdesenvolvimento econômico e racismo, que continuam a nos perturbar, junto com os temas que tratam da nossa permanente desigualdade social, a perversidade da elite política e econômica e a submissão do Brasil ao imperialismo yankee.

Por sua vez, surgiram temas mais atuais, quase todos concentrados em noções novas impingidas sobre a autoimagem da cultura brasileira, como o autoritarismo e o conservadorismo. Por mais que o estrangeiro que aqui aporte como turista ou novo morador se espante com a liberalidade sexual, a ascensão da mulher ou a condescendência paternal, o brasileiro intelectualizado teima em se martirizar por viver em uma sociedade autoritária e conservadora, ao passo que o brasileiro não intelectualizado, o brasileiro comum, digamos assim, tenta manter sua vida nos termos tradicionais de sua formação e busca explicar seu mundo pouco se importando com essas novas questões. De certo modo, é pela visão cotidiana, não intelectualizada e espantada desse brasileiro comum que me surgiu a inspiração para tratar de um Brasil aparentemente irreal para os brasileiros intelectualizados. Nesse aspecto, fui estimulado pelo pensamento crítico, criativo e original de dois autores ainda pouco conhecidos na academia: Vilém Flusser (1920-1991), um judeu tcheco que viveu por mais de trinta anos no Brasil (1940-1973), especialmente em São Paulo, e o filósofo carioca Luiz Sérgio Coelho de Sampaio (1933-2003) que, embora tenha publicado tão poucas coisas em vida, merece, por muitas razões, ser aclamado como um dos grandes pensadores brasileiros da atualidade. Ao escrever um livro sobre o povo brasileiro, minha função seria a de pensar o Brasil a partir do brasileiro comum, levando em conta o legado do pensamento social construído sobre o país, e adicionar minha visão com a mistura das percepções desses dois autores, elaborando, assim, uma nova configuração capaz de aprofundar e ampliar o pensamento sobre o Brasil. Ao menos nos Capítulos 7 e 8 e no Capítulo 9, que fecha este livro, algo do que pretendia escrever sobre o pensamento social brasileiro pode ser encontrado em franca e singela exposição e abertura ao debate.

O terceiro livro seria sobre a moral e a ética brasileiras. Há muitos anos que ouço a conversa de que falta ética ao Brasil, que todo mundo se aproveita das mínimas oportunidades para tirar vantagem pessoal sobre os outros ou sobre situações facilitadas, que não se distingue propriamente o público do privado e que, por esses motivos, o Brasil não tem jeito. Para muitos, nem com a dureza de uma ditadura militar o Brasil teve jeito; ao contrário, parece que tudo ficou pior por causa desse nefasto período nacional. Entretanto, também sempre tenho ouvido de cada pessoa que ele ou ela individualmente tem ética, que cumpre seus deveres quase sempre, mas que seu vizinho talvez não, seus parentes nem tanto e quem sabe seu filho também não. Só ele, o que fala, tem ética.

É por isso que desconfio de que – apesar da dubiedade das aparências e de uma hipocrisia autoevidente – exista, sim, ética no Brasil, pois pessoalmente acho que a tenho e conheço gente que sempre diz que a tem também. Mas, onde estaria essa ética, quais os limites dessa ética, como ela é usada e como podemos confiar nela? Pior, ou mais difícil, por que ela não funciona quando precisamos mais dela, por exemplo, quando vamos fazer algo burocrático ou quando tratamos de casos controversos com colegas de trabalho? E ainda, de onde vem essa ética, como ela se desenvolveu em um país, formado sob um regime escravocrata, tão desequilibrado, desigual e injusto?

Minha intenção seria buscar a origem da nossa ética no nosso passado formativo. Em primeiro lugar, seria preciso demonstrar que o Brasil tem ética, porque simplesmente todas as nações têm sua própria ética. Qualificar esta ética é que é o problema. Aqui, denominaria essa ética básica, interna a uma cultura, de *moral*, distinguindo uma palavra da outra só para efeitos de explanação. Moral seria o conjunto de comportamentos já tradicionalmente aceitáveis por uma sociedade ou cultura; já ética seria a normatização de novos comportamentos via novas regras. É evidente que as duas palavras significam a mesma coisa: em latim (moral, de *mores*) e em grego (ética de *tà ethika*), ambas significando "costumes", isto é, "cultura". Em segundo lugar, seria necessário localizar o princípio criador da ética brasileira nos interstícios dos segmentos sociais que compunham a sociedade colonial brasileira em construção. Para mim, estudioso de sociedades indígenas, nas quais a ética é a própria cultura, a ética como preocupação filosófica de uma sociedade só emerge quando há um problema sério no funcionamento da moral dessa sociedade. A sociedade colonial surgiu sem nenhum problema moral evidente, já que, para aqueles tempos, por exemplo, escravizar alguém não era propriamente um problema moral. Tampouco o era explorar o trabalho de outrem como servo, escravo ou empregado. Ou até mesmo torturar e matar o inimigo. O problema de ordem moral só se evidenciava quando emergia alguma conturbação social que afetasse, de algum modo, um aspecto do interior mais reverenciado da cultura, no caso, do seu cerne religioso. Alguma coisa que atingisse a ética cristã.

Para resumir um tema que será discutido extensivamente no Capítulo 1, minha visão é a de que o problema ético brasileiro surgiu quando os jesuítas, como consciência crítica do cristianismo no mundo colonial, tentaram proteger os índios da gana e da cobiça dos predadores e escravizadores de índios. Por que proteger os índios? Certamente porque eles foram desde sempre considerados os verdadeiros e originais habitantes daquela terra e, portanto, os portugueses e até os africanos eram os invasores. Os jesuítas mantiveram-se no Brasil desde 1549 – quando vieram na companhia do primeiro governador-geral do Brasil, Tomé de Souza – até 1759, quando foram expulsos por ordem do marquês de Pombal que, almejando modernizar Portugal e suas colônias, achava que os jesuítas retardavam esse processo por controlarem vastos territórios coloniais onde havia índios. A consciência da aboriginalidade tanto territorial quanto moral do índio no território brasileiro criou nos luso-brasileiros uma consciência ambígua: por um lado, sentiam-se vitoriosos e poderosos por estarem destruindo as populações autóctones daquela terra; por outro, sentiam um certo remorso, talvez culpados (fruto de um espírito cristão) por se regozijarem em ver essas populações destroçadas e seus descendentes humilhados na condição de gente inferior, destituída de sua cultura e tornada miserável pela obliteração das condições econômicas e culturais que antes detinham. Espoliados e despojados, mestiçados e incorporados, essas populações tiveram de se submeter ao jugo dos luso-brasileiros e, portanto, de trabalhar por compensações e salários aviltantes por todo o período colonial e pelos anos afora até o presente (vide salários e condições de trabalho de empregadas domésticas, biscateiros, vendedores autônomos etc., todos descendentes dos trabalhadores indígenas coloniais).

Desse modo, a conscientização sobre a humanidade e a aboriginalidade dos índios bem como a culpa por seu extermínio – isto que chamamos de questão indígena – constituem a fonte original de nossa problemática ética. Com a Independência, uma parte da elite social e a emergente classe média procuraram se entender com isso, haja vista a popularidade de nossos poetas e romancistas indigenistas. O patriarca José Bonifácio compreendeu a questão indígena como uma questão ética desde o início e, como estadista, propôs uma integração suave e amorosa do índio à nova nação – uma proposta, por exemplo, que os norte-americanos, ao contrário, negaram por princípio.

A ética brasileira eventualmente nasceu dessa fissura político-ontológica que se criou na consciência da sociedade colonial, especialmente, na consciência de quem não estava diretamente relacionado com essa questão (isto é, na consciência da incipiente classe média). Daí por diante a consciência ética – a consciência de que há normas que estão acima dos comportamentos tradicionais, isto é, da moral e dos aceitáveis bons costumes de uma sociedade – constituiu-se em um dos atributos de ser membro da classe média. Em contrapartida, a elite econômica e política fazia o que precisava para manter seu poder (e nisso não era muito diferente das elites de outras nações), enquanto o povão mestiço, caboclo, africano fazia o que precisava para sobreviver, seja acatando a ordem, seja se rebelando em estertores ocasionais. De meados do século XIX em diante, novos temas de natureza ética foram surgindo, como a crescente conscientização sobre a imoralidade e desumanidade de se admitir a escravidão dos negros – já explicitada por José Bonifácio – que foi levantada dramaticamente por poetas e escritores até se tornar questão inadiavelmente inaceitável para todos que cultivassem um princípio ético e até para quem possuísse escravos, ainda que os mais interessados nessa forma de trabalho tivessem permanecido bastante recalcitrantes até o último momento da Abolição.

A própria justificação pelo fim da Monarquia tomou ares de uma contenda ética. Havia, indubitavelmente, interesses econômicos contrariados da parte dos poderosos cafeicultores de São Paulo que já não dependiam de escravos que açularam o desgosto pela Monarquia. Porém, a argumentação ética é que espalhou as brasas do fervor republicano: os homens não podem ser crianças, tendo como pai simbólico alguém que já se sabia não descender nem ser mais sancionado pelo divino ou por seu sub-rogado. O movimento republicano foi produto da ampliação da consciência ética brasileira e não precisou de uma revolução, nem de mortes, para ser acatado quando afinal chegou a Proclamação da República por um simples ato de deposição do imperador por meio de um insosso golpe de Estado. O estranho fato de não ter havido ninguém para se contrapor a esse 'golpe' e defender a Monarquia demonstra o quanto ela já estava sem moral e sem estrutura ética para continuar.

Enfim, para demonstrar que há ética no Brasil haveria outros tantos exemplos, quase todos esquisitos e personalizados. O Capítulo 1, que dá partida a este livro, trata desse tema e busca avaliar o potencial ético brasileiro.

Como se poderá ver daqui por diante, o plano de uma trilogia brasileira foi para o espaço. Ficou, até segunda ordem, essa tentativa atual, um inusitado de ideias e um certo descompromisso com um pensar acadêmico que ainda vigora em nosso país. O que este livro traz de novidade metodológica é a visão de que a economia não é o principal registro para se entender o Brasil, e sim, sua formação sociocultural. Essa proposição é difícil de ser imposta conceitualmente, considerando-se todo o arcabouço acadêmico dominante que vê na economia a raiz e o fundamento de qualquer sociedade.

Minha visada sobre o Brasil foge um tanto das visões de diversos pensadores brasileiros que serão discutidos aqui. Em primeiro lugar, como dito anteriormente, há que se dar uma ênfase bem maior à contribuição do índio na formação cultural, demográfica, social e econômica da nação. O elemento indígena, misturado ao português e ao negro, é que formou a *cultura de base* brasileira, ainda hoje prevalente no interior do país e nas classes sociais mais baixas. Muito da sociabilidade brasileira mais ampla advém da cultura indígena, em proporção ao menos equivalente à influência do negro e do português. Tanto para o bem, por sua vontade de liberdade, por sua gentileza, esperteza e incerta aceitação pelo que o outro é; quanto para o mal, pelas formas com que se exercem a agressividade e a violência em nosso país.

Em segundo lugar, as classes sociais brasileiras dependem muito da prevalência em nossa formação de uma estruturação social conhecida como *estamento*. Uso o termo estamento para dar sentido ao fato de que as posições econômicas que constituem os seres humanos em classes sociais se inter-relacionam com outros critérios de natureza não econômica, como os raciais, os étnicos, os religiosos, os de localidade e os de origem social anteriormente prevalentes. O estamento é frequentemente visto como uma divisão social em que o critério de qualificação social prevalece sobre o econômico, como se ainda valesse a origem social prévia. Por exemplo, em sociedades com preconceito de cor, a pessoa de pigmentação próxima à considerada superior tem mais chances de estar no estamento considerado superior; em sociedades em que prevalece uma determinada religião, os que pertencem a ela têm mais chance de estar no estamento superior do que aqueles fiéis a outra religião. Isso tudo independentemente de sua posição econômica. O estamento como divisor de segmentos populacionais prevalecia na Idade Média, nos tempos clássicos do patrimonialismo. Ele foi transferido para o Brasil, organizou a nova sociedade e a dominou, até ir perdendo o seu poder com a constituição mais sólida do capitalismo e suas formas de ordenamento social.

Em sociedades estamentais, como Portugal, prevalecia frequentemente um modo de controlar o poder e os bens públicos conhecido como *patrimonialismo*. Entendo por patrimonialismo o direito arrogado que a elite da classe superior de um estamento tem como seu próprio, por meio do qual tudo que é patrimônio público é tido como propriedade, domínio privado ou usufruto garantido dessa classe. Estamentais e patrimonialistas eram todas as nações que se constituíram na modernidade europeia, até que suas elites foram desafiadas pelos efeitos sociais e políticos do desenvolvimento do capitalismo e pelas consequentes transformações e revoluções políticas e sociais. Isto está dramaticamente claro na França pré-revolucionária, cuja sociedade se estruturava entre os estamentos da nobreza, do clero e do chamado terceiro estado, que englobava desde a incipiente burguesia, a classe média e o campesinato.

Pelos tempos de sua formação política e pelos tempos coloniais até já bem dentro do século XIX, era assim que se constituía Portugal: toda riqueza do reino era, em princípio, patrimônio do rei, exceto aquilo que ele fizesse doação (e mesmo o doado poderia ser retomado). O Brasil, tendo sido formado quando Portugal estava no auge dessa segmentação estamental e do vigor do patrimonialismo, acabou herdando e dando continuidade a esse legado e, ainda hoje, se debate e se digladia internamente para desvencilhar-se dessa condição. Considerando-se o longo tempo já passado e a consciência que os intelectuais e a elite política brasileira têm sobre essa condição de desigualdade estamental, podemos imaginar com alguma tolerância de espírito o quão difícil é se safar dela.

Ao cotejar o Brasil com outras nações, podemos perceber que muitos países europeus já se livraram de grande parte do seu patrimonialismo e de quase toda constrição estamental que moldaram suas culturas por tantas centenas de anos. Por isso é que a corrupção como vetor de negociação política parece ser menor ou menos evidente nesses países. Entretanto, algo de estamental e de patrimonial ainda persiste nessas sociedades. Com efeito, muito do que se convencionou chamar de diferenças culturais entre países europeus advém de suas histórias e dos modos específicos de permanência de práticas e comportamentos derivados de seus passados estamentais. Grande parte do que consideramos como esquisitice cultural ou bizarrice social inglesa, por exemplo, deve-se à preservação de sua Monarquia e dos rituais de sua estrutura de classes – que lhe serve não como ferramenta do poder político, mas como fator de unidade identitária. Já na França os rituais simbólicos da tradicional divisão entre esquerda e direita evocam o grande passo revolucionário e violento da sua incompleta rejeição ao maneirismo feudal e ao patrimonialismo. Quanto à Alemanha, por mais que se estruture pela racionalidade tecnológica contemporânea, mantém sua ilusão de uma cultura tradicional proveniente de seu glorioso passado pré-romano. E assim por diante com cada país. A modernidade desses países se constituiu na medida em que se submetiam a ferro e a fogo aos modos racionalizantes da economia capitalista e foram se desvencilhando de suas bases sociais e das regras políticas e morais de origem estamental. O Brasil, por contraste, ainda sofre horrores para se compatibilizar com as normas e os rigores do capitalismo e considera que suas bases estamentais ainda lhe dão características singulares que merecem ser preservadas. Por exemplo, para quem é do estamento superior é seu direito irrevogável receber a benemerência do Estado, visto como estado patrimonial, pelo tanto ou pelo pouco que contribui para a sua continuidade.

Em terceiro lugar, diferencio-me de muitos autores brasileiros na medida em que, levando em conta a prevalência do estamento em nosso país, não considero de relevo moral e ético a disputa entre gente que se julga de direita e gente que se julga de esquerda por terem posicionamentos diferenciados em relação a certos temas sociais, econômicos e políticos. Sobretudo, porque os experimentos sociais e econômicos de direita e de esquerda não responderam adequadamente aos anseios e às necessidades da maioria da sociedade brasileira, do povão, em especial. Na verdade, considero um mero estratagema da classe média dramatizar essas diferenças com o intuito de se mostrar destemida diante das classes superiores economicamente, por um lado, e do estamento inferior, por outro.

Esse tema é discutido em diversos capítulos deste livro, porém não está claramente definido como uma proposição teórica. Espero que outros cientistas sociais se sintam emulados a dar prosseguimento a essa hipótese com dados e argumentações mais consistentes. De todo modo, vejo com clareza as consequências dessa dramatização fingida tanto na incapacidade da classe média de tomar uma posição sobre o seu papel na sociedade brasileira quanto em seu efetivo vil papel de botar uma tampa no caldeirão que vem do estamento inferior. Contudo, pelo tanto que eu seja crítico da classe média, é sempre uma crítica de quem pertence a essa classe e a quer tomando as rédeas da nação. Critico para poder espicaçá-la a tomar atitude e incorporar as virtudes e a moral do seu povão, do seu estamento inferior, junto com sua elite mais nativista, para poder acordar o Brasil de sua tormentosa vivência divisional sociocultural. Caberá à classe média, um dia, acordar para se identificar com o povão, não se integrando de um modo falso e populista, mas de um modo generoso, proposital, hiperdialético ou trans-histórico, aprendendo e ensinando, absorvendo e rejeitando, mordendo e assoprando, até que a divisão original seja sanada e surja uma identidade própria que tenha respeito às tradições, que normatize o novo e que tenha olhos para o futuro. Esta é uma quarta diferença que me concedo em relação a outros cientistas que analisam e pensam o Brasil.

Uma quinta diferença é que este livro se baseia em uma teoria antropológica que formulo com base na filosofia hiperdialética do filósofo brasileiro Luiz Sérgio Coelho de Sampaio. Sampaio desenvolveu, no meu entendimento, a mais profunda filosofia e lógica jamais pensada por brasileiros, tendo como uma de suas consequências uma visão muito otimista sobre o futuro próximo do Brasil. Minha antropologia hiperdialética propõe que a formação cultural e histórica do Brasil retém, ainda hoje, muitos elementos do passado que nasceram do confronto de grupos, ideias e aspirações. Esses elementos se transformam, se adaptam e dão consistência para a ideia de uma nação integrada. Assim, um povo foi criado pela mestiçagem e por uma convivência específica, que criou uma cultura, com sensibilidade e aspirações; não foi formado pelo Estado, como muitos dizem, e, pior, não é uma massa amorfa e desqualificada, por não entrar na liça política, como falam outros. Esse povo mudou, claro, entraram novos imigrantes e novas configurações foram realizadas. Mas seu peso original foi fundamental para que aquilo que havia sido criado em seus dois primeiros séculos tenha permanecido. Qualquer ponto da história do Brasil deve ser visto pelos elementos que o constituíram e pelo que produziram nos anos seguintes. Por essa heurística dá para entender por que as coisas fazem sentido hoje. Por exemplo, por que há repetidamente em nossa história um determinado tipo de violência urbana junto com determinadas formas de relacionamento intra e interclasses? Ao longo da narrativa deste livro, constataremos como esses desencadeamentos se operam e trataremos de ver as continuidades, os hiatos, os resfôlegos e as novas transformações.

O maior potencial teórico da antropologia hiperdialética é que ela se abre para uma visão não totalizante da história. Denomino essa visão não totalizante de trans-história ou história hiperdialética, a qual se diferencia da história propriamente dialética. Pela visão dialética, hegeliana ou marxista, a história se desenvolve por um processo de transformações que absorvem as contradições ou negatividades dos momentos, sintetizando-as e criando novas condições ou novos momentos. Pela visão dialética marxista, a sociedade moderna, de cunho capitalista, constituída primordialmente pela disputa entre as classes burguesa e proletária, sintetizaria essa fundamental contradição, fruto do conflito natural de interesses, em uma nova classe – redimida de suas falhas e contradições – produtora de um novo momento histórico, definitivo na constituição do ser humano.

A história hiperdialética propõe que nem na modernidade capitalista, nem no passado, não seriam apenas dois elementos que comporiam uma sociedade e lhe dariam ritmo, mas sim, três. Desde sempre, na constituição das sociedades desiguais, houve um estamento – em alguns países, quase uma *casta*, pela rigidez de sua constituição –, que aos poucos vai tomando ares de classe social, que serve de intermediação, isto é, que media as relações entre senhores e vassalos, senhores e servos, senhores e escravos, elite e cidadãos, burgueses e proletários etc. Este estamento (ou classe) podia ser constituído de sacerdotes, clérigos, escribas, mandarins, funcionários do reino, filósofos e advogados, enfim, os produtores de conhecimento, tecnologia, gestão, ideologia e religião.

Esta classe funciona como o terceiro elemento na conflagração geral da sociedade e, por certo, do capitalismo. Suas atividades, com certeza, produzem mais-valia econômica, mas também discurso religioso, filosófico e epistêmico bem como sensibilidade individual e coletiva.

No processo histórico hiperdialético de uma determinada sociedade, povo ou nação, a síntese dessas três "classes", em suas configurações sociais, econômicas e culturais próprias, não é completa nem totalizante. Nos embates ficam preservados quase sempre resquícios dos elementos que a constituíram em determinados momentos, na medida em que mantenham uma funcionalidade qualquer, ainda que marginal ao sistema. Esses elementos presentes, ainda que pouco reconhecidos, por estarem abafados pela nova configuração social, podem ressurgir e crescer de acordo com as possibilidades dos momentos vividos.

Eis por que ainda há índios no Brasil, apesar de quinhentos anos de repulsões e descasos, e por que eles ainda têm influência em nosso meio, pelo que representam para a nossa identidade nacional, se não por deterem 13% do território nacional e efetivamente exercerem o papel de guardiões das nossas matas e cerrados. Eis também por que batem forte no peito de cada negro e mulato, de cada curiboca e mestiço brasileiro, de cada praticante da cultura popular, um ritmo africano, uma vontade de estar nas águas frias dos córregos, de cheirar o olor pungente das matas e de ser protegido pelos orixás. Não é um desejo de volta à África. A África continua dentro deles, de nós, porque ela se reconstituiu aqui de um modo especial. Eis por que, para dar exemplos tão longe de nós, na Inglaterra, que já teve seus momentos de sínteses trans-históricas, ainda sobrevivem resquícios de vivências celtas, normandas e vikings no entremeio de uma cultura aparentemente tão univalente. E na França, com suas eternas rivalidades entre francos e celtas; na Espanha, com visigodos vingativos e mouros sanguinários; na Itália multitudinária, nem se fala etc.

Este naturalmente não é um livro teórico e sim histórico-cultural. A teoria da antropologia hiperdialética está apresentada em outros livros. Entretanto, o Capítulo 6 trata de discutir, na forma de um diálogo entre dois acadêmicos (e como todo diálogo intelectual, sempre pretensiosamente platônico) sobre os dilemas e as aporias da produção científica brasileira diante dos descaminhos políticos que acometem a nossa sociedade e desvirtuam o papel que os cientistas, professores e pesquisadores deveriam exercer como classe média, como elemento mediador por excelência entre as duas outras grandes classes sociais que todavia funcionam como estamentos. Não só papel mediador, como produtor de mais-valia na sociedade capitalista, mas papel proponente, como elaborador do discurso da nação, sobre si e para além de si. No referido capítulo, algo mais elaborado sobre antropologia hiperdialética e trans história pode ser vislumbrado, sem perder de vista o objetivo principal que é explanar o papel desvirtuado da classe média em nossa sociedade tão desigual.

A antropologia hiperdialética foi construída para absorver as contribuições das diversas perspectivas sobre a sociedade, precisamente, quatro delas. A primeira é a perspectiva cultural que define a identidade de um povo, e isto é dado normalmente pela antropologia cultural. A segunda é a perspectiva econômica, aquela que produz bens e serviços, mas que também cria a alienação e a desigualdade que serão estudadas pela economia. A terceira é a perspectiva política, aquela que busca o caminho de síntese entre as identidades socioculturais e os interesses econômicos. Em sociedades especialmente desiguais, como a nossa, essa síntese é sempre malfeita, ficando desequilibrada para um lado, posto que os interesses econômicos terminam prevalecendo. A quarta perspectiva é a da sociedade como um todo, aquela que envolve os elementos de sociabilidade, família, vivência comum, propósito, convivências secundárias no trabalho, em que as ambições pessoais são moduladas por regras coletivas. Essas quatro perspectivas estudadas por quatro ciências sociais constituem ou formam uma síntese mais alta que a dialética, uma síntese hiperdialética. Essa síntese unifica todos esses pontos de vista e busca um entendimento não necessariamente harmônico, mas adequado a cada momento histórico visto ou a cada circunstância de vida. De todo modo, nunca uma perspectiva pode fazer sentido sozinha. Em muitos casos, as teorias com tendência a se fixar em um único ponto de vista desequilibram a visão geral que se quer ter sobre um momento histórico. Elas perdem o sentido ou a sua força de persuasão tão logo aquilo que as levou a focar em um só tema foi desacreditado.

Por exemplo, no início do século XX, encontramos, sob o ponto de vista univalente do darwinismo social, a elaboração de diversas teorias e doutrinas sobre inferioridade racial e degeneração racial pela miscigenação que pretendiam explicar e justificar uma suposta inferioridade congênita e irrevogável do povo brasileiro, doutrinas que se afundaram tão logo veio a prevalecer o argumento de que a cultura era muito mais influente sobre a configuração de um povo do que sua procedência biológica. Exemplos como este multiplicam-se e, ao longo deste livro, abordaremos alguns deles.

Um exemplo límpido que nos oferece a arquitetura da antropologia hiperdialética e a visão trans histórica é a leitura do presente pelo passado que o constituiu. Até nas coisas simples e frequentemente imperceptíveis pelo olhar comum, ou até mesmo pela visão dialética totalizante ou pela percepção funcionalista. Por exemplo, o caso do costume brasileiro (hoje em dia quase restrito ao povão) de criar passarinhos em gaiolas. A análise aqui realizada sobre esse costume, no Capítulo 4, conjectura sobre sua origem indígena, seu desenrolar pelos tempos formativos da cultura de base, sua funcionalidade psicológica aberta, seu propósito cultural e espiritual mais profundo e, por isso mesmo, mais recôndito e indecifrável. Esse propósito seria acima de tudo o de fazer lembrar aos que amam e se dedicam a criar passarinhos em gaiolas que a natureza deve estar presente na vida cultural, tal como os índios a pensavam e a viviam. Eis por que um simples e discreto porteiro de um prédio no Rio de Janeiro chegue a gastar até um décimo de seu salário anual para manter em uma pequena gaiola um coleirinho, um bicudo ou um trinca-ferro a cantar. Por mais que tal costume ofenda a sensibilidade dos bem-pensantes ecologistas que moram naquele prédio, ao menos o porteiro e outros seus semelhantes escutam o cantar do passarinho e se enlevam em sua humanização.

Anseio estimular o leitor a penetrar nos sentidos deste livro, afirmando em especial que o que aqui está contido deve-se muito aos pensadores brasileiros, que serão discutidos nos Capítulos 7 e 8, e também a diversos escritores estrangeiros. A homenagem mais profunda é dada a José Bonifácio, que pensou o Brasil juntando portugueses com negros e índios. Saravá, Bonifácio! Depois tivemos poetas como Gonçalves Dias e Castro Alves, que usaram o máximo que a sensibilidade brasileira conquistara em sua formação para louvar o índio e o negro ao lado (ou até acima) dos brancos, o que não é pouca coisa, mas que está dentro da autenticidade de nossa formação ética. Aí vem uma fileira de homens e mulheres que pensaram o Brasil para o futuro, temerosos do presente e, em geral, chateados com o nosso passado. Acho que quase todos os intelectuais brasileiros, do passado e do presente, à exceção de Gilberto Freyre e Darcy Ribeiro, pensaram desse modo. Gilberto Freyre achava que nosso passado não era tão feio assim, era até melhorzinho que muitos por aí, como o das nações espanholadas. Já Darcy pensava que nosso passado fora terrível, sofrido para todos, principalmente para índios e negros, mas o resultado era melhor do que qualquer um que há por aí, como se Darcy fosse um estoico, o que, aliás, ele era. Gilberto é que era um hedonista.

Teço minhas loas aos dois autores que mencionei anteriormente, falecidos há uns poucos anos, e que nem são muito conhecidos na intelectualidade e na história da cultura brasileiras. O primeiro, Vilém Flusser, achava que o Brasil vivia sem conexão orgânica, consistente, mito-histórica, com seu passado; portanto, vivia na a-historicidade; um dia, porém, assegurava Flusser, o país acordaria desse estupor a-histórico para realizar uma cultura nova, cheia de sensibilidade humana, a qual já teria em potencialidade (nisso ele acompanhava um outro estrangeiro iluminado e deslumbrado, Stefan Zweig, que achava que o Brasil seria o país do futuro, e que morreu por vontade própria enquanto aqui vivia, em 1942). O segundo, Luiz Sérgio Coelho de Sampaio, acreditava que o Brasil tinha potencial para dar um duplo salto carpado para o futuro sem ter de se entregar de pneus arriados ao capitalismo pós-moderno, consumista, fundamentalmente etnocida, que devassa as tradições humanas de tantos longos anos. Veremos se isso é possível ou não.

Esses dois autores são pontos fora da curva entre tanta gente extraordinária que pensa o Brasil. Eles não tiveram tempo de se aprofundar nos tantos temas novíssimos que produziram e eu não seria capaz de emulá-los com o fôlego que possuíam. Portanto, este livro, que os homenageia, é tão-somente uma parte do que gostaria de mostrar-lhes, caso estivessem vivos, para que eles soubessem que deixaram um rastro muito bom para que os sigamos destemidos e plenos de amor.

Este livro tem o título *O Brasil inevitável: ética, mestiçagem e borogodó* por umas boas razões. A inevitabilidade brasileira apresenta-se com dupla face: a primeira é que o Brasil é o que é por sua formação histórica

– ainda que dura e cruel porém cheia de potenciais ainda impensáveis, e, acima de tudo, irrevogáveis. A segunda face é que o Brasil se apresenta como algo mais do que aquilo que as explicações sobre ele nos dão a entender. E assim o seu futuro se desenha imprevisível a olhos rasos, posto que inevitável se chegarmos a decifrar seus potenciais. O Brasil é, nesse sentido, um mistério que só se faz compreensível por um insight poético, por uma visão que emerge da síntese hiperdialética das quatro visões que procuram defini-lo: as visões conservadora, utópica, nativista e liberal. Essas visões são essenciais, porém, parciais. Fazem sentido como parte de uma totalidade maior que é sintetizada por um pensamento que as organiza em cada instância de sua aplicabilidade e relevância. É possível que os argumentos aqui apresentados façam emergir essa visão sintetizadora com alguma clareza.

A segunda boa razão para o título deste livro diz respeito ao processo de mestiçagem que ocorreu no Brasil que, entendo, não foi apenas de ordem física ou genética, mas especialmente cultural. Aqui, a América nativa, a África, a Europa, e depois a Ásia (Índia, durante a colonização, depois o Oriente Médio, o Japão, a China e mais recentemente a Coreia) se amalgamaram e constituíram uma cultura nova, como propôs Darcy Ribeiro. Aqui a terra abundante e surpreendente é verdadeiramente de todos e de qualquer um, sem desmerecimento à precedência de autoctonismo ou de uma decantada experiência colonial.

Vivemos em uma cultura sem mito de origem, sem compromisso com o passado, sem mesmo um objetivo de futuro, na qual o cotidiano da vida é vivido e percebido por um sentimento da ordem do sagrado, como ensinam as religiões que compõem este amálgama: o animismo indígena, o naturalismo africano, o cristianismo popular e as religiões espiritualistas que aceitam a morte como parte da vida. Essa cultura vive para si mesma, de um modo ainda grandemente inconsciente de si, funcionando em um ritmo a-histórico, como pretendia Flusser. O modo especial e esquisito como vivemos é o que constitui esse *borogodó* do subtítulo. Para compreendê-lo, precisa-se vivenciá-lo ao arrepio da pele. Ainda por cima, a cultura brasileira está desde sempre em um dinâmico processo de transfiguração, digamos assim, em vigoroso devir. Pode ser que, por obra de uma profunda reflexão sobre o seu processo histórico, por uma autoconscientização da sua veia ética, a ser desenvolvida, essa cultura venha a dar um passo à frente das outras culturas mundiais e se apresente como uma nova configuração para a humanidade, como pretendia Sampaio. Um ser com uma ética de responsabilidade e solidariedade para com o Outro: o outro humano, o outro natureza, o outro mistério da vida.

Capítulo 1
Moral eu tenho, a ética é que me complica

Introdução

No modo habitual de o brasileiro julgar o seu comportamento, a palavra "moral" expressa a dignidade e o respeito que um indivíduo infunde em alguém ou usufrui de outros indivíduos. "Fulano pode fazer isso porque tem moral". Moral aqui é um atributo, uma espécie de dom, algo que a pessoa tem ou adquire, que implica um certo poder difuso, nem econômico nem político, em uma deferência social, pela qualidade com que ele é visto pela sociedade. Moral é um atributo de autoridade de quem se baliza pelas virtudes mais profundas da cultura à qual pertence e, por isso, ela é vista com essa aura de dignidade. Poder-se-ia até dizer que ela tem um fundo religioso, se por religião entendermos que é a conexão do ser com o mistério da vida. Já ética é compreendida de uma forma mais abstrata, menos pessoal, mais sociológica, como normas sociais que uma pessoa tem de seguir para que os demais membros de sua sociedade a considerem digna, correta ou justa. Essas normas, que deveriam emanar da cultura de um povo, na verdade, vêm de preceitos formais, emitidos por segmentos socialmente dominantes da cultura própria (ou por culturas exógenas), advindos, em muitos casos, de reflexões e preceitos filosóficos e jurídicos, como se emanassem de uma espécie de poder civilizacional que estaria por trás deles. Por isso que a ética, às vezes, soa de modo tão estranho à maioria da população brasileira, como se fosse uma espécie de etiqueta própria de determinada classe social. Na moral, prevalece o indivíduo de carne e osso, com sua história própria; na ética, é a pessoa social que importa.

A moral nasce da tradição, da cultura vivida; a ética é imposta de fora para regrar novos comportamentos surgidos de novas demandas sociais, políticas ou culturais. O conflito entre moral e ética é latente e faz parte dos avanços da cultura brasileira. Nesse sentido, moral e ética se intercruzam e se confundem; assim, não se decepcionem se frequentemente usarmos indistintamente moral e ética no decorrer deste capítulo.

Em ambos os casos o que está em jogo é a opinião ou o juízo que as pessoas fazem umas das outras. Há dezenas de outros modos de ver os temas da ética e da moral, mas, aqui, seguirei o modo brasileiro popular por considerá-lo simples e ir direto ao ponto.

Começando pelas consequências da tão propalada ausência de ética na cultura brasileira, levantamos a inevitável pergunta: por que o Brasil carrega dentro de si tanta corrupção, mas ao mesmo tempo se magoa tanto por ser assim e também por achar que não há jeito de controlar essa péssima característica social?

Tal pergunta tornou-se mais intensa e perturbadora a partir dos últimos anos do governo Lula (2003-2010), dos anos presidenciais de Dilma Rousseff (2011-2016) e de Michel Temer (2016-2018), quando surgiu no Brasil, motivado em parte pela ação de altos segmentos do judiciário brasileiro na persecução de gente acusada de ter praticado corrupção em estrondoso nível de gravidade, um tal espírito de indignação e condenação à imoralidade e à falta de ética vigentes no país, que todo mundo ficou meio atônito, entre o descrente e o quero mais, suscitando com isso pensamentos e sentimentos sobre o país que muitos não ousavam pensar ou já tinham desistido de desejar. Qual seja, que o Brasil, afinal de contas, apesar dos séculos de prática de corrupção, poderia tomar um rumo diferente, já que, no íntimo de cada brasileiro palpita uma veia ética e bate um tambor de indignação contra a corrupção e contra quaisquer atos que possam ser vistos como antiéticos. Este capítulo é uma tentativa um tanto canhestra de avaliar o espírito brasileiro pela moral e pela ética, sopesando suas atribuições (mais baixos do que altos momentos, por suposto), falhas, defeitos e pecados avolumados contra os cacos e os destroços esparramados de caráter, dignidade e sementes de reabilitação.

A autoimagem do brasileiro como um bom sujeito – honesto, tolerante, cordial, racional, generoso, não racista etc., mas que não pode dizer o mesmo do seu vizinho – é desafiada pelas evidências em contrário e, na verdade, é desmascarada pela implícita contradição de alguém considerar-se diferente de outros que, por todas as razões e méritos, são muito seus semelhantes. Ao esmiuçar o comportamento de qualquer brasileiro por um padrão rígido de ética, veremos que, até o mais empertigado moralista soçobrará em dificuldades e embaraços por atitudes e ações que se desviam claramente do reto caminho que ele propõe para os outros, e só um tanto para si. Basta que o vizinho ou o cunhado seja indagado sobre seu comportamento para desmoronar a autoimagem do moralista.

Assim, juntando falta de ética com cinismo, devemos nos conformar com a ideia de que não há possibilidade de haver ética ou comportamento moral no Brasil? Minha resposta preliminar é que há alguma possibilidade sim, que há um horizonte de comportamento moral e de ética no Brasil, em algum lugar de nossa cultura, seja não só pelo desejo que nos move de sermos honestos e éticos, seja pela existência de raízes morais no interior da formação de nossa cultura, para que possamos vislumbrar uma moral brasileira. Há que se dizer que essa moral, por suas características históricas, só pode ser singularmente brasileira, diferente em muitos aspectos da moral de outros povos e culturas. Para muitos que nos olham de fora fica evidente que alguns aspectos do nosso comportamento seriam, em outras paragens, considerados não propriamente éticos ou, ao menos, duvidosos. Este capítulo pretende apresentar narrativas de comportamento social e linhas de explanação que possam iluminar e orientar a formação de uma ética brasileira, tomando como base a nossa moral.

1. PAIDEIA

O sentido de aprender normas e regras de comportamento nos é dado desde a pequena infância de modo consciente, porém casual, pela palavra e pelo comportamento. Muito mais do que pela palavra, o ensino é passado, quase sempre, pela convivência cotidiana, sem que nem os adultos nem as crianças se deem conta de que estejam se realizando ensino e aprendizado. Assim, a criança aprende a se comportar ao modo de seus pais e irmãos, parentes, amigos, vizinhos, professores, colegas e, mais recentemente, pela influência da mídia (TV, internet, redes sociais etc.). Espera-se que ela siga os ensinamentos conscientes e se aperceba inconscientemente do que é aceito e não aceito no comportamento corriqueiro daquela cultura. Nada mais irritante para o adulto responsável do que ver a criança se comportando fora do padrão, mesmo que isso não tenha sido conscientemente ensinado. Mais do que por mimese, por imitação, aprende-se efetivamente por uma espécie de osmose, por um processo inconsciente de conformação comportamental. Osmose aqui é uma metáfora para algo como a pedagogia proxêmica ou de linguagem corporal, isto é, um ensinamento por gestos e atitudes corporais que se fazem significativos pelas distâncias interpostas, ou então, por palavras que, antes de terem significados, funcionam como signos (que evocam uma variedade de significados), enfim, ensinamentos que são incorporados sem que a pessoa, a criança, se dê conta de que está aprendendo alguma coisa. Seguir as normas e os costumes de sua cultura parece ser o comportamento mais "natural", sendo que a palavra dita, a "lição de moral" só deve ser usada preferencialmente para ensinar aquilo que precisa de mais explicações, como é o caso do comportamento em público.

Os pais presumem que ao ensinar conscientemente alguma coisa a seus filhos, eles aprenderão por consciência e cumprirão o ensinamento, por amor ou temor, se forem crianças genuinamente corretas, de bom coração e de boa mente. Mal sabem eles – ou sabem e apenas não querem se lembrar, em um claro processo daquilo que os biólogos evolucionistas chamam de autoengano –, que qualquer criança, desde a mais tenra idade, engana por fingimento, por estratégia, por tática, engana sem saber que está enganando, movida por um dispositivo inconsciente de autodefesa que ela jamais saberá de onde vem e para que serve. E os pais sabem e se deixam enganar, porque sentem que há algo nas crianças que não saberão jamais como controlar. Deixam-se enganar também, positivamente, por acharem que a criança, ao tentar enganar, está assim demonstrando que é inteligente e sagaz e que saberá se defender no futuro diante das adversidades ou das armadilhas impostas pela vida.

Os pais estão cientes de que os filhos enganam, o que significa, estritamente, que estão sendo "desonestos" em relação a algum ensinamento recebido. Só esperam que o façam de um tal modo que lhes permita achar que são atos de uma estratégia inteligente de defesa ou de ataque, para o seu bem, e que, acima de tudo, não venha a ser verbalizada para que não se transforme em uma mentira. A mentira é o engano verbalizado ao quadrado, impossível de ser remediado, jamais esquecido. O menino mentiroso torna-se estigmatizado. Assim, ele precisa saber que só pode mentir um pouco e que pode enganar mais à vontade.

E aí, onde fica o ensino da honestidade, da moral e da ética? Nossa moral é hipócrita?

Nos países onde prevalece a honestidade nas esferas doméstica e pública, desde a infância, as crianças enganam em menor intensidade e frequência, porque aquele comportamento, que precisa ser disfarçado por um engano ou por uma mentira, não foge muito da norma aceitável. Isto se dá porque existe na sociedade ou um nível razoável de equidade social ou um nível de harmonia (ou ao menos equilíbrio) cultural. A criança é gratificada pelo seu bom comportamento, dentro de uma média de comportamentos infantis, e admoestada por seus deslizes, em uma média de deslizes toleráveis. Assim, os deslizes infantis parecem ser de pouca monta e, em geral, não precisam de artimanhas para disfarçar. Os países ocidentais com boa equanimidade social são os mais estáveis culturalmente e, portanto, parecem ser os mais "éticos" na atualidade, como os países escandinavos, Holanda, Suíça etc. Os países culturalmente harmônicos são aqueles de pouca diferenciação étnica ou social, como o Japão e a China, ou com longa tradição de aceitação da iniquidade social, via religião, como a Índia. Esses países nivelam uma base de compreensão do comportamento de tal sorte que partem de um bom patamar de honestidade, antes de avaliar aquilo que pode ser engano, mentira e desonestidade.

Já o Brasil não se caracteriza nem por um lado nem por outro, muito pelo contrário. A nossa desigualdade social é intensa e abrangente: os conflitos entre classes, subclasses e, sobretudo, entre os dois estamentos sociais que estão acima das classes sociais e modulam o seu comportamento moral fazem parte de nossa cultura. Daí as nossas discrepâncias no comportamento. Em outras palavras, o nosso nível de desigualdade social já nos predispõe a um baixo nível de moralidade. Por isso mesmo, muitos consideram que qualquer esforço jurídico de coibir a falta de moralidade está destinado ao fracasso. Partimos de um patamar de aceitação comportamental desviante muito alto; nossos conflitos de comportamento surgem muito cedo, desde a infância, e assim nos prejudicam sobremodo. Para melhor esclarecer como a ética é ensinada ou absorvida em nosso modo de enculturamento ou paideia, vejamos agora três exemplos reais que podem ser considerados como representativos de modos comportamentais da paideia brasileira.

Exemplo 1: A menina e a borracha escolar

A menina não soube responder à mãe por que um dia chegou em casa com uma borracha escolar diferente das suas. Sabia sim, era de uma amiguinha e estava solta, "perdida", em uma mesa da sala de aula, de onde ela a pegara. A mãe reconheceu que não era dela e, sem querer confrontar a filha com a possibilidade de ela ter pegado a borracha de propósito, mesmo sabendo que não era dela, tomou seu carro e saiu com a filha até a escola para devolver a borracha à primeira autoridade que encontrasse, no caso, um segurança do colégio (que certamente a levaria à secretaria).

Com esse exemplo de determinação, a mãe calculou que sua filha agora aprendera uma lição de como ser honesta e correta com as coisas que não lhe pertencessem. A filha se lembra disso até hoje.

Este evento apresenta-se, à primeira vista, como um claro caso de lição de moral dada pela mãe à filha, mas é mais complexo. É evidente que, no ideal de comportamento da cultura brasileira, a criança é ensinada a não pegar coisas de seus colegas sem a permissão deles. Se tentada, há várias admoestações previstas. A primeira é a de que é dito e entendido que isso não é honesto e as pessoas devem ser honestas; a segunda é a de que um objeto subtraído de um colega dificilmente poderá ser usado sem que alguém (inclusive o colega que sofreu o delito) não descubra, pela simples proximidade entre as partes, ou mesmo pela visita de um colega à casa da autora do delito, que, ao descobrir a borracha alheia, poderia contar o caso para os colegas de classe, desmoralizando assim a autora. A mãe da autora sabia disso, evidentemente. E ainda haveria uma terceira objeção ao pequeno delito, calculada desta vez exclusivamente pela mãe da autora, já que a autora não fazia qualquer ideia de que isso estava em jogo: a escola da autora do delito era um estabelecimento caro da elite social da cidade e a família da autora vinha de uma situação social um tanto abaixo da maioria dos pais que tinham filhos naquela escola, portanto, a última coisa que a mãe queria ouvir ou sentir de alguém seria que sua filha tivesse cometido tal deslize, um "furto", que seria visto como "próprio de gente sem educação" (no caso, estirpe social). Daí a presteza com que a mãe decidiu devolver o objeto subtraído, sem fazer questão de exibir o seu gesto. Assim, sabendo que a exibição poderia pegar mal, seria melhor que sua atitude fosse reconhecida sutilmente por algumas pessoas.

Enfim, dados o delito e o descobrimento do caso pela mãe, poderia ainda haver outras razões para justificar a saída abrupta da mãe – em outra situação menos comprometedora, ela poderia ter simplesmente feito a filha devolver a borracha ao mesmo lugar achado no dia seguinte –, porém, as razões aqui expostas são suficientes para explanar nosso argumento. O que importa é descobrir qual o cálculo máximo que a mãe pôde ter em mente para ensinar e preservar a honestidade da filha. Primeiro, a expectativa de que, pelos ensinamentos dados pelos pais, a filha fosse honesta, foi levemente desfeita pela reveladora borracha. Segundo, que tal acontecimento era de algum modo perdoável (quem sabe a mãe não tenha feito algo assim na sua infância). Terceiro, o perdoável precisava, no entanto, ser remediado para que houvesse uma volta ao estado ideal de honestidade. Quarto, quanto menos pessoas soubessem do fato, melhor seria, pois a fofoca faz mais estragos à reputação de uma pessoa do que uma verdade nuançada. Quinto, quem cai em tentação uma vez poderá cair outras vezes: a mãe sabia disso e não queria correr o risco.

Em suma, aparece nesse singelo exemplo a ideia de que a *honestidade, conquanto seja um atributo pessoal, funciona como um jogo social.* Este seria iniciado pelo conhecimento de que a tentação ou cobiça de ter objetos dos outros é natural nas crianças; por conseguinte, que elas enganam, dissimulam, e podem se acostumar a sentir como natural tal comportamento, descambando para uma prática de desonestidade que poderá vir a ter graves repercussões antissociais.

Exemplo 2: O avô esperto

Sabedor de que a vida prega suas peças, o avô ensinou o neto a jogar gamão. Mostrou as posições e a movimentação das pedras, o valor dos números dos dados, as escolhas e as táticas de passagem etc. O neto de oito anos prestava atenção e aprendeu a jogar com o avô. Um dia, o neto se mostrou distraído e o avô lhe chamou a atenção inquirindo-o: "Se eu mexesse uma pedra enquanto você estivesse distraído, quem seria o culpado? Eu, por estar lhe passando a perna, ou você, por não prestar atenção ao jogo e me deixar tentado a enganá-lo?". O neto nunca entendeu perfeitamente o que o avô lhe perguntou, mas, muitos anos depois, calculou algumas possibilidades, dentro do contexto de vida do avô.

O avô viera menino do Oriente Médio, trabalhara no pesado, puxando carroça de cebolas recolhidas nas xepas da Ceasa de São Paulo para vendê-las nas ruas; depois, fora caixeiro-viajante no interior e, afinal, descendente de uma família de coureiros, abrira uma fábrica de sapatos, com a qual ficara rico. Aposentado há anos, vivia em um casarão, em um excelente bairro e se dava ao trabalho, toda semana, de fazer a feira de casa, como que a rememorar seu passado que, por ultrapassado, se tornara romântico. O filho já nascera em berço de ouro e o neto seguia igual. O avô, que apreciava a honestidade e a firmeza de propósito, via seus descendentes bem encaminhados. Queria ensinar uma lição ao neto mais novo e imaginava que poderia ser levando-o a pensar que o comportamento de alguém depende do comportamento do outro. Que estar atento à vida é fundamental. Que, para usar uma expressão batida, "a ocasião faz o ladrão". Que, provavelmente, a vida atropela tanto o incauto quanto o esperto e segue; se você der bobeira, pior para você.

Para o neto essa lição nunca mais lhe saiu da cabeça pelo modo como seu esperto avô a havia intencionado, ainda que não entendesse o que mais poderia estar por trás desse ensinamento. Aqui está um dilema moral. Alguém tem o direito de enganar um outro se este assim o favorecer? Por que a culpa recairia sobre o distraído, e não sobre o autor do delito? O que isto tem a ver com uma paideia brasileira?

Exemplo 3: Meninos que comem bombons das prateleiras de supermercados

Duas mães, separadamente, fazem compras em um supermercado com seus respectivos filhos. Acontece que cada um deles pega, desembrulha e passa a comer um bombom enquanto a mãe segue enchendo o seu carrinho de compras. Ao entrar na fila de pagamento, uma das mães pede o embrulho do bombom ao filho e o põe em um lugar visível para passar pelo caixa. A outra mãe faz que não vê o filho esconder o embrulho amassado entre as prateleiras. É evidente que cada mãe está dando lições distintas aos filhos: uma, de correção e honestidade, a outra, de incorreção e desonestidade. O que mais se poderia extrair disso?

Poderão as mães ser da mesma classe social? Ou será que aquela que deu a lição do correto é a mais rica e a desonesta, a mais pobre? Ou vice-versa? Na hipótese de as mães serem da mesma classe social, todo o resto se mantendo mais ou menos igual, a diferença de honestidade estaria em algumas características pessoais das mães. Entre as variáveis de características pessoais possíveis estariam: tradição familiar, estruturação familiar, idade, idiossincrasia. Uma família que consciente e verbalmente ensina seus filhos a não subtrair coisas dos outros tem melhores chances de controlar seus filhos; uma família cujos pais e parentes influentes, como tias e avós, cuidam que os filhos respeitem as coisas dos outros, idem; uma mãe mais velha não deve ser necessariamente mais cuidadosa com a honestidade dos filhos do que uma mãe mais nova – a variável aqui deve ser circunstancial. Enfim, a idiossincrasia de honestidade é difícil de se contemplar nesse caso.

Na hipótese de as mães serem de classes sociais diferentes, podemos supor duas possibilidades. A primeira é que a mãe mais abonada e melhor posicionada na classificação social seria mais cuidadosa com as tentações dos filhos do que a mãe mais pobre. Isto faz sentido para muita gente e pode ser comprovado em muitos casos. Diz-se no Brasil que a honestidade, em particular para retidões de menor monta, é produto da posição social. Em outras palavras, uma mãe rica não precisaria deixar de pagar alguma coisa que seu filho tivesse comido, como um bombom do supermercado. No entanto, ela não teria nenhum escrúpulo em não declarar um ganho extra no imposto de renda. Já uma mãe pobre não poderia satisfazer a vontade do filho por carência de recursos, daí sua leniência à fraqueza de seu rebento. A segunda possibilidade, a da mãe pobre pagar pelo bombom comido, advém da suposição dentro da cultura brasileira de que a riqueza do pobre está na sua honra, que inclui a honestidade. Deixar seu filho se enveredar pelo caminho de desvios morais é um primeiro passo para se ter um adolescente complicado e um adulto desonesto, cujo destino é sempre alguma modalidade de criminalidade, pensam as pobres mães e uma grande parte da população. Ainda que, no caso de crianças, o desvio seja visto frequentemente como uma traquinagem, como um anseio por algo de pouco valor que não macularia o indivíduo pela vida.

Há, contudo, mais complicações nesse exemplo. A leniência com os filhos tornou-se aceitável na paideia brasileira dos últimos anos, desde as classes altas, chegando até as classes mais baixas, o que não era absolutamente o caso de algumas gerações passadas, que puniam com algum rigor os deslizes dos filhos. A mãe pobre teria muitos motivos para deixar o filho comer de graça, disfarçadamente, um bombom. Por sua vez, a mãe rica poderia ser leniente com o filho e fazer vista grossa para o seu gesto, ou poderia, ao contrário, até estimulá-lo, simplesmente porque crê que a vida no país é injusta e ela, como classe média pagadora de impostos, está sempre dando (pagando) mais do que recebe; que o dono do supermercado é um capitalista inescrupuloso e careiro, que essas pequenas perdas estão previstas na sua planilha de custos e que, portanto, vamos à tripa forra.

Esses três singelos exemplos da paideia brasileira em relação à moral e à ética nos mostram que é grande a complexidade das relações que delineiam, em nossa cultura, o que é honestidade. Tal delineamento vai da mais rígida posição preto no branco, em que roubar é sempre roubar independentemente das circunstâncias, até uma situação em que vista grossa, indiferença, leniência e perdão se misturam para considerar uma infração de comportamento como até aceitável, pois a honestidade seria fruto de um jogo social, no qual muitas variáveis poderiam incidir para definir a sua prevalência (ou não) em algum momento. Em consequência desse ambiente de ambiguidade ou difusa inconsistência, resulta que os brasileiros em geral, em relação à honestidade, têm uma péssima impressão dos outros e uma não tão ruim impressão de si mesmos. Acham que tudo dos outros é incorrigível e que quase tudo o que fazem é perdoável ou negligenciável.

2. Autoimagem do brasileiro: um país sem ética

Muitos que imigraram ao Brasil, já se jubilando da vida, e muitos estrangeiros perspicazes têm observado que nós brasileiros falamos – para eles equivocadamente – muito mal de nosso país; que somos tomados de um sentimento negativo quanto aos nossos hábitos e costumes e que, frequentemente, expressamos o desejo de viver em outro país mais "educado" ou "evoluído", como os Estados Unidos, os países europeus ou até a Argentina, o Chile e o Uruguai. Até no Paraguai as crianças se comportam com mais respeito! Esses velhos imigrantes, ao contrário, só têm coisas boas a dizer sobre o Brasil: trata-se de um país tolerante, que os aceitou de braços abertos, que os deixou trabalhar, ganhar a vida e enriquecer ou dar condições a seus filhos para serem aceitos no seio da sociedade. Queriam só ver os brasileiros viverem nos países de onde vieram! Diante desses comentários, os brasileiros ou sentem um pouquinho de vontade de mudar de opinião ou retrucam que essas observações só fazem sentido para o tempo em que emigraram de seus países, naquelas ocasiões provavelmente em pandarecos, pois agora eles estariam bem melhor se lá tivessem permanecido. Vide Itália, Espanha, Portugal, Alemanha, Japão, Coreia do Sul, como exemplos de países prósperos que preservaram a honestidade, por um lado; mas, por outro lado, vide Síria, Líbano, Turquia, Polônia, Ucrânia, Rússia etc., que nem se desenvolveram muito bem nem são exemplos de honestidade.

De cara, poder-se-ia dizer que daria empate se fizéssemos uma enquete popular sobre se o Brasil se considera realmente um pequeno oásis da vida social ou um sempiterno covil de ladravazes, nascente de pilantras e refúgio de gente que gosta de tirar vantagem sobre o outro. É de crer que a opinião de qualquer um sempre dependeria do momento. Ou da classe social a que pertence. Ou da região onde cresceu. A questão é que, presentemente, nenhuma pesquisa confiável de opinião pública faz uso dessas variáveis em termos mais adequados do que os de um simples questionário. Então, para formarmos uma noção razoável e plausível sobre nossa própria imagem, sobre nosso país e nossa cultura, teremos de recorrer a temas de nossa história, especialmente aqueles que parecem não se deixar levar pelo tempo, assim como examinar a nossa sociabilidade, a nossa política e a nossa cultura.

De início, trataremos aqui dos aspectos éticos e morais que consideramos negativos sobre o Brasil; mais tarde, falaremos de suas vantagens morais. Há que se delinear quais as principais falhas, limitações, deficiências de caráter ou comportamento que movem o brasileiro a viver neuroticamente se martirizando, quase em ritual sagrado, e se achando o cocô do cavalo do bandido. São várias essas falhas. Há as grandes, pois elas são generalizadas e causam perturbações sociais. E há as pequenas, que comprometem tão somente a nossa sociabilidade. Ainda que com receio de não sermos abrangentes, podemos listar as grandes falhas como: a corrupção deslavada; a ineficiência profissional; a malemolência em relação ao trabalho; a comodidade com a iniquidade social; a propensão corporativa; o complexo de vira-lata; a negligência à coisa pública; o racismo brasileiro; e a dependência da aprovação exterior. Já as pequenas falhas são: a desfaçatez em não admitir o próprio erro; a indisposição contra os que querem se destacar; o pendor ao automerecimento ("o mundo me deve"); o "jeitinho" de buscar vantagens indevidamente; a arrogância da superioridade social ("com quem pensa que está falando?"); e a desconfiança da autoridade.

2a. As falhas capitais
a. A corrupção deslavada

Dizem que há corrupção em todos os países e que a diferença destes em relação ao Brasil é a de que aqui reina a impunidade. Corrupção é uma relação irregular, delituosa ou criminosa entre uma pessoa e o setor público, mormente um agente desse setor se aproveitando de sua condição de poder, ou em relação com uma pessoa privada, em que ambos levam vantagens em detrimento do setor público ou de um terceiro envolvido. A corrupção toma várias feições, mas podemos nos restringir a dois atos reconhecidos como crimes: o *peculato*, que é apropriar-se de patrimônio público, incluindo desvio de recursos públicos para benefício próprio; e o *suborno*, que é o recebimento de dinheiro (ou bem) como recompensa por favorecimento prestado à pessoa privada com interesse em recursos públicos.

Ambos os crimes ocorrem em todos os países e estão presentes desde o início da civilização, quando as sociedades agrícolas se agregaram em torno de um poder centralizado e estabeleceram as bases econômicas e religiosas de um domínio sobre um determinado território. (Aliás, esses crimes só existem na civilização!). O poder da autoridade máxima estendia-se como domínio sobre o território e seus bens e, em graus variados, sobre as vidas de todos os súditos. Esse modo de exercer o poder, que passou a ser denominado de patrimonialismo, termo usado para caracterizar o regime próprio da economia política da Idade Média, definia que o senhor, o lorde, o duque, ou o rei de determinado território era o legítimo dono de todos os bens e que, portanto, não fazia nada de mais apropriando-se deles quando bem quisesse. Acontece que, ao desenrolar da história, esse regime político-econômico foi se tornando cada vez mais controlável por normas e regras de restrição ao uso de bens públicos, regras criadas em geral pelo terceiro segmento social, a classe média, com força de autoridade, até que, por necessidade econômica e ajuste social entre classes, já com o capitalismo se desenvolvendo, o patrimonialismo perdeu de todo sua legitimidade originária. Segundo o sociólogo alemão Max Weber, a predominância paulatina do capitalismo condiciona atitudes político-econômicas e regras jurídicas que amenizam sobremaneira, se não exigem, o fim do patrimonialismo, no que muita gente está de acordo. Assim, o patrimonialismo, exercido em formas moderadas na atualidade, só se delonga como resquício (ilegítimo e ilegal) de um passado (que teima em continuar) em sociedades ainda não de todo estruturadas pela ordem socioeconômica capitalista.

O Brasil é uma dessas sociedades que, embora regidas por um estado de direito e por uma economia dominada ou supervisionada pelo capitalismo de ordem internacional, ainda arrastam o fardo pesado e obscuro do patrimonialismo. Mesmo ungidos pelo escrutínio democrático ou por princípios da meritocracia, e não pela tradição divinizante, nossos chefes de governo, parlamentares e juízes usam e abusam de bens públicos para benefício próprio, com a ajuda de parentes, amigos e correligionários. Não obstante as leis e investigações policiais, o peculato aqui praticado perdurará enquanto as normas culturais, muito mais do que as leis formais, continuarem a favorecer a sua existência. Essas normas culturais se constituíram na própria formação do Estado brasileiro, fundamentalmente de origem e produção portuguesa, e se consolidaram no implícito acordo inerente ao estamento dominante (elite e classes médias) e no seu peculiar modo de interagir com o estamento inferior e cooptar os adventícios e os ascendentes. O peculato no Brasil é o prêmio que o estamento dominante se atribui. Só recentemente, uma extrema aversão social a essa forma de corrupção e um certo autoempoderamento das classes médias e das classes baixas urbanas têm levado as autoridades judiciárias a tomar atitudes mais drásticas contra essa prática.

Já o suborno é uma prática delituosa mais universal e mais vulgar, pois deriva não de direito "divino", mas de uma das mais antigas instituições humanas laicas, a reciprocidade. O que se dá ou se faz para o outro requer um retorno equivalente ou até maior em qualidade. Doação, troca ou pagamento são tão somente fases ou estágios da reciprocidade entre seres humanos com maior ou menor proximidade entre si. O suborno é um pagamento por algo que alguém fez em favor de outro às escondidas de terceiros possivelmente interessados. Sua aceitação moral é relativamente fácil, já que ocorre em situações éticas aceitáveis, se for entendido como um ato de reciprocidade. Está no jogo da sociabilidade brasileira, mas também, deve-se apontar, no de outras culturas. Torna-se delito e crime quando quebra a confiança de um terceiro interessado, quando ele se dá entre parceiros privados ou com recursos públicos supervisionados por uma autoridade pública. Tudo isso, naturalmente, debaixo de um conjunto de leis promovidas por autoridades públicas.

Se todos os países modernos, uns mais, outros menos, praticam peculato e suborno, qual o problema de o Brasil também praticá-los? Um problema é que dizem que, entre nós, esses crimes são mais intensos e generalizados, mais esparramados entre as camadas sociais e, portanto, mais custosos, tanto financeira quanto socialmente. Estima-se que o custo da corrupção no Brasil equivale a algo em torno de 10% a 20% do PIB nacional. Daí reconhecer que tal delito está tão enraizado na alma brasileira que até o pobre, tendo algum poder público, está sujeito ao peculato e também ao suborno. Um segundo problema é que poucos praticantes – por pertencerem a camadas sociais mais altas, de classe média para cima – são punidos pela corrupção. Além do mais, quando algum justiceiro judicial tenta punir essas práticas, levantam-se todos os advogados e juristas a vociferar acusações de ilegalidade dos atos praticados, considerados persecutórios e atentatórios à Constituição bem como ao decoro social entre pares. O estamento social dominante fecha-se em copas.

Ao concluir qualquer análise sobre corrupção no Brasil sempre se chega ao ponto de dizer que a corrupção é endêmica, por estar na raiz de nossa formação social, que é própria da constituição de nossa elite e que se esparramou pela classe média, de onde percolou para o estamento social inferior, atingindo o âmago social brasileiro e contaminando todas as partes da nossa sociedade e cultura. Péssimo, péssimo... Como sair disso? Que argumentos temos para contrapor tais afirmações? Será preciso aguardar até o fim deste capítulo.

b. *A ineficiência profissional*

Mede-se a eficiência profissional de qualquer pessoa, seja engenheiro, artesão ou bancário, por uma equação que contém a qualidade do produto de seu trabalho em relação ao tempo exercido para produzi-lo. Em uma economia capitalista, em que há engenheiros e bancários, a qualidade do produto é resultado de um conjunto de fatores compartilhados por todos os profissionais, que inclui *tecnologia, produtibilidade* e *cultura de produção*, além do fator *individualidade*. Comparado com outros países desenvolvidos, um engenheiro civil brasileiro poderá deter quiçá técnica equivalente à de um americano para construir uma rodovia ou um prédio, mas a produtibilidade, isto é, as condições objetivas de produção – que incluem material aproveitável, logística de produção, mediação política e burocrática etc. –, e sua cultura de produção, ou seja, o modo comportamental do produtor e do sistema de produção – nível de concorrência, ambição de produtores, motivação cultural etc. – irão diferenciar a eficiência desse profissional.

O mesmo se pode dizer do bancário cuja função é operar em confiança o dinheiro de clientes e convencê-los a manter (e, se possível, aumentar) esse montante no banco em que trabalha. Evidentemente que a própria eficiência do banco é fundamental para manter o cliente, mas a cultura de produção, no caso específico, a boa conversa, a confiabilidade e a atenção dispensadas ao cliente pelo bancário, é vetor de grande influência na lealdade do cliente ao banco e, portanto, na produtividade do bancário.

Já o artesão que faz bolsas de couro, joias, bijuterias depende muito de seu esforço, criatividade e eficiência para produzir e se manter em uma tal profissão bastante insegura em nosso país. Seu produto final será avaliado pelo preço mínimo obtido na venda, da qual dependerá, naturalmente, a sua sobrevivência. Por sua vez, esse valor de venda vai depender dos fatores eficiência, qualidade das ferramentas, do material e da técnica aplicada, isto é, a sua produtividade, bem como a logística de disposição do produto no mercado e as próprias condições deste último. No meio do caminho, belas bolsas de couro se rompem quando o zíper é de má qualidade ou foi costurado inadequadamente. Muitas bijuterias são estragadas ou perdidas em transporte ou roubadas antes de alcançar uma feira. Enfim, para se manter no ramo, o artesão tem de encontrar o exato equilíbrio entre sua capacidade técnica e as condições que o ajudam a produzir e a vender sua produção. Dadas todas essas circunstâncias, só por um vigoroso surto de valorização da artesania é que o artesão poderia alimentar alguma pretensão de ter um padrão de vida que o insira em uma subclasse social média.

Generalizando a subclasse dos autônomos na economia, incluindo-se do pipoqueiro ao clínico geral, do ambulante ao consultor de engenharia, e levando em conta as respectivas condições sociais e culturais de produção, o ponto comum de sobrevivência para todos é a eficiência profissional. Isto pode ser adquirido pelo nível de conhecimento transmitido – ou bem nas escolas e universidades ou bem pelo conhecimento empírico de mestres – e, em todos os casos, ampliado pela experiência acumulada com o tempo. Considerando que a inteligência média dos brasileiros e seu potencial criativo equivalem à inteligência média e à criatividade de qualquer população, a sua eficiência profissional se comparará com a eficiência profissional de outras populações. Portanto, o diferencial de produtibilidade dar-se-á pelos fatores de produção: nível tecnológico, produtibilidade e cultura de produção. Eis o busílis da economia brasileira.

O nível tecnológico do Brasil diz muito sobre um país que anda a passos infirmes em direção a uma economia capitalista abrangente. Em primeiro lugar, pouquíssima inovação é criada no Brasil e muito se importa em tecnologia. Nossas universidades produzem muito poucas patentes de nível superior. Por sua vez, no nível médio, devido à educação apenas sofrível da maioria da população, até essa tecnologia média é introduzida e assimilada com alguma dificuldade. Perde-se muito tempo atualizando trabalhadores e treinando essa mão de obra de nível médio, portanto, perde-se em produtividade. Com a tendente intensificação mundial da automatização do trabalho, esse processo vai ficar cada vez mais custoso.

A produtibilidade de qualquer economia moderna depende de: recursos (privados e públicos) bem aplicados; burocracia mínima; mediação política aceitável e consistente; regras de concorrência e leis trabalhistas simples e claras; logística de transporte e distribuição; enfim, de uma série de fatores de infraestrutura e de financiamento que dependem de um sistema político estável e não muito oneroso. Ponto negativo para o nosso país em todos esses quesitos, exceto, talvez, se considerarmos os sistemas de comunicação e o bancário, para os quais o Brasil tem uma boa base, como fatores essenciais de produção.

Por fim, há que considerar nossa cultura de produção, a qual se caracteriza, em primeiro lugar, negativamente, tanto pela tradicional ânsia de ganho fácil e rápido, quanto pela dependência de vantagens e benemerências do setor público. Essa característica é claramente uma infausta herança de nossa condição de sociedade colonizada e continuamente explorada. Quem investe no Brasil quer lucro rápido e vantagens que o protejam dos percalços esperados ou imaginados. Há exceções, claro. Em segundo lugar, nossa cultura de produção exige pouco compromisso com a produtividade, no caso específico, com o uso apropriado da tecnologia e de racionalidade do tempo. De certo modo, isto advém do primeiro fator, mas persevera, a despeito de tentativas de superá-la, em razão de uma atitude de descrença no bem que a produtividade pode trazer para outros aspectos da vida social do indivíduo. Em terceiro lugar, o Brasil sofre de uma baixa capacidade de adequar os modos culturais do comportamento do trabalhador às exigências de eficiência das novas tecnologias e fábricas. O trabalhador pode até ser pontual no trabalho (e há muitos impontuais), mas seu ritmo de trabalho não segue os parâmetros da eficiência exigidos pelo empreendimento contemporâneo. Nada como entrar em uma fila de banco ou de repartição pública e até mesmo tentar obter os serviços de um encanador ou mestre de obras para saber que mais tempo é perdido nessas esperas do que por qualquer outro fator de produção. Por fim, em quarto lugar, há uma barreira emocional e cultural entre o modo de ser do brasileiro, mesmo os da nova geração, e as exigências apresentadas pela economia contemporânea globalizada e automatizada.

Os três primeiros fatores – ideal de ganho fácil; baixa produtividade (isto é, uso inapropriado de tecnologia e baixa racionalidade do tempo) e inadequação às exigências da produtividade contemporânea – se mostram quase autoevidentes. Porém, o último fator, a barreira cultural contra a economia capitalista contemporânea, requer uma explicação melhor. Propomos aqui, como explicação hipotética, que o brasileiro está satisfeito com seu modo de ser – ainda que esse modo seja diversificado, prevalece uma base de entendimento entre as diferenças que o conformam – e que ficaria infeliz se tivesse de atravessar o rubicão para se tornar um ser diferente.

O diferente que se exige tanto no comportamento econômico quanto no comportamento cultural é sentido pelo brasileiro como algo que o descaracterizaria. Por exemplo, manter-se concentrado em determinada tarefa, quando há possibilidade de socializar com seus colegas ("Alguém sabe onde está passando *Guerra nas estrelas*?", pergunta um caixa para seus colegas na hora em que faz uma operação financeira com um cliente, deixando-o a ver navios por alguns instantes). Ou, por exemplo, receber oferta de vantagem financeira para ficar mais tempo trabalhando em uma sexta-feira à tarde, ou ainda, o chefe de manutenção gastar um pouco mais de tempo e usar material de qualidade no conserto de uma rua asfaltada, quando por um simples remendo poderia atingir a quota recebida naquele dia de serviço.

Os exemplos se multiplicariam sem esforço de memória, pois nós todos convivemos com isso e operamos esse modo de ser com consciência e até inconscientemente. Definitivamente, preferimos ser complacentes em nossa cultura, de certo modo atrasada para com a ordem econômica atual, mas, para nós, pelo menos, mais prazerosa do que aquelas que nos impingem um comportamento diferente. Pagamos um preço alto por isso.

Em suma, a eficiência profissional do brasileiro está aquém do que exige nossa economia e muito aquém em relação a uma competitividade com as economias de países desenvolvidos. Perdemos com isso, mas talvez achemos que ganhamos por nos mantermos fiéis a nós mesmos.

c. A malemolência no trabalho

Trata-se de uma atitude cultural clara e consciente contra o trabalho e a favor da boa vida. Ninguém no Brasil é movido por uma chamada ética do trabalho. Nossa malemolência é, por assim dizer, congênita, pois vem de uma grande profundidade histórica, remetendo-se ao tempo da escravidão que condicionou o senhor a detestar o trabalho e o escravo a fazer corpo mole. Esse tema já foi agraciado com diversas explicações de caráter sociológico e econômico que resultaram nos principais preconceitos negativos acerca do caráter dos brasileiros como um todo: povo preguiçoso, elite exploradora e classe média vagabunda. As explicações econômicas orientam-se para o entendimento de que nossa cultura de produção se arrasta e capenga, seja em qual modo de produção esteja operando – feudal, semifeudal, pós-feudal, colonial, pré-capitalista, semicapitalista, capitalista *tout court*, pós-colonialista etc. – e consequentemente contribui negativamente para a economia geral do país. Por ser assim, ao longo dos anos de sua formação, tão consistente em seu pendor de ineficiência, nossa cultura de produção se coaduna com a cultura comportamental mais geral por meio de diversas conexões, instituições e ramificações. Ao final, à preguiça do povão corresponde sua passividade; à exploração da elite corresponde sua arrogância e indiferença à coletividade; à vagabundagem da classe média corresponde sua malandragem oportunista.

Contudo, há nuances nessas explicações. Algumas propõem que só as classes médias e altas é que são preguiçosas e que o povão é pau para toda obra; outras consideram, ao contrário, que o povão é que vive de fazer corpo mole, ao passo que as classes médias carregam o fardo da nação. Há as que asseveram que todo mundo é preguiçoso mesmo e, ainda, aquelas que procuram mostrar que preguiça e malemolência versus disciplina e vontade de trabalho estão inseridas em um espectro de atividades que variam conforme a região, o nível de progresso econômico e a aplicação de tecnologia. Outras acham que brasileiro não é preguiçoso coisa nenhuma, e sim, muito do trabalhador. Haja visto seu desempenho nas mais diversas atividades exercidas em outros países! Em São Paulo, por causa da forte presença da indústria, trabalha-se com mais disciplina; enquanto na Bahia ou no Maranhão, o trabalho tende mais para uma complacente malemolência (sem querer insultar ninguém!). É evidente que essas explicações estão inseridas em contextos político-ideológicos e, portanto, passam longe de um valor teórico e explicativo equilibrado. Fiquemos nesse patamar de explanação, por enquanto.

d. A comodidade com a iniquidade social

O que mais espanta os observadores estrangeiros da cultura brasileira é o fato de que ninguém parece se sentir incomodado com a extrema e, para eles, gritante desigualdade social prevalente no cotidiano brasileiro. Com efeito, não são os mendigos a quem se olha com indiferença: quaisquer pessoas vistas trabalhando em atividades consideradas inferiores são tratadas com um menoscabo muitas vezes indisfarçado. Darcy Ribeiro costumava contar a história da sobrinha de Berta, sua mulher, que havia nascido e se criado nos Estados Unidos e que, um dia, ao estar de férias no Rio de Janeiro, mostrara-se extremamente encantada com um rapaz na rua. "Quem? Quem?", perguntava a tia à sobrinha. Esta apontava para um lugar onde Berta não reconhecia ter ninguém encantador. Era o lugar onde estava um simples e jovem pipoqueiro! Com efeito, o pipoqueiro passara despercebido por Berta Ribeiro, logo ela, uma antropóloga sensível, simplesmente porque, por sua profissão e jeito de ser, o jovem não poderia ter atraído a atenção de alguém de status social superior. Ainda que esse evento tenha acontecido em meados da década de 1950, ainda hoje, no ano de 2018, podemos nos perguntar se uma mocinha da classe média é capaz de ter sua atenção chamada por um trabalhador braçal por sua beleza ou garbo. Com a palavra, as feministas.

Esse simples exemplo leva-nos a pensar que nossa indiferença à iniquidade social está entranhada em nosso ser cultural, por mais que, nos últimos cinquenta anos, o movimento de fazermo-nos conscientes dessa nossa avareza tenha se propagado pelo ensino, pela divulgação na mídia e por uma forte legislação contrária aos preconceitos contra pobres e minorias oprimidas ou discriminadas em geral. Ou até pelas novelas televisivas.

Estamos falando como se o povo brasileiro fosse todo classe média, o que não é. As subclasses do estamento social subordinado, vítimas dessa falha capital do brasileiro, são também portadoras ativas de suas características. Ainda que veja e sinta diariamente essa indiferença da parte dos dominadores, o povão também se mostra abúlico à sua condição iníqua tanto por imposição histórica quanto por condicionamento cultural. Caso contrário, como suportaria tanta indiferença e tantas más consequências dessa indiferença?

e. A propensão corporativa

O corporativismo está entranhado no brasileiro pelos muitos poros da pele, da alma e do cérebro. O corporativismo, evidentemente, não é exclusividade brasileira, pois sua função primordial de resguardar os membros de qualquer grupo coeso está presente em todo e qualquer grupo social. Na antropologia, conhecem-se os grupos institucionais primários que se formam a partir do parentesco, tais como a família, o grupo doméstico, passando por linhagens, clãs, aldeias etc., até, no limite, a etnia e a pátria. Defender esses grupos é essencial para sua sobrevivência.

Contudo, aqui compreende-se o corporativismo no sentido político-cultural, quando um grupo social é composto a partir de interesses secundários, de ordem econômica ou política, e desenvolve um *esprit de corps*, isto é, um espírito de corporação que inclui, ao menos em parte: o reconhecimento de seus pares; a aceitação de normas e comportamentos; o compartilhamento de símbolos de agregação e objetivos comuns; a ajuda mútua; o planejamento coletivo ou consensual de propósitos e ações; o resguardo de interesses gerais, dentre outros fatores. Grupos profissionais como professores, médicos e engenheiros formam entidades próprias e agem corporativamente. Trabalhadores juntam-se em sindicatos, estudantes em agremiações, industrialistas em federações, comerciantes em associações patronais. A Igreja Católica estabelece suas entidades de bispos para defender seus ideais e interesses diante do Estado ou da sociedade, mas não aceita que padres ou diáconos façam o mesmo; os evangélicos de diferentes miríadas de denominações se confabulam, mesmo sem criar uma corporação, para projetar seus objetivos de ganhar crentes e discípulos. Enfim, para lembrar Marx, homens do campo (antigos camponeses) podem até não se agregarem com facilidade (mais parecem batatas em um saco), mas se incorporam quando viram profissionais urbanos, tais como garçons, porteiros, motoristas etc. No Brasil, todo profissional artesão ou toda pequena empresa, mesmo trabalhando por si, tem a inclinação de se agregar em sindicatos, seja de sapateiro e costureira a pipoqueiro e dono de botequim.

A razão mais profunda do brasileiro ser tão corporativo deve estar, para lembrar Sérgio Buarque de Holanda, no medo atávico de ser desfalcado de sua posição social por causa de forças políticas superiores, frequentemente, aleatórias e infaustas. Em época colonial, todo e qualquer indivíduo poderia a qualquer momento ter seus direitos revistos, sua vida virada de cabeça para baixo, e até seus bens confiscados por, aparentemente, um simples capricho do rei ou da Igreja. Assim, sobre cada brasileiro paira, no seu íntimo, uma indefectível espada de Dâmocles prestes a decepá-lo ao seu bel e irracional prazer. Nada melhor, portanto, do que a solidariedade de seus pares em uma boa corporação para se proteger de um mal inesperado.

É certo que, pelo viés da história, pode-se atribuir a origem do corporativismo brasileiro às instituições corporativas portuguesas, sobretudo, àquelas advindas da pequena nobreza, dos sesmeiros, dos comerciantes, dos ofícios mecânicos e da soldadesca, todos eles dependentes da graça do rei para se firmarem na sociedade. Na formação da sociedade colonial brasileira, esses grupos iriam se transformar em senhores de engenho, fazendeiros, partideiros (plantadores de cana-de-açúcar, sem engenho), comerciantes, tropeiros, corporações militares etc., e comporiam as subclasses do estamento superior, dominando o estamento inferior, originalmente composto pelos índios subjugados em aldeias, os escravos e os mestiços livres. Evidentemente que ninguém do estamento inferior tinha direito a se agregar em corporações, pois ficariam mais coesos para reivindicar direitos e quiçá desafiar o *status quo*. A não ser aquelas corporações formadas para acolitar a Igreja, como as irmandades e os grupos de folguedo religiosos, que tiveram o imenso papel de amenizar as diferenças entre os estamentos e compor os elos de congraçamento cultural.

Incorporado pelo corporativismo, o brasileiro de qualquer posição social não vê a floresta da árvore que lhe serve de sombra. Falar em abrir mão de prerrogativas para o bem comum é motivo de vituperações, condenações e desconfianças. "Não me venha com propostas de congelar meu salário ou alongar meu tempo de serviço porque são direitos meus garantidos; além do mais, quem quer impor isso já está aposentado e muito bem". Do ponto de vista do corporativista, a sua corporação é justa e boa; a do outro, quase sempre, oportunista e deletéria. O diálogo corporativista só se dá pelo conflito, resultando na vitória de um e na derrota ou submissão do outro; daí a barafunda rugiente que ecoa pelos quatro cantos do país.

f. O complexo de cachorro vira-lata

Essa expressão foi criada pelo dramaturgo, cronista de costumes e jornalista esportivo Nelson Rodrigues, em meados do século passado, quando o Brasil perdeu a Copa do Mundo de 1950 e continuou a perder no futebol como se tivesse medo de se impor perante os adversários – especialmente a Argentina. Significa, em *lato sensu*, que o brasileiro é um ser com baixa autoestima, que treme nas competições, que está sempre depreciando a cultura, a economia, a inteligência e a moral nacionais. Em contrapartida, admira desavergonhadamente tudo o que vem de fora como estando acima de qualquer comparação com o Brasil. Para esses espíritos, só com nossas propaladas falhas como a sem-vergonhice, a incompetência, a malandragem etc. ganharíamos das falhas dos gringos. Exceção para a beleza feminina e para a riqueza da nossa natureza.

O vira-latismo brasileiro às vezes é sacudido quando um gringo diz que "adora" nosso país, que nossa cultura é fabulosa e que somos um povo alegre e generoso. Emerge então um sentimento acabrunhado de autopiedade, que nasce do próprio vira-latismo, agora disfarçado em um desafortunado provincianismo. Colocamo-nos de novo como coloniais diante dos emissários do rei e somos compungidos a tentar agradar mais ainda quem nos elogia. Oh, céus!

É possível que o vira-latismo seja uma doença que acomete qualquer país colonizado que não alcançou uma autonomia cultural, por não deter uma autonomia econômica. Seríamos então como os mexicanos e os chilenos, talvez um pouco mais vira-latas que os altivos *hermanos*, mas estaríamos longe dos confiantes canadenses, por sua vez, sempre depreciados pelos americanos. Talvez tenhamos herdado uma parte dessa maladia de Portugal que, depois de um breve surto de grandeza, tornou-se um país ensimesmado e esclerosado, sobretudo desde que perdeu a sua principal Colônia.

O vira-latismo nos chateia porque nos puxa para baixo, nos enfraquece a vontade, a ambição e a inteligência, nos junta na mediocridade autoirônica. Gozamos de nós mesmos por não sermos cachorros raceados. Grande parte do nosso humorismo advém desse sentimento. Aliás, dizem que o humor judeu também é autoirônico e autodeprecante, embora o vira-latismo esteja longe dele.

g. A dependência da aprovação exterior

Tanto como consequência quanto como paralelismo ao vira-latismo está a nossa famigerada dependência da aprovação exterior para qualquer coisa que façamos e que consideremos de boa qualidade. Como um colonial envergonhado, nossa primordial atitude diante de um estrangeiro em nosso país é tentar agradá-lo para ver se ele nos aprecia de algum modo, mesmo que tal apreciação seja demonstrada de um modo frio. Um dos motes, pensamos, para agradá-lo, é falar mal de nós mesmos. Isto é consequência direta do vira-latismo.

Tudo bem, mas como não depender da aprovação exterior? Afinal, temos de exportar nosso açúcar, nosso café, nossa carne, nossos minerais e até nossas quinquilharias industriais maquiladas. Para tanto, os estrangeiros têm de nos aprovar em tudo. Aliás, a exigência dos gringos até faz nosso produto melhorar e assim entramos mais facilmente nas esteiras da produção econômica eficiente. Para comprar nosso frango, os árabes exigem um determinado modo de abatê-lo, cortá-lo e prepará-lo para venda. Ótimo, nossos abatedouros ficaram mais asseados e o nosso modo de abater diminuiu o sofrimento dos animais.

O problema maior dessa ansiedade pela aceitação exterior é com a nossa inteligência, isto é, com o nosso modo de produzir conhecimento, disseminá-lo e instruir nossos jovens. Se já era ruim no passado, ultimamente, piorou ainda mais. Como um jovem cientista faz para produzir e ganhar respeito no seu mundo? Como se apresenta um filósofo nacional genuíno, e não tão somente um propagador de ideias vindas de fora?

Darcy Ribeiro, que tinha, segundo Anísio Teixeira, a mente menos colonizada de todos os intelectuais que conhecera, costumava dizer que quase todo intelectual brasileiro só se legitimava entre seus pares quando adotava as ideias e os métodos de algum pensador estrangeiro, especialmente o que estivesse na moda, passando a citá-lo para sancionar seus trabalhos. Isto dizia respeito especificamente às ciências sociais e humanas, ainda que o intelectual brasileiro estivesse perorando sobre o próprio Brasil! Nossa dependência vem de longe... Tivemos várias fases de submisso acatamento a autores estrangeiros de diversos naipes e escolas. Ao focarmos somente a partir da década de 1960 ao presente, observaremos que houve a fase rigorosamente marxista, quando todos os alunos tinham de ler e se deter quase que exclusivamente em autores como Sartre e Althusser, na filosofia; Bourdieu e Harvey, na sociologia; Hobsbawm e E. P. Thompson, na história; Godelier e Meillassoux, na antropologia; Lukács e Gramsci, na ciência política e assim por diante. Ou, desviando do marxismo, tivemos nossa fase estruturalista, com a predominância de autores como Lévi-Strauss, na antropologia; Barthes, na crítica literária; Piaget, na psicologia genética; Lacan, na psicanálise etc. Já nos últimos trinta anos, no meio dessas fases e ultrapassando-as, fomos tomados pelo domínio dos chamados pós-estruturalistas, ou pós-modernistas, como Bourdieu antes de Foucault, Deleuze, Castoriadis e Derrida, todos de estirpe francesa, com uma influência generalizada em muitos ramos das ciências sociais e humanas. Não há aluno de filosofia ou de geografia, de antropologia ou de literatura, de história ou de economia política que não tenha de explicar o objeto que esteja estudando à luz das teorias desses autores. E isto é feito com um rigor de tal modo estreito, que o objeto pesquisado vira um pacote quase irreconhecível pelo casual leitor externo dessas teses. Para um antropólogo que passou sua vida pesquisando e estudando culturas indígenas, fica difícil identificar o seu objeto de conhecimento pelas explicações deleuzianas. O índio dilui-se no fluir do devir, coitado, sem identidade nem contraste com a natureza. De tal modo que o Brasil é reconhecidamente o último refúgio de franco-admiradores desses autores (no momento em que suas influências em seus países e alhures já estão de todo esmaecidas). A questão, ao que parece, é que ainda não surgiram novos autores para tomar de supetão as mentes e os corações de nossos intelectuais. A demorar uma tal aparição, continuaremos sobressaltados por esses espíritos até o fim dos tempos.

Nas ciências matemáticas, físicas, químicas e biológicas, a questão não é a de ser imitador ou "cavalo" de santos estrangeiros, mas vem do fato de nossos cientistas carecerem de fôlego próprio para tocar pesquisas sem o aval e a sanção de seus pares estrangeiros. Com efeito, a colaboração entre cientistas dessas áreas é essencial para o desenvolvimento de novas ideias e descobertas bem como para a invenção de patentes. No entanto, a colaboração entre cientistas das cinco ou seis universidades brasileiras que têm alguma chance de competição internacional não se faz eficazmente possível em virtude de nossas pequenas rivalidades, o que só intensifica a necessidade de colaboração com o exterior, tornando-se assim uma dependência inevitável e constrangedora. Nem adianta muito fazer tantos seminários e congressos de cunho internacional porque, afinal, as estrelas são os visitantes. O certo é que o potencial de criatividade da mente brasileira é atravancado por essa dependência.

Veremos em outros capítulos que os cientistas, intelectuais e profissionais oriundos de universidades são alguns dos principais subgrupos que compõem a classe média em qualquer sociedade moderna. Por sua vez, a função socioeconômica precípua desse significativo componente da classe média é produzir e disseminar conhecimento para a produção e reprodução cultural da sociedade, além de aprimorar a eficiência, tanto dos meios de produção (tecnologia, *know-how*) quanto da cultura de produção (competição, *drive*, compensação) da economia nacional. Se tais profissionais não forem capazes de tomar essa função em suas mãos, por se quedarem à mercê da bênção de estrangeiros, então essa sociedade dependerá ainda mais dos estrangeiros para produzir bens, funcionar socialmente e gozar a vida a contento. Uma nação conflitiva internamente e sem visão de futuro será o resultado inevitável.

h. A indiferença pela coisa pública

Jogar papel na rua ou não limpar a caca de seu cachorro na calçada são pequenos exemplos da indiferença do brasileiro pelo que é público, aquilo que é compartilhado e pertence a todos. Incrivelmente, para o brasileiro não parece claramente evidente que o banco da praça é dele e de todos os demais cidadãos e que, por isso, ele tem direito ao gozo e também responsabilidade sobre esse banco. Essa falha nacional atinge todas as classes sociais. As crianças são ensinadas a respeitar a coisa pública, mas o exemplo inconsciente e recorrente dos adultos prevalece. Assim, quando crescem, elas "desaprendem" e passam a jogar as coisas na rua sem nenhum pudor. Parece que no Brasil não vale a máxima pedagógica de educar crianças para mudar os hábitos de uma sociedade no futuro.

A coisa pública é bem mais do que ruas e calçadas: é o sentimento do coletivo. A falta ou inoperância desse sentimento resulta na falta de engajamento e de responsabilidade pelo que é público. A mais comum justificativa para descasos ou atos contra o que é público – como verbas, equipamentos, bens e deveres sociais – é a de que a coisa negligenciada pertence ao "Estado", ao "governo", aos "ricos" ou aos "pobres", não a si e a sua família. Até em situações de condomínio, em que os bens e equipamentos pertencem por cotas à totalidade dos condôminos, no que a pessoa referente é um deles, o descaso e a negligência se fazem presentes.

Enfim, a falha contra o que é público é capital, encontra-se no âmago da alma brasileira e perturba sobremaneira a sociedade como um todo. Portanto, teve sua origem na própria formação de nossa sociedade, quando os membros do estamento social dominante se recusavam a aceitar suas responsabilidades pelo coletivo maior, causando, consequentemente, pelo devido desdém, a resposta da parte do estamento dominado que, dessa forma, entendia que a coisa pública não era propriamente algo que lhe pertencia. Este é um dos exemplos mais sutis que há naquilo que se entende por luta de classes.

i. O racismo brasileiro

Deixamos, por último, a avaliação sobre o racismo brasileiro como falha capital do caráter nacional, uma vez que tal questão é a que mais bate fundo na consciência crítica e na alma do brasileiro. Nem pretendemos cobrir os fundamentos do que é esse racismo e seus efeitos. Apenas tocaremos nele o suficiente para assegurarmos sua influência dolosa em nosso comportamento social e em nossa autoimagem cultural.

Tratemos, em primeiro lugar, do racismo como um preconceito social, como um fator de discriminação nascido da consciência perversa da diferença de raças. Isso significa que as classes sociais superiores, de origem predominantemente lusa ou europeia, olham sobranceiramente e repelem as classes socialmente inferiores, de origem predominantemente negra, indígena, mestiça de índio com negro e com alguma dosagem de sangue europeu. Isto se deu desde o início da colonização e da formação do Brasil e prevalece na atualidade, ainda que de forma (qualitativamente) menos acentuada.

Entretanto, esse preconceito racial não nasceu de uma atitude de exclusão do outro, tal como ocorreu na América do Norte em relação a africanos e indígenas. Ao contrário, no Brasil, a junção de segmentos (raciais, étnicos, culturais) diferentes e opostos ocorreu de uma forma assimilacionista pela mestiçagem. A mestiçagem no Brasil deu-se, inicialmente, a partir da relação entre os homens portugueses e as índias e, em seguida, entre estes e as negras trazidas da África. Tornou-se realidade, sem dúvida, a partir de uma relação de poder, mas também por conta de características próprias dos portugueses. Segundo Gilberto Freyre, os portugueses já conviviam com gente de pele tisnada, os mouriscos, descendentes dos árabes e berberes que haviam tomado e mantido parte do antigo território português desde o século VIII até quase o século XIV. Posteriormente, seus descendentes se mesclaram com o resto da população de origem celta e visigoda que eventualmente fundou o reino de Portugal. Assim, não parece ter havido, no Brasil, qualquer senso de pejo ou de pecado na convivência sexual dos portugueses com os índios e com os negros.

Por sua vez, como precisa ser reafirmado a cada momento, a mestiçagem não foi exclusiva para senhores, escravos e servos indígenas. Ao contrário, ela se desdobrou entre os novos mestiços e mestiças com índios e índias, e com negros e negras, tanto mais que, por esse processo e com intensidade espantosa, formou-se o segmento populacional mais amplo da sociedade colonial, constituindo o estamento social subordinado da futura sociedade brasileira. Os autoassumidos (ou mesmo os que não se assumem como) negros, pardos, mulatos, morenos, caboclos, curibocas, escurinhos, pretinhos, índios, sararás de nosso país são descendentes dessa mestiçagem desdobrada em centenas de pigmentos, formas físicas e modos de ser. Tal processo continua a valer, nos dias de hoje, de forma predominante entre a população majoritária e com menos intensidade entre as subclasses sociais do estamento superior. É aqui, quase que exclusivamente entre as subclasses do estamento superior, que se pode falar da prevalência de racismo e preconceito social.

É evidente que, por entender essa hostilidade como um bloqueio de aceitação do outro em função de sua configuração racial, o racismo como atitude está no estamento superior e é, desse modo, dirigido contra o estamento inferior. Por isso, ao ser avaliado tanto pelo entendimento fenomenológico quanto pelo estatístico, o preconceito racial corre paralelamente ao preconceito de classe ou de estamento. No Brasil, portanto, o preconceito racial se confunde com o preconceito social. Isso não quer dizer que não haja formas de preconceito no meio do povão, entre negros, mestiços e mulatos, caboclos e brancos pobres. Entretanto, esse preconceito tem o dom inato de ser facilmente ultrapassado pela convivência que exige solidariedade e aceitação mútuas.

Esta tem sido a principal explicação sobre a forma brasileira de racismo dada por intelectuais brasileiros tradicionais bem como por aqueles que não foram, todavia, cativados pelo argumento dito "racialista" de origem americana. Pelo argumento americano pós-modernista, o Brasil é um dos países mais ferrenhamente racistas, precisamente, porque dilui e disfarça seu racismo na mestiçagem e no preconceito de classe. Assim, seria mais difícil para um negro ou mulato brasileiro ser reconhecido por seus méritos individuais e ascender socialmente do que o mesmo caso na sociedade americana. Com efeito, com muito pouca frequência, vê-se uma família de mulatos ou negros brasileiros frequentando restaurantes finos (e dirão, por esse argumento, que não é só pela falta de recursos). Por sua vez, não é apenas a falta de negros que é sentida em restaurantes finos, visto que há toda uma gama de gente brasileira menos tisnada que também se exclui dessa convivência entre classes. O preconceito ou a exclusão social de negros ou mulatos engloba também aqueles que são mais acentuadamente parecidos com indígenas, pela tez, pelo cabelo, pelas maçãs do rosto, identificados no Sudeste como "paraíbas" e "baianos", incluindo-se também o caboclo amazônida, o tabaréu mineiro e o caipira paulista, e tantos outros tipos que existem por todo o Brasil e que formam uma massa populacional ora confundida com "brancos" ora com "pardos" nas estatísticas demográficas e nos estudos antropológicos. Todos são discriminados negativamente pelo estamento social superior.

É um milagre como imigrantes nordestinos de compleição cabocla, mestiça, curiboca ou mulata conseguem espaço socioeconômico fora dos nichos que lhes são reservados nas cidades para onde migram. Mas isso acontece e os exemplos são muitos e ocorrem desde a era colonial. Vivendo nas favelas e bairros carentes são eles também que terminam compondo boa parte da liderança da bandidagem. Em ambos os casos, sinais da resiliência cultural nordestina e de seus esforços de superação.

Muito já se tentou para debelar o racismo no Brasil. É claro que a palavra final sempre fica com a melhoria da educação primária e média no país, um objetivo inalcançável até agora. Nos últimos quarenta anos, o que estamos vendo é que o racismo brasileiro vem sendo avaliado pelo discurso racialista de origem americana. Em consequência da aceitação desse discurso por partidos políticos e autoridades legislativas e judiciárias, uma série de políticas públicas vem sendo implantada a partir dessa nova formulação sociológica. A política de impor cotas para facilitar a entrada dos chamados negros, pardos e indígenas em muitos setores da economia e da sociedade brasileiras já alcançou reconhecimento político-cultural e jurídico, inclusive, na esfera de nosso Supremo Tribunal Federal, ainda que com algumas graves controvérsias sobre como definir esses tipos raciais. Por consequência, perdeu-se, no Brasil, uma visão de que nosso racismo era específico, fruto de uma atitude assimilacionista (com suas boas e más consequências) e que podia ser corrigido com entendimento, ações e políticas públicas próprios. Mais uma vez, dependemos da visão sociológica do nosso irmão do Hemisfério Norte para encararmos esse problema. O fato é que o discurso tradicional brasileiro para vencer ou ultrapassar as agruras das diferenças raciais e sociais, que ainda se podia ver em intelectuais como Darcy Ribeiro, Guerreiro Ramos, Oracy Nogueira e mesmo Florestan Fernandes, perdeu sua validade perante o discurso americano pós-modernista.

Resta ainda avaliar se o método americano de reparar a grande injustiça aos seus *African Americans*, transportado ao pé da letra ao Brasil, poderá ou não ajudar a vencer a peculiar forma do racismo brasileiro. Pela lógica cultural das duas sociedades – uma, segregacionista; outra, assimilacionista –, o método americano de cotas provavelmente não funcionará a médio prazo. Todavia, os caminhos tradicionais de uma cultura estão cheios de atalhos que não se podem decifrar de antemão. A experiência com as cotas tem trazido alguns resultados positivos, como a maior presença de estudantes "negros" e "pardos" nas universidades públicas brasileiras. É preciso ficar atento a esse processo, revendo-o com uma mente aberta, e continuar buscando soluções que advenham daquilo que temos de espírito de resolução de nossos problemas sociais.

Por fim, há que se aludir a uma pesquisa feita há alguns anos em que se propôs aos entrevistados uma série de termos de "raças" ou variações ou colorações de raças para ele ou ela se definir. Entre esses termos estava a palavra "moreno". E não é que mais da metade dos entrevistados se autodefiniu por essa palavra?

2b. As falhas veniais

Até aqui vimos as chamadas falhas capitais da cultura brasileira, especialmente aquelas que perturbam de modo intenso e generalizado o funcionamento de nossa sociedade. Agora, trataremos com ainda maior brevidade de nossas falhas ou pecados veniais, isto é, as menores falhas, seja por estarem restritas a certas condições sociais e culturais, seja por não se avolumarem na conformação de nossa cultura, seja porque são muito genéricas e presentes igualmente em outras culturas. Entretanto, suas presenças em nossa cultura nos moldam de alguma forma e nos fazem conscientes de sua importância.

a. A desfaçatez em não admitir os próprios erros: ou o famoso cara de pau

É difícil para qualquer ser humano admitir que errou, sobretudo que errou feio. Para se chegar a essa atitude, é preciso ser educado para ser sincero. Acontece também que algumas culturas ensinam os seus membros a praticar atos intempestivamente e, ao errarem, fingirem e nunca admitirem que erraram. Não podemos dizer com certeza que esse é o caso da cultura brasileira, mas podemos afirmar que nossa cultura incentiva a não admissão de erros e também o artifício de culpar um terceiro, que pode ser um interveniente ou, mais frequentemente, as circunstâncias.

É claro que o cara de pau é um fingidor (mas não, *ipso facto*, um poeta). Ele aprende a ser assim como parte de sua astúcia em enganar. Já falamos que enganar é próprio do ser humano e de muitos animais. Entretanto, ser apontado como um enganador e fingir que nada tem com o caso requer um bom treinamento na arte de fingir. E isso parece que é ensinado desde criança.

Não é pecado capital ter a desfaçatez de fingir que não cometeu o erro e culpar outros. Na verdade, trata-se de uma situação muito usual que joga contra o caráter de quem faz isso com frequência e que interfere negativamente na cultura brasileira. Já que todos procedem dessa forma, então, torna-se um jogo em que a acusação de errar é mútua e, portanto, se dilui: cara de pau contra cara de pau dá soma zero.

b. A indisposição contra os que querem se destacar

Existe no Brasil um mal-estar generalizado em todas as gerações contra quem se destaca. Desde pequenos, meninos e meninas que se aproximam da professora, que fazem perguntas, que se voluntariam para responder ou para ajudar e que discutem sobre as matérias da aula são eventualmente espicaçados pelos coleguinhas com apelidos de todas as naturezas, sendo o mais frequente conhecido pelo substantivo cê-dê-efe. Para escapar da zombaria, frequentemente, as crianças mais inteligentes e destacadas (se não forem muito seguras de si) diminuem o seu ritmo de estudo ou de participação em aulas ou então fazem um grande esforço para ajudar os colegas menos dedicados ao estudo. A questão principal é demonstrar que não se quer destacar do rebanho. Isso prevalece durante toda a educação primária, ao longo da secundária e até pelos anos da universitária.

A indisposição contra quem se destaca com naturalidade aumenta ainda mais contra aqueles que se destacam por esforço redobrado. A ambição é anátema na sociabilidade brasileira, especialmente para aqueles que entram no serviço público, em quaisquer dos poderes e modalidades. Parece que no trabalho privado a ambição é menos criticada, já que o sucesso financeiro traz dividendos sociais.

A principal consequência problemática que resulta da crítica a quem se destaca, ao ambicioso e à pessoa dedicada está na mediocrização da sociedade brasileira. Assim, os espicaçamentos e o *bullying* infantil se tornam uma espécie de algoritmo cultural negativo dentro de nossa paideia ou programa de enculturamento. De tal forma que ao final da vida ninguém sabe mais por que critica os bem-sucedidos. Mediocrização quer dizer nivelar por baixo os atributos e desempenhos das pessoas nos coletivos de trabalho, não permitindo destaques. A mediocrização programada culturalmente interrompe a ambição de alguns e reduz as chances de a sociedade valorizar o indivíduo esforçado que nela se destaca.

c. O pendor ao automerecimento

A atitude de automerecimento (eu mereço!) se traduz em nossa sociedade de duas formas. A primeira é justificar a posição social em que está a pessoa, seja ela por razão de berço ou alcançada por esforço próprio ou por sorte. A segunda forma é frequentemente usada como um lamento pelo fato de não se ter alcançado aquilo que se desejava por quaisquer motivos possíveis, seja por falta de sorte, por circunstâncias da vida, por falta de condições objetivas e, naturalmente, por falta de merecimento propriamente dito. Claro está que, nesse último caso, isto se deve a alguma injustiça social ou pessoal que é infringida à vítima. De qualquer modo, a reação é sempre negativa e carregada de azedume, como se dizendo "a vida está em dívida comigo".

d. O jeitinho brasileiro

Não existe noção cultural brasileira mais conhecida do que a famosa explicação sobre tudo o que o brasileiro faz como sendo movido por um "jeitinho" próprio, em geral negativo, mas, ocasionalmente, positivo. Na verdade, o jeitinho não tem nada a ver com uma também festejada característica brasileira, que é a capacidade de improvisar saídas diante de dilemas ou de atos mal-ajambrados, de solucionar problemas que foram criados por ações feitas sem ordem e sem planejamento. Muitos antropólogos já explicaram que, no fundo, o jeitinho é um subterfúgio usado pelas classes dominantes para passarem por cima de direitos e deveres para obterem privilégios. As conexões sociais estabelecidas favoreceriam essas passagens, pois quem não as tem muito provavelmente não conseguiria resolver sua questão.

O jeitinho opera-se com frequência na sempiterna luta do cidadão com a burocracia excruciante brasileira. Para a burocracia, o cidadão está sempre devendo algo, sujeito a uma cláusula, longe de cumprir todas as exigências possíveis em suas leis. O jeitinho do burocrata passa por cima dessas dificuldades.

Fora disso, o jeitinho é apresentado como uma saída para quaisquer problemas e, desse modo, ele perde sua validade explicativa. Nesse sentido genérico, toda cultura dá seus jeitinhos para resolver dilemas e sair de situações difíceis ou não previstas.

No Brasil talvez se possa considerar o jeitinho como uma estratégia de vida, ao passo que em outros países o jeitinho é uma tática exigida pelas circunstâncias.

e. A arrogância da superioridade social

Impor-se, por condição social superior, a uma outra pessoa é um dos hábitos mais difundidos na sociabilidade brasileira. Em tempos pretéritos, quando todo mundo se conhecia bem e respeitava seus respectivos *stati* sociais nem se precisava impor-se ou arvorar-se superior. Agora, entretanto, ou mais ainda desde a redemocratização, quando vivemos permeados por um espírito e um estado democrático, ninguém pode ter certeza de que sua posição social seja definidora de seus direitos e deveres.

Por vezes, nem adianta se arrumar a caráter para impor sua posição social, é preciso saber usar a linguagem adequada, os maneirismos sociais reconhecidos por todos. Em outras palavras, para a pessoa que quer manter seus privilégios sociais, é preciso ser arrogante para se impor na atualidade. Isso provoca reações que, por sua vez, ajudam o arrogante a adquirir por disfarces sociais novas formas de arrogância. Bem, quando o arrogante não tem quaisquer motivos reais para se autovalorizar, ele vira o famoso chato pernóstico.

f. A desconfiança da autoridade

Não vem dos novos tempos a desconfiança do brasileiro para com a autoridade. Vem de longe, da desconfiança contra as autoridades portuguesas e seus editos opressores e interesseiros, contra as repressões militares e policiais de todas as ordens e sobre todas as classes sociais, contra os policiamentos repressivos aos pobres e às subculturas oprimidas etc.

Parte da desconfiança atual, porém, deve-se ao fato de que a autoridade exercida sob o estado de direito democrático tem sido com frequência *autoritária*, no sentido de usurpadora de suas prerrogativas e deveres. De tal modo que a desconfiança é com frequência justificável.

Por outro lado, a desconfiança é retroalimentada por novas formas de explicações e justificativas – sejam de origem filosófica (como a doutrina de que toda autoridade é necessariamente autoritária; ou a anarquista que indaga "Quem precisa de autoridade, nesse mundo tão diversificado?"), sejam de origem pedagógica (a autoridade suprime a diferença e a criatividade) – que dominam a cultura brasileira de classe média há uns bons quarenta anos.

Consequentemente, não aceitar a autoridade tem levado o brasileiro a comportamentos extremados de irresponsabilidade, cupidez e rebeldia, favorecendo de modo muito intenso a famigerada incompetência nacional. Que outra explicação existiria para a recente rebeldia de grupos estudantis secundaristas que invadiram as escolas públicas sob a leniência dos conselhos tutelares, professores e pais, com a justificativa de que estariam exercendo seu direito de protesto contra uma política educacional do governo? Ainda que se possa parcialmente explicar esse acontecimento como resultado da doutrinação ideológica de partidos da esquerda corporativa, o fato de ele ter se espalhado de tal modo e com a aceitação de pais e professores aponta para um fenômeno mais abrangente do que a doutrinação. Assim, recompor a autoridade sem autoritarismo parece uma roda-viva que a sociedade brasileira terá de realizar o mais breve possível.

3. Qual moral brasileira, de onde viria e onde estaria?

No início deste livro, prometi que iria discutir as possibilidades de o Brasil ter uma moral, mesmo que esta não fosse muito certinha. Foi possível constatar, ao longo desta explanação, que moral não é um simples atributo de uma pessoa ou de uma cultura, mas sim, o produto de um jogo de relações sociais em que um mínimo de condições de equanimidade social ou de equilíbrio cultural é necessário para se consolidar um sentimento de respeito pelo outro e pelo que é público. O tempo de uma ética platônica, cristã, spinoziana ou kantiana se distanciou demasiado. O homem sabe mais de si, desde Darwin e Freud, e tem o conhecimento de que é inconfiável e sujeito a quedas. Também aventei que haveria algum lugar de onde teria nascido essa moral brasileira. Se ela está enraizada na cultura brasileira, já que alguém sempre se acha ético e com moral, é porque há de haver algum lugar de onde ela teria surgido nesse histórico tão desditoso da formação cultural brasileira. Pois bem, vamos à sua explanação.

3a. Um pouquinho só de filosofia da ética

Ética é um derivado adjetival da palavra grega *ethos*, que significa hábito, costume, em outra palavra, cultura. Em princípio, a pessoa é ética quando pratica fielmente os ditames de sua cultura. Em uma sociedade tradicional, sem poder centralizado, sem diferenças de classe, todo mundo respeita os pais, segue os líderes na guerra e compartilha dos bens produzidos; todo comportamento é quase sempre considerado ético e só em circunstâncias especiais alguém comete algum deslize que mereça reprovação. Semelhante etimologia também possui a palavra moral, que vem do latim romano *mores*, que quer dizer costumes, portanto, cultura. Só que, no Brasil, a palavra moral ficou mais popular e mais próxima daquilo que é cultura tradicional. Eis por que a ética ganhou essa conotação de advir de fora para dentro para normalizar novos comportamentos.

Assim, a ética só vira questão a se pensar e a se reaprumar quando surgem desacordos sobre como a pessoa deve se comportar conforme os ditames de sua cultura, e isso se dá em momentos de transição cultural. É certo que quase sempre estamos em transição cultural, mas há momentos propícios para se fazer filosofia e pensar a ética. É o caso da Grécia, por exemplo, em seu tempo clássico (500 a 300 a.C.). Ali, as mudanças principalmente políticas causadas por questões externas (ameaças e invasão do Império persa) e internas (disputas entre cidades e a Guerra do Peloponeso) levaram às grandes e inovadoras disputas filosóficas entre os sofistas, que propunham a ideia de que cada um é dono de si, de seu comportamento e de suas opiniões, e os socráticos, principalmente Platão e Aristóteles, que defendiam que o comportamento deveria ser balizado pelo respeito a um bem comum previamente acordado. Esse debate naturalmente não chegou a nenhuma resolução, ainda que tenha havido a condenação de Sócrates por parte da democrática assembleia ateniense (naquele momento sob o controle de dois tiranos), pois o processo histórico se encarregou de passar por cima de tudo. No entanto, ele gerou ecos pela história que chegaram até os nossos dias.

O mesmo senso de mudanças e transição ocorreu nos períodos em que mais se discutiu ética, como na passagem do paganismo romano para o cristianismo, com Santo Agostinho; e da Idade Média para o início da Modernidade, com São Tomás de Aquino. Nesses dois tempos, o bem comum e o padrão ético eram patrocinados pela vida exemplar de Cristo e pela eclésia católica. Depois do Renascimento, do cisma cristão, da colonização das Américas, da expansão econômica europeia e das mudanças comportamentais advindas da ascensão do individualismo, a ética foi revista por Spinoza como o comportamento que se quer racional porque cada indivíduo abriga o potencial de justeza que existe no mundo natural, portanto, no mundo divino. Os iluministas, como Kant e Hegel, e os utilitaristas ingleses, cada qual a seu modo, também se houveram com a racionalidade – determinada por uma entidade abstrata, seja a sociedade ideal, seja o mercado, seja o espírito histórico – como o meio e o fim do comportamento individual diante de um mundo caótico. Com a crise do capitalismo industrial e com o surgimento do papel desafiador do inconsciente, o indivíduo consciente e racional entrou em crise com Nietzsche, Freud e Heidegger e a ética passou a ser atributo da vontade, do desejo e da existência concreta do indivíduo (o aqui e agora), estes mal e porcamente controlados. Duas Guerras Mundiais não bastaram para resolver esse novo problema do inconsciente e do fim do ingênuo domínio da racionalidade. Mas, enfim, na contemporaneidade pós-moderna, com o predomínio absoluto do desejo insatisfeito e da inconsistência do ser, prognosticados por Deleuze e Foucault, a ética virou um atributo das circunstâncias, medido e avaliado por outros contextos, portanto, em última análise, um atributo do *poder*, só tendo ou alcançando algum patamar (ou platô de referência), a partir de um suposto direito atribuído ao oprimido, àquele que tem devir, futuro, predisposição de ser e de mudar.

Deste modo, em nossos tempos pós-modernos, ética, sendo um atributo do poder, é só para quem pode. Ainda assim, nos últimos cento e poucos anos de lutas da modernidade e da pós-modernidade, muitos filósofos não deixaram de reagir ao que viram como distúrbios dos tempos e realizaram uma atualização reativa de uma ética cristã, seja com os meneios dos pragmatistas de várias estirpes, seja com as proposições conservadoras, se não literalmente reacionárias, dos filósofos conservadores, todos sofregamente buscando um caminho de volta aos sentimentos da cristandade ou, ao menos, de um novo platonismo.

É nesse meio-termo, entre o cinismo pós-moderno e o reacionarismo cristão, que nos encontramos neste momento na situação que chamamos de civilização ocidental. Podemos até experimentar momentos dionisíacos de ética delirante, mas os avisos de moderação vêm de todas as partes. As possibilidades de uma nova afirmação ética poderão vir de vários quadrantes que estão em jogo no cenário mais abrangente de nossa civilização. Exemplos: algo está acontecendo na Rússia, que deseja alçar-se por cima de sua prévia grande debacle ética internacional; algo mais incompreensível acontece na China, à medida que sua ética confucionista vai se desfazendo pela força cínica e promíscua do capitalismo selvagem e exigindo novas tomadas de posição; o que poderá vir da Índia não sabemos, mas ela aí está, não inerme, mas certamente sem disposição firme para escapar de sua mais terrível aporia social, o ícone mundial da desigualdade social, aquele gravíssimo defeito humano que tanto clama por uma saída por meio do surgimento de uma nova e radical ética.

3b. *O veio ético da formação social brasileira*

Há uma moral e um veio ético na formação social brasileira, ainda que estejam muito escondidos e difíceis de serem percebidos. A compreensão das raízes históricas que permitiram a incipiente formação de nossa ética é de crucial importância para traçarmos uma trajetória da consolidação dessa ética. Será ela que nos dará a possibilidade de ação civilizacional no mundo.

A formação social brasileira mostra-nos que uma elite de origem portuguesa domina os estratos sociais ameríndio e africano que conformam a maioria do povo trabalhador. Os ameríndios foram esmagados e reduzidos a povo sem face, vivendo e trabalhando quase ocultos em sua ambiguidade social. Os africanos submeteram-se ao cativeiro, foram humilhados por essa condição (e não apenas por serem considerados etnicamente inferiores), e não receberam chances de uma verdadeira alforria social e econômica. Entre esses dois estratos deu-se um intenso processo de mestiçagem racial e cultural por meio do qual estabeleceram uma cultura única de decidido destemor ou indiferença existencial à realidade social imposta pela elite solipsista. De um modo singular e frequentemente imperceptível, o povão brasileiro é autônomo e vive como quer. Por sua vez, uma classe média inconsistente e insegura – sem coragem e sem saber o que fazer e como fazer para aliviar a situação de persistente desigualdade social em que convive – serve apenas de anteparo a uma possível ou imaginável revolta da maioria. Ela aprendeu, desde cedo, a dar migalhas ao povão que bate à sua porta em busca de amparo e compreensão. Nas poucas vezes em que tentou aplicar-se a alguma mudança – como na Inconfidência Mineira ou nas revoltas pré-Independência; nas conspirações maçônicas; nos entusiasmos da Abolição e do republicanismo; nos propósitos racionalistas do positivismo e nos devaneios de revolução comunista; no nacionalismo anti-imperialista; no autoritarismo militar e no moralismo udenista; e, por fim, nas ilusões pós-modernistas das correções compensatórias –, a classe média deu com os burros n'água, elevando-se às alturas em brios autoencomiásticos para despencar-se esfacelada em chororôs autopiedosos. O máximo que a classe média faz com consistência é reclamar de sua sina.

De onde então poderia emanar alguma motivação para o surgimento de uma ética brasileira? Bem, apesar de tudo isso, será pela classe média mesmo que poderá surgir um posicionamento filosófico que possa criar uma ética com tonalidade brasileira para encarar seus problemas e suas aporias. Porém, só uma classe média que saiba de onde ela surgiu, por que surgiu e de qual fonte social bebem sua incipiente sabedoria e seu engajamento na vida.

3c. *O senso de liberdade como fonte da ética brasileira*

Eis por que o veio ético brasileiro é tão difícil de achar. Como já mencionamos, sua fonte originária fica no modo como a situação dos povos originários do Brasil foi percebida e elaborada pelo segmento social que constituiu a classe média brasileira.

Desde o início mais indeciso da colonização portuguesa, quando os índios eram tão somente seres selvagens que podiam ser induzidos ao trabalho livre em troca de alguns itens de relativamente pouco custo (como facas, tesouras, machados, espelhos e, depois, roupas e calçados) até os momentos em que foi possível sua sujeição semivoluntária e decididamente desengajada ao trabalho, seja pela preação e escravização ou, quando se tornou costumeiro, pelo recrutamento ao trabalho (por salários vis a partir de suas aldeias subjugadas ao domínio político e cultural do colonizador), nunca houve clareza meridiana e cristalina na mente do colonizador – e, muito menos, na mente dos missionários e na dos segmentos formativos da classe média – de que os índios, os habitantes autóctones da terra que estavam conquistando e da sociedade que estavam criando, poderiam ser usados e abusados para o trabalho ou para qualquer outra finalidade social e política. Sempre houve, afirmo com decidida convicção histórico-filosófica, uma nuvem ominosa sobre a mente do colonizador de que o índio era o habitante autóctone e livre e, portanto, legítimo soberano sobre a terra *brasilis*. Eis, por isso, que os missionários, especialmente os jesuítas que tanta influência exerceram sobre o destino dos índios e também do estamento dominante da Colônia, sempre perseveraram pela liberdade dos índios diante da vontade escravagista dos opressores colonizadores. Os missionários fizeram um esforço quase sacrifical para cristianizá-los e, apesar de uma propalada inconstância de sua entrega espiritual, os índios, afinal, tornaram-se cristãos no espírito e na existência real (e seus descendentes são mestiços não somente no corpo, mas também na alma, desta vez, dividida com a alma africana). Os missionários entabularam um enfrentamento impressionante, a ponto de serem expulsos, para manter os índios livres da escravidão, mas, se possível, prontos para serem servos de Deus. Esse enfrentamento é a fonte da ética brasileira.

Os missionários, uma vez mais, especialmente os jesuítas, abriram um flanco de dúvidas e incertezas sobre a natureza e a justificativa moral do processo colonial brasileiro. A sociedade brasileira nasceu com a dúvida de que a escravidão não pudesse ser aplicada aos habitantes autóctones desse território. A briga birrenta com os colonos que queriam escravos, principalmente onde não havia dinheiro para comprar africanos, como em São Paulo e no Norte amazônico, produziu efeitos também na Coroa portuguesa, que precisou botar panos quentes nesse conflito de tréguas incertas. Os segmentos sociais que formavam uma incipiente classe média viram que algo diferente e contencioso existia na sociedade, algo distinto das quizumbas e das rusgas realizadas no seio do estamento dominante. Alguém mais tinha razão e era uma razão nascida fora da órbita do poder constituído.

A ética, como propósito de sistema de costumes, nasce em sociedades para redimir algum dano ou malefício social. A liberdade dos índios virou uma questão de princípios, e não uma questão de poder ou uma matéria de Estado. É mais do que evidente que, ao contrário da formação social e política dos norte-americanos, por meio da qual os índios foram considerados fora da nação e do Estado, no Brasil, por meio de seu principal articulador político e filosófico, o patriarca José Bonifácio de Andrada e Silva, os índios foram considerados não só autóctones ao território da nação, mas genuína e originalmente brasileiros, a quem a nova nação em formação deveria amparar e abrir espaço para sua redenção, incorporação e aceitação por parte de todos. No famoso memorando sobre a liberdade dos índios que Bonifácio escreveu para os constituintes da Assembleia de 1823, os chamados índios selvagens são convocados para serem brasileiros em sua completude social, humana e transcendental, em uma demonstração de que a nação brasileira não poderia passar sem eles. Essa advertência, ainda que não tenha sido seguida pelos subsequentes elaboradores da primeira Constituição brasileira outorgada pelo imperador dom Pedro I, foi incorporada nos anos seguintes por nossos historiadores, poetas, romancistas e filósofos, enfim, pela classe média.

Por outra maneira de ver as diligências propositivas dos jesuítas pelos índios resulta que a fissura criada na mente de administradores, colonos e classe média produziu uma consciência virtuosa de mudanças que se fazem necessárias para se ter uma sociedade se não justa ao menos aceitável moralmente. *A formação de uma consciência virtuosa é o que possibilita a emergência de um pensar ético*. Esse pensar veio a se operar em segmentos da classe média que refletiram sobre a desigualdade e as injustiças da nação, a partir do movimento abolicionista, da vontade republicana, do nacionalismo político, do nativismo cultural, da ascensão social pelo mérito e assim por diante.

Ser ético, no Brasil, é exercer uma consciência virtuosa em prol da redenção do potencial de equanimidade e justiça que possa existir no brasileiro para combater os grandes males que assolam a nação.

4. Como seria a ética no Brasil?

Não podemos fugir dessa pergunta, ainda que não tenhamos uma resposta clara. Relembremos que mais atrás falamos que o comportamento ético se pautava por algo como um jogo em que tanto as opções de agir quanto os julgamentos variam de acordo com as circunstâncias sociais. Recordemos a discussão sobre a mãe que corria para devolver a borracha abiscoitada pela filha, o caso do avô que ensinava o neto a ser esperto e o que teriam feito as mães cujos filhos comiam bombons no supermercado. Em alguns casos não havia propriamente uma única atitude ética ou um padrão único de comportamento, mas, em todos eles, não poderia haver um tribunal de onde emanaria a decisão sobre qual seria o comportamento ético a seguir. A não ser pelo modo empertigado do moralista. Isto porque, podemos dizer agora, não funcionam mais uma crença sagrada ou um ensinamento normativo generalizante que nos orientem sobre como devemos nos comportar eticamente. Obramos ações consideradas éticas por diversas razões, e cometemos deslizes éticos por razões de igual teor. É certo que temos alguma capacidade de escolher nosso melhor ou pior caminho, mas os deslizes após essa escolha são muitos e de origens variadas. Nosso inconsciente, nossa cultura, nosso instinto de sobreviver, nossos autoenganos, nosso oportunismo, tudo conspira para não termos clareza sobre nada.

Entretanto, para que possamos pensar em nosso comportamento ético, algumas premissas filosóficas sobre a relação do sujeito indivíduo com o Outro (indivíduo, coletivo ou natureza) hão de ser reconhecidas como essenciais. Em primeiro lugar, o básico, o clássico, a premissa de que o comportamento ético deve se pautar pelo acatamento do direito do outro. Defina-se direito conforme uma síntese aberta de tradição e normas supervenientes acordadas pela cultura ou pelo modo democrático de exercer o poder, isto é, pela política. Que sejam resolvidas, de um modo suave e pragmático, as pendengas em torno do que significam tradição, normas supervenientes e democracia. Em segundo lugar, que se amplie o conceito de Outro para incluir não somente o indivíduo outro, mas também o outro social e o outro natureza. Além de indivíduo contrastante, o Outro é também uma coletividade real, empírica, definível (como um grupo étnico, uma classe social, alguém de outra cidade etc.), que está dentro de uma coletividade maior, menos real por ser mais abstrata e distante (uma cidade, um país, um povo, uma cultura geral etc.), e que deve ser acatada em suas especificidades na medida certa em que essa coletividade acata a coletividade maior. O Outro é também a natureza, não só no seu sentido de produtora de riquezas, mas também no de produtora de beleza, sem o que não se vive a contento. A natureza é também o sistema integrado do qual faz parte o homem como espécie entre espécies, ainda que seja a única espécie a ter consciência parcial, porém crescente, de seu papel nesse sistema. O Outro é, em suma, o outro indivíduo, o outro coletividade real e o outro natureza. Todos, juntos com o sujeito (o indivíduo agente), constituem uma totalidade maior que almeja o bem comum. O indivíduo agente, o sujeito, o cada um de nós são o princípio e o fim do processo ético. Assim, nem a coletividade menor nem a natureza maior devem ser tomadas fora de suas proporções a ponto de transformar uma atitude amorosa do sujeito para com o outro em uma atitude de inversão de prioridade ou de posicionamento para a ação. Esta compreensão se faz essencial para que não se criem falsas visões ou ilusões sobre a possibilidade de um mundo harmonioso pela sujeição do indivíduo ao outro.

Por sua vez, o indivíduo, ainda que seja o começo e o fim do processo ético, não pode ser consagrado ao topo. Ele também é ser errante, incapacitado para entender tudo o que está ao seu redor, egótico, enfim, falível. Sua centralidade no mundo só pode ser aceita pela sua consciência de suas imensas carências de compreensão e, sobretudo, de sua carência de outros indivíduos, do Outro. Este entendimento é necessário para que a ética não se transforme em uma justificativa de uma compreensão parcial do que seja a luta pela sobrevivência e, portanto, para que não se transforme em uma estratégia de sobrevivência pela sobrevivência. A ética exige do indivíduo o acatamento de suas carências e de suas limitações. O indivíduo não pode se supor capaz de perfeição.

Se considerarmos que essas premissas são válidas, partindo agora do que entendemos por cultura geral da sociedade brasileira, podemos esboçar alguns pontos por meio dos quais o comportamento do brasileiro pode se dirigir a um sentimento ético do mundo. Eis cinco pontos básicos que fazem parte da ética brasileira, os quais, ao serem criticados, podem ser superados de um modo positivo.

4a. *Delatores são traíras?*

É evidente que não poderíamos evitar a convocação do grande e inovador processo judicial brasileiro que se chama Lava Jato. Esse processo começou pelos idos de 2014, quando uma equipe formada por alguns procuradores da República e oficiais da Polícia Federal colhia informações sobre a "lavagem" de dinheiro por parte de um já conhecido doleiro paranaense. A busca pelo dinheiro principiou por uma pista que vinha de um posto de gasolina, em Brasília, que tinha um equipamento de lavar carros, conhecido como lava a jato, daí o nome da operação. Em poucos meses, a equipe de investigadores – sob o respaldo jurídico de Sérgio Moro, juiz da 13ª Vara Federal, localizada em Curitiba – mapeava uma rede de conexões entre as altas castas de políticos nacionais, os dirigentes de grandes empresas estatais (especialmente a Petrobras e suas subsidiárias) e os empresários das maiores empresas construtoras do país. Tal rede tinha o intuito de aumentar a receita dessas construtoras a fim de disponibilizar imensas propinas aos dirigentes das empresas estatais e aos políticos que os apoiavam. Até agora, começo de 2018, mais de 360 pessoas foram investigadas e cerca de 110 pessoas foram condenadas, ao longo das 45 fases da operação. Estão presos, em cadeias ou em reclusão residencial, grandes políticos nacionais e os mais importantes dirigentes de estatais e de empresas construtoras, especialmente, Odebrecht, Camargo Correia, OAS, Andrade Gutierrez, dentre outras. Mais de dez bilhões de reais já foram objeto de recuperação, um feito inédito no Brasil. (Sempre haverá pessoas a dizer que isto é ninharia comparado com os lucros dos bancos e outros empreendimentos pouco visíveis. De qualquer sorte, é um começo a comemorar.)

A grande operadora das descobertas dos crimes perpetrados nesse processo foi uma técnica de obtenção de informação conhecida como "delação premiada". Ela é considerada "premiada", porque o delator recebe algum benefício por seu ato, em geral, uma significativa diminuição de sua possível pena. Eis o que verificaremos agora.

Delatar ou denunciar para alguma autoridade uma ação qualquer que possa ser considerada ilegal ou irregular é uma das últimas coisas que algum brasileiro se proporia a fazer no seu comportamento social corriqueiro. Há uma certa tradição brasileira de que delatar é quase sempre fruto de uma covardia, seja para com um amigo ou companheiro, seja para com uma causa em que o delator estaria de algum modo envolvido. Delatar é trair, tal como Silvério dos Reis traiu a Inconfidência Mineira e empurrou Tiradentes ao patíbulo. Como então o ato de delação se tornaria um fator positivo em nossa ética?

Ocorre que essas delações, por parte de um dos envolvidos no crime, são feitas para escancarar o conhecimento policial e judicial sobre um evento criminoso, que pode ser o roubo de recursos públicos, a corrupção de agentes políticos, a lavagem de dinheiro etc. Pela delação, o Brasil ficou conhecendo em detalhes como as empresas construtoras vêm operando há umas boas dezenas de anos para obter imensos lucros; ao mesmo tempo, foi possível ter a informação de como os políticos mais bem-sucedidos da nação recebem propinas (isto é, suborno) ao longo de suas carreiras e aceitam doações ilegais dessas empresas. Sabemos como os políticos e os empresários ficam ricos e milionários à custa do dinheiro público.

É evidente que deslindar um crime tão grande, pegar os culpados e puni-los, tudo isso na forma da lei, é uma vitória sem precedentes na história policial e judicial brasileira. Mesmo assim, persiste a ideia de que delatar é uma covardia. Não delatar, não dedurar, não ser 'X9' são pontos de orgulho na moral do brasileiro. Ser leal ao amigo ou companheiro, manter-se fiel a uma causa quando ela está sendo criticada também é sinal de lealdade e de alta moral. Dessa maneira, a moral do brasileiro prevalece sobre o sentido mais forte da ética. Aqui, uma vez mais, a ética parece algo fora do senso comum, algo imposto à cultura brasileira. De fato, o instrumento da delação premiada aplicado na Lava Jato foi importado da tradição anglo-saxã do direito comum e, sobretudo, da prática de resolução de crimes norte-americana. Assim, a delação premiada tem algo de externo ao nosso gosto, e as pessoas que de algum modo estão contra a Lava Jato denunciam essa origem exógena para tentar deslegitimá-la. Entretanto, dados os resultados tão acachapantes que apareceram logo nos primeiros meses dessa operação, parece que uma parte majoritária da população brasileira sente que esse instrumento tem seu valor e pode ser incorporado às nossas práticas investigativas.

Desse modo, a delação premiada parece estar sendo incorporada ao nosso sistema ético, aumentando a sua eficácia no caso de resolução de crimes e, talvez, no caso de solução de questões em que o transgressor de regras, normas ou leis sente um tanto de embaraço ou de arrependimento, mas, ao fazer o cálculo, percebe que passar pela humilhação de reconhecer sua infração para pegar uma punição mais branda valerá a pena e que a delação poderá lhe dar uma chance a mais em sua vida. Portanto, o sistema ético brasileiro ganhou um acréscimo interessante na sua constituição e poderá ser confirmado para dirigir ou orientar um comportamento mais saudável. De algum modo o pragmatismo está sendo incorporado à filosofia básica do brasileiro.

4b. *Punibilidade para todos*

Uma das maiores queixas dos brasileiros que não se acham nos altos estratos da vida social é a de que os "ricos", isto é, os membros das classes sociais altas, raramente sofrem punição por seus crimes e delitos. São inúmeros os exemplos de assassinos cruéis, ladrões de casaca, empresários safados, advogados espertíssimos, médicos inescrupulosos, enfim, até professores cínicos – todos ricos, riquíssimos ou remediados com acesso a formas de poder – que se safam de punição por seus crimes. Parece que nosso sistema judiciário foi feito para aliviar os criminosos de alta estirpe e só cair com mão pesada sobre os "pequenos", os pobres, os ladrões de galinha, os sem dinheiro e sem poder.

Tal narrativa simplista e estereotipada tem sua razão de ser, pois as estatísticas mostram claramente quem está nas cadeias brasileiras e quem passa ao seu largo por crimes até maiores. Daí é que, para mais uma vez retomar a Lava Jato, tivemos a gloriosa surpresa de ver grandes políticos e homens riquíssimos e de larga influência política e econômica serem sentenciados e presos em cadeias e prisões simples, ainda que diferenciadas pelo estiloso privilégio brasileiro de servirem a gente com diploma universitário. Tomados por esse acontecimento insólito, os novos presos, pelo tanto que já tentaram, não sabem mais como apelar por seus advogados ao sistema que sempre lhes servira com prestimosidade. Os juízes os condenam, os tribunais federais confirmam as sentenças em segunda instância e os tribunais superiores reconfirmam essas sentenças. Como pode isso acontecer? Amadureceu, chegou a hora, caiu a ficha.

A impunidade parece estar em baixa no Brasil. Isto quer dizer que o sistema ético brasileiro está em alta. E todos estão abismados, porém contentes, ainda que irresolutamente, com o que está acontecendo. Não somente o chefe do tráfico da comunidade como também o chefe da Odebrecht estão presos. E que suas folgas sejam menos generosas. Se o exemplo da Lava Jato se estender para outros casos de corrupção ou de crimes de quaisquer naturezas, a punibilidade vai acrescentar muito ao sistema ético brasileiro. Levar ricos à cadeia será um grande exemplo para quem intenciona cometer crimes, seja rico ou seja pobre.

4c. *Não se meta onde não é chamado*

A solidariedade é uma faca de dois gumes, diria algum ditado ético brasileiro. Na véspera de Natal do ano convoluto de 2016, dois homens resolveram pegar pesado e decidiram bater em um indefeso travesti dentro de uma estação de metrô de São Paulo. Um vendedor ambulante conhecido pela alcunha de Índio, que tinha sua venda no local há muitos anos, correu para socorrê-lo. Os dois homens voltaram-se contra Índio e bateram nele até deixá-lo prostrado. Deixaram o local calmamente, enquanto algumas poucas pessoas entravam e saíam do metrô, sem tomar satisfação do ocorrido, evidentemente, espavoridas. Não havia guardas ou policiais por perto. Instantes depois, os dois homens voltaram e passaram a chutar e a pisar com força a cabeça de Índio, que estava caído, e novamente se retiraram soberanos. Meia hora depois chegou o socorro médico, mas Índio, exangue, não tinha mais forças para sobreviver.

Esse acontecimento chocou a opinião pública brasileira e os culpados foram presos logo. Um deles confessou arrependimento e disse com certa candidez ser uma boa pessoa.

Que diabo ocorreu, efetivamente, na moral e na ética brasileiras? Em primeiro lugar, ocorreu uma clara expressão de corajosa solidariedade de Índio ao travesti que, naquele momento, parecera-lhe uma simples pessoa sofrendo um covarde espancamento. A solidariedade mostrou-se pela intervenção ousada e desafortunadamente fatal de Índio. Não sabemos se ele primeiro pediu aos dois escrotos para pararem de bater ou se foi direto para a refrega. Provavelmente, se pensarmos em cultura brasileira, pediu primeiro que parassem de surrar o travesti. Houvesse outra pessoa com Índio – aparentemente um homem forte, se bem que mais velho (tinha pouco mais de cinquenta anos) do que os dois batedores (nos seus vinte e poucos anos) –, talvez, os batedores tivessem recuado ou, ao menos, a briga fosse menos desigual.

Ninguém mais se meteu na confusão: os batedores massacraram Índio, enquanto as pessoas passavam aparentemente sem parar para olhar. Portanto, em segundo lugar, houve uma clara falta de solidariedade para com Índio. Nem um pio de protesto contra a agressão sofrida por Índio foi ouvida. Por quê?

Podemos pensar em covardia das pessoas, que aquelas que passavam naquele momento se sentiam frágeis diante da violência dos dois brutamontes. Ou podemos pensar mais propriamente na moral brasileira de que não se deve meter onde não se é chamado. Que brigas nas ruas dizem respeito aos brigões, pois estes podem se voltar contra quem pretende apartá-las, como ocorreu de fato com Índio.

A moral do brasileiro tem em sua autoimagem a característica de ser solidário. E também a de ser conciliador. Já nossa ética tem a de ser justo, e de saber o que é equanimidade. Entretanto, nesse caso, nenhum desses atributos funcionou. O que funcionou foi, primeiro, a coragem proveniente da moral da solidariedade, e segundo, a tibieza, a moral de não se meter nas questões alheias, uma indiferença ao alheio e ao público. De modo menos trágico isso ocorre toda hora no Brasil.

É interessante comparar esse incidente com algo semelhante que ocorreu nos Estados Unidos, em Nova York, no ano de 1964, e que teve extrema divulgação e consequência naquele país. Um homem atacou e estuprou uma mulher, na porta de sua casa, que, aos gritos e gemidos, pediu socorro e os poucos que a ouviram fizeram ouvido de mercador. A reação americana veio prontamente pelo viés ético-legalista: criou-se o número telefônico de urgência 190 para chamar a polícia. É evidente que, no Brasil, pode-se até imitar isso, como sói acontecer, mas nossa reação ou virá da cultura, da nossa moral, ou não virá com qualquer eficiência por uma ética imposta. Que a vergonha baixe sobre todos os que viram Índio ser massacrado e não deixe que tal aconteça novamente, sem socorro.

O sentimento ético aqui deveria vir do sentimento de engajamento na sociedade como um todo. Tal sentimento é frágil no Brasil em virtude, como já notamos anteriormente, da divisão social tão proeminente e que tanto nos afeta. Engajar-se no mundo social é uma exigência ética para o Brasil melhorar.

4c. *O mundo é dos malandros?*

Malandro não é mais aquele que aposentou a navalha, malandro hoje em dia tem gravata e capital, diz a famosa canção de Chico Buarque. Malandro é o seu vizinho, o seu colega safado, o político, o empresário, o pedreiro que lhe passou a perna. Colar na prova é uma malandragem. A malandragem campeia no Brasil.

Por fazerem parte tão diretamente de nosso cotidiano, os comportamentos que podem ser resumidos pelo conceito de malandragem, provavelmente, são os que mais provocam a ira, o desgosto e o abatimento do brasileiro diante da moral e da ética de nosso país. Malandragem – e a corrupção é um ato de malandragem – é uma esperteza de querer levar vantagem sobre o outro ou sobre uma situação na qual todos os demais, menos o que faz o papel do malandro, esperam um comportamento correto.

Entretanto, esse tipo de comportamento, levar vantagem à custa dos outros ou de uma situação fácil, é o mais comum dos deslizes morais em quaisquer culturas, e também o mais corrigível pelas mais simples e singelas punições, como a admoestação, a cara feia, o castigo, a multa pecuniária e até a prisão (leve ou estrita). O guarda rodoviário que barganha uma propina para livrar o motorista de uma multa comete uma malandragem que pode ser pega em flagrante ou denunciada por quem passou por ela. O médico que cobra mais barato para não dar recibo que possa ser usado em imposto de renda pode eventualmente sofrer os rigores do Leão.

Por outro lado, a malandragem também assume um ar positivo, confundindo-se com esperteza e engenhosidade na solução de problemas sociais, ou com perspicácia que leva à enganação do outro que lhe quer passar a perna. Nesse aspecto, a malandragem se torna uma irônica virtude, sem a qual nenhum brasileiro acha que sobreviveria. Como sopesar tudo isso? É um eterno desafio da moral, da ética e da cultura brasileiras.

4d. *A solidão impossível*

É mais do que evidente para qualquer estrangeiro que aporte em nosso país que a solidão é o último sentimento que o brasileiro quer sentir. Para combater qualquer possibilidade de solidão o brasileiro se esmera no sorriso, na gentileza, na curiosidade pelo outro e na receptividade para o outro. Quantas vezes, esperando o ônibus, sozinho, você é abordado por alguém que começa a contar sua vida e fazer ilações de conhecimento mútuo (até sobre vidas passadas, ou por ser filha do mesmo orixá ou ter o mesmo signo ou ascendente) e talvez até de parentesco! Não nascemos, afinal, do mesmo Adão e Eva? Pois.

Entretanto, não é para fugir da solidão que o brasileiro é tão cordialmente sociável. Ele é sociável por muitas razões de sua formação histórica, da conjunção de tantas gentes em terra incógnita, da valorização do conhecimento pessoal para angariar confiança do outro, do receio do desconhecido etc. Ele é tão solidário, tão cordial, diria Sérgio Buarque de Holanda, porque ele sabe que fora do parentesco e da amizade o que está à espreita é o arbítrio do imaginável poder. Todos esses sentimentos são universais, mas, no Brasil, eles ganharam uma saída boa: entabular uma conversa, fazer amizade e não se deixar isolar.

O desejo de conhecer e se fazer conhecido pela conversa, seguido de alguma gentileza para firmar uma amizade, é tão forte no brasileiro que muita coisa deixa de ser feita em função da realização desse desejo. Muito da nossa "incompetência" ou falta de presteza no trabalho se deve a isso. Também muito de nossas interrupções no trabalho (intelectual ou braçal) se devem a isso. Para parafrasear o chiste americano: quantos brasileiros são precisos para desatarraxar uma lâmpada? Pelo menos três, um para subir na escada e desatarraxá-la, e dois para ficarem conversando e distraindo o que faz o trabalho para ele não se sentir otário.

A sociabilidade brasileira é o máximo, todos concordam. É o ponto máximo de nossa moral, e é dela que poderemos formar uma nova ética. Mas também fica difícil fazer filosofia ou ciência em uma cultura que detesta ver alguém a matutar só com seus botões. Não se pode deixá-lo solitário.

Ei, vem cá tomar uma conosco! Não, agora eu vou filosofar e ajudar a melhorar a ética brasileira.

5. À guisa de conclusão

Ao concluir este longo capítulo, voltou-me à cabeça a história de que a conciliação das elites e a passividade do povo brasileiro são elementos próprios da nossa moral desfibrada e certamente de um malsinado desvio de ética. Como assim, mudar as coisas só para compor com a elite? Como assim, continuar a ser um povo passivo?

Penso agora nas críticas que vêm da direita e da esquerda sobre alguns momentos históricos do Brasil que foram perpetrados pela coletividade brasileira por meio dessa dita moral sem caráter. São muitos os casos, mas quero tratar de apenas um deles, a Proclamação da República, e compará-lo com outro evento semelhante para demonstrar que o que funcionou aqui foi uma demonstração de nossa moral, e que esta não é tão má assim.

Dizem muitos que a Proclamação da República foi um golpe militar perpetrado no Rio de Janeiro sem que a população tivesse a mínima ideia do que estivesse ocorrendo ou, ao menos, se importasse com tal evento. Contam também que o imperador dom Pedro II estava muito bem avaliado por todos e que sua filha era muito querida, inclusive, pelos ex-escravos que foram por ela libertados. Olhando bem, não parece ter sido um ato derivado da conciliação das elites, ainda que se pudesse conectar os militares positivistas, que insuflaram o marechal Deodoro da Fonseca, com o Partido Republicano comandado pela elite cafeicultora de São Paulo. Mas, certamente, foi um ato de passividade do povo, levando em consideração a incipiente classe média e o povão. A contarmos da chegada do príncipe regente, em 1808, 81 anos haviam se passado com a presença da Monarquia no Brasil, e o sentimento de que havia um pai para o proteger e redimir suas vidas estava consolidado na memória atávica do povo. Que então poderia acontecer?

O fato é que, em apenas seis dias, toda a família real já estava se retirando do Rio de Janeiro direto para a França. Ninguém caiu em si com essa perda, poucos foram se despedir, e muito poucos ainda ficaram se lamuriando pelo fim da Monarquia. Que ingratidão!

Comparando: em 24 de agosto de 1954, Getúlio Vargas, acossado por pressões de políticos e militares contra seu governo, bombardeado na mídia como responsável por "um mar de lama" de corrupção, deu um tiro no coração e passou para a história. Algumas horas depois, a população, que antes parecera inerme, saiu às ruas em revolta contra aqueles que o haviam pressionado a esse ponto, partindo para um quebra-quebra no Rio de Janeiro, agora, tomado de uma imensa insatisfação psicológica e moral que se disseminou por todo o Brasil. O país havia perdido Getúlio Vargas, o pai do povo.

Diferenças à parte, a explicação mais adequada que tenho a dar é de ordem moral e ética. No primeiro caso, os 81 anos de Monarquia e os últimos vinte ou trinta anos do reinado de dom Pedro II haviam definitivamente se esgotado na mente e no sentimento moral do povo brasileiro: a Monarquia já durara demais. É certo que o povão e, especialmente, os recém-alforriados não matutavam sobre o fato de que não havia monarquias nos países das Américas, como talvez o fizesse a classe média e as elites, mas, por alguns motivos – e talvez nisso contribuísse a propaganda republicana – havia se sedimentado no seio popular um sentimento de que o país estava dominado por uma pasmaceira social e política, com um imperador que regia uma classe política empenhada em se beneficiar. No segundo caso, o do suicídio de Getúlio, havia coisas importantes acontecendo, tais como a criação da Petrobras e da Eletrobrás, o desenvolvimento econômico do país e, certamente, a luta política ensejada pela Guerra Fria. O povo via Getúlio como um velhinho, tal como vira dom Pedro II, mas um velhinho que ainda tinha muito a dar.

Conclusão: dom Pedro II caiu porque a moral brasileira assim o quis. O golpe militar foi o empurrãozinho necessário, pois, exceto por Deodoro e Floriano Peixoto, a nascente República foi feita e conduzida por senhores da elite cafeeira. As novas regras da República e a expectativa sobre o seu funcionamento se reportaram ao fazimento de uma nova ética política que, desafortunadamente, não prosperou ao gosto esperado.

Se essa hipótese fizer sentido, muito da história brasileira e de acontecimentos recentes poderão ser explicados não por atribuição à passividade do povo, à conciliação intraelite e ao arranjo entre os estamentos opostos, mas sim pela moral popular. Essa moral que se aprende, consciente e inconscientemente, pela paideia brasileira, pela língua e pela proxêmica, conforme tentei explanar ao longo deste capítulo, nos dita que nosso comportamento deve ser balizado pelo consenso de percepções e sentimentos (quase sempre pouco verbalizados) e que é aí que se encontra o âmago de nossa cultura, aqui entendida como o lugar em que as divergências se encontram, dialogam e se reconciliam em prol de um bem comum maior.

Não há como discutir um receituário para fazer a ética brasileira avançar em qualidade. A moral tradicional e a ética vivem em embate, refletindo nossa sociedade desigual e nossa busca por adaptação ao momento histórico em que vivemos. Os pontos aqui delineados escancararam os nossos defeitos, todos assumidos. Os caminhos para superá-los são diversos: educação de qualidade para todos; preservação do espírito de liberdade, mas com engajamento e responsabilidade para com a sociedade; espírito de igualitarismo humano; respeito às leis; controle democrático dos poderes; ajustes para com as influências externas, tanto culturais quanto econômicas; e crescimento da autoconfiança. Para superar tudo isso sem perder nossa especificidade cultural, é preciso muita conversa livre e muito debate aberto.

Todos os países têm os seus mistérios, mas o Brasil é verdadeiramente um mistério. O nosso mistério, nosso *daimon*, é o nosso borogodó. Este necessita ser compreendido pela moral e pela ética que nos orientam; precisa ser articulado como cultura, de um modo mais consciente, a fim de que nosso comportamento seja trabalhado entre nossas classes sociais – acima de tantas diferenças evidentes, sutis ou difusas – para que, ao final, ele possa produzir mais confluência de identidade entre as pessoas e mais aceitação mútua e, em consequência, uma vida boa e exemplar para todos.

6. *Post Scriptum*

O Museu Nacional, instituição criada há precisamente duzentos anos, localizado no topo de uma colina no velho bairro de São Cristóvão, Rio de Janeiro, crepitou em volumosas chamas róseo-amarelas que iluminaram a noite escura de um domingo, 2 de setembro de 2018, até virar um esqueleto de grossas paredes e pilhas de escombros e cinzas.

O incêndio abateu a cidade do Rio de Janeiro e consternou o universo da ciência e da museologia, no Brasil e no mundo. Foram incinerados 20.000.000 de itens ali guardados, desde múmias egípcias e andinas, vidros e ânforas de Pompeia, artesanato indígena e peças arqueológicas brasileiras a coleções preciosas de mamíferos, insetos, fósseis de grandes animais, minerais e meteoritos.

O museu fora a residência da família real portuguesa, depois brasileira, de 1808 até 1889. Peças de mobília, candelabros, tapetes, assoalhos de madeira de lei, cortinas seculares atestam uma época em que o Brasil era uma vetusta Monarquia de origem portuguesa.

Ver tudo isso encantava e ajudava os cariocas, fluminenses e demais brasileiros que visitavam o museu a abrirem-se para a história, a cultura e, principalmente, a ciência. Quantos meninos vindos de escolas públicas não foram tomados por vocações na ciência vendo essas peças raras e vivas? O museu era, portanto, também uma instituição científica que abrigava as bases laboratoriais e bibliotecas de seis cursos de pós-graduação da Universidade Federal do Rio de Janeiro.

Quem destruiu o Museu Nacional? As acusações apontam para muitos supostos culpados, de administradores a políticos, mas necessariamente se afunilam para um mal-estar brasileiro provocado pela consciência dos nossos defeitos e erros morais.

Pode-se até individualizar o caso, talvez se deva até, mas, na verdade, a culpa é toda nossa mesma, de nossa desconstruída moral e de nosso arremedo de ética.

O desleixo, a irresponsabilidade pessoal, a falta de compromisso social, a ineficiência cultivada, a malemolência no trabalho, a indiferença pela coisa pública são alguns dos elementos de nossa culpa coletiva, analisados neste capítulo. Adicionam-se a isso a situação econômica do país, a desvinculação da cultura e da história com a nossa autoimagem e a cupidez da nossa política. E o azar, o inesperado.

Em uma dezena de anos talvez tenhamos um novo museu e um novo país. Talvez não.

Capítulo 2
A elite quer mandar, o povão quer gozar e ninguém quer ficar de fora

Nenhum brasileiro tem dúvidas sobre um aspecto essencial do caráter que atribuímos a nós mesmos: não consideramos o *trabalho*, tal qual o vemos sendo exercido e conceituado em outras sociedades, como o *leitmotiv* ou a baliza de nossa vida social. Muito pelo contrário, em geral, subentende-se que não gostamos de trabalhar, que consideramos o trabalho um estorvo em nossas vidas, não sendo mais que um meio inevitável para ganhar condições para se gozar a vida, obter bens materiais e algum tipo de poder.

Atribui-se a origem dessa atitude aos primórdios da formação da sociedade brasileira: uma elite patrimonialista, escravocrata e metida a aristocrática; um povo mestiço (descendente de escravos e índios subjugados) que só trabalhava por obrigação; e uma classe média com pouca atividade econômica a exercer, portanto, com a função primordial de emular a elite e controlar o povão. Vamos analisar, uma a uma, essas classes sociais e algumas de suas subcategorias bem como suas características mais acentuadas em relação ao trabalho e à participação social, por meio de uma conceituação sociológica mais abrangente do que aquela que nos permite a teoria de classe social propriamente dita. Esta conceituação, que chamaremos de *estamento social*, envolve o inter-relacionamento dos membros e grupos de uma sociedade não só pela posição econômica de cada um, mas também pela origem, pelo status racial, pela religião e pelas práticas culturais.

1. A sociedade de estamento social

Veremos ao longo deste capítulo e também como um dos fios condutores deste livro que a noção de estamento social responde com mais clareza e abrangência à realidade cultural, social, econômica e política brasileira do que os conceitos mais rígidos e circunscritos de classe social e casta. Aqui daremos uma breve definição do que é o sistema de estamento social.

Um sistema social de natureza estamental é aquele em que os grupos sociais que se constituem dentro do sistema se baseiam em diversas qualificações, tais como raça, religião, origem e, naturalmente, participação social, política e econômica. O estamento social não tem a rigidez do sistema de castas, cujo modelo paradigmático é o indiano, nem a flexibilidade do sistema de classes, tomando-se o sistema americano como modelo. O sistema estamental é hierarquizado em dois ou mais estamentos, nos quais abrigam-se grupos sociais que agem, às vezes, como classes sociais, às vezes, como castas sociais, dependendo da natureza econômica e política da sociedade em questão. O sistema estamental existe desde a incepção da desigualdade social entre os homens, desde a época em que as sociedades agrícolas se desenvolveram demográfica e economicamente e se constituíram em Estados, quase todos de ordem teocrática. Dependendo da natureza da organização econômica e do contexto político com outros Estados, o sistema estamental poderia ser mais ou menos aberto a entradas de outros grupos sociais ou à ascensão social de grupos internos. Alguns Estados terminaram criando sistemas muito rígidos e buscando sanções religiosas para manter essa rigidez social, como o Egito e os Estados que constituíram a Índia. Outros, como a China e a Roma imperial, para manter o sistema funcionando com algum equilíbrio pela incorporação de tantos povos diferentes, tiveram mais flexibilidade em receber adventícios de outras nações como parte de seus estamentos superiores.

No sistema estamental, cada estamento produz suas formas de sociabilidade. Os estamentos também são reconhecidos diferentes entre si por símbolos sociais e instituições próprias. Assim, a tendência do estamento superior é de fechar-se em si mesmo e estabelecer fronteiras reais e simbólicas para impedir a entrada de adventícios do estamento inferior ou de imigrantes externos. Já o estamento inferior conforma-se com o que lhe sobra até certo ponto, ainda que com alto grau de ressentimento e com tendência para lutar para destruir o estamento superior e reverter sua situação de subordinação. Essas lutas muitas vezes tomavam ares de movimentos messiânicos, com justificativas divinas. Não fosse essa disposição, os impérios seriam eternos.

Para nossos propósitos, interessa saber que a sociedade medieval que caracterizou Portugal era de natureza social estamental. O estamento superior compreendia o rei, sua família e as realezas (alta e baixa), estas duas funcionando como subestamentos hierarquizados também por uma escala de participação militar; havia ainda o subestamento clerical hierarquizado entre bispos, em geral recrutados da baixa nobreza, e padres, recrutados do estamento subordinado; os mercadores constituíam um segmento de subclasse, pela possibilidade de ascensão e descenso bem como pela possibilidade de incorporação de externos; os agricultores com terras formavam o último subestamento do estamento superior. Já o estamento subalterno ou inferior era formado por camponeses ligados a senhores de terra, artesãos, trabalhadores urbanos, marinheiros etc., em suma, por aqueles que ficaram conhecidos na história como "proletários", "plebe", "raia miúda" ou "ralé". Aqueles que, por desventura, foram rebaixados à condição de escravos – ao tempo da escravidão muçulmana e, em seguida, na época dos cativos africanos trazidos para Portugal – constituíram um estamento inferior pelo tempo que duraram essas formas de escravidão.

O sistema estamental foi transplantado para as colônias portuguesas (e espanholas) e, ao longo da colonização, adaptou-se às mudanças sociais e econômicas pelas quais passaram essas colônias. O sistema estamental perdurou enquanto os subestamentos superiores mantiveram o poder político e econômico. Seu principal desafio foi o surgimento de uma classe empresarial (ou burguesa) que trazia novos modos de produção econômica, novos comportamentos e um conjunto variado de grupos sociais que formavam uma subclasse, cujo propósito principal era dar sentido ao novo modo de produção econômica, a classe média.

2. O sistema estamental no Brasil

Desde cedo, a colonização do território brasileiro se caracterizou pela dominação e controle militar, social e religioso sobre os habitantes indígenas, pelo domínio e posse de um território em expansão, pela fundação de vilas e pontos de expansão militar e colonial, pelo prolongado uso do trabalho escravo extraído da África e pela luta quase incessante para afastar pretendentes europeus, principalmente franceses e holandeses. Nessa azáfama, estabeleceu-se um sistema econômico com vistas à exportação de uma nova *commodity* mundial, o açúcar, e formou-se uma sociedade constituída pela divisão em dois estamentos sociais básicos: o dominante (superior) e o subordinado (inferior). Nesse sistema estamental, as divisões internas se constituíam em subestamentos, em tempos socialmente rígidos, como na economia do açúcar, e em classes e subclasses, quando as oportunidades econômicas permitiam, como na economia do ouro. Para simplificar a exposição, falemos simplesmente em classes e subclasses sociais dentro de cada um dos estamentos.

As classes sociais que compõem os dois estamentos da sociedade brasileira emergente serão aqui analisadas tendo em vista sua formação histórica, sua funcionalidade econômica, política, étnica e religiosa e sua dinâmica inter-relacional com as demais classes que formam os estamentos. Serão também explanados os condicionamentos culturais e sociais da formação dos dois estamentos e os modos como as classes sociais se relacionam entre si por meio desses condicionamentos.

A seguir, o gráfico "Brasil – Poder, Estamentos e Miscigenação: 1500-1700" caracteriza a incepção do sistema social estamental português no Brasil, com o seu poder real patrimonialista, o catolicismo tridentino, a constituição das classes sociais, a entrada da África na América, os modos predominantes de trabalho – servidão e escravidão – e o grande processo de miscigenação que se deu a partir das relações entre portugueses, indígenas e africanos, especialmente, entre indígenas e africanos, que foi aos poucos constituindo um povo com mestiços por toda parte, uns tanto subindo para o estamento superior, e a grande maioria permanecendo no estamento subordinado. São indicadas algumas profissões que representam subclasses do estamento superior, tais como: tropeiros, artesãos, professores, pequenos comerciantes, vendedores intermediários, indivíduos que lutaram ferrenhamente para ali permanecerem. Gente nascida no estamento subordinado que, com muito risco de decair, tomou iniciativas empreendedoras.

Fica também evidente o trabalho dos missionários, especialmente o dos jesuítas, que fizeram o meio de campo entre os dois estamentos e tentaram incutir nas classes dominantes e na Coroa portuguesa um sentimento de proteção aos indígenas e um modo diferente de se relacionarem com os nativos.

Brasil – Poder, Estamentos e Miscigenação
1500 - 1700

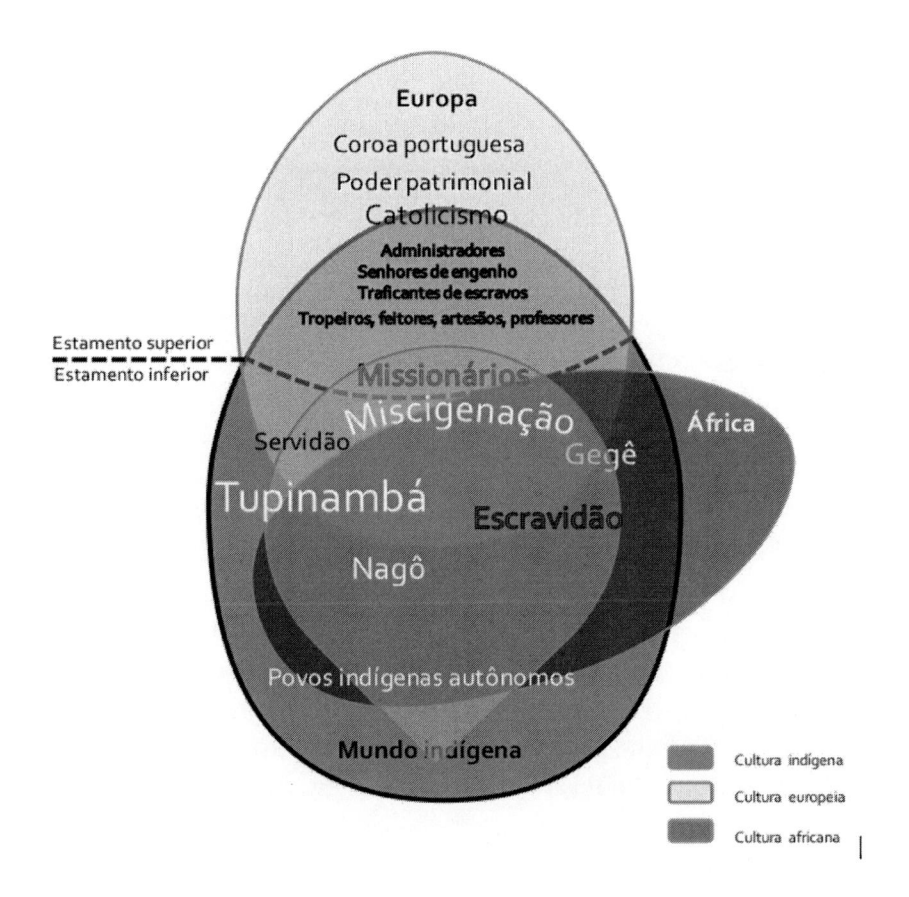

Europa
Coroa portuguesa
Poder patrimonial
Catolicismo

Administradores
Senhores de engenho
Traficantes de escravos
Tropeiros, feitores, artesãos, professores

Estamento superior
Estamento inferior

Missionários
Miscigenação
Servidão
Gegê
África
Tupinambá
Escravidão
Nagô
Povos indígenas autônomos
Mundo indígena

Cultura indígena
Cultura europeia
Cultura africana

Está evidente desde agora que, em nossa visão do Brasil, os dois primeiros séculos de sua formação foram essenciais e determinantes para o desenvolvimento da nação como cultura, sociedade e política nos séculos seguintes. Nesse tempo, formaram-se e se consolidaram os dois estamentos sociais, com suas classes e subclasses, as quais, ao longo dos séculos vindouros, foram conformando as mudanças econômicas, demográficas e políticas aos modos tradicionais de relacionamento social. As mudanças econômicas dizem respeito à progressiva inserção de novos modos capitalistas de organização econômica e social, com sua concomitante busca de uma maior racionalidade nas formas de obtenção de lucro e disciplinamento do trabalho. As mudanças tecnológicas só se farão presentes, efetivamente, a partir do século XIX, mas as melhorias em transporte marítimo e terrestre e o uso do trabalho livre já se faziam presentes desde meados do século XVII, quando a economia interna se diversificou com a expansão para os sertões. As mudanças demográficas referem-se não somente ao crescimento vegetativo da população já formada de mestiços de brancos, índios e negros, mas também ao incremento substancial de africanos, ao longo dos séculos XVIII e XIX, e ao final deste último século, de imigrantes europeus e asiáticos. Já as mudanças políticas concernem às mudanças do Estado português, a partir do marquês de Pombal, à chegada da Corte portuguesa, à influência das ideias de liberalidade burguesa e às tentativas de organizar a nova nação em moldes europeus de Monarquia.

As mencionadas mudanças fizeram-se efetivas não em sua inteireza original. Elas foram, com efeito, moldadas pelo modo político-cultural – já estabelecido desde os dois primeiros séculos de nossa formação – caracterizado pela prevalência do sistema social de estamentos como forma de organização, de ação política e de identidade social, visando a prevalência do *status quo* original, via instituições sociais como o patrimonialismo, o corporativismo e a relação patronismo-clientelismo. Essas consagradas instituições serão discutidas mais adiante. Por enquanto, passemos a analisar a formação dos estamentos sociais nos dois primeiros séculos de nossa colonização.

Ao longo da presente explanação ficará evidente que a abordagem focada na noção de estamento social se mostrará mais esclarecedora para demonstrar o modo como se constituiu a nossa sociedade colonial, sua dinâmica interna e as consequências sociais, políticas e culturais que se desdobram até os dias de hoje. Chamamos essa abordagem geral de histórico-antropológica. Abordagens outras, centradas em classes sociais, exclusividades culturais, genealogias de desenvolvimento econômico e formações regionais, ainda que tenham iluminado aspectos importantes da sociedade brasileira, não penetraram, a nosso ver, no cerne da vida sociocultural brasileira, deixando escapar de suas explanações, desse modo, as linhas de comunicação entre o nosso passado e o nosso presente.

Tratando-se do estamento social dominante, podemos também chamá-lo, para efeito de simplificação, de elite (social) brasileira, mesmo que suas subclasses mais baixas não sejam consideradas elites. O estamento social dominante tem sido composto desde seus primórdios por diversos grupos sociais com atividades econômicas e sociais específicas. Esses grupos formaram-se em virtude das primeiras demandas da economia de exportação, das funções de domínio e de controle político e têm permanecido quase inalterados como estrutura (ainda que tenham se transfigurado ao longo do tempo, descontinuando alguns segmentos profissionais e agregando novos participantes em função quase sempre de mudanças na economia). Vamos vê-los, primeiro, por partes, e depois em seu conjunto.

1. Na escala de importância econômica e social estão, em primeiro lugar, os senhores de engenho. Esse grupo de pessoas, provenientes das primeiras famílias chegadas ao Brasil com algum capital e conexões políticas na metrópole, comandavam a razão fundamental da nova Colônia portuguesa. Os senhores de engenho produziram a *commodity* básica que sustentou a economia colonial nos dois primeiros séculos e que, sem deixar de subsistir até os nossos dias, se transfigurou em função de outras atividades econômicas de exportação pelos séculos seguintes (mineração, algodão, café, agronegócio). Eles estabeleceram um modo de relacionamento trabalhista fundamental tanto com escravos, trabalhadores livres e semisservis quanto com os demais segmentos sociais que formavam a Colônia. Essa forma de relacionamento perdurou pelos tempos vindouros, amainando suas formas mais duras e ríspidas, e racionalizando-se com o desenvolvimento de novas formas de produção. O que mais perdurou foi o distanciamento entre o estamento superior, que os senhores de engenho comandavam, e o estamento inferior, que pouco a pouco foi liderado pelos mestiços com profissões mais estáveis.

Desde o início havia senhores de engenho muito ricos e outros nem tanto. Os engenhos movidos a moinhos de água, chamados de engenhos reais, davam mais lucro e, consequentemente, mais prestígio do que aqueles movidos a juntas de bois, fato que constituiu, já nesse momento, uma diferença intraclasse razoável de riqueza e poder político.

2. Em segundo lugar, vinham os plantadores de cana, ou partideiros, gente que possuía terras por razão de doações oficiais feitas a apaniguados ou a gente merecedora de compensação por seus feitos militares. Sem capitais suficientes, tais indivíduos não conseguiam montar engenhos. Dessa forma, a atividade econômica deles consistia em prover grande parte da cana-de-açúcar para os engenhos. Este grupo socioeconômico seria um segmento B da classe produtora, a quem se agregavam os plantadores de tabaco, os fabricantes de anil e os produtores ou processadores de outros produtos regionais como sal, madeiras, cordames, produtos florestais etc. Depois da expulsão dos holandeses, do Nordeste, e da consequente queda no preço internacional do açúcar, teve início a grande expansão pecuária, e uma boa parte dos partideiros iria se dedicar à criação de gado e se transformar nos fazendeiros dos sertões. De mais a mais, isolados ou longe do desenrolar sociocultural da sociedade dominante, a subclasse de fazendeiros iria se constituir na primeira oposição à classe A.

3. Os mercadores, ou banqueiros, formavam um pequeno grupo associado ao capital internacional e aos funcionários do reino. Eles financiavam a economia de exportação, gerenciavam a exportação e a importação de bens e *commodities* e faziam a ligação com os administradores e outras autoridades do reino e da Colônia. Ao seu lado estavam os financiadores do tráfico de escravos obtidos da África, os quais, por muitos anos, foram os homens mais ricos da Colônia brasileira.

4. Os administradores do reino, incluindo governadores, capitães-mores, ouvidores, desembargadores e outros oficiais menores cuidavam de governar a Colônia e obter recursos (rendas) para a sua administração e para o reino, via taxação dos produtos de exportação e importação. A maioria dos funcionários reinóis vinha para passar pouco tempo e enricar, porém, muitos resolviam ficar, casar com os

filhos de senhores e fazendeiros e se incorporar a essa elite. A esse grupo se ligavam os religiosos, em geral vindos da Europa, tanto missionários quanto seculares (embora os jesuítas e, ocasionalmente, os franciscanos se indispusessem com os segmentos que necessitavam de mão de obra indígena ou queriam seu deslocamento de terras cobiçadas). Por seu desempenho em relação às populações indígenas, os jesuítas tiveram um papel fundamental na constituição de uma ética brasileira, como vimos no Capítulo 1.
5. Essas quatro posições/subclasses socioeconômicas, transfiguradas de muitos modos, mantiveram, desde então, sobre a economia e a sociedade brasileiras, um grande controle político que foi respaldado por uma primordial legitimidade cultural ou civilizacional do domínio e pela força do poder constituído. Porém, elas não teriam chance de fazer tudo isso sem o auxílio de outros segmentos sociais, que podemos chamar temporariamente de *classes* médias, a quinta subclasse do estamento superior que segurava (reprimia), amenizava e contornava as pressões de baixo para cima vindas dos estratos sociais inferiores.

As quatro principais subclasses dessa elite nem sempre se comportavam com harmonia umas com as outras. Cada uma delas se sentia superior às demais, com evidentes motivos para tanto, dispondo de discursos bem formulados para esnobar as outras subclasses ou delas se defender. Já as classes médias que foram se formando no seio do estamento social superior advinham de diversas fontes, tanto do decaimento das subclasses da elite quanto da ascensão das subclasses inferiores. Por isso eram também desarmônicas em seus comportamentos e em suas visões de mundo, razão pela qual contribuíram bastante para as desavenças sociais da sociedade brasileira em formação.

As classes médias foram originalmente compostas por indivíduos descendentes de subclasses da elite que, por não conseguirem manter uma posição econômica à altura de suas origens, consequentemente, decaíram socialmente. Dessa maneira, eles procuravam obter algum meio que os ajudassem a não se distanciarem da elite e a continuarem a ser aceitos como se dela fizessem parte. Em geral, essa gente buscava trabalho ou "colocação" econômica nos quadros médios e inferiores da latente burocracia luso-brasileira ou adquiria ofícios de valorização social superior, como militares de patente, músicos, literatos, professores e mentores, "protetores ou procuradores dos índios", despachantes e, no limite, rábulas e padres. Já aqueles que se tornavam classe média por motivo de ascensão de estratos sociais inferiores, conforme veremos em breve, empenhavam-se em posições menos conceituadas, porém, mais relevantes para a economia: pequenos e médios comerciantes, artesãos, feitores, mecânicos, marchantes e tropeiros, em geral. No todo, as classes médias sempre dependiam da elite para serem reconhecidas como parte do estamento social superior, mas também operavam como meio de campo com os estratos inferiores, oferecendo-lhes a garantia de sua aceitação no mundo civilizado luso-brasileiro e, ao mesmo tempo, trabalhando para mantê-los submissos ao regime político abrangente.

Elite e classes médias constituíam o estamento social que comandava a sociedade luso-brasileira e formavam um todo social mais ou menos estruturado e fechado em si mesmo, no qual as condições raciais, etnoculturais, políticas e econômicas definiam a condição de pertencimento social. Por condições raciais, entendemos o reconhecimento de diferenças raciais como parte da identidade do indivíduo; por condições etnoculturais, entendemos os modos culturais derivados de origens étnicas e raciais diferenciadas, com flexibilização; por condições políticas, entendemos a participação em instituições que legitimam e delegam poder *lato sensu*; as condições sociais, por sua vez, advêm da participação em instituições sociais que dispensam prestígio social, tais como a educação, a religião e a origem nacional.

O estamento social superior era esse todo, mais ou menos estruturado, com divisões internas e com desequilíbrio de poder econômico e político, porém, com identidade própria e exclusiva, e com pretensões de permanência não revogável. Mais do que classes sociais – apesar de estar muito aquém do sistema das grandes castas indianas –, o estamento social é uma entidade que vem dos tempos medievais cuja essência foi legitimada e sancionada por justificativas que, ainda que não vocalizadas desse jeito, se remetem à ordem do divino. Se Aristóteles refletiu um dia que, na ordem das coisas, alguns homens nascem para mandar e outros para obedecer, frase repetida incansavelmente pelos ideólogos luso-brasileiros de então (e, sem dúvida, pelo pensamento conservador do presente), na época medieval, pré-capitalista, esse pensamento tinha ares indefectíveis do sagrado. O estamento social, tal como o entendemos aqui, carrega em si esse tipo de legitimidade, ainda que esta, com o tempo, tenha sido arrefecida pelas novas e grandes mudanças econômicas da nascente ordem capitalista e suas concomitantes injunções jurídicas e culturais. O estamento social na sociedade luso-brasileira serviu para enquadrar, adaptar ou cooptar não somente as grandes instituições sociais e culturais surgidas das mudanças econômicas provocadas desde a Europa – tal como o individualismo consciente e o empreendedorismo – como também, ou mais ainda, compor-se com o inesperado uso da mão de obra escrava extraída da África, assim como o controle e a submissão dos nativos americanos.

O estamento social superior brasileiro englobava atividades econômicas e políticas que visavam moldar a sociedade à sua imagem e semelhança e, dentro da luta com o estamento inferior, em benefício de seu interesse de autopreservação e controle do poder político. As classes e subclasses sociais que formavam o estamento superior se relacionavam entre si de um modo orgânico, isto é, em cooperação e em complementaridade visando a eficiência da economia de exportação e a manutenção da sociedade política submissa a Portugal, de onde derivava a razão última de sua legitimidade. A organicidade dessa cooperação incluía a exclusividade de casamentos legítimos entre seus segmentos. Casava-se quase sempre dentro de suas classes, porém, um senhor de engenho podia dar a sua filha em casamento a um pé-rapado português ou a um cristão-novo, contanto que ele fosse um professor bem-educado, um escrivão ou um almotacé com potencial para subir na vida ou, ao menos, nos quadros da classe média. Um médio plantador de cana-de-açúcar ou de tabaco, descendente de índios, tentaria casar seus filhos com gente branca e até mesmo com um cristão-novo, contanto que eles fugissem de uma recaída racial ou etnocultural que pusesse em risco a legitimidade de permanecerem no estamento superior.

Nenhum estamento é tão recluso e fechado em si a ponto de estar imune à entrada, até diria, à penetração, de pessoas de outro estamento, no caso, o inferior. O estamento superior brasileiro tinha seus furos e frechas que permitiam contrabandos espúrios de gente de baixo. A necessidade de flexibilidade, ou plasticidade, como diria Gilberto Freyre, era essencial para sua continuidade. As classes médias forneciam essa possibilidade de ascensão. Por sua vez, o estamento inferior estava sempre aberto para receber os desfalques do estamento superior, seja por acolhimento daqueles que haviam anteriormente ascendido, seja pela abertura aos decaídos por infelicidade pessoal ou queda econômica abrupta. A expansão econômica – em várias frentes ao longo dos séculos de colonização – constituía canal natural nesse processo de interpenetração dos estamentos sociais superior e inferior e, além disso, favorecia a expansão territorial e, consequentemente, a criação de novos estabelecimentos sociais, arraiais, vilarejos, vilas que, invariavelmente, como em um processo de autoconservação, iriam reproduzir o mesmo sistema social de origem.

Veremos agora como se constituíam as classes e subclasses dentro do estamento social subordinado ou inferior.

1. Em primeiro lugar, ainda que não possam ser considerados classe social (e sim, povos étnicos e nações periféricas à sociedade colonial) estavam os índios ditos selvagens, livres e autônomos, que controlavam o território ainda indevassado da incipiente Colônia luso-brasileira. Era uma gente inimiga da Colônia, tão ou mais perigosa do que os inimigos europeus externos, que frequentemente destruía núcleos luso-brasileiros recém-criados e estratégicos para a sua preservação e expansão. Sua resistência aguerrida barrou quase todos os projetos durante os primeiros cinquenta anos de colonização. Com o governo-geral e a instalação de vilas economicamente viáveis, a determinação portuguesa foi aos poucos destroçando os pontos de resistência indígena localizados ao longo da costa. O serviço de combate e perseguição aos índios continuou sertão adentro ao correr dos anos, indefectivelmente, até muito dentro do século XX. Para os colonos que se comportavam com submissão ao reino, havia bases de legitimidade e de legalidade para tamanha perseguição. Desde as primeiras tentativas de assentar colonos no território brasileiro, os portugueses viram que teriam dificuldades de controlar os índios. Havia um momento em que uma espécie de encantamento pelos portugueses e seus maravilhosos bens e uma certa boa vontade indígena estouravam em revolta e rebelião. Os primeiros jesuítas viram isso acontecer na Bahia, em São Paulo, no Espírito Santo e em Pernambuco, e sabiam que só "a ferro e fogo", no dizer do padre

Manuel da Nóbrega, o responsável geral pelos jesuítas e fundador de São Paulo, é que os índios se submeteriam ao jugo colonial. Entretanto, por motivos variados, que explanei em detalhes no meu livro *Os índios e o Brasil* (2012), a Coroa portuguesa sempre tentou amenizar essa relação intrínseca e mutuamente incompatível. Basta ver que no Regimento de 1548, que o rei dom João III concedeu a Tomé de Souza para instalar o governo-geral no Brasil, é recomendado que os índios sejam tratados em boa paz. Não obstante, não demorou muito para os governadores seguintes, especialmente Mem de Sá, fazerem guerra crudelíssima aos índios Tupinambá[1] do Recôncavo baiano. A partir da lei de 20 de março de 1570 começaram as ambiguidades do tratamento régio em relação aos índios, ora permitindo sua escravidão, ora considerando-os livres. No cômputo geral, pode-se dizer que, quando os portugueses (ou luso-brasileiros) consideravam necessário um ataque a aldeias indígenas ou mesmo a um povo indígena – seja para controlar sua impetuosidade, seja para abrir caminho para as novas colonizações, seja para buscar e "descer" índios para viverem perto dos luso-brasileiros e servirem de mão de obra barata nos engenhos, fazendas e vilarejos –, havia legislação a gosto para justificar suas pretensões, mesmo sob protestos de missionários, especialmente, de jesuítas. A legislação criou o instituto da *junta de missão*, uma espécie de conselho, dirigido pelo bispo ou prelado local, com a presença do governador ou do capitão-mor, juntos com os vereadores das Câmaras e representantes das ordens missionárias para decidir sobre a legalidade ou não de se atacar, destroçar, submeter aldeias ou destruir e aniquilar povos indígenas considerados "incivilizáveis". A legitimidade de tais ataques estaria no preenchimento de algum dos itens presentes no dispositivo jurídico chamado de *guerra justa*, dentre os quais destacavam-se: acusação de prática de antropofagia; ataque a propriedades luso-brasileiras; recusa ao cristianismo; conluio ou colaboração com países estrangeiros e até um alegado conúbio entre pais e filhas. Uma vez declarada uma guerra justa, enviava-se uma tropa

---

[1] Seguindo a norma consagrada na antropologia brasileira, este livro terá a primeira letra dos patronímicos indígenas sempre em maiúscula, enquanto substantivo, e em minúscula enquanto adjetivo; a palavra não flexiona no plural nem em gênero, exceto se ela já tiver sido adotada na língua portuguesa.

militar para atacar, destroçar e submeter as aldeias almejadas, e, quando possível, trazer prisioneiros para serem escravizados ou, no mais irônico descaramento possível, "persuadir" indivíduos indígenas a viver de bom grado perto dos luso-brasileiros para serem doutrinados no cristianismo e, consequentemente, tornarem-se civilizados. Esses homens, mulheres e crianças bem persuadidos eram alocados nas chamadas aldeias de administração (também chamadas de repartição, ou ainda, de serviço), que se situavam perto das vilas e lugarejos coloniais, ou ainda, em aldeias missionárias um tanto mais afastadas. Se fossem considerados escravos, seriam vendidos em hasta pública.

Os índios autônomos foram sendo submetidos ao controle da Colônia à medida que ela se expandia desde os seus três pontos originais: Pernambuco, Bahia e São Paulo. O Rio de Janeiro virou português pela conjunção de esforços vindos da Bahia e de São Paulo. Sua mais cruel consequência foi um surto de devastação de aldeias tupinambás semelhante ao ocorrido na Bahia uma década antes. Com a expulsão dos franceses do Maranhão e de holandeses e ingleses do Grão-Pará, entre 1615 e 1630, deu-se um surto de intensa devastação na região mais densamente populosa do país. A acreditar na confissão de um ilustre morador de Belém ao jesuíta Antônio Vieira, na década de 1650, dois milhões de índios teriam sido dizimados de suas terras, muitos deles tendo sido aprisionados e exportados para Pernambuco. Por sua vez, pelo fim do século XVI e todo o século XVII, os paulistas tiveram seu irresoluto surto de ataques a índios guaranis e outros que iam sendo aldeados pela ordem jesuítica no Guaíra (entre os atuais Paraná e São Paulo) e nos Itatins (no atual Mato Grosso do Sul) de onde trouxeram levas e levas de índios escravizados para trabalhar nas fazendas de trigo e gado que se formavam no planalto de Piratininga, índios que constituiriam a base da cultura caipira daquela região. Com violência mais virulenta ainda, por mais bem orquestrada pelas autoridades portuguesas, e motivada pela paranoia de uma possível aliança com um putativo retorno dos holandeses, após sua expulsão de Pernambuco em 1654, deu-se o grande massacre dos índios do agreste e das caatingas nordestinas, página da nossa história conhecida como "Guerra dos Bárbaros", tendo durado até por volta de 1720, devastação esta que abriu espaço para a expansão do gado a partir de Pernambuco e do Rio Grande do Norte, que foi se expandindo pelo Ceará, Piauí, Maranhão e até atingir o norte da velha província de Goiás por volta do início do século XIX.

Os índios autônomos continuaram a ser atacados, dizimados, afugentados ou reduzidos ao cativeiro particular ou à servidão em aldeias submissas, por agenciamentos oficiais e por iniciativas particulares via bandeiras e tropas de bugreiros, pelos séculos seguintes até a década de 1920, em regiões do Acre, Roraima, São Paulo e Paraná, e no sul da Bahia (ainda que esporadicamente em outras regiões, como, em 1968, na Mata do Café, em Goiás, quando uma tropa de bugreiros arrasou a última aldeia estável dos avás-canoeiros). Entretanto, pode-se avaliar que, já por meados do século XIX, quando o Império criou sua lei de catequização e aldeamento dos índios (1845), após a grande rebelião da Cabanagem (1838-41), cujo contra-ataque destruiu o que ainda existia de aldeias e vilas autônomas, majoritariamente indígenas, do baixo Amazonas, e espalhou o terror pelas aldeias de povos indígenas que de algum modo haviam participado da rebelião, os índios autônomos haviam deixado de ser um perigo e um empecilho à expansão da sociedade e da economia luso-brasileiras. Pelo contrário, passaram a receber a solidariedade e o respeito poético de segmentos importantes da nova nação, a começar pelo patriarca José Bonifácio de Andrada e Silva (1823), continuando com os fundadores do Instituto Histórico e Geográfico Brasileiro (1838), os indianistas exemplificados em Gonçalves de Magalhães, Gonçalves Dias e José de Alencar e, não menos, até o próprio jovem imperador dom Pedro II. O que já não mais atemorizava, agora podia ser reverenciado.

2. Em segundo lugar, constituíam os elementos do estamento social inferior os índios que, de livres e autônomos, passavam a heterônomos, controlados por outrem, a viver nas aldeias de administração e nas aldeias missionárias, já sob o controle da sociedade colonial. As aldeias de administração eram sítios aonde os índios autônomos aprisionados ou de algum modo cooptados ou persuadidos a aceitar viver em bons termos com os colonos, eram trazidos e localizados em terras perto dos núcleos portugueses, de onde passariam a conviver com a Colônia. Essas aldeias eram governadas por pessoas indicadas pelas autoridades locais (nas cidades maiores pelos governadores ou capitães), que eram denominados protetores ou procuradores dos índios, mais tarde titulados

de capitães, com bom salário e boas oportunidades de ganhar dinheiro e prestígio por terem a capacidade de distribuir índios para os particulares que precisavam de sua mão de obra.

Já as aldeias de missão eram controladas pelas ordens religiosas – mercedários, carmelitas, franciscanos, antoninos e jesuítas – e ficavam a distâncias mais discretas dos núcleos portugueses na esperança de sentirem menos influência e pressão de fora e terem mais poder sobre os índios, tanto para doutrinarem-nos no cristianismo como também para utilizarem e alocarem sua mão de obra potencial.

É preciso enfatizar, por falta de reconhecimento na historiografia brasileira, que a mão de obra indígena presente nas aldeias de administração e nas missões religiosas era fundamental para realizar tarefas e serviços complementares à economia de exportação, desde serviços públicos como abrir estradas, construir edifícios e servir de remadores, marinheiros e homens de guerra, até serviços particulares, como derrubar mata para roça, colher barro e fazer vasos para cristalizar em açúcar o mel de cana já cozido e temperado, prover os objetos de cestaria de palha, cuidar do gado solto nas capoeiras, mas, principalmente, prover os dois principais itens da alimentação da escravaria e da Colônia em geral, quais sejam, a farinha de mandioca e o peixe seco ou salgado. As aldeias de administração localizadas perto das barras dos rios e riachos eram as ideais e logo se tornavam "vilas de pescadores". Se ficavam mais para o litoral, com o relaxamento da vida nas aldeias de administração, os índios e os novos mestiços se mudavam para esses locais à beira do mar para fundar novas aldeias de pescadores. (Quantas dessas aldeias e vilas não se formaram por todo o litoral brasileiro, por quatrocentos anos, até serem devassadas e tomadas por indivíduos urbanos com poder, recursos e novas atitudes, que passaram a construir suas casas de praia nos lugares mais bem posicionados, enxotando as antigas famílias de pescadores para os cantos mais íngremes ou menos confortáveis de suas praias e de seus recursos naturais!)

3. Em terceiro lugar, por uma progressão de vida socialmente reconhecida, estavam os novos mestiços – já falantes do português, cristãos tementes a Deus e ao rei, avassalados pelo prestígio e pelo poder do estamento superior – que se dedicavam a fazer a intermediação entre as classes superiores e as classes inferiores (sobretudo os índios domés-

ticos) e a produzir com mais eficiência as necessidades da economia interna, de caráter subsidiário à economia externa da Colônia. Era gente mestiça originalmente de índios com portugueses que, por razões que logo veremos, não se alçou ao estamento social superior, permanecendo no estamento inferior. A mestiçagem evoluiu bem, ainda que discretamente, pulando muros, por assim dizer, igualmente com os africanos escravizados que trabalhavam nos engenhos de açúcar e, em menor quantidade, nas fazendas de tabaco e gado. Os africanos viam nos índios aldeados perto dos núcleos portugueses uns seres selvagens, de índole inconfiável, porém não escravos, vivendo uma vida de servidão semivoluntária, com potencial de escape, e também de uma vida melhor. As aldeias de pescadores foram absorvendo africanos fugidos que, pouco a pouco, foram enegrecendo a tez dos seus habitantes bem como ondulando seus cabelos negros.

4. Os escravos trazidos da África constituíam a quarta subclasse a compor o estamento social inferior. Desde cedo o tráfico de africanos foi usado por portugueses, inclusive para Portugal e outras colônias, mas o seu número disparou a partir do século XVII, quando o açúcar ganhou mercado e os donos de engenho perceberam que não podiam confiar nos indígenas nem depender dessa mão de obra. Ao todo, cerca de 4,9 a 5,8 milhões de africanos foram trazidos ao Brasil até 1867 quando chegaram os últimos contrabandos de navios negreiros. Os africanos vieram de muitas tribos do Oeste Africano subsaariano e da região de Moçambique, algumas independentes, tentando manter sua autonomia política e cultural, outras já conectadas ou submissas a reinos multiétnicos.

A escravidão, já existente na África há alguns séculos, se moldava por sanções e obrigações culturais, quase como um qualificativo de inferioridade atribuído a etnias inimigas, e também em função da baixa produtividade econômica dos reinos africanos, foi intensificada violentamente pelo interesse das nações europeias que estavam estabelecendo colônias nas Américas. Homens, mulheres e crianças eram aprisionados em ataques às suas aldeias por guerreiros das tribos mais fortes e dos reinos mais bem consolidados. Esses reinos, já hierarquizados por princípios religiosos e sanções étnicas, cresceram e se fortaleceram com a venda desses prisioneiros a mercadores de escravos ingleses, portugueses, holandeses e franceses. Os prisioneiros eram trazidos para portos da costa de onde eram embarcados em navios negreiros para as Américas.

Ao todo, segundo as mais recentes estatísticas históricas, cerca de dez milhões de africanos foram trazidos para as Américas e, cerca da metade desse número, para o Brasil. Esse longo período de quatro séculos de violência para obter escravos causou imensos prejuízos para as tribos e nações africanas, tal como existiam no século XV: além de uma imensa queda demográfica ocorrida em várias regiões, sucederam-se fugas, migrações e expulsões por toda a África do Centro-Oeste e do Sul. Independentes e autônomos que eram, ao seu jeito, ao final do tráfico negreiro, os povos africanos subsaarianos sucumbiram ao poder colonial dos países europeus, muitos dos quais haviam enriquecido e financiado seu novo modo de produção capitalista graças precisa e ironicamente ao trabalho escravo. No final do século XIX, novas colônias africanas estavam estabelecidas, desenhadas por inesperadas fronteiras entre tribos e nações, e com diferentes formas de liderança e justiça impostas pelos colonizadores. Tão irreal fora essa experiência colonizadora que, ao final da Segunda Guerra Mundial, esse edifício colonial ruiu como um castelo de areia para formar as atuais nações africanas, desta vez, influenciadas pelo recorte social, político e territorial criado pelos países europeus, suas ex-metrópoles.

Os africanos que aqui aportaram já sabiam o que era escravidão, embora não fizessem ideia da dureza pela qual passariam: vários morriam na travessia do Atlântico; muitos faleciam nos primeiros dias de chegada; perdiam a vida nos primeiros meses, por causas variadas, desde doenças contagiosas e epidêmicas, desnutrição, anomia cultural e desorientação psicológica e, muitos mais, nos primeiros anos de trabalho hostil e fatigante. Os sobreviventes, entretanto, encontraram meios e modos para aguentarem o tranco e refazerem-se como seres culturais, seja mantendo suas veias religiosa e musical, como apontava Darcy Ribeiro; seja adotando o cristianismo popular, já relativamente indianizado, das fazendas e vilarejos; seja partilhando do hierarquizado catolicismo urbano, com suas irmandades, seus rituais e seus festejos sincretizados das culturas europeia, indígena e deles próprios. O processo de adaptação cultural foi de tal monta que as línguas africanas foram esquecidas, forçosamente, é evidente, salvo pelas orações praticadas em terreiros religiosos já em ambiente urbano, a partir do século XIX. Os africanos viraram brasileiros tanto quanto os indígenas do litoral.

Os escravos africanos foram usados como mão de obra nos engenhos, nas fazendas, nas casas, nas cidades e nos portos. Custavam caro aos donos, de modo que o necessário e suficiente cuidado era-lhes dispensado para que, ao longo de sua breve carreira de escravo produtivo (cerca de dez anos no eito, é o que se calcula), o custo de suas compras fosse compensado. Por isso, parte do trabalho nos engenhos e fazendas, mesmo com a presença de escravos, era empleitada a índios e mestiços vivendo nas aldeias de administração, vilas de pescadores e aldeias de missão. Isso deu azo à convivência entre negros e índios, favorecendo o seu relacionamento afetivo e sexual, ainda que com altas doses de rivalidade. Sabe-se o quanto de presença indígena havia nos primeiros grandes quilombos formados não muito longe do rebuliço econômico na Colônia, a exemplo do mais famoso de todos, o Quilombo dos Palmares que, entre altos e baixos, durou por todo o século XVII, mesmo após a morte de Zumbi, em 1694. Embora seja um assunto pouco tocado na historiografia brasileira, o relacionamento entre índios aldeados próximo a núcleos portugueses e negros escravos ou libertos foi bem mais consistente e permanente do que aquele entre senhor e escravos e, portanto, deve ter sido a maior fonte da originalíssima mestiçagem brasileira. Não tardará o dia em que o movimento social de militância contra o racismo e sobre o papel do negro na sociedade brasileira haverá de reconhecer que a mestiçagem brasileira foi bem mais forte na relativa liberdade das aldeias e bairros indígenas, entre índios e índias submetidos à assimilação e negros e negras fugidios e inzoneiros, do que na casa-grande, entre senhores brancos e escravas negras.

O estamento social inferior foi responsável por tocar grande parte da economia interna da Colônia. Suas subclasses consolidavam-se com o tempo em um emaranhamento social, afetivo e cultural, ainda que não tenham se tornado conscientes de que formavam um todo político. Eis que a política estava nas mãos do estamento superior, desdobrando-se pelas classes médias, pois elas é que faziam o meio de campo entre o poder constituído pelo estamento superior e a grande massa populacional do estamento inferior.

O gráfico seguinte, "Brasil – Formação Cultural: 1700-1900", caracteriza os aspectos culturais da formação do Brasil, os modos de pensar e sentir o sagrado, a chegada de novos imigrantes e a constituição de um povo mestiço, que formou a totalidade do estamento dominado.

BRASIL – FORMAÇÃO CULTURAL: 1700-1900

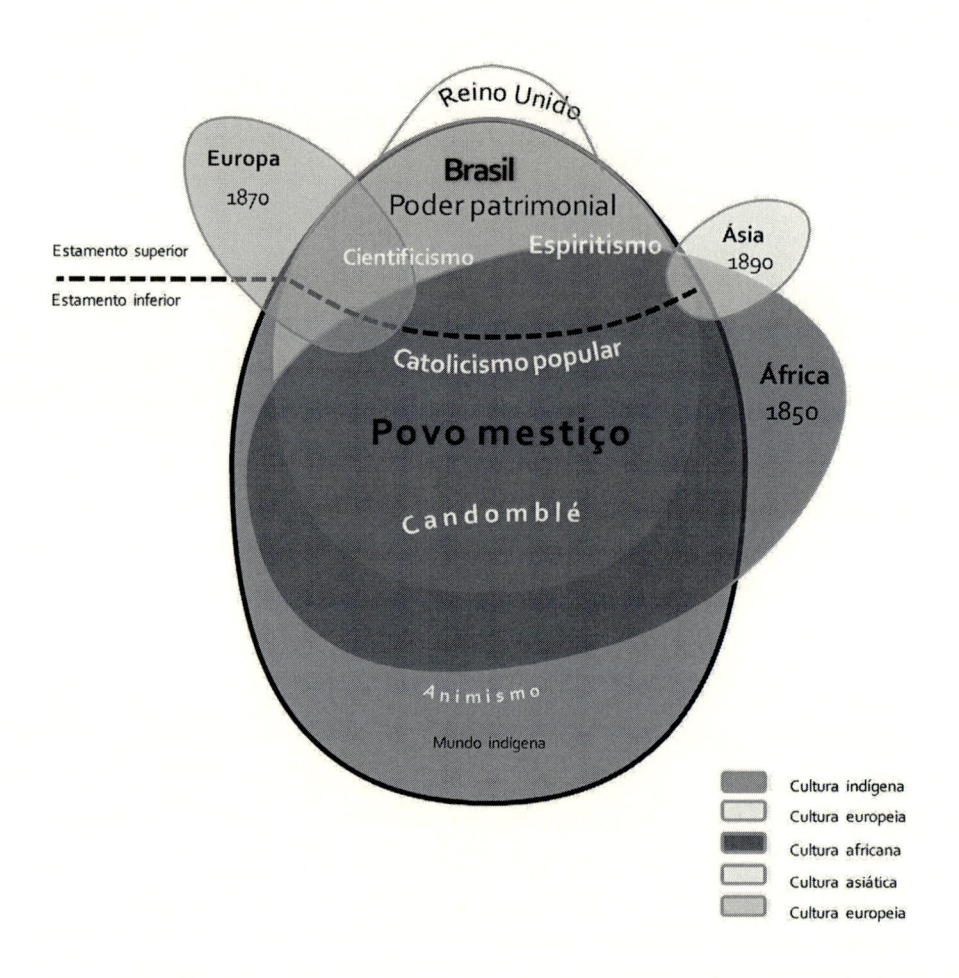

3. Instituições sociais e culturais, modos de ser, religiões e raças

Nenhum sistema social funciona a contento pelo simples poder constituído por suas classes dirigentes, quanto mais um sistema formado no alvoroço de conflitos sociais, nacionais e internacionais como o que se deu na colonização das Américas, particularmente, do Brasil. Qualquer análise que se faça sobre o jogo entre classes e subclasses na formação social e cultural brasileira a partir de um modelo prévio ou conjectural está fadada ao ilusionismo científico. Dificilmente faz sentido para compreendermos o Brasil do seu começo à atualidade, nos animarmos a pensar que ele começou como um projeto do tipo capitalista ou como uma continuação do feudalismo ou como uma adaptação de um patrimonialismo burocrático, quando o que temos é uma pequena nação do promontório europeu tentando abarcar com mãos e pernas um mundo que ela por acaso estava a descobrir como parte da expansão europeia, e logo iria ver que não tinha fôlego para manter o tanto que abarcara desde seu ímpeto inovador.

Vários aspectos históricos condicionaram a forma de colonização portuguesa no Brasil. A primeira condicionante é o da pressão política internacional que Portugal sentiu desde o começo das nações que foram excluídas do Tratado de Tordesilhas, principalmente a França e a Holanda, mas também a Inglaterra, sem mencionar o espectro espanhol fazendo-lhe sombras ominosas desde sempre. A imposição da Espanha, no casamento do rei Manuel com uma princesa espanhola, para Portugal expulsar os judeus que lá viviam há séculos fala por si mesma e deixou um buraco cultural e econômico extremamente deletério à nação lusa. Uma elite paranoica (com razão) e desconfiada de tudo é certamente o que se tem como fundamento de suas ações estratégicas internacionais. Muitas das atitudes portuguesas derivam dessa paranoia, como a decretação da Guerra dos Bárbaros, após a expulsão dos holandeses, que resultou no aniquilamento de grande parte dos índios tapuias do agreste e da caatinga nordestinos. Já o desbaratamento das pequenas e incipientes colônias holandesas e britânicas no baixo Amazonas, por volta de 1610-1630, resultou na conquista hegemônica do rio Amazonas e, de quebra, no aprisionamento de uma certa mão de obra qualificada de irlandeses e escoceses católicos que foi usada, de forma minguada, no Maranhão e

Grão-Pará. Por outro lado, foi essa mesma paranoia que serviu de incentivo, ou ao menos de tolerância, à expansão dos bandeirantes paulistas por terras consideradas espanholas, no coração da América do Sul, bem como a entrada e colonização por parte de luso-brasileiros de terras do rio Amazonas, onde os missionários foram se estabelecendo enquanto os colonos seguiram destroçando povos indígenas para fundar núcleos populacionais com alguma alavancagem econômica. Sem essa paranoia não teria havido o Tratado de Madri (1750) e seus desdobramentos que resultaram na mais que duplicação do tamanho original do território português reservado pelo Tratado de Tordesilhas.

Segunda condicionante: a pequena demografia portuguesa (menos de um milhão de habitantes no século XVI) e o desinteresse da nobreza pela colonização favoreceram a entrada de gente menos nobre e mais aventureira para encarar as agruras de domesticar índios, sujigar escravos, enfrentar uma terra de fertilidade duvidosa e se regrar por normas mais que burocráticas, claramente favoráveis ao poder do Estado português e seus acólitos da máquina estamental burocrática. Desde cedo, portanto, a classe A de senhores de engenho, orgulhosa produtora da riqueza colonial, se relacionou com os administradores do reino (e também com os banqueiros e mercadores de dinheiro e de escravos) de um modo tenso a produzir farpas e fagulhas com frequência, ainda que penhorada por casamentos e por fidelidade ao reino. Entretanto, quando os holandeses dominaram Pernambuco e adjacências, foram os senhores de engenho, junto com a elite B de partideiros e fazendeiros que tinham contato mais próximo com índios autônomos e aldeados, que se empenharam, contra as vontades de banqueiros e da administração geral, a lutar pela volta do regime português, já que estava muito longe a ideia de uma autonomia política crioula. Por sua vez, e contribuindo para arrefecer qualquer ímpeto voluntarista (tal como os colonos ingleses fizeram desde o início da colonização da América do Norte), precisamente por não ser nobre, essa elite sempre aspirou à nobreza e, em função disso, submeteu-se voluntariamente ao comando do reino.

Um terceiro condicionamento, e em favor da classe A, *pace* Gilberto Freyre, é que o pecado da mestiçagem nunca se implantou na terra *brasilis*, ao contrário do que se viu com outros povos que conquistaram seus quinhões de terra e estabeleceram colônias viáveis em outras paragens. Imagine o que teria acontecido se os franceses no Rio de Janeiro, por volta da década de 1560, não tivessem brigado entre si, repetindo a horrenda disputa religiosa que se travava em sua metrópole entre católicos e huguenotes, e aqui por causa do relacionamento com as índias. Ou se os soldados holandeses tivessem aproveitado seu tempo para casar com índias tapuias e estabelecer alianças e pequenas propriedades de partideiros de cana-de-açúcar. Franceses e holandeses perderam suas chances de conquistar e se estabelecer definitivamente em pedaços do território brasileiro, ao menos em parte, por estarem sujeitos à ideologia da pureza racial e, consequentemente, de desdém sexual.

Ao contrário, a mestiçagem portuguesa foi geral, desde o princípio, com índias e com negras. E, uma vez formadas as primeiras gerações de mestiços, a mestiçagem correu solta pelos campos e vilas. Os primeiros filhos mestiços dos primeiros colonos dividiram-se em função das oportunidades econômicas e sociais oferecidas pela Colônia. Aqueles que foram se casando entre si e com índias aldeadas e negras fugidas decaíram para o estamento inferior. Alguns poucos foram protegidos pelos pais que, trazendo-os para viver com eles, arranjavam-lhes casamento com mestiças protegidas por seus respectivos pais ou com homens e mulheres trazidos de Portugal, ou com os lusos crioulos, já nascidos na terra, e com isso conseguiram serem abrigados no estamento superior. Em suma, a volatilidade do posicionamento social dos mestiços se deve, majoritariamente, à existência ou não de casamentos com gente do estamento superior, onde haveria maiores possibilidades de obter uma posição econômica de relevo suficiente para manter a condição social desejada. Os mestiços que se casavam entre si (ou com índios e negros que se situavam no estamento inferior) iriam encontrar seu lugar social nesse estamento.

Um quarto condicionamento importante na formação da sociedade colonial foi o domínio do reino, por meio do modelo patrimonialista constituído desde o nascimento de Portugal como nação. Em princípio, nada acontecia sem o conhecimento, o consentimento e a vontade do rei. Para acontecer algo diferente ou inesperado, alguma coisa deveria ser feita para esconder do rei ou apaziguar sua contrariedade (e isso acontecia na forma de mentira, de embuste, de compensação e, quase sempre, de corrupção). Para tanto, administradores, fiscais, juízes, desembargadores, capitães, ouvidores e outros sabiam que havia sempre algo para eles vindo de senhores de engenho, de banqueiros e de mercadores. Dos reis portugueses, essa prática passou para os imperadores do Brasil e escorregou como parte da negociação entre pares para a República, chegando até os nossos dias de um modo cada vez mais cínico e generalizado. O poder do Estado português constrangeu as chances do desenvolvimento econômico de ordem capitalista ao forçar comportamentos de submissão, muitas vezes fingida, de empreendedores ao poder constituído e emular atitudes de corporativismo defensivo. Embora não de todo insciente do que estava se passando nas nações que se desenvolviam pelo capitalismo, que exigia novas formas de comportamento individual e social, o reino português e suas colônias se deixaram passar ao largo dessa corrente de inovação comportamental pela simples satisfação da consolidação do patrimonialismo burocrático do reino. E também pela presença massiva e contrária da Igreja Católica, certamente. É conhecida a incrivelmente perspicaz sugestão de padre Antônio Vieira ao rei dom João IV, por meados do século XVII, para que promovesse a volta dos judeus portugueses expulsos há mais de um século por dom Manuel e pela Inquisição. Debalde, a Corte não permitiu, o clero não permitiu e Portugal perdeu o bonde da história. Resistência semelhante ocorreu já durante o Império brasileiro quando dom Pedro II e sua Corte encresparam-se contra o visconde de Mauá e sua forma de promover o capitalismo na incipiente nação, contratando mão de obra operária, libertando negros escravos e concedendo-lhes benefícios de trabalho para aumentar sua produtividade, além de ter um banco para se garantir. Mauá, como se sabe, terminou perdendo grande parte de seu capital por uma manobra política típica do conchavo característico do patrimonialismo burocrático brasileiro para excluir adversários e inimigos.

Uma quinta condicionante é aquela que podemos chamar de jesuitismo, isto é, o legado dos trabalhos, da influência intelectual e espiritual da ordem religiosa *Societas Iesu* na formação tanto da elite quanto de segmentos indígenas e mestiços. Os jesuítas deixaram marcas indeléveis no modo de os brasileiros conceberem, pensarem, argumentarem e se posicionarem no mundo em virtude do fato de grande parte da elite nacional, nos três primeiros séculos de sua formação, ter sido educada em seus colégios. Pelo lado dos índios, os jesuítas estabeleceram mais de sessenta missões e colégios de norte a sul do Brasil, atingindo centenas de aldeias e povos indígenas, com o intuito de doutriná-los ao cristianismo católico tridentino e de prepará-los para fazer parte da sociedade colonial. Em ambos os casos, os jesuítas tiveram um sucesso consistente, ainda que à custa de protestos e agressões por ambas as partes, até sua expulsão do reino português em 1759, só retornando ao Brasil após sua remissão pelo Vaticano, em 1814, mas já sem prestígio para retomar sua trajetória anterior.

Os colégios jesuítas para as elites ensinavam, a partir da visão elaborada três séculos antes por São Tomás de Aquino, que a busca pelo conhecimento – a filosofia, a ciência, isto é, a indagação sobre as coisas, a observação, a pesquisa por novidades, a formalização de regras e a sistematização dos seus conteúdos – é importante como base da vida terrena; que é pela argumentação dialética e silogística que se forma o conceito das coisas; que as dúvidas estimulam a pesquisa; porém, que, em último caso, as incertezas são dirimidas pela autoridade (a quem se deve obediência); e que o produto do conhecimento deve ser submetido ao conjunto para sua avaliação de verdade e relevância. Para entendermos o que significa escolasticismo, ou o método escolástico, é preciso ter em mente o quanto ele tem de científico e o quanto, afinal, ele depende da autoridade e da conformidade a uma noção de propósito coletivo, no caso, inapelável. Já se disse, a esse propósito, que a questão da ciência no catolicismo não é a rejeição ao novo, à experimentação e à sistematização, e sim, sua possível fuga à sanção da autoridade máxima: o Vaticano.

Por todo o tempo que prevaleceu no Brasil, acima das demais ordens religiosas dedicadas à catequização dos gentios e à educação da elite, como os dominicanos e os franciscanos, o jesuitismo funcionou como catalizador de um espírito científico, portanto, de uma certa modernidade que caminhava a passo miúdo com o desenvolvimento de formas capitalistas de economia. Os estudos (de minerais, de geologia, de astronomia, de matemática, de produtos medicinais etc.) que davam base para a formação de engenheiros e médicos complementavam-se com a retórica e com a dialética, próprias para a formação de bacharéis. Estes, ainda que habilitados a exercerem funções administrativas, diplomáticas e literárias, constituíam o baluarte intelectual da razão patrimonialista: ciência e bacharelismo caminhavam juntos, cada um, a seu modo particular, dificultando os passos um do outro.

A ciência não deu saltos no Brasil, mas se fixou como uma variação moderada da ilustração que as classes dirigentes necessitavam ter, como método e conteúdo de compreensão do mundo e como verniz de prestígio, para manter sua posição privilegiada. O fato de Portugal jamais ter permitido a criação de universidades ou a introdução da imprensa no Brasil foi mais do que suficiente para desencorajar qualquer estudo a mais do que os preparatórios para se cursar o ensino superior em Coimbra e em Lisboa, em cidades com universidades católicas para os noviços religiosos, ou em alguma outra cidade da Europa. Durante todo o período colonial e por grande parte do século XIX, os protagonistas da ciência eram em geral filhos da classe empresarial, de senhores de engenho, de fazendeiros de algodão e de cafeicultores que, de algum modo, passavam por inseguranças ou decaíam de sua alta posição econômica, compensando-se por isso com a decisão de levar seus filhos para uma nova e alta classe de advogados, médicos e engenheiros e para a alta burocracia estatal. Muitos eram eventualmente estrangeiros estabelecidos no país, ou seus filhos. Com o decorrer dos anos, os segmentos médios do estamento superior (porém nunca do estamento inferior), com muito esforço e muita insegurança social (por serem reles preceptores, mestres de ensino primário, funcionários públicos, comerciários e lojistas), se sentiram no direito de mandar seus filhos para serem educados em centros de ensino superior, seja nas cidades em que se estabeleceram faculdades de direito e medicina, seja ainda nas cidades europeias e norte-americanas. Porém, só praticamente no século XX é que sairiam cientistas dos setores médios nacionais.

Tal se deu, poderíamos arguir, porque o jesuitismo exigia um comportamento corporativo de ilustração das elites pensantes e científicas, quase que em forma de clube ou associações, quase em antecipação à moda maçônica, não incentivando dedicações individualistas a objetivos que pudessem apartar as individualidades do rebanho, tal como ocorria no mundo anglo-saxônico, devotado ao individualismo como forma de redenção humana. O individualismo anglo-saxônico é que iria regular o principal padrão sociocultural do capitalismo, tendo como variações secundárias o modo alemão (mais devotado a um espírito de povo, uma germanidade) e o modo francês (mais afeito a uma expectativa de Estado/nação). A propósito, e entre parênteses, o cotejo entre esses três modelos socioculturais de capitalismo com o "modelo" brasileiro nos mostraria talvez saídas para nossos impasses administrativos e quiçá a formulação de um modelo mais eficiente do que aquele que tivemos outrora e que continuamos a ter agora.

Uma sexta condicionante foi o modo especial com que o sentimento religioso emergiu no Brasil e se consolidou por todos os segmentos sociais dos dois estamentos, constituindo uma religião quase única, acatada por nós de um modo tranquilo e penetrante, contribuindo imensamente para a formação de uma cultura mestiça compartilhada por todos. Até ser desafiado, já nos finais do século XIX pela entrada de protestantes luteranos e batistas, o catolicismo brasileiro – nascido das determinações do Concílio de Trento (1545-1563), especialmente, das obrigações de celibato, de hierarquia, de culto (de santos, de relíquias e de imagens) e predicado pelas indulgências, pela confissão e pelo perdão – penetrou na alma indígena já alquebrada e na alma africana já submissa até estabelecer sua autoridade divina pela mistura com crenças, liturgias e ritos indígenas e africanos. É certo que missionários e padres seculares tentaram de tudo para coibir a população mestiça de sincretizar os santos católicos, as imagens e os ritos com os espíritos indígenas e com os orixás africanos; a crença na ressurreição dos mortos com os mitos de renascimento dos heróis indígenas; a crença na magia de pajés, caraíbas e prestidigitadores indígenas com os milagres bíblicos e cristãos. Enfim, a música e a batida de pé nos rituais indígenas e africanos foram desviadas para festas profanas a fim de que prevalecessem os cânticos católicos, as ladainhas portuguesas e a musicalidade cromática nas festas sagradas.

Assim o catolicismo popular e a religiosidade brasileira se estabeleceram nos primeiros séculos. À medida que o Brasil foi se urbanizando, a partir de cidades como Recife e Salvador e depois pelas novas cidades mineiras, o catolicismo popular tomou ares mais formais ou mais europeizados. As igrejas foram enriquecidas pelas benemerências dos homens ricos, a ordem social se sacralizou nas diferenças entre igrejas de pobres e de ricos, nas irmandades, nos santos venerados e até nos lugares de assentos nas igrejas. Pertencer a uma irmandade significava pertencer ao mundo cristão e ao mundo civilizado. Desse modo, as irmandades moldaram um comportamento respeitoso e acatado de negros escravos, mulatos livres e mestiços do estamento inferior.

O estamento superior sentia no catolicismo tridentino um modo tranquilo e seguro de revelar seu sentimento de sacralidade, sem ser desafiado por sua posição social. Sem cairmos na tentação de considerar a religião como uma compensação pelo sofrimento ou uma afirmação de privilégio, muito pelo contrário, o que se desenvolveu na religiosidade brasileira via catolicismo popular foi uma tolerância moderada por outros modos de reverenciar o sagrado, os modos indígena e africano, os quais se sincretizaram nesse catolicismo. Em zonas rurais e urbanas, o catolicismo popular praticado tanto pela elite quanto pelo povão foi aspergido de eflúvios africanos e indígenas. A partir da urbanização mais intensa e do adensamento de negros escravos ou forros nas cidades, a religiosidade africana encontrou um espaço mais seguro e foi se estabelecendo fisicamente, por muito tempo disfarçadamente, nos arrabaldes e bairros pobres, centrados em instituições que ganharam os precisos e adequados nomes de "terreiros" e "casas".

No Brasil, independentemente do catolicismo tridentino popularizado, o candomblé africano e o animismo indígena haviam se estabelecido tanto como sínteses cambiantes, por todos os cantos da nação, quanto, por seus próprios méritos, como entidades próprias. A partir da segunda metade do século XIX, começaram a emergir crises no catolicismo que, então, passou a ser desafiado por doutrinas que se consolidavam como reação às rápidas e preocupantes mudanças econômicas e sociais. A classe média e a elite intelectualizadas optaram por uma participação cada vez mais politizada na maçonaria. O Vaticano reagiu com uma tentativa de afirmação de preceitos e recomendações muito rígidas, como a tese da infalibilidade do papa e a centralidade do Vaticano no controle de seus bispos, em detrimento da instituição do padroado, que determinava o poder do monarca na política de alocação de prelados. O resultado, pelo lado da elite, foi a chamada questão religiosa que confrontou alguns bispos católicos com a Monarquia e esta última com o Vaticano. Por sua vez, tal crise abriu um flanco para o fortalecimento do anticlericalismo maçônico, para a entrada do protestantismo e do espiritismo, e, por agregação, para o enfraquecimento político e ideológico da Monarquia e para a consolidação da propaganda republicana.

Pelo lado popular, o catolicismo teve seu momento mais alto com a figura de padres piedosos, a maioria formada de missionários capuchinhos que peregrinavam pelos sertões fazendo desobrigas em que se batizava, casava e orientava o povo a criar ou recriar seus laços de fé e lealdade à Igreja romana. No Nordeste, tornou-se muito conhecido e admirado o padre Ibiapina (1806-1883) por suas desobrigas e pela fundação de casas de caridade e hospitais. Mais tarde, talvez um de seus discípulos emuladores, o padre Cícero Romão Batista (1844-1934), elevaria às alturas a popularidade do catolicismo sertanejo, ainda hoje um marco de grande distinção no sentimento religioso dos nordestinos em geral, do povão, em particular. Como se sabe, a forte presença missionária e política do padre Cícero criou uma grande polêmica com o catolicismo ortodoxo, tendo sido ele em iguais doses rejeitado pela Igreja oficial e venerado pelos fiéis nordestinos.

A religiosidade popular brasileira foi adicionada pela penetração do espiritismo, de origem francesa, que aqui encontrou abrigo fácil e confiante pela flexibilidade sincrética prevalecente. Já na primeira década do século XX, surgiu uma nova religião, talvez a mais sincrética já produzida no Brasil, a umbanda, que agregou formas do catolicismo, do candomblé, do espiritismo e do que ainda existia do animismo indígena agregado ao candomblé.

Por fim, o maior desafio à capacidade do sincretismo religioso brasileiro – formado, desde o princípio, pelo relacionamento indiscriminado entre as três religiões básicas miscigenadas – iria despontar com a chegada de missionários e com a consequente consolidação de igrejas e de seitas evangélicas e pentecostais formadas e advindas dos estados sulistas americanos. Os movimentos pentecostal e evangélico, em suas miríades de pequenas variações e igrejas, iriam crescer a partir da década de 1960, talvez incentivados pelos governos militares (1964-1985), chegando a quase um quarto da atual população declaradamente religiosa brasileira. Sua principal característica doutrinária de retorno à interpretação literal do Antigo Testamento bem como sua determinação missionária estão levando os novos crentes cristãos a se posicionarem como fiéis imunes à aceitação de outras formas religiosas, especialmente as não cristãs, isto é, às matrizes negra e indígena, precisamente, de onde surgem a maioria de seus fiéis. É provável que, passado o primeiro momento doutrinário e missioneiro, o espírito sincretista venha a prevalecer e possa operar uma interrupção no sentimento preconceituoso prevalente em algumas dessas igrejas pentecostais da atualidade. A ver.

Uma sétima condicionante, com influência sobre a cultura brasileira como um todo, é a capacidade de negociação e contemporização que o estamento superior criou para si como forma de abrir espaços para a ascensão de novos elementos e conciliar disputas internas. Essa característica tem sido tanto valorizada, como meio de demonstrar que a cultura brasileira prima pela conciliação, quanto vista como negativa, como meio de preservar os privilégios do estamento superior. Talvez ambas as perspectivas estejam certas, o que só aumenta a validade de sua influência.

A conciliação não é exclusividade de uma negociação intraestamental, ela também surge nas disputas interestamentais, tal como vimos nas decisões por anistias para resolver disputas e guerras internas. Das três grandes rebeliões ocorridas na fase imediatamente anterior à maioridade de dom Pedro II – a Revolução Farroupilha, a Balaiada e a Cabanagem – apenas as duas primeiras foram concluídas com negociações que incluíram a anistia dos derrotados, dentre os quais fizeram parte grandes contingentes de negros escravos e libertos. Entretanto, na Cabanagem e ainda no caso da Revolução do Equador, esta ainda ao tempo da Colônia, cujos protagonistas vinham de ambos os estamentos, a anistia não foi obtida nem para seus líderes nem para os comandados. Talvez só o sentido do perigo que essas duas grandes rebeliões provocaram na elite dirigente explique o porquê de suas respectivas violentas represálias. O mesmo se pode dizer sobre a rebelião dos Malês, já com o jovem imperador no comando, chefiada por rebeldes negros que pretendiam criar uma república afro-islâmico-brasileira na Bahia e que foi abafada sem dó nem piedade.

Da parte do estamento social inferior – composto por índios, índios em transição sociocultural, mestiços formados, negros forros e escravos –, analisaremos cinco dos principais condicionamentos culturais que prevaleceram entre nós.

O primeiro foi o senso de solidariedade derivado da condição indígena. Ser solidário, não deixar que o outro morra de fome, repartir bens e produtos, manter um nível básico de igualdade ou paridade social são elementos essenciais da sociedade indígena. Aqui a individualidade afirma-se com a consciência de que o dever para com o outro é essencial para sua própria existência e sobrevivência. É evidente que, à medida que índios autônomos passavam a ser índios aldeados em missões ou aldeias de administração ou viviam livres em bairros e arrabaldes, os elementos tradicionais de solidariedade foram se esgarçando e se desgastando paulatinamente, nunca abruptamente, sob a pressão das variadas condições sociais prevalentes, seja escravidão, semisservidão ou incorporação à sociedade dominante. Ser original e naturalmente solidário em uma comunidade igualitária se transfigura, em uma sociedade com pressões para o surgimento da desigualdade social, em um modo coletivo de viver em que as pressões para cumprir obrigações coletivas se tornam óbvias, gritantes e conflitantes. Tanto a iniciativa pessoal, que se torna uma atividade em benefício próprio, quanto o ato de desagregar-se do grupo para viver fora dele são ações percebidas de modo negativo pela comunidade em transição. Assim, nessa camada social composta por índios e por seus descendentes culturalmente mestiços, para que a equidade social se mantivesse, o esforço individual não poderia resultar em compensações muito acima daquelas de seus companheiros: um esforço médio e uma compensação média seriam o padrão de comportamento laboral permitido nessa classe social e, por meio dele, ela iria se acostumar a dar e a receber de outrem e também a ser reconhecida pelas camadas sociais dominantes.

A segunda condicionante cultural adveio da curiosidade, da atração e do desejo por elementos sedutores da fragmentada civilização portuguesa em terras brasílicas. Os desejos pelo novo belo (como a roupa e o chapéu) e pelo novo eficiente (como as ferramentas e a espingarda) levaram os índios a desenvolver um sentimento de aceitação das mais duras condições de vida, tais como: privação de liberdade; submissão pessoal; violência individual; carência alimentar; moradia degradante; e humilhação pessoal e étnica. É certo que, para tanto, primeiro, eles tiveram de ter suas colunas culturais quebradas pela violência. Ao estupor da submissão, seguia-se a atitude de seres aparentemente sem vontade própria, lobotomizados psicologicamente, despersonalizados e totalmente indefesos, o que muito agradava aos missionários e à elite econômica dominante. De certo modo, essa condição era imprescindível para que um indivíduo indígena se dobrasse e permanecesse ajoelhado com alguma contrição diante de uma religião absolutista, cheia de preceitos contrários a qualquer norma ou regra tradicional de suas culturas. Apegar-se ao significante de imagens cristãs, à liturgia de cânticos e ao pseudopanteísmo de santos arrefecia o monoteísmo doutrinário e facilitava o entendimento da continuidade do sagrado. Ao final, o fascínio, a atração e o desejo pela civilização luso-brasileira iriam prevalecer como mais um elemento condicionante da formação do estamento social inferior.

O fascínio existia e ajudava na submissão e no acatamento de sua condição inferior, mas a terceira condicionante à conformação do estamento dominado resultou da violência planejada e exercida de cima, do cumprimento das ameaças, da efetividade da força militar – não só preventiva como também retaliatória – e da rigidez da aplicação de castigos, que faziam parte essencial da condição de pertencer ao estamento social inferior. O propósito da violência e das sanções é evidente em qualquer relação de desigualdade de poder que ainda não seja bem estabelecida ou acatada, com suas normas e rituais próprios. Há que haver um condicionamento cultural/psicológico para amalgamar os índios desfeitos de sua cultura em uma nova cultura e, portanto, em uma nova identidade social. Enfim, a humildade e a submissão, além de serem condições *sine qua non* para a formação desse estamento social dominado, tiveram efeitos transcendentais na caracterização da cultura que daria sentido e prevaleceria no estamento social inferior.

Em contrapartida, o quarto condicionamento no estamento inferior foi a continuidade de sua própria violência interna, tanto contra si quanto contra o estamento superior: seja na forma de rebeldia pura e simples; como tática para melhorar condições de vida; como ritual de descontrole coletivo; como busca de vingança (pelo rancor acumulado de sofrimentos) guardada para a melhor ocasião de aplicação; e, ainda, como competição e disputa interna entre suas diferenças sociais e culturais. A fonte da violência interna desse estamento vinha das condições em que ele se formara: grande variedade de etnias originalmente em competição umas com as outras; pequenas novas diferenças internas de posição social, com alguns poucos sendo agraciados com compensações pelo estamento superior em função de serviços prestados no controle social deste estamento; desfazimento rápido demais das bases culturais originais, como quebra de regras de casamento e alianças sociais, perda de influência paterna, desprestígio dos anciãos etc.; anomia espiritual devido à pressão religiosa como auxiliar do Estado; proibição de rituais religiosos e profanos bem como de jogos e divertimentos não condizentes com a visão do estamento superior.

O controle imediato da potencial violência do estamento inferior se dava pelas alianças que o estamento superior fazia com membros bem compensados do estamento inferior que desempenhavam as funções de guardas e de polícia. Já a violência dirigida internamente, isto é, dentro das rivalidades internas de etnias, era resolvida por costumes próprios de vingança, por exclusão do grupo ou pelos guardas e policiais nomeados pelo estamento superior que, de algum modo, eram aceitos pelo estamento inferior.

Tanto a violência individual quanto a coletiva do estamento social inferior, formado por índios sujeitados e por novos mestiços, iriam ser motivo de eterna vigilância por parte do estamento superior. Elas seriam verbalizadas e simbolizadas pelo medo, pelo preconceito tornado atávico, pelo distanciamento social efetivo e por políticas permanentes e reiterativas de exclusão social. De algum modo, esse quadro repercute ainda hoje na sociedade brasileira.

O quinto condicionamento, já referido no anterior, mas que merece destaque, foi a rivalidade interna entre as etnias e os grupos sociais novos (a disputa entre índios e negros, ou melhor, entre descendentes de índios e descendentes de africanos). A rivalidade entre grupos foi mais um facilitador na difícil tarefa de manter o estamento inferior dividido e sem aptidão para encarar quem o oprimia. Tal rivalidade operava-se tanto na prática de brigas, refregas e assassinatos quanto na prática dos rituais coletivos. Muitos dos festejos coletivos populares refletem os grupos étnicos originais e as suas rivalidades, por mais que estejam disfarçados pela música e pelas danças.

Haveria, ainda, outros condicionamentos na formação do estamento inferior que poderiam ser resumidos a modos de convivência interna, ou melhor, a princípios formativos de uma subcultura dentro da amplitude maior da incipiente cultura brasileira colonial. Assim teríamos, por exemplo, como itens sociais negativos: a desconfiança entre pessoas de diferentes etnias recém-trazidas para viverem juntas; a pouca importância dada à sorte de outros que não fossem de seu círculo mais íntimo de convivência; a tendência para enredar confusões sociais. Por sua vez, um conjunto de boas maneiras de convivência funcionava lado a lado com os itens negativos, tais como: a busca de proximidade ou intimidade com os outros, via chistes e brincadeiras; a continuação da liberalidade sexual indígena; a formação de consensos temporários para resolver pendengas e o sentimento poético de viver o dia a dia.

3a. *Em que resultava tudo isso?*

O estamento social inferior fazia a economia e a sociedade dominadora funcionarem de tal modo que o estamento social superior sentia que era legítimo e que sua posição de superioridade era acatada, se não por desígnio divino, à moda europeia de reinados, ao menos por virtude de sua própria natureza. Realmente, poucas vezes teriam surgido desafios portentosos à continuidade desse sistema social. E quando houve, com algum rebuliço, muito cedo na colonização, um desafio como o Quilombo dos Palmares – que funcionou por mais de um século a poucas dezenas de quilômetros de dois grandes centros político-econômicos da sociedade colonial –, ele não foi visto como um inimigo estranho ao ninho, como um holandês com pretensões de dominar, mas tão somente como um incômodo quisto a ser lancetado. O Quilombo dos Palmares, bem como outros experimentos de rebelião acontecidos em outros lugares e outros tempos, repercutia uma vida social não muito diferente daquilo que acontecia na sociedade mais ampla, isto é, com diferenças sociais reconhecidas pela presença de escravos e sua face contrária, os senhores.

Da escravidão de africanos importados e da semisservidão de índios reduzidos ou sujigados, regimes duros e exploradores do trabalho humano, foi-se acomodando um *modus vivendi* progressivamente mais aceitável para ambas as partes contrárias, não obstante os levantes e rebeliões ocasionais e, na maioria dos casos, localizáveis. É provável que, mais do que as grandes rebeliões e desafios ao sistema colonial, foram as pequenas (e exemplares rebeliões) que, em conjunto com as intervenções da Igreja e das missões e com um incipiente espírito do modo capitalista de lucrar, ajudaram o estamento inferior a melhorar suas condições de trabalho, de sociabilidade e de conforto espiritual, de modo que a vida social fosse suportável e pudesse fazer algum sentido humano.

Diante do poderio real e simbólico que o estamento inferior visualizava e sentia em relação ao estamento superior, a aceitação da condição de inferioridade só funcionava graças à compensação real e simbólica de levar uma vida com algum gosto, sorvendo o que de bom poderia haver. Certamente que o trabalho escravo para o negro e o trabalho forçado, semisservil, para o mestiço cultural de branco com índio e com negro não seriam o propósito da boa existência. Ao contrário, evitá-lo seria sempre de bom alvitre. É evidente que o estamento superior sabia dos motivos que provocavam a baixa produtividade de seus escravos ou semisservos. Não adiantava forçar mais do que o possível, pois a corda poderia arrebentar de vários modos e, quaisquer que fossem, o prejuízo também viria para os senhores do estamento superior. Uma acomodação de horas de trabalho com alguma produtividade se fazia necessária para que ambas as partes tivessem um gosto de satisfação mútua. E assim é que, do ponto de vista do trabalho, foram se formando as relações entre os estamentos e o reconhecimento de suas potencialidades e limitações.

Com a indústria do açúcar, o capitalismo colonial – constituído por escravos, trabalhadores semisservis e trabalhadores livres, por partideiros de cana, por comerciantes atacadistas, por emprestadores de dinheiro, por importadores e exportadores – funcionava sob a égide política do patrimonialismo estatal português, sujeito a taxas, multas e mudanças intempestivas, acossado e achacado por funcionários ladravazes do reino. Dessa forma, ele não teve como perseguir uma melhora na sua produtividade nem tampouco estabelecer um sentido de dedicação ou obrigação pessoal ao trabalho, como na América do Norte inglesa. É evidente que parte fundamental dessa falha se deveu ao modo patrimonialista que dominava o estamento superior, que freava qualquer tentativa de melhorar a organização do trabalho ou as técnicas de produção, mas também se deveu à resposta dos principais modos de trabalho do estamento inferior, o escravo e o semisservil. Essa não foi uma boa interconexão para o desenvolvimento da Colônia. O trabalho semisservil rebaixava o valor do trabalho livre remunerado que vinha dos segmentos baixos do estamento superior ou dos segmentos altos do estamento inferior, tais como os ofícios de ferreiro, de sapateiro, de coureiro, de carpinteiro, de tropeiro, de arreeiro, de pedreiro, de ladrilheiro etc. Essas profissões tinham algum prestígio social, porém eram confrontadas por tal competição da parte de aprendizes semisservis ou escravos, quebra-galhos e biscateiros, sobretudo nas zonas rurais e nas grandes fazendas, que não conseguiam obter uma valorização adequada do seu trabalho. Artesãos e profissionais de serviço permaneceram vivendo modestas vidas, em casas simples, em geral de pau a pique, com as mesmas dificuldades de outros homens semilivres, ainda que respeitados pelo estamento superior por suas aptidões e criatividade. Já nas vilas e cidades foram se criando nichos próprios para essas profissões, com menos concorrência da parte de aprendizes semisservis, embora elas nunca tenham alcançado reconhecimento suficiente que os permitisse criar ofícios com grêmios e associações para os proteger, como havia na Europa.

Como um todo, livre ou semisservil, a remuneração do trabalho era sempre e necessariamente baixa, exigindo com isso uma modéstia muito grande nas condições de vida. Com isso, a diferença de condições de vida e de consumo entre as subclasses altas e as subclasses baixas do estamento superior permaneceu sempre muito alta, levando a crer que essas subclasses baixas estariam mais próximas do estamento inferior do que dentro do estamento superior. Nos momentos de crise e rebelião, essa proximidade podia se transformar em aliança, como deve ter acontecido nas rebeliões da Balaiada e da Cabanagem, pelo fim da década de 1830. Nos momentos de pique econômico, as subclasses baixas do estamento superior encontravam meios para ascensão e solidificação de suas posições naquele estamento, desprezando as subclasses altas do estamento inferior.

O cotidiano da vida social na Colônia não era propriamente pachorrento. Havia azáfama e rebuliço nos momentos tensos do trabalho, nas festas e nas comemorações, e ainda nos momentos de perigo provocados por inimigos externos ou internos (índios autônomos). Entretanto, se possível, os momentos de rebuliço deveriam ser curtos, em comparação com os momentos de pachorra. O trabalho intenso, necessário em muitas tarefas, deveria ter curta duração, ao menos, com frequentes períodos de pausa e recreio. O calor era sempre excessivo desde a manhã e em qualquer parte da Colônia, e castigava quem trabalhava na roça ou no campo, mas também no engenho, com suas piras de fogo a ferver os tachos de melaço, nos currais de gado, nas ruas e, sobretudo, no carregamento de liteiras e de fardos ao lombo. Qualquer coisa contrária a esse regime sincopado de trabalho seria mais que punição, prenúncio de suplício. Nem de escravos exigia-se uma disposição mais rigorosa.

No mais, alguma ordem, alguma disciplina eram exigidas ao trabalhador. Podia variar em minudência de patrão a patrão, de senhor a senhor, mas esperavam-se no geral resultados e retornos que compensassem investimentos prévios e expectativas medianas. A economia da Colônia funcionava, dava lucros a todos os envolvidos com capital, era quase sempre sustentável, ainda que a custo de uma baixíssima expectativa de consumo de bens por parte do estamento inferior. Assim ficou durante quase toda a colonização, variando com os momentos de alta ou baixa procura de *commodities* na Europa. Nem a Abolição da escravidão fez grande diferença econômica, uma vez que a servidão ou semisservidão continuou a funcionar até muito recentemente via principalmente o emprego doméstico, o qual só há pouco tempo passou a ser regido por leis trabalhistas equivalentes às leis dos demais trabalhadores. Efetivamente, só com a chegada de novos imigrantes europeus do Oriente Médio e asiáticos e com os primeiros grandes passos da industrialização brasileira, no limiar do século XX, que o capitalismo tupiniquim se viu pressionado a fazer ajustes trabalhistas para competir no nível internacional com estilos atualizados do capitalismo, ainda que incapaz de limpar de todo a nódoa do patrimonialismo.

O gráfico seguinte, "Brasil – 2017: Povo, Cultura e Classes Sociais", ilustra em síntese o resultado da formação cultural e da história política e social brasileiras tal como descritas até agora. Ainda prevalece o sistema de estamento social no Brasil, dividindo o país em duas subculturas, ainda que em eventual declínio, pois as bases econômicas que lhe davam sustentação vão dando passagem a novas formas econômicas. Por sua vez, as classes médias e o operariado vão ficando cada vez mais importantes no sistema social brasileiro. Os sentimentos que favorecem religiões ou pensamentos sobre o sagrado demonstram a variedade e a tolerância que o Brasil adquiriu ao longo dos quinhentos anos de sua formação. No centro da alma do país está a formação de uma cultura mestiça, ascendente, que fará a síntese das culturas de base e da cultura dominante, prevalentes no sistema estamental. A forte presença de imigrantes de um século e algumas décadas atrás demonstra a capacidade de agregação e de assimilacionismo da cultura de base brasileira e de sua influência sobre a cultura dominante. Uma população minoritária (mas instigante) de povos indígenas é testemunho do passado que permanece. O predomínio da economia e da cultura euro-americanas significa que o Brasil está ainda em situação de dependência, se não de submissão. Ao longo dos próximos capítulos, o leitor talvez goste de voltar a ver esses três gráficos para esclarecer alguns argumentos usados para deslindar aspectos do nosso sistema social e da dinâmica cultural que nos rege.

BRASIL – 2017: POVO, CULTURA E CLASSES SOCIAIS

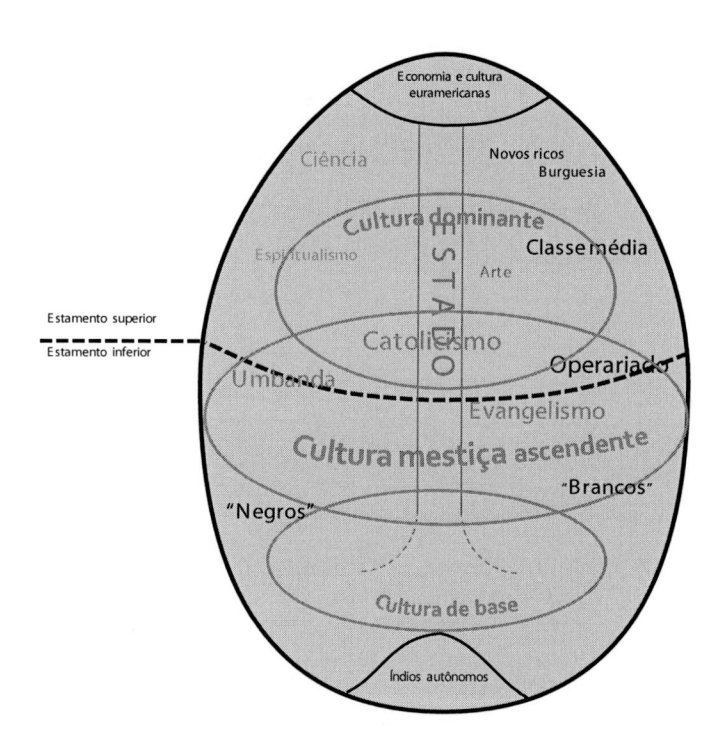

Capítulo 3
Por que a economia brasileira não funciona a contento

Quando eu era menino, no fim da década de 1950, vivendo em uma cidade no interior do Rio Grande do Norte, ouvia meus pais e todo mundo falarem de carestia, de preços altos e da falta de dinheiro para continuar comprando as mesmas coisas adquiridas no mês anterior. Fui crescendo, crescendo, e sempre a mesma ladainha, que eu aprendia cada vez em termos mais apurados. O resultado é que, desde cedo, eu e toda a minha geração aprendemos que gastar quase tudo o que se tinha era melhor do que ficar economizando, já que a inflação iria eventualmente diminuir o valor do dinheiro. Os pais que ingenuamente haviam aberto cadernetas de poupança em nome de seus filhos viram o resultado desse investimento se defasando a ponto de não valer, em duas décadas, o que tinha sido depositado no seu início.

Estudando, aprendendo outras coisas, constatamos todos nós que a economia brasileira sempre carregava um ar de fracasso, apesar de o Brasil continuar a crescer, comparada com as economias de outros países mais desenvolvidos, desde a Argentina aos países europeus e, naturalmente, aos Estados Unidos. Até o surgimento do Plano Real, elaborado no governo Itamar Franco (1992-1994) e executado nos governos Fernando Henrique Cardoso (1995-2002), depois de muitas outras tentativas de reformas econômicas, ou melhor, especificamente monetárias, nós brasileiros não entendíamos por que nossa economia era tão ruim, e danávamos a botar culpa em tudo e todos, especialmente nos capitalistas, nos banqueiros, no imperialismo e, no limite, inclusive, no nosso caráter como povo.

Em geral, os economistas se acham os mais indicados para explicar por que nossa economia é ineficiente. É do seu metiê fazer isso. Mas, ai de quem acreditar no que eles escrevem em suas colunas ou falam em suas entrevistas. A porcentagem de prognósticos que não dá certo é grande o suficiente para que ninguém aposte suas parcas sobras de renda em suas previsões. Aí, sem conselhos seguros, ficamos todos à mercê da sorte. Por que erram tanto os nossos economistas?

Naturalmente não estou querendo que nenhum economista pare de ler este capítulo por esta simples provocação. Mas, como veremos mais adiante, tenho boas razões para começar desse jeito, melando a credibilidade do economista como especialista da economia em nossa sociedade.

Já na universidade, não me interessei por economia porque ouvia dizer, e lia em textos variados, que era a ciência lúgubre, *the dismal science*, epíteto dado pelo historiador inglês Thomas Carlyle, em 1849, ao descrever o que estava acontecendo na sua Inglaterra. Certamente que, para o Brasil, tem sido isso mesmo, a ciência que mostra a nossa desgraça econômica e também social. Todavia, não tendo criado uma ojeriza, a lúgubre ciência não me impediu de, quando estudante de antropologia, nos Estados Unidos, ter me dedicado com muito empenho à subdisciplina antropologia econômica e ter feito de minha tese de doutorado sobre os índios Tenetehara do Maranhão um teste de aplicação de conceitos economicistas atribuídos desde Adam Smith, David Ricardo, Karl Marx, Vilfredo Pareto ao moderno Karl Polanyi, passando pelas interpretações de antropólogos economistas de formação, Bronislaw Malinowski como pioneiro, e Marcel Mauss como seu antípoda, na análise da história, da cultura, da sociedade e da sobrevivência étnica daquele povo indígena que, por mais de quatrocentos anos, foi oprimido, escravizado, servilizado, deslocado, aculturado e, ao final, só a meio sucesso, quase assimilado pela convivência com as muitas forças socioeconômicas.

Eis alguns pontos que apreendi da economia tenetehara, como um exemplo de uma economia indígena no Brasil, que me servem para refletir sobre a claudicante eficiência da economia brasileira. Primeiro, uma breve resenha de quem são esses índios.

1. Um povo indígena na história

Os Tenetehara, povo indígena de fala e cultura tupi-guarani, estão em contato com a sociedade franco-luso-brasileira desde 1610. Disse franco porque os franceses que aportaram na ilha de São Luís e fundaram uma *ville* com aquele nome, na primeira década do século XVII, e a perderam para uma armada de portugueses, brasileiros crioulos e brasileiros indígenas na memorável batalha de Guaxenduba, em novembro de 1614, foram os primeiros a contatar e dar notícia dos Tenetehara. Uma pequena flotilha de canoas composta de franceses e de índios Tupinambá subiu o rio Pindaré, até a altura de onde hoje se situa a cidade de Santa Inês, e lá se deparou com os Tenetehara. Essa expedição fora mandada pelo comandante dos franceses em São Luís, o nobre Daniel de la Touche, Monsieur de la Ravardière, porque ouvira dos Tupinambá que haveria ouro por aquelas bandas. Os Tupinambá, que deviam conhecer boa parte dessa região, embora tivessem chegado por lá só há algumas dezenas de anos, chamaram os índios do rio Pindaré de "Guajajara" (que significa "donos do cocar") e notificaram aos franceses que esses índios constituíam uma grande nação. Essa brevíssima passagem teria ficado por isso mesmo, não fosse o fato de os portugueses, após tomarem a ilha sob a liderança do mestiço luso-índio-brasileiro Jerônimo de Albuquerque Maranhão – filho de um português com uma índia tupinambá de Pernambuco e pai de mais de trinta filhos mestiços –, terem resolvido verificar por eles mesmos se havia ouro no rio Pindaré. Presto, subiu o rio Pindaré, por muitos quilômetros além da dita expedição francesa, uma flotilha comandada pelo jovem português recém-chegado de Pernambuco, Bento Maciel Parente, que mais tarde seria agraciado pela Coroa com a capitania e o governo do estado do Maranhão e Grão-Pará (e, anos depois, teria ganhado a fama de ladrão de cofres públicos, fama esta não excepcional no Maranhão de outrora). Não encontrando nenhum sinal de ouro, Bento Maciel Parente aproveitou a chance para fazer o que chamou de "cruel guerra" aos Tenetehara, tendo aprisionado muitos índios que, depois, foram vendidos nos mercados de São Luís e da recém-fundada Belém. E assim começou o traumático percurso histórico desse povo indígena com a sociedade luso-brasileira. Talvez tenha havido, aqui e acolá, algum momento de confraternização, de congraçamento entre os portugueses e os Tenetehara. Mas, quase sempre, o que aconteceu nesse relacionamento se deu por via de contínuas expedições de guerra e de aprisionamento, pela missionização forçada, pela invasão de terras indígenas por portugueses, luso-brasileiros, caboclos brasileiros, oficiais do Império, madeireiros, fazendeiros, posseiros, e pelo alquebrado serviço prestado por funcionários públicos do SPI e da Funai, enfim, todo o espectro de fases históricas da formação do Brasil até o nosso tempo.

Os Tenetehara sobreviveram, aos trancos e barrancos, e deram a volta por cima. Hoje somam mais do que eram no passado, uns vinte e cinco mil, vivendo em oito terras indígenas demarcadas que somam mais de 800.000 hectares. Lutaram desde sempre, de um modo claro, por rebeldia ou agressão, ou de um modo passivo, pela fuga, pela desconfiança ou pela indiferença. No século XX, depois de anos de convivência com brasileiros vizinhos que penetraram em terras limítrofes às suas, ou tomaram parte delas, e depois de anos de experiência com políticas de proteção e assistência aos índios, os Tenetehara conquistaram o direito a uma parte significativa de seu antigo, vasto e indefinido território, onde hoje ainda resta, no devastado estado do Maranhão, uma nesga das franjas da floresta amazônica.

No primeiro tempo que estive com os Tenetehara, em 1975, eles estavam se dando conta de seu crescimento demográfico e de sua capacidade de resistir consciente e coletivamente às incursões mais recentes aos seus territórios pelo oeste e centro-sul maranhense. Levas de migrantes sem terra vindas do Piauí, do Ceará e de outros estados nordestinos entravam desavoradas em terras que pareciam sem donos. Pequenos donos de capital, com experiência de fazendas em Minas Gerais, Paraná e Goiás chegavam em velhas e desoladas cidades e adquiriam o que podiam a preços baixos de antigos donos que não mais conseguiam dar conta de sobreviver pelo uso dessas terras aos moldes de seus antepassados do século XIX. O mundo se agitava pelas cidades de Santa Luzia, Santa Inês, Bom Jardim, Zé Doca, ao noroeste, e Grajaú, Barra do Corda, Amarante e Arame, ao centro-sul, todas cidades com conexões sociais e econômicas com aldeias e territórios dos Tenetehara. Já se haviam passado mais de setenta anos desde que os Tenetehara de Barra do Corda e Grajaú haviam atacado uma vila formada ao redor de uma missão de frades capuchinhos, a missão do Alto Alegre, e matado todos os seus moradores e a quem inadvertidamente por lá passasse a caminho de outros lugares. Esse funesto acontecimento ficou conhecido como o "Massacre do Alto Alegre". Ao todo, cerca de duzentos moradores foram mortos – e este parece ser o ataque indígena que mais vidas não indígenas tenha custado na história do Brasil. O contra-ataque pelas forças da polícia do Maranhão, com o auxílio de moradores locais de Barra do Corda e de uma tropa de quarenta índios Canelas, então tradicionais inimigos dos Tenetehara, e o desbaratamento desse levante só alcançou êxito quatro meses depois, com o aprisionamento e a morte de seus líderes, e à custa de muitas mortes de guerreiros, mulheres e crianças Tenetehara. Uma marca desse acontecimento continua indelével e um tanto misteriosa na alma dos habitantes de Barra do Corda e dos Tenetehara até hoje.

2. Uma economia indígena na formação econômica brasileira

Este breve resumo histórico nos traz agora para a economia tenetehara e, por extensão, para a economia de povos indígenas que vivem em similares condições sociais, ecológicas e políticas e, em especial, por analogia, para a economia dos índios Tupinambá, que predominavam por toda a costa do Brasil, um povo e uma economia que serviram de base para a economia brasileira de sustentação alimentar e para a formação da mão de obra nacional "livre", ainda que com fortes características de servilismo. Essa economia será aqui chamada de *economia interna*, em oposição à *economia externa*, ou *de exportação*, nome que dou ao sistema de atividades que produzia bens para exportação, como valores de troca.

Em primeiro lugar, a economia tenetehara tradicional (isto é, antes da entrada de instrumentos de ferro e de outras transformações) se caracteriza pelos seguintes fatores:

1. Uma agricultura de plantio e colheita manual realizada pelo método de derrubada da mata, secagem, queima de troncos e galhos, encoivaramento, requeima, descanso para a chuva, depois, plantio de sementes e mudas, limpeza de ervas daninhas, colheita, consumo e armazenagem de alguns cultígenos.

    a. Os principais produtos eram: algumas variedades de mandioca-brava e mansa para a produção de farinha, beiju e outros itens; diversas variedades de milho, feijões e favas, abóboras, cará, amendoim, algodão, tabaco, e frutas como abacaxi, caju

etc., mais tarde, manga, goiaba, banana e outras fruteiras introduzidas após o contato com os brancos.
2. Caça de animais silvestres, como veados, porcos-do-mato, anta, paca, cotia, tatu, macacos de todas as espécies, e aves, como variedades de nambu, jacu, mutum etc.
3. Pesca de variados peixes por arco e flecha, armadilhas e venenos, como tingui e timbó.
4. Coleta de frutas, cocos, raízes, jabotis, ovos de tartaruga etc.
5. Relações de produção:
    a. Divisão social do trabalho mais ou menos fixo:
        i. Homens derrubam a mata, tocam fogo, encoivaram, cuidam de limpeza, plantam, caçam, pescam e coletam (em grupos familiares ou individualmente).
        ii. Mulheres plantam, colhem, preparam alimentos, armazenam (em grupos ou individualmente).
        iii. Trabalho coletivo em derrubadas, plantios, pescaria sazonal e algumas modalidades de caça.
        iv. Trabalho familiar em colheita e produção alimentar.
    b. Circulação de bens (visando reciprocidade de troca e equanimidade de usufruto):
        i. Redistribuição de caça coletiva, de bens coletados em grupos, pescarias coletivas etc. feita por chefes de grupos familiares ou sociais.
        ii. Redistribuição de produtos de atividades individuais (caça, coleta) ou familiares (coleta, pesca) feita por chefes de família (inclusive mulheres).
    c. Consumo realizado em:
        i. Festas coletivas.
        ii. Cozinha familiar.
    d. Produção de bens de uso ou propriedades individuais:
        i. Arcos, flechas, bordunas, cestaria, objetos de cerâmica, cordas (feitas por cada pessoa para uso próprio, exceto alguns itens que só eram feitos por homens ou mulheres).
        ii. Casas residenciais e casas coletivas ou ritualísticas são feitas por regime coletivo liderado por um responsável.

Em linhas gerais, é possível reconhecer que os principais itens alimentares, as diversas técnicas de produção e até os métodos de trabalho de nossa economia rural tradicional advêm diretamente da economia indígena que acabamos de descrever. Tal se deu, em primeiro lugar, porque foram os indígenas Tupinambá que, por mais de cem anos, serviram de base físico-genética, demográfica, laboral, militar e cultural para a formação do estamento, que designo aqui, para corresponder à economia interna, pelo adjetivo "inferior" de trabalhadores livres (em oposição a escravos) do Brasil. A captação e o aproveitamento desse modo de produção, mesmo que parcialmente, se deram por parte do estamento social dominante (ou superior) – que, por sua origem portuguesa, foi formado tanto por gente originalmente nobre (ou de elite) quanto por quem se tornou elite na Colônia e, ainda, por gente de extração social baixa (que permaneceu hierarquicamente baixa) – que passou a comandar os índios sobreviventes agregados, por pressão e comando exógenos (missionização, descimento oficial, aprisionamento por entradas e bandeiras) ou por injunção endógena (desejo de estar perto da civilização luso-brasileira) às margens e ao redor das vilas e das cidades. A aproximação entre índios livres ou semilivres – que se agregaram em vilas e missões e que constituíram o estamento dominado ou inferior – e as bases sociais do empreendimento econômico português – que formaram o estamento dominante – consolidaram, no vasto território em expansão, uma identidade luso-cristã-indígena, depois luso-brasileiro-cristã-afro-indígena, apesar das persistentes tentativas de invasores franceses e holandeses na crescente Colônia (ver os gráficos 1 e 2 no capítulo anterior).

Foi também essa base econômica e cultural que favoreceu, moldou e aculturou os imigrantes africanos escravizados que, por desenraizados e submetidos a um cadinho de línguas e culturas diferentes e frequentemente rivais entre si, conseguiram se adaptar ao que era possível e existente nessas novas plagas. A história mostrou-nos que, quando se libertavam, especialmente nos primeiros dois séculos de vida da Colônia, seja individualmente ou em arrancadas e fugas coletivas, era essa base econômica e cultural do estamento inferior que sustentava as novas formas sociais de liberdade africana, os quilombos. Uma das provas mais evidentes disso é o fato de que nenhum dos milhares de quilombos ou refúgios de ex-escravos espalhados por todo o Brasil tenha preservado quaisquer das línguas africanas e muito pouco de seus hábitos e expressões culturais, incluindo aí, em quase todos os casos, a religião de base espiritual africana, e, raramente, a música e seus instrumentos de percussão. Ao contrário, todos se libertavam já falando português aprendido não tanto com os senhores, como costumam afirmar a historiografia e a antropologia cultural brasileiras, mas na convivência com índios livres e com os novos mestiços aculturados. Todos os que estabeleceram quilombos sobreviveram usando as técnicas de plantação, caça, coleta e distribuição de bens conhecidas e aprendidas nas aldeias e nos arrabaldes e vilas onde viviam os indígenas. Com efeito, como sabemos do Quilombo dos Palmares, apesar da liderança absoluta dos africanos e crioulos, um largo contingente de membros quilombolas eram indígenas igualmente fugidos das agruras dos engenhos e das fazendas luso-brasileiras bem como dos arrabaldes semilivres e das missões. Por tudo isso, um quilombo que tenha sobrevivido aos anos de isolamento ou de pouco contato com a sociedade circundante não aparentava ser muito diferente de uma aldeia indígena que tenha sido submetida ao jugo luso-brasileiro.

O que isso nos diz, para nossos propósitos neste capítulo, é que, par a par com a economia de exportação, e um pouco mais, o que consolidou o Brasil como, não somente uma Colônia viável, mas como uma protonação, foi uma economia interna, constituída de gente semiautônoma, que alimentou sua população, inclusive escravos e senhores, e que deu bases para a formação de um modo cultural de ser que formou uma identidade comum por toda parte, ainda que difusa, inquieta e infirme.

3. A economia interna brasileira

A economia interna rural brasileira, de pequena monta, mas essencial para sua alimentação, é quase toda um prolongamento da economia indígena. Evidentemente, aos seus produtos foram acrescentados animais de consumo e cultígenos variados, tais como vacas, cavalos, jumentos, cabras e ovelhas, galinhas, perus e patos bem como verduras e frutas, assim como as bases mínimas para a formação de um mercado: dinheiro, transporte, valor da mão de obra, contabilidade de custos etc.

Eis que agora trataremos dessa nova economia.

Durante os seus dois primeiros séculos de formação, até propriamente o surgimento da mineração em Minas Gerais, o Brasil dependia da exportação de açúcar para financiar sua economia de exportação e para bancar as elites política, econômica e financeira que nele foram se estabelecendo. Um tanto secundária à exportação de açúcar, continuava a existir a extração de pau-brasil e de outras madeiras para o mercado externo. Desenvolveu-se também a exportação de tabaco e cachaça, especialmente para negociar com os capturadores de potenciais escravos na África. A produção do açúcar era feita, como se sabe em bastantes detalhes, pelo sistema protofabril de engenhos, cujos donos constituíam a elite principal da Colônia, a elite A, e por plantadores de cana-de-açúcar, a elite B, que, não tendo recursos suficientes para possuir um engenho, tinham terras e um pequeno plantel de escravos ou de índios semilivres de aldeias de missões ou de administração oficial para plantar a cana e transportá-la para os engenhos, e para produzir alimentação barata, como peixe seco e farinha de mandioca. Havia ainda, como parte da elite: os comerciantes e mercadores que exportavam e importavam bens do exterior; os emprestadores de dinheiro (ou capitalistas) que funcionavam como banqueiros; e os representantes oficiais da Coroa, que formavam uma casta de opressores indigestos, alguns dos quais acabavam decidindo por viver na Colônia e agiam com a malandragem do oportunismo econômico e social para se estabelecerem como parte da elite econômica.

Escravos negros botavam os engenhos para funcionar, labutavam nas plantações de cana e faziam o serviço doméstico nas casas grandes e médias. Os mais hábeis, dadas as oportunidades, ascendiam como mestres de ofício e capatazes. Alguns poucos cuidavam das roças da fazenda, do pastoreio do gado e de outros animais domésticos.

No mais, era o variado contingente de índios vivendo em missões ou em aldeias próximas a vilas e a engenhos e, progressivamente, de mestiços de índios com brancos e com negros que iam se constituindo com alguma autonomia em arrabaldes, trabalhando para produzir alimentos e as necessidades da economia interna e realizando as tarefas secundárias à produção de bens da economia de exportação. A mandioca era processada em farinha e vendida nas feiras ou diretamente nas fazendas, por encomenda ou empreitada; legumes, como feijões, abóboras, cenoura, maxixe, cebolas e alho também eram cultivados para a venda; frutas de estação; caça variada, desde tatus e jabotis até porcos, caititu, veado e aves; e peixes. A produção de peixe se dava em especial nas aldeias e nas pequenas vilas (na verdade, povoados ou *lugares*, pois não tinham reconhecimento oficial como vilas) que iam se formando nos cantos protegidos das praias próximas das barras dos rios. Nesses lugares, a abundância da pescaria permitia a salga de muitas espécies comestíveis que eram transportadas em fardos via barcos ou burros para feiras, engenhos ou fazendas.

Além de produtos alimentares, os mestiços – desde suas origens indígenas, passando pelas várias fases de aculturação até a assimilação ao mundo luso-brasileiro, como caboclos, caipiras, matutos etc. – forneciam uma mão de obra fundamental para a produção e um lucro maior no engenho e nas fazendas. Durante os séculos XVI, XVII e boa parte do XVIII, no Estado do Brasil, e do século XVII até o século XIX, no estado do Maranhão e Grão-Pará, índios e mestiços eram forçados, conscritos ou de vários modos cooptados para inúmeras tarefas complementares ao trabalho providenciado pelos escravos. Entre eles se destacam: derrubada de mata; serviço doméstico (limpeza, cuidado com os animais domésticos, cozinha, transporte de água etc.); produção de cestaria (balaios, cestas, armadilhas, jamaxins), de apetrechos de cangalhas e de cerâmica barata, atividades quase todas advindas da economia indígena tradicional. Essas tarefas – seja por sua rudeza e por suas dificuldades (derrubada), seja por sua artesania (cestaria, cerâmica etc.) – eram encomendadas aos índios e mestiços, aliviando, dessa forma, o trabalho dos escravos negros que se concentravam em tarefas mais diretamente relacionadas com a produção de bens de exportação, recompensando assim os altos custos de suas aquisições.

E quanto recebiam esses homens indígenas e mestiços por essas tarefas? No Maranhão, da segunda década do século XVII até meados do século seguinte, portanto, por mais de cento e trinta anos, os índios conscritos de suas aldeias de missão para trabalhar por temporada de dois meses em uma fazenda de tabaco, anil ou algodão recebiam, ao fim de uma tal empreitada, duas varas e meia de pano grosso (uma vara sendo igual a 1,1 metro); um machado poderia vir como bônus para quem tivesse excedido em bom serviço e assim agradado o patrão. O quanto recebiam os índios de aldeias submissas de vilas e cidades do Nordeste ou dos aldeamentos de índios que iam se tornando arrabaldes caipiras em Minas Gerais e São Paulo, não sabemos. Provavelmente seriam valores ou bens um tanto maiores do que os emolumentos ofertados no Maranhão. Porém, não tanto, não o suficiente para dar-lhes rendimento para se inserirem em um mercado de consumo de mercadorias que eles mesmo não produzissem.

A questão que grita é: por que os índios, sobreviventes de guerras e doenças epidêmicas e submetidos ao jugo português, aceitavam trabalhar por tão pouco? De que lhes valiam duas varas e meia de pano grosso senão para presentear sua esposa ou filha que, no mais das vezes, os acompanhavam na temporada de trabalho? Teria sido por esse motivo tão ínfimo, ou haveria algum outro motivo que fosse além do interesse econômico propriamente dito? Para os índios, a economia era uma questão resolvida: eles produziam quase tudo de que precisavam. Exceções eram ferramentas (machados, foices, facões, facas, anzóis etc.), tecidos e alguns bens de ostentação ou símbolos de diferenciação social que traziam para se exibir aos seus patrícios (chapéus, camisas e saias, botinas de couro etc.). As ferramentas logo se tornaram objetos de consumo imprescindível, dada sua imensa eficácia comparada com machados de pedra e facas de taquara. Panos, para quê?

Por mais difícil que seja, a partir da perspectiva de nossos tempos, imaginarmos que os índios aldeados e submissos ao jugo luso-brasileiro aceitavam trabalhar por tão pouco, sem se rebelarem continuamente, a única saída de explicação que podemos conjecturar seria uma espécie de simbolização da aceitação e do acatamento ao novo condicionamento econômico-cultural que estavam experimentando. Vestiam-se não para se sentirem mais confortáveis, mas para serem aceitos e para participarem da nova sociedade em formação. E por que quereriam participar dessa sociedade, a qual, por inúmeros motivos, parecer-lhes-ia injusta e cheia de mazelas? Bem, porque era o que lhes restava diante da perda de suas condições prévias de existência cultural. Não podendo serem mais caçadores, coletores, guerreiros, gente livre para habitar e perambular por vastos territórios, ainda que encarando inimigos, e, por outro lado, dominados e fascinados por uma cultura cheia de mistérios e poderes, a submissão a esse novo condicionamento cultural se fazia, não como se supõe em geral, pela opressão contínua, mas por uma atitude coletiva de caráter voluntário e prestimoso. Os índios, ao sentirem o peso da derrota, se entregaram ao regime colonial na posição mais baixa da escala social e nas condições mais aviltantes, sobretudo, para quem os avaliava de fora, pois, para eles mesmos, as condições de vida que realizavam, tirando os momentos de perversão, injustiças e maldades impostas, não pareciam tão ruins assim. E, sobre esse cálculo, digamos economicista, havia ainda a entrega ao novo modo de sentir o mistério da vida e da morte dado pelo cristianismo doutrinado nas missões, nas aldeias, nas vilas e nas cidades.

Em suma, e pedindo a indulgência do leitor por essa análise tão concisa de uma passagem da formação da sociedade de estamentos brasileira tão pouco reconhecida como importante, não obstante, na verdade, essencial, os índios e seus descendentes mestiços que formaram a base demográfica, social e cultural do estamento subordinado da sociedade brasileira aceitaram as condições econômicas de sua continuidade social e atravessaram – sempre de modo servil, à margem da economia de exportação e, consequentemente, do estamento dominante – todo o período colonial, a Monarquia e a República, até o presente, já como ralé, gente pobre, povinho e, mais recentemente, povão ou gente sem carteira de trabalho assinada. Apesar de ser chocante dizer isso, durante o período vigente da escravidão, os escravos tiveram mais oportunidades econômicas do que os mestiços livres, especialmente no século XIX, como demonstram as evidências de que mascates subiam a serra do Mar para vender quinquilharias a escravos (que já tinham seus meios de obtenção de uma pequena renda) e não a pessoas livres que viviam às margens das fazendas de café e das novas vilas.

4. Consequências da economia interna

Diante disso, que significado tem a crítica aqui feita inicialmente aos economistas de que eles erram tanto em prognósticos econômicos porque pouco entendem da formação econômica do Brasil, presos que estão a esquemas de análise econômica com modelos parciais ou equivocados? Aqui vai um pouco de fenomenologia antropológica sobre a passagem de índios aldeados para mestiços e o papel que exerceram na economia brasileira.

A economia interna viabilizada por mestiços, que era subsidiária à economia de exportação, se realizou sempre sob alto índice de ineficácia devido não só à baixa tecnologia utilizada, mas, sobretudo, ao modo tradicional das relações de produção nela prevalente, derivado diretamente da economia indígena tradicional. Em suma, eis os dois principais pontos dessas relações de produção e como eles foram modificados ou ampliados na economia interna:

1. A produção econômica indígena é almejada para o consumo imediato ou para o consumo postergado com fins de distribuição de excedentes de produtos e bens entre parentes com o intuito de consolidar laços de solidariedade e reciprocidade essenciais para que a sociedade funcione tranquilamente.
2. Fora desse propósito duplo de consumo e distribuição seletiva, não há razão na economia indígena para ampliação da produção ou incremento da produtividade. É evidente que a introdução de instrumentos de ferro ampliou em muito a produtividade dessa economia, resultando, entre outros pontos, no aumento de tempo ocioso para a manutenção dos processos econômicos, tempo este que, pelo contrário, seria gasto em atividades sociais e lúdicas.

Em consequência desse aumento de tempo livre, intensificaram-se alguns aspectos das relações de produção que se tornaram negativos para as demandas por mão de obra vindas da economia externa. Considerando que as atividades sociais e ritualísticas são de extrema importância para o bem-estar dos indivíduos e para o equilíbrio sociopolítico da sociedade indígena, tais atividades se intensificaram mais ainda, absorvendo quase todo o tempo ocioso recém-adquirido. De um lado, mais festas, mais visitas entre aliados, mais sortidas de guerra entre inimigos. De outro lado, mais fugas e mais descompromisso com a sociedade opressora, tanto para proteger quanto para encorajar a sociedade indígena tradicional contra as ameaças abruptas, veladas ou evidentes provocadas pelos elementos de sedução e atração da nova sociedade colonial.

Assim, o ócio em si, isto é, o *dolce far niente*, a vontade de gozar o momento; o ritmo de trabalho com sociabilidade (conversas, risos, oscilações de ritmo etc.); o sentimento de não urgência na conclusão de tarefas, ou seja, a procrastinação; a falta de sentido de obrigatoriedade para com demandas exógenas – que são elementos das relações de produção da economia indígena – reforçaram-se na relação com a economia dominante de exportação. No caso das demandas dessa economia, o descuido individual da mão de obra indígena com o cumprimento de tarefas aumentava ainda mais pela incompreensibilidade de seus propósitos: para que fazer desse ou daquele jeito, se o jeito indígena já era bom o suficiente? Em suma, a proverbial preguiça do povão brasileiro, o desinteresse pelo aumento da produtividade e a tendência inata para substituir o cumprimento de tarefas pela alegre conversa-fiada advieram, não das relações de produção da escravidão, isto é, dos escravos, e sim da economia interna, dos índios e dos mestiços.

A presença da economia interna na economia brasileira atual é evidente de muitos modos e em muitas tarefas. Mostra-se em tarefas remanescentes do trabalho semisservil de outrora, tais como: o trabalho doméstico; os chamados bicos e quebra-galhos, desde a jardinagem ao trabalho manual em obras; o trabalho pouquíssimo remunerado de agregados rurais de fazendas de baixa produção em muitas regiões do país; o trabalho considerado 'escravo' ou 'semelhante ao trabalho escravo' de peões arrebanhados por gateiros na Amazônia e no Centro-Oeste; e tantos outros mais. Em cada uma dessas formas de trabalho e nos serviços efetuados ficam evidentes o baixo nível de eficiência, o descumprimento com as obrigações requisitadas e o alheamento aos objetivos das tarefas realizadas.

5. Consequências socioculturais da economia interna

O que isto significa na concepção geral da economia brasileira? Bem, mais fácil seria juntar as considerações sobre esse tema com as formas culturais que se exercem na sociedade brasileira. Escandir os aspectos econômicos é sempre algo meio falso e irreal, e vale apenas como exercício de análise.

O primeiro aspecto a ver, do lado cultural, é que diversos modos comportamentais das relações econômicas da economia interna foram absorvidos, ao longo dos anos, pelas formas econômicas da economia de exportação, especialmente, pelas classes médias que têm como tarefa econômica a produção de elementos de aumento de produtividade e, como tarefa social, o arrefecimento das disputas permanentes entre as duas economias. Não cumprindo essas duas tarefas essenciais à sua legitimidade, as classes médias, na insciência de suas tarefas, cresceram com boas doses comportamentais de ócio, descuido e indiferença. Em compensação, elas se excederam em capacidade de reprimir o estamento inferior, tanto de modo explícito quanto velado.

O segundo é que, dada a generalidade da ineficiência existente na economia brasileira, por consequência, a falta de eficiência é uma característica integrante de nossa cultura. Por mais que haja consciência disso e por mais que tenham sido implementadas muitas políticas educacionais e empresariais visando combater a ineficiência do sistema econômico, pode-se considerar como válido que a motivação dessa ineficiência transcende sua razão econômica e sua permanência histórica, refletindo algo bem mais profundo.

Aliás, ela reflete dois aspectos da cultura brasileira. Um aspecto seria subproduto da rivalidade social e cultural entre os estamentos inferior e superior (o subordinado e o dominante que se constituem em dois mundos econômico-culturais). Ele promoveria uma grave concorrência interna, prejudicando a possibilidade de sinergia e enfatizando comportamentos que, de tão negativos, se assemelhariam ao boicote. A empregada doméstica que furta migalhas da patroa, o engenheiro que demite trabalhadores estáveis para contratar jovens com salários mais baixos. Corrupção e desonestidade são consequências desse aspecto da cultura brasileira.

O outro aspecto diz respeito ao que parece ser um esforço conjuminado, inconsciente e velado de segmentos sociais das duas economias ou, mais propriamente, de segmentos do estamento inferior junto com a classe média do estamento superior, para manterem suas atuais e presentes condições sociais e culturais e resistirem à imposição dos comportamentos, da ética e dos propósitos do modo de produção capitalista e do seu correspondente sistema cultural de motivações, percepções, atitudes e visões de mundo.

Em outras palavras, as classes sociais que compõem a sociedade e que trabalham a economia nacional não se complementam: nem em prol de algum velho modo de produção, como na época colonial, a não ser talvez por uma variação do patrimonialismo com o correspondente clientelismo, nem em favor da ascensão das formas do capitalismo tal como começaram a se tornar hegemônicas no mundo, a partir do século XIX, com o desenvolvimento crescente da ciência e da tecnologia. A economia brasileira constitui-se em uma contínua luta entre a implantação do capitalismo por um segmento minoritário de sua elite e a resistência permanente por parte da classe média e do estamento subordinado.

O reconhecimento dessa realidade já seria meio caminho andado para a formulação de um esquema de compreensão da economia brasileira e, portanto, da busca mais consistente pela superação de suas aporias mais abrasivas e permanentes do sistema.

6. Exemplos individuais da superação sociocultural

Aqui serão relatadas, a título de exemplificação fenomenológica, quatro situações sociais para caracterizar melhor o que foi dito até agora.

6a. *As dificuldades de ser mestre pedreiro*

Contratei um mestre pedreiro para fazer uma pequena obra na minha casa. Ele já tinha trabalhado para mim antes, em outra obra mais extensa, como pedreiro de um mestre de obras, e me parecia muito competente, sério e correto. Filho de cearenses, imigrantes ao Rio de Janeiro, tinha cerca de cinquenta anos, três filhos de sua primeira mulher e estava casado com outra mulher que já tinha uma filha. Morava em São João de Meriti, a uns 40 km (equivalentes a 1 hora ou 1 hora e meia de viagem) do Rio, passando por três ônibus e ainda por duas boas caminhadas.

O mestre pedreiro fez o plano de execução da obra, o cronograma, a lista de material e o orçamento de seu serviço; eu fiquei de procurar e comprar o material solicitado e entregá-lo a tempo do serviço. Achei o serviço caro, mas confiava tanto no mestre pedreiro que considerei que valeria a pena pagar uma quantia a mais.

Ao longo de algumas semanas, o mestre pedreiro foi fazendo a obra aos trancos e barrancos: seus auxiliares atrasavam (e ele mesmo chegou dois dias tarde porque teve de pagar contas cobradas pelo banco); havia dias que não vinham os mais jovens (especialmente nas segundas-feiras); alguns, em diversas ocasiões, faziam corpo mole se ele não estivesse presente e um ou outro adoecia e não comparecia ao trabalho. Ele os pagava por dia de serviço, mas havia a pressão para pagá-los também quando ficavam doentes. Ainda longe de acabar a obra, com o cronograma previsto vencido, resolvi ampliar o serviço e, consequentemente, fazer o equivalente aditivo ao contrato, em parte para ver se o mestre pedreiro não desanimava, uma vez que ele já resmungava que estava perdendo dinheiro. Certamente não por minha culpa, mas uma leve acusação sobre isso às vezes transparecia em nossas conversas.

O serviço terminou atrasado, com aditivo e tudo. O mestre pedreiro acabou se aborrecendo com seus auxiliares e ficou desgostoso com o pouco que lucrou. Seus planos de usar o lucro presumido para ajeitar a sua casa e fazer uma média com a patroa não deram certo. Ao término da obra, ele já estava em busca de outro serviço, pois percebia que as pessoas estavam parando de fazer reformas devido à inflação que despontava no país.

Meu mestre pedreiro tem muitas qualidades, inclusive, a de empreendedor. Dorme tarde, acorda cedo, traz marmita, tem motivos para ficar cansado, fuma, bebe, mas não desiste. Sua seriedade alia-se a um humor sardônico e de poucas palavras. Ele não cuida só de si: em sua aba estão seus filhos mais velhos, independentes, já casados, quando não têm emprego.

Por que não ganha dinheiro e progride na vida? Em primeiro lugar, porque encontra sérios obstáculos pelo caminho na sua tentativa de ganhar mais dinheiro e dar um salto qualitativo em suas condições de vida. O problema é que esses obstáculos, difíceis de ultrapassar, são parcialmente criados pelo sistema social mais amplo, como a precariedade do transporte público, o pesado trânsito em uma cidade como o Rio de Janeiro e a violência nas ruas (foi roubado uma vez por um pivete). Porém, as principais barreiras vêm da subcultura à qual pertence. Nela, o planejamento, a organização e a sistematização de tarefas são de pouco valor e ruem por qualquer coisa. À carência educacional de seus ajudantes adiciona-se a necessidade de, a toda hora, ajudar parentes, vizinhos e colegas trabalhadores, já que não há como negar essa ajuda: um dia pode ser a sua vez.

Será que esse homem pode melhorar fazendo um curso de empreendedorismo do Senai? Ou tornando-se evangélico? Ou tendo a sorte de ter uma filha que o ajude a criar e gerir sua microempresa? Estas são as possíveis soluções que me vêm à cabeça para que o mestre pedreiro consolide seu potencial de trabalho e progrida na vida. Porém, são soluções também cheias de contingências, resumidas no pensamento do mestre pedreiro como "só por sorte ou por graça de Deus".

6b. *O operário que virou presidente*

Luiz Inácio Lula da Silva nasceu nas quebradas do distrito de Caetés, nas beiradas do sertão de Pernambuco, e lá ficou, cuidado pela mãe, com seis outros irmãos, até os onze anos de vida. Absorveu o básico de ser um menino nordestino pobre, vindo de uma família de mínimas posses de terra infértil, porém, não agregada de fazenda. Seu pai emigrou para São Paulo, onde constituiu nova família, ajudando muito pouco a primeira. Luiz Inácio aprendeu a ler e a escrever em uma escolinha rural com professoras singelas e com os pés no chão.

Sua obstinada mãe mudou-se com os filhos para Santos, onde vivia o ex-marido, trabalhador, mas sucumbido à bebida e às dificuldades de adaptação ao trabalho urbano. Em alguns anos morreria quase como indigente. O menino Lula estudou, trabalhou como moleque de rua, vendendo doces ou engraxando sapatos, em suma, viveu uma vida de pobre em bairros periféricos de Santos. Mais tarde, aos dezesseis anos, em São Paulo, fez o curso de torneiro mecânico pelo Senai e, em seguida, foi efetivado como operário em uma fábrica. Com um salário fixo, sua vida se ajustou e assim pôde ajudar a mãe e os irmãos mais novos. Neste período, fins da década de 1950 até meados da década de 1960, ocorreram muitas mudanças sociais (urbanização intensa), econômicas (industrialização), políticas (golpe de 1964) e culturais (MPB, música brega-sertaneja, liberação sexual) no Brasil. Embora indiferente às questões políticas envolvendo sindicato e partidos, na convivência com colegas e influenciado por um irmão mais velho, Lula entrou para o sindicato, logo virou líder e deslanchou na política. Qual a razão sociocultural de seu sucesso? O que Lula, em sua formação pessoal, representa como agente econômico?

A família de Lula vem das condições socioeconômicas próprias das comunidades pobres rurais formadas pela transformação dos arrabaldes indígenas em comunidades mestiças. Não tendo experimentado de modo permanente a condição de agregado em fazendas, isto é, de cliente permanente de um patrão fazendeiro, ela manteve uma autonomia social e um orgulho de pobreza rural, que podia dispor de alguma terra, ainda que de baixa fertilidade e produtividade. Na incapacidade de sustentar a vida cada vez mais cheia de ofertas e demandas trazidas pelo desenvolvimento do Brasil desde a década de 1930, nas condições de agricultores pobres, livres, porém em terras inférteis, a mudança para a cidade (e, em especial, a cidade grande de oportunidades) sobrou como único e irremediável caminho de salvação. Muitos nordestinos, mineiros, paulistas e paranaenses rurais tiveram o mesmo destino, com sortes variadas. O fato de ter sido alfabetizado o suficiente para acompanhar uma escolarização melhor em Santos e em São Paulo, certamente, foi um vetor diferencial na ascensão de Lula. Seus irmãos e a grande maioria dos seus conterrâneos e similares tiveram menores condições de ascensão e se fixaram como operários ou reverteram a condições socioeconômicas mais precárias, servindo às classes mais abastadas como biscateiros (pedreiros, jardineiros, caseiros e empregados domésticos) ou como porteiros, garçons, comerciários, motoristas etc., em empregos mais estáveis, porém, de pouca qualificação técnica. Em todos os casos, esses empregos significam salários ou ganhos por tarefa sempre muito abaixo de salários de classe média (de engenheiros e médicos a funcionários públicos graduados).

Como muita gente de sua geração, dadas as favoráveis condições econômicas da nação, Lula, emergindo de uma classe social do estamento subordinado da sociedade brasileira, entrou para o proletariado industrial urbano, parte do estamento dominante. Excepcionalmente, brilhou por seu talento político, como alguns outros, a lembrar, Djalma Bom, Vicentinho, Jacó Bittar etc., homens bem-sucedidos. Comparativamente, essa ascensão difere pouco de gerações recém-passadas que se urbanizavam, se proletarizavam e que também descendiam da mesma raiz social.

6c. O negro pobre que virou jurista famoso

O negro retinto Joaquim Barbosa Gomes era o irmão mais velho dos oito filhos de uma família formada por um pedreiro e uma dona de casa na tradicional cidade de Paracatu, em Minas Gerais. Família de recursos parcos, mas consistentes com um bem-estar simples, ainda que de altos e baixos. Estudou em escolas públicas, virou arrimo de família quando os pais se separaram e, aos dezesseis anos, foi aventurar novas oportunidades em Brasília, novo foco de migrantes de todos os estados brasileiros, mas especialmente dos mais vizinhos. Letrado, com talento intelectual, formou-se em direito pela Universidade de Brasília, de onde expandiu seus horizontes profissionais de advogado, procurador e jurista em empregos públicos qualificados e prestigiosos estudos internacionais até ser escolhido para se tornar o primeiro ministro negro do Supremo Tribunal Federal, em 2003, aos quarenta e nove anos de idade.

Relativamente muitos poucos negros tiveram uma ascensão social tão fenomenal e, ao mesmo tempo, tão bem organizada. Joaquim Barbosa aprendeu os meios e os modos com os quais a classe média alta intelectual profissional brasileira se estrutura e age e, claramente, sem titubeios, fez o melhor caminho possível para superar as dificuldades inerentes à sua condição social e aos preconceitos de raça que, frequentemente, derrubam as pretensões sociais mais legítimas dos mais inteligentes e espertos, porém menos acautelados.

A passagem de uma classe social baixa do estamento subordinado à mais alta entre as classes médias não deixou de ter algum custo pessoal. Entretanto, ela foi realizada não só pelas qualidades pessoais de Joaquim mas também pelas condições propiciadas pelo sistema social mais amplo. O sistema mais amplo, dominado pelas normas e meneios do estamento dominante, é severo e ardiloso e exige o conhecimento aprimorado de seu código para que libere a entrada dos ambiciosos arrivistas, e esse código só pode ser obtido pelos que podem prover o saber ou o dinheiro. O aprendizado desse código concerne a uma atitude de pontuar uma vida pelo cálculo sistemático das oportunidades – o que pode custar ao praticante o desapreço por atitudes pretéritas de solidariedade à sua antiga classe – e também de digladiar com as formalidades impostas (e cascas de banana interpostas) pelos membros do restrito clube da classe média alta brasileira. Lembremos do que passaram em suas vidas heróis nacionais como Machado de Assis, Cruz e Souza e os irmãos Rebouças, em outras épocas, e Abdias do Nascimento, Guerreiro Ramos e Joel Rufino, em tempos mais recentes, entre milhares de tentativas frustradas, para, enfim, alcançarem o máximo de reconhecimento dos seus contemporâneos.

6d. *O modesto vendedor ambulante de pão*

Em uma das ruas que serpenteiam do bairro de Laranjeiras até o alto de Santa Teresa, no Rio de Janeiro, vive a família de um vendedor ambulante de pão e derivados, natural de uma pequena cidade do estado do Rio, filho de lavradores pobres agregados a uma fazenda, de onde veio há mais de quarenta anos. Durante todo o tempo, desde que se abrigou nos fundos de uma casa abandonada da rua Alice, ele vem comprando pão de padarias da rua das Laranjeiras para revendê-lo nas portas das casas dessas ruas ascendentes do charmoso bairro carioca. Com o dinheirinho arrecadado a cada dia de trabalho, desde a década de 1970, ele conseguiu adquirir um terreno vazio e de pouco valor no bairro, que tem sólido prestígio socioeconômico na cidade, onde construiu sua casa para criar seus três filhos. Ainda hoje, pela tardinha, ele pode ser encontrado empurrando ladeira acima sua bicicleta com um cesto grande acoplado à garupa, tocando sua buzina estridente. Os filhos estão pelo mundo ou retornando para casa, conforme as circunstâncias da vida, curtindo suas dores na aba do pai.

Ele cria cães que encontra abandonados na rua e logo que acha interessados os repassa com alívio e satisfação. Cria engaiolados coleirinhos e bicudos, que compra em uma feira em Caxias, e dá xerém de milho para as rolinhas que aparecem para fazer ninho em seu quintal. Se pudesse, mataria os micos e saguins que se equilibram pelos fios de eletricidade e de telefone e que destroem os ninhos dos sabiás e dos sanhaços.

Sua mulher e ele vivem modestamente, em uma casa de cinco cômodos, torrando seu próprio café, de uma árvore plantada em seu terreno, e colhendo verduras de suas hortas arrumadas com capricho. Nunca viajou além do estado do Rio de Janeiro, passa os Carnavais como se fosse um português velho, na labuta, e se entusiasma pouco com o frenesi da cultura política brasileira. Católico praticante, vai à missa aos domingos, é devoto de São Judas Tadeu e deposita sua oferta na cestinha que os ajudantes de missa passam pelas bancadas da igreja.

Não acha a humanidade nem melhor nem pior do que sempre foi. Vê muita maldade no mundo, que é acompanhado pelo rádio e pela televisão, e tem muita cautela com bandido, com policiais e com fiscais da prefeitura.

Quer que os filhos vivam as suas vidas, trabalhando em empregos garantidos, preferencialmente, do serviço público e, para isso, dá toda importância à educação formal. Ele mesmo lê jornais e revistas. Nunca leu um livro. Nem a mulher.

Não sabe por que começou a vender pão, só diz que foi o que lhe apareceu em certo momento ao chegar ao Rio, nem sabe se hoje teria escolhido fazer outra coisa. A pior fase da vida e do trabalho foi durante os períodos de alta inflação, quando não sabia o que cobrar pelos valores crescentes que pagava pelas mercadorias a cada dia, nem tinha como economizar. De uns anos para cá abriu uma conta bancária e uma caderneta de poupança, mas não diz quanto tem. Um dos filhos quer que ele se aposente pelo INSS, mas ele não sabe se tem direito à remuneração (ou se isso é certo). Por enquanto, acha que a vida é a que ele segue, não deve nada a ninguém nem quer que ninguém lhe deva nada.

7. Conclusões econômicas e culturais

Que conclusões econômicas podemos tirar desses exemplos e do que foi explanado até agora? Em primeiro lugar, que o sistema de classes sociais brasileiro é subordinado a um sistema mais antigo, mais englobante e mais acochambrado, o estamento, que é baseado em antigos critérios de raça, berço, religião, tradição e prestígio (cultural, científico, midiático e, atualmente, também esportivo). Dessa forma, funcionando por baixo do critério de participação econômica no sistema que caracteriza o fundamento das classes sociais – ainda que permita exceções e possibilidades de ascensão entre classes e até entre estamentos, como vimos nos exemplos acima – ele é dificílimo de ser furado. São poucos os que conseguem ultrapassar a peneira social, a catraca racial e o muro do prestígio. O custo econômico dessa característica social é imenso e dificilmente transponível nos moldes políticos atuais. O desânimo, o desinteresse e a aceitação das condições de vida funcionam como um *feedback* positivo que sinergizam e potencializam a indiferença ao trabalho e à criatividade.

Em segundo lugar, e mais importante, é que o fato de a sociedade brasileira ser caracterizada por dois estamentos sociais resulta em uma competição mais abrangente entre estamentos. Esta, por sua vez, é quase sempre camuflada em truques sociais de grande eficácia para manter o estamento subordinado incapaz de ter forças e autoconsciência para ascender e transpor barreiras. Um desses truques sociais é a qualidade baixa da educação que o Estado provê para a população do estamento subordinado, para o povão em geral. Aqui, os próprios professores, em seus sindicatos e ideologias antiestado, se imbuem de tal indignação (por seus baixos salários, por suas ruins condições de vida e de trabalho) que não sentem o mínimo escrúpulo em fazerem greves constantes, matando aulas, pulando matérias e desconsiderando as necessidades e as agendas sociais de pais e alunos. Estado e professores engajam-se em tal ritual de disputa que mais parece um jogo entre amigos, um fingindo que está enganando o outro, um favorecendo o outro, embora ambos utilizem de altissonantes fórmulas de justificativa para seus despautérios. Qualquer educador estrangeiro que visita o Brasil vê isso claramente.

Em continuidade, a educação, ou melhor, o chamado projeto pedagógico – que se provê para o estamento subordinado por parte de pessoas que eventualmente pertencem por berço ou pertencerão por prestígio ao estamento dominante – é frequentemente motivo de acaloradas disputas ao sabor das ideias frequentemente novidadeiras de pedagogos, filósofos, antropólogos e sociólogos, todos necessariamente da moda atualizada, que redundam invariavelmente em uma perda de tempo insanável e em uma confusão mental propulsora dos maiores disparates em sala de aula e em atitudes de professores para com os alunos. Em consequência, nos últimos trinta e tantos anos, surgiu um descompasso de tal monta no disciplinamento escolar que muitos professores desistem do ofício por medo de serem maltratados por alunos. É certo que o sentido de autoridade anda sendo desafiado pelo mundo afora, e com boas razões, mas no Brasil esse desafio chegou a um ponto impossível de ser considerado um mero ajuste cultural e pedagógico.

Podem-se com facilidade encontrar razões empiricamente comprováveis para o declínio educacional brasileiro – parcos recursos; desleixo do Estado; irresponsabilidade do professor; famílias desconstruídas; mudanças na organização do trabalho; facilidade de obter drogas; internet etc. –, mas não se pode deixar de ver que é terrivelmente consistente o aprofundamento do fosso da debacle educacional brasileira, a tal ponto que ele só pode ser conclusivamente explicado por uma razão de ordem cultural. No caso, pela disputa entre os estamentos dominante e subordinado, com a mão de ferro do primeiro sobre o segundo.

Em terceiro lugar, que o estamento subordinado foi formado com alto nível interno de disputa e de violência. Eis que o desfazimento de aldeias autônomas – via missionização ou via controle de administradores e potentados locais – foi um processo de abertura para gente de fora (brancos ou negros) que provocou a criação de novas formas de produção econômica interna e de distribuição de bens. Novos "caciques" iam se estabelecendo com novas formas de controle fundiário, quase sempre trazendo para si a posse dominial de terras agricultáveis ou de pastoreio, e, aos poucos, legitimando essas posses pela sanção de governadores e de outras autoridades. Há de se argumentar que a rivalidade entre índios e negros (forros) no estamento subordinado sempre foi de pouca monta e por isso favoreceu a mestiçagem que caracterizou esse estamento. Em tempo, há de se recapitular mais uma vez que a intensidade da mestiçagem formadora de mulatos, caboclos e caipiras se deu no Brasil não entre senhores e escravos, como nos faz supor a historiografia tradicional, mas entre índios, brancos e negros (forros ou cativos), nas aldeias livres, nos arrabaldes e nas missões.

A desigualdade social nasceu no estamento subordinado quase concomitante à sua formação, trazendo uma fonte mais forte e duradoura de atritos sociais do que aqueles provocados por rivalidades de parentesco, acusações de feitiçaria e quebras de decoro social características das aldeias indígenas tradicionais.

Pode-se afirmar que, na perspectiva das relações de produção capitalistas, a desigualdade social é ponto fundante e essencial à sua existência. Pode-se dizer também que a desigualdade social incentiva a produtividade, até no caso do nosso referido estamento subordinado. Com efeito, isso acontece, nem sempre de um modo permanente, pois os custos sociais de sua reprodutibilidade aparecem bem mais altos e contundentes na sociedade do estamento subordinado. O empreendedor mestiço, não mais identificado como indígena, que trabalha infatigavelmente e economiza para ter um pequeno plantel de vacas ou cabras, irá fazer o possível para mantê-lo em boas condições de produção e lucro: ele vai arar sua roça, plantar no tempo certo, capinar ervas daninhas, arrumar bons pastos, "pagar" de algum modo uma mão de obra de vizinhos etc. Porém, a velha e ainda não de todo desmanchada instituição indígena de distribuir equitativamente os produtos, de solidariedade social e de retribuição de bens e favores leva os despossuídos – os que não têm iniciativa de ascensão, em função de uma quebra dessa norma social por parte dos empreendedores – a sub-repticiamente deteriorar as condições dessa produtividade, seja pelo furto, seja pelo desleixo no seu cuidado, seja por outros meios mais violentos ou mais sutis. Enfim, as tensões são permanentes na desigualdade social, seja no capitalismo puro-sangue, seja no incipiente capitalismo de frutas, verduras e bodes.

Em quarto lugar, que outro atributo negativo da formação econômica brasileira advém também do caráter desigual, por seu turno, da formação do estamento dominante. Aqui as rivalidades são constituídas pela ordem do prestígio social e se consolidam naquilo que comumente se chama de patrimonialismo. Essa veneranda instituição derivada da ordem social feudal ou semifeudal e consolidada na formação da Monarquia portuguesa chegou e se instalou no Brasil com a facilidade que o poder autoconstituído lhe faculta e que o poder de fogo mantém.

O patrimonialismo caracteriza o estamento dominante em seu aspecto político-cultural. Ele nasce do uso e da manipulação do poder constituído – fundamentalmente o poder estatal, mas também, por derivação, o capital privado – e se esparrama em outras formas ou disfarces de poder, como o prestígio cultural, o berço, a raça ou a religião, dando vezes à incepção de subcategorias da elite. Em todo caso, a fonte de tudo continua a ser o poder do Estado, sempre outorgado de vários modos, mas todos com resultados financeiros aos interessados e beneficiados, o que é garantia de sua legitimidade e permanência.

Não obstante o evidente salto de qualidade no desenvolvimento do capitalismo no Brasil, desde fins do século XIX, sobretudo pela incepção da industrialização, o patrimonialismo ainda não se desmilinguiu o suficiente para deixar que as formas capitalistas de distribuição do poder econômico façam sua vez. A meritocracia, por exemplo, que é uma das formas capitalistas de relações de poder, penetrou em vários setores da sociedade e do Estado brasileiro. Ninguém, hoje em dia, vira professor de escolinha, juiz ou policial federal sem concurso público. Os concursos são feitos pelo instituto do sigilo das informações e transparências dos resultados. Muito bem. Mas, além dos custos para se fazer os malfadados e inevitáveis concursos de ingresso nessas e noutras carreiras meritocráticas, os quais excluem de cara os mais pobres, continua a haver tendências de perpetuação de gerações de advogados, juízes, professores, de outras categorias profissionais e até de policiais, em virtude das facilidades sociais que as famílias possuem para inserir seus filhos nos nichos apropriados do mercado de trabalho. Ademais, no caso de muitas categorias profissionais, como a dos professores universitários, o corporativismo da classe docente prevalece na organização da temática dos concursos, facilitando a opção final por candidatos previamente determinados.

Quer dizer, o patrimonialismo sobrevive, entre outros motivos, porque conta com seu auxiliar de primeira linha, o corporativismo. A luta renitente prossegue no seio do estamento dominante tanto por sua própria força inercial – por exemplo, o gosto pela formação de associações sindicais nas profissões de classe média e de funcionários públicos – quanto pela defesa de seus interesses *vis-à-vis* a disputa iminente e constante com os protagonistas do estamento subordinado, numericamente muito superiores, potencialmente mais violentos fisicamente. Quanto não se gasta do capital do Estado brasileiro para pacificar esses segmentos do estamento dominante e contar com seus préstimos políticos? Quanto que não sobraria para investir no estamento subordinado e nos mediadores desses estamentos?

Nos últimos anos esses gastos se multiplicaram pelas ofertas de serviços, supostamente para preencher demandas do estamento subordinado, mas que servem majoritariamente para contemplar as crescentes demandas de segmentos de classe média no estamento dominante. Não seriam os projetos de ONGs, por exemplo, com suas miríades de conexões no setor estatal, braços envolventes formando cestas de captação de recursos para seus próprios benefícios de classe e de estamento? Não seriam as ONGs pouco mais do que extensões do Estado a favorecer os membros do estamento dominante entrantes no mercado de trabalho? Em que contribuem economicamente senão para si mesmas e para circular o dinheiro no mesmo estamento social?

Enfim, os custos econômicos provenientes do sistema de desigualdade social que caracteriza o Brasil são imensos e até agora incomputáveis. Os economistas sofrem por não terem como equacioná-los, muito menos como elaborar modelos de política econômica que os compreendam. Os cientistas sociais e políticos imputam esses custos à incapacidade do Estado de encontrar saídas, seja por putativas razões de favorecimento às classes superiores, seja por considerar as desgraças do estamento subordinado impossíveis de serem administradas ou geridas, seja porque só consideram soluções genéricas, algumas das quais propulsionadoras desses custos, como no caso da política educacional para o estamento subordinado.

A economia brasileira vai continuar a funcionar a descontento, porque a sociedade brasileira tem sido compreendida sem levar em conta a sua formação sociocultural mais profunda, que se caracteriza por uma divisão em categorias que se formaram em virtude da singularidade desta formação social e que estão aquém das categorias sociais corriqueiramente analisadas pela sociologia marxista ou funcionalista. As análises sobre a economia brasileira passam ao largo da compreensão das densas e extensas interconexões entre agentes econômicos de todas as naturezas, os quais, ainda que conhecidos como tais (o microempreendedor com sua carrocinha de pipoca, o funcionário público, o universitário que vira "ongueiro"), são desconhecidos em suas ações e interconexões mútuas.

Por fim, há que se atentar para o fato de que os problemas da economia brasileira são muito maiores do que os aqui citados. Existe claramente uma prevenção por parte de segmentos da sociedade brasileira dos dois estamentos que atuam de braços dados contra as medidas econômicas da ordem capitalista. Esta, para funcionar adequadamente, teria de ter o apoio desses segmentos ou ser respaldada por um poder político suficientemente impositivo para passar por cima deles – como aconteceu na época da ditadura militar que diminuiu direitos trabalhistas consagrados anteriormente. No estamento dominante prevalece, por exemplo, a resistência para não deixar que tanto as estatais quanto as grandes empresas privadas sintam o gosto da concorrência e da decepção financeira por suas atuações erráticas. Por sua vez, a pesada proteção estatal – sob a forma de subvenções, juros baixos e retirada de certos impostos das indústrias que favorecem uma mão de obra qualificada ou semiqualificada, como a automobilística – se transforma em mais uma dificuldade para a consolidação do capitalismo no Brasil.

Mas, afinal de contas, quem quer o capitalismo no Brasil? Que importa a pergunta, se o que há no mundo de hoje é a total hegemonia do capitalismo, após a debacle terrível das experimentações comunistas e das ilusões por elas formadas? Que outra forma de economia poderia haver senão as variações conjunturais do capitalismo tal como experimentadas em países como os Estados Unidos, o Canadá, o Japão, a Alemanha, a França e os países escandinavos, com a única ressalva de serem adaptadas às circunstâncias culturais e históricas de cada país? Por que o Brasil seria diferente?

Realmente, não há como o Brasil ser diferente. Há apenas o fato de que o Brasil tem circunstâncias muito especiais em sua formação cultural mestiça. Tais condições tornaram nosso país especialmente aberto aos outros, com um alto nível de agregação de valores sociais dedicados à satisfação humana. Isto é o que tem sido visto por dezenas de visitantes ao nosso país. Isto é o que deve moldar os termos do capitalismo que é necessário para o Brasil ser o que é e se posicionar com dignidade no mundo.

A resistência de muitos brasileiros politicamente conscientes, bem como de muitas formas culturais nativas, às instituições sociais e culturais necessárias ao bom desempenho do capitalismo não pode nem deve continuar a ser exercida sem uma completa análise de suas origens e motivações. Isto porque há bons motivos culturais para se resistir ao capitalismo, e eles devem ser conscientemente discutidos e acatados como contribuintes à nossa especial formação cultural. Mas também há péssimas motivações culturais que continuam a prevalecer na atitude de brasileiros e na nossa imaginação cultural para se resistir ao capitalismo, e o que elas fazem é provocar as horrendas consequências econômicas da ineficiência e da corrupção e, com isso, perpetuar as raízes de nossas mazelas sociais e dos nossos impasses de desenvolvimento cultural e político.

Capítulo 4
Um papagaio em cada lar

Parte 1: Os índios Guajá e o xerimbabo

1. Etnografia guajá

Os índios Guajá constituem o último povo e a última cultura de caçadores/coletores, sem agricultura, ainda viáveis e em continuidade no Brasil. Como tais, os Guajá fazem parte daquele universo cultural que predominou por possíveis 200.000 anos desde que surgiu a espécie *Homo sapiens* na face da Terra, tendo evoluído física e mentalmente de uma escalonada linhagem de primatas e hominídeos. Os caçadores/coletores – que se espalharam da África, há uns 70.000 anos, e povoaram quase todos os rincões da Terra – conformaram as bases da cultura humana que ainda hoje nos serve de morada, atividade, pensamento e consolo. Criaram as técnicas de manejo do fogo, da caça, da coleta e da pesca, observaram as variações da natureza, os hábitos dos animais, o conhecimento do tempo e da luz que emana das estrelas. Proibiram-se de fazer sexo e casar-se com suas filhas, irmãs e outros parentes próximos (tabu do incesto), e assim organizaram-se em sociedades baseadas na reciprocidade de ceder em casamento seus filhos e filhas aos filhos e filhas de outros grupos (exogamia) e na troca livre e ritual dos produtos individuais e coletivos. Ao matutarem sobre a indesejada morte e as incertezas da vida, imaginaram o mundo do desconhecido, dos espíritos e de suas relações com a vida humana. Somos o que somos por causa dessa cultura geral de caçadores/coletores longamente burilada nessas tantas e diversas variações de grupos humanos.

Os Guajá não são remanescentes prístinos dos caçadores e coletores de outrora. Não são como sempre foram (e ainda hoje podem ser) os boxímanos do deserto do Kalahari, os hausas das estepes da Tanzânia e os aborígenes da Austrália. Estes sempre foram caçadores e coletores e nunca experimentaram outra forma de viver até entrarem em relacionamento próximo com outros povos invasores. Entretanto, por mais que tenham mantido hábitos sociais e técnicas de atividades muito antigas, com inovações mínimas, e por mais que talvez tenham mantido antiquíssimos mitos para explicar seus mundos, todos os atuais grupos de caçadores/coletores são seres históricos, seres atuais, com culturas adequadas ao seu mundo atual e cambiante. Pensam como caçadores/coletores, porém têm o potencial de pensar além de suas tradições constituídas há milhares de anos de condicionamento social. Eles aprendem ao se confrontarem com as novidades: seus raciocínios prático e teórico são capazes de enfrentar a novidade, de observá-la, de compreendê-la, de ordená-la em palavras e conceitos para formar um quadro novo de sua realidade. Ao pensarem as coisas da natureza – os animais, as intempéries, aquilo que não pode ser explicado – e imaginá-las como espíritos, almas ou forças que intervêm em suas existências (e com as quais podem se relacionar de um modo especial), sabem também que este é um mundo à parte do mundo corriqueiro da vida. Saber que, em algum lugar, os homens podem ser animais ou os animais podem ser homens, de um modo que já foi chamado pelos antropólogos de "animismo", não significa que os homens ignoram que são humanos diferentes dos animais e que deles estão separados por um hiato muito profundo, do qual mal têm alguma intuição de conexão, e que como humanos não podem voltar atrás e viver no mundo da natureza. Os homens são humanos, seres da cultura; os animais são seres da natureza. Tal recorte, que a antropologia consagrou há muitos anos (embora seja debatido por visões diferencialistas da pósmodernidade), é que dá sentido aos seres humanos quando arrostam a dura incompreensão de suas vidas, da morte e das dúvidas que os perseguem. O tabu do incesto, o uso do fogo para a alimentação, a sonoridade sofisticada em palavras e música, a criação do novo e a invenção do diferente são coisas que os homens sabem que só eles efetivamente fazem, e que os animais da natureza só podem tentar imitá-los por sua leve capacidade de aprendizado. Mas sabem também os humanos que esse reino da natureza talvez um dia tenha pertencido aos animais. É assim que lhes dizem claramente seus mitos e suas visões religiosas.

Embora vivam uma cultura de caçadores/coletores em floresta tropical, os Guajá já foram agricultores, como todos os demais povos indígenas que os cercam e quase todos que vivem na América do Sul, exceto aqueles que viviam na ponta extrema do continente. Os Guajá já cultivaram cultígenos como os seus vizinhos Tenetehara, os Urubu-Kaapor, os Turiwara, os Asurini e os Parakanã – todos povos indígenas que falam línguas muito próximas à sua, da família linguística tupi-guarani, que além do mais têm muitos outros membros em outras regiões do Brasil e de países vizinhos. Os Guajá sabem o que é uma mandioca, como plantá-la, como retirar seu veneno, torrá-la e comê-la. Como não seriam agricultores? É que deixaram de sê-lo há pouco menos de dois séculos, quando seu território original (localizado na região do baixo rio Tocantins) foi invadido por outros povos indígenas e por brancos e mestiços vindos de Belém, e suas condições de vida foram abaladas o suficiente para não terem mais tempo e tranquilidade para ficarem em um mesmo lugar e fazer roça. Em fugas, desviando-se de aldeias mais agressivas, os Guajá foram se adaptando a viver da caça de animais, da coleta (de frutas, raízes, palmitos e cocos) e da pesca nos rios cada vez menores e mais recônditos das andanças desses novos invasores. Acostumaram-se e estabeleceram-se como caçadores/coletores, de geração a geração, vivendo um tempo não mais condicionado por tempos de plantar e colher, mas por tempos de engordar guariba, da madureza da bacaba, de a anta vir comer cajuí, até que começaram a ser conhecidos dos brasileiros que, a partir de meados do século XIX, passaram a adentrar em seu território. Foram encontrados em pequenos bandos acampados no meio da mata, perto de um babaçual, protegidos da chuva e do orvalho da noite por pequenas coberturas de palha conectando uma árvore a outra, algo que se deve chamar de casa ou cabana ou tapiri, pois eles a chamam de *heipá*, que quer dizer "lar", debaixo das quais armavam uma ou duas pequenas redes de fio de tucum e sob elas um pequeno fogo para aquecer, cozinhar e assar alimentos. Sem facas, sem machados, sem nada de ferro – a não ser um raro pedaço de facão encontrado em algum barraco abandonado de caçador branco perdido que se aventurava por terras remotas –, usavam pequenas machadinhas de pedra soltas ou encastoadas em uma lasca de pau, de afiados dentes de piranha e paca, e de lâminas bem amoladas de taquaras rachadas usadas para furar, raspar, retalhar e cortar aquilo que não pudesse ser esmagado, quebrado, retorcido ou cortado com os dentes, com as mãos e com os pés. A carência alimentar de carboidratos – providos em abundância pelo milho, pela farinha e pelo beiju de mandioca e também pelos carás e pelas abóboras – foi minimamente compensada pela fartura de cocos de babaçu encontrados nos grandes babaçuais da região do leste amazônico, cocos cuja entrecasca assada no borralho de uma fogueira se comia a fartar, sem se incomodar com seu leve amargor.

O preço de terem abandonado a agricultura e voltado, sem qualquer conhecimento prévio, à condição exclusiva de caçador/coletor nunca deixou de ser altíssimo para os Guajá, sobretudo em um ambiente de floresta amazônica, onde os recursos florísticos e faunísticos são ricos em diversidade e pobres em densidade. Era patente sua vulnerabilidade diante da agressividade dos índios vizinhos e dos caçadores mestiços e negros quilombolas. Seus bandos não podiam ultrapassar trinta pessoas, deviam ser espaçados em um vasto território e necessitavam ter sempre algum babaçual por perto. Nessas condições, qualquer invasão de grupos exógenos causava mortes e mais dispersão, endurecendo cada vez mais suas condições de sobrevivência. Por volta de 1960, os grupos Guajá do Maranhão podiam se encontrar a 400 km de distância um do outro, a contar do extremo do médio rio Turiaçu, ao norte, ao grupo mais meridional localizado às cabeceiras do rio Pindaré e depois fugido para as matas ciliares dos afluentes médios do rio Tocantins. Mesmo bandos mais ou menos perto um do outro não se conheciam o suficiente para fazer festas juntos, trocar esposas e casar seus filhos e filhas. Quando podiam se juntavam em festas que duravam dias e noites de cantorias, de visitas ritualísticas ao céu, de ritos de aplacamento de sofrimentos e solidões, mas logo precisavam se dispersar.

Entretanto, ser caçador/coletor deu vantagens humanas aos Guajá. Seu nível de violência diminuiu, o trato com vizinhos tornou-se amistoso, o respeito à vontade de individualidades sobrepujava as exigências do controle coletivo. Era melhor sobreviver em grupo, porém, em caso de perda de contato de um indivíduo de seu grupo original, mesmo enquanto jovem e até criança, o solitário tinha já adquirido, pela força de sua cultura, tantos recursos de autossustentação que dava para sobreviver sozinho, na mata, por anos a fio, até ser resgatado ou reencontrado.

Só para exemplificar com dois casos históricos: em 1978, um bando de oito a dez Guajá perambulava por um capão de mata próximo a uma fazenda no município de Porto Franco, no sudoeste maranhense, onde matou umas reses para repasto, ocasião em que foi atacado por jagunços. Dois ou três deles foram mortos e uma criança, que ficou emaranhada no arame farpado, foi aprisionada e levada à delegacia municipal, de onde alguns dias depois foi resgatada por uma equipe da Funai, enquanto os demais fugiram rumo ao sul, onde ficam os cerradões maranhenses. Ao longo de alguns anos, ouviu-se falar de índios aparecendo nas quebradas ermas de alguns municípios do sul do Maranhão e do norte de Tocantins, depois esses rumores se calaram. Provavelmente os Guajá fugidos tinham morrido ou sido mortos.

Eis que em 1986, surgiu uma notícia do aparecimento de um homem desgrenhado e nu para uma turma de trabalhadores de estrada no noroeste da Bahia, a uns 500 km de Porto Franco. Chamada uma equipe da Funai, descobriu-se, depois, que o homem se chamava Karapiru e que era o pai do menino preso no fio do arame. O índio reconheceu o filho por causa de uma cicatriz nas costas resultante do episódio que ainda era guardado na memória do jovem. Karapiru passara alguns anos vivendo às escondidas com a mulher e um filho e, quando estes morreram, passou a viver só até decidir surgir perante os brasileiros.

Eis que, um ano depois, aquietado e levado para uma aldeia guajá do rio Pindaré, um outro jovem índio, na época com uns dezoito anos, foi encontrado por um trabalhador de uma fazenda enquanto assava partes de um burro que matara nos sertões do norte de Minas Gerais. Chamava-se Iakarétxia, seus pais e irmãos estavam mortos, e era sobrinho de Karapiru. Levado para a mesma aldeia que acolhera Karapiru, Iakarétxia, no início falando de modo quase inaudível, logo se readaptou à sua cultura, aprendeu palavras que não conhecia, foi-lhe dada uma esposa e passou a ser um membro normal daquela comunidade.

Mais do que Karapiru, que já era homem feito ao se desgarrar de seu grupo, Iakarétxia viveu anos escafedendo-se do perigo, tornou-se adolescente na solidão, virou-se por si. Só uma cultura muito dedicada à formação do indivíduo para ser autônomo desde cedo seria capaz de dar condições a um tipo tão jovem sobreviver em lugares ermos e desconhecidos, onde até fazer um fogo para assar uma presa ou aquecer-se era sempre motivo de extrema cautela. E, por outro lado, que viva o

Brasil, por ter lugares ermos onde uma pessoa pode sobreviver sem ser importunado!

A cultura guajá, apesar de ter sido agricultora, é firmemente uma cultura de caçadores/coletores, de gente capaz de se virar na mata conhecida e nos campos cerrados desconhecidos, sem cultígenos, e de sobreviver a intempéries da natureza e da cultura. Poucos seriam capazes de tanto! E agora vamos para o segundo ponto de discussão e digressão sobre esses índios.

2. O xerimbabo guajá

Uma das características culturais mais visíveis dos Guajá é o costume de terem animaizinhos de estimação, o que entre os cultores de dicionários é conhecido pelo termo "xerimbabo", palavra já do português emprestada da palavra tupinambá *xerimbab* (*xer-* meu; (t)*imbab-* animal domesticado), que quer dizer precisamente o bichinho silvestre que é capturado desde novinho para servir de animal de estimação a alguém. Os Guajá, sendo falantes de uma língua tupi-guarani, usam o termo *heimá* para designar o xerimbabo em geral, e *hanimá* (*ha*(r)(n) – meu; *heimá* – animal doméstico) para designar o "meu animal de estimação", palavra cognata de xerimbabo.

Entre todos os possíveis tipos de *heimá* apreciados pelos Guajá destacam-se os macacos guaribas, chamados por eles de *wari*. Evidentemente que *wari* é uma palavra cognata de guariba, esta última adaptada ao português diretamente da língua tupinambá. O guariba (*Alouatta seniculus* e várias outras espécies e subespécies) é um macaco do Novo Mundo, de porte grande, chegando os machos a oito quilos e as fêmeas adultas entre cinco e seis quilos, que vive quase todo tempo no dossel da floresta, alimentando-se de frutas, insetos, pequenos animais, folhas novas e brotos. O fato de não precisar beber água e ao mesmo tempo sobreviver se alimentando de folhas o faz um animal de grande adaptabilidade e capaz de alto índice de sobrevivência. Por isso é um macaco muito comum em muitos ambientes do Brasil, das florestas aos cerrados espessos e ao Pantanal. Além de seu porte e do modo garboso com que caminham pelos galhos, os guaribas são conhecidos pelos uivos estrondeantes que emitem em grupo, graças ao osso hioide mais cavernoso de suas gargantas.

Os guaribas são desejados pelos Guajá como sua presa mais frequente porque, em primeiro lugar, sua carne é considerada a mais apetitosa e sua caçada é a que mais provoca excitação não só nos caçadores como nos auxiliares (crianças e mulheres que os acompanham). Como o bando de guaribas se esconde no emaranhado dos galhos mais altos das árvores, para alcançá-lo os caçadores sobem nas árvores ao lado e fazem a maior balbúrdia para espantar o guariba alfa – chamado de capelão pela nossa cultura cabocla – a fim de que ele fique nervoso, fuja e seja seguido em desespero pelos demais integrantes do bando. Os caçadores aí se aproveitam dessa fuga, da relativa lerdeza com que os guaribas se movimentam, e atiram suas flechas fulminantes. Cada presa abatida do alto das galhadas é comemorada com o escrutínio dos seus corpos, do seu teor de gordura (que indica melhor sabor), da coloração de seu pelo e da higidez de seus dentes. Os meninos e rapazes novos observam por trás dos adultos acocorados e vão se sentir muito orgulhosos ao serem indicados para carregar nas costas os macacos mortos por seus pais e tios.

No meio da algazarra de comentários e observações dos macacos mortos ao chão, frequentemente, ocorre haver uma fêmea morta com um filhote ainda vivo agarrado ao seu corpo. Imediatamente alguém arrisca a pegá-lo, evitando uma mordida, e o põe na cabeça de uma menina (ou mulher) cuja densa e preta cabeleira vai servir ao filhotinho de substituto do pelo da mãe. Quase sempre o bichinho se acalma, mas quando não, alguém o leva firme na mão até a aldeia, onde, na casa a quem o filhote foi doado, ele é preso então por um cordão de fio de tucum a um tronco ou galho para se acalmar por umas horas. Nada como algumas horas de fome para acalmar um filhote de qualquer animal silvestre! Em pouco tempo, o pequeno guariba vai se acostumar a ficar agarrado na cabeleira de sua hospedeira e, em seguida, a mamar em seu peito, sendo ela mãe e estando amamentando o seu próprio filho. O filhotinho há de ser de alguma mulher que esteja amamentando e ficará com ela até o momento de desmame, que, como no caso dos próprios filhos, acontece quando chegar um substituto mais jovem.

Muitos que veem os Guajá se impressionam sobremodo com o hábito tão bizarro e pitoresco de as mulheres darem de mamar a seus xerimbabos, seus *heimá*, junto com seus próprios filhos. Eu já vi mulheres amamentando bacorinho de queixada, veadinhos, cotiazinhas, quatis e as mais comuns espécies de macacos da região (dos guaribas aos cuxiús, o macaco-prego, o caiarara, o macaco mão de ouro ou macaco de cheiro e os saguins). Elas já me disseram que amamentam qualquer mamífero, inclusive, filhotes de anta, de tatu e de tamanduá. Não só parece a coisa mais natural e benfazeja para os Guajá que os filhotes obtidos pela morte de suas mães sejam amamentados, como também o fato de eles serem incorporados como filhos dessa nova mãe humana que raramente se aborrecerá com quaisquer inconveniências que tal animal possa fazer: mordiscar o peito; fazer xixi e cocô no cabelo ou nas costas da mulher e de quem o tiver na cabeça; arredar a cabeça do filho humano para obter sua vez de mamar; gritar em demasia e até atacar por ciúmes quem chegar perto de sua dona.

Os macacos, principalmente os guaribas, são os animais silvestres mais apreciados como *heimá*. Quando param de mamar, eles passam a viver da mesma dieta dos Guajá, sendo alimentados de início com qualquer comida que os donos mastigam e lhes dão na boca, depois com aquilo que é comido pelos seus hospedeiros: carnes moqueadas de todos os animais caçados; peixes; cocos; frutas; raízes cozidas e, depois que os Guajá passaram a adotar alimentos dos brasileiros, farinha de mandioca; abóboras; feijões; cana-de-açúcar etc. É certo que porcos, veados, antas e outros animais não comem carne, mas então eles fuçam raízes e minhocas, pastam pelos arredores e são alimentados de frutas e de raízes coletadas nas caçadas ou nas andanças de coleta pela floresta.

É trabalhoso manter um *heimá*. As mulheres naturalmente perdem energia ao dar de mamar a um ser extra, o tempo todo. Os meninos e os homens que também ganham *heimá*, após o desmame, têm de se virar para alimentá-los a contento. Deixar um *heimá* morrer de fome seria um desastre equivalente a deixar um filho passar fome. Por outro lado, matar um *heimá* para aplacar a fome seria um crime de lesa-cultura guajá. Isso jamais aconteceu, mesmo em ocasiões em que não havia nada para comer e pessoas até teriam morrido de inanição provocada por doenças e incapacitação de procurar comida, enquanto seus *heimá* sobreviveram obtendo sua própria alimentação.

3. *Antropocentrismo ou saudades da natureza*

Especulação filosófico-antropológica. Alguém poderia perguntar: por que os Guajá que vivem dentro da mata em suas casinhas (*txipá*) construídas debaixo das árvores – não havendo propriamente um espaço diferenciado entre aldeia e mata, digamos assim, não se fazendo a diferença explícita entre cultura e natureza, como parece ser o caso universal das culturas humanas – ainda assim têm xerimbabos? Mesmo com esses animais tão presentes em suas vidas, simplesmente, por se encontrarem na mesma mata em que vivem, por fazerem parte de sua alimentação, por serem parte do mesmo ambiente compartilhado, por poderem ser vistos correndo, pulando ou voando por aí e serem apreciados por suas belezas tão livres e tão naturais, por que os Guajá se dão ao trabalho de tomar animaizinhos para criá-los como se fossem seus próprios filhos? Por que os Guajá, que amam a liberdade de ir e vir e a beleza da natureza, querem aprisionar e domesticar os animais silvestres enquanto infantes e mantê-los assim enquanto adultos?

Em outras palavras, por que a cultura humana, representada aqui em uma especial originalidade pela cultura guajá, faz coisas que parecem indicar um anseio por dominar a natureza?

Desde logo respondo que os Guajá não fazem nenhuma especulação filosófica sobre sua relação com os seus *heimá*. Simplesmente os têm como seres diferentes, mas que podem viver como humanos. Seus mitos falam do tempo em que homens e animais conviviam iguais e se distinguiam por pouco, sendo mais comum terem comportamentos inversos, o homem mais animal, o animal mais humano, o homem mais natureza, comendo coisas cruas, o animal mais cultura, cozinhando seus alimentos. E que o grande salto dialético foi o homem ter passado a perna no animal e ter conseguido as coisas que lhe deram base para produzir cultura, especialmente o fogo, que foi surrupiado por um truque feito por um homem à onça ou ao urubu, conforme variações em diversas culturas indígenas brasileiras e mundo afora. Os Guajá simplesmente gostam de seus *heimá* e os consideram essenciais para sua identidade como humanos.

Entretanto, nós que estamos aqui a pensar sobre nosso antropocentrismo e as deletérias consequências dessa atitude aparentemente essencial do homem, não podemos acatar a explicação zen-budista dos Guajá, mas, sim, devemos seguir adiante e especular. Afinal, não são só os Guajá que gostam de xerimbabos, incluindo pássaros, quelônios e répteis. Todos os povos indígenas também os prezam sobremaneira. Todas as culturas têm algum tipo de xerimbabo e, não é pretensioso dizer, provavelmente o *Homo sapiens* se firmou no mundo e ao longo do tempo criando uma relação não só de predação necessária com a natureza e seus animais e plantas, mas também relações de amor e completude de carências. É lícito especular que, muito antes de domesticar propriamente animais, isto é, de fazê-los animais de uso econômico, seja como alimentação, seja como proteção, seja como companhia, seja como tração ou montaria, o homem os teve como xerimbabos. Quantos milhares de anos os homens não levaram para transformar o carneirinho domesticado, reproduzindo-se em cativeiro, em fonte de alimentação? Que mudança fundamental levou esses primeiros domesticadores a dar cabo de seus próprios filhos de criação para comê-los?

Bem, essa é uma história difícil de ser contada. Os povos que passaram a matar e a comer animais domésticos – e isso parece que não se deu há tanto tempo atrás, talvez, há uns 15.000 anos – não deixaram relatos sobre como adquiriram esse costume, ainda que já o considerem como parte de suas culturas. O que parece evidente é que, desde sempre, havia algum sentimento de culpa nisso. Em algum momento dessa história, passaram a sacrificar os animais aos deuses, como se, para comê-los, tivessem antes de compartilhar esse ato com alguém mais poderoso que pudesse absorver parte do gesto "antinatural", isto é, do gesto de desamor aos animais cativos, aos xerimbabos. Hoje em dia, com a tendência a se atribuir a destruição do meio ambiente, entre outras atividades humanas, à criação e à matança de animais domésticos para fornecer carne como alimento nobre, o homem é elevado a uma potência mais alta de desvio da natureza, esta considerada como o lugar do autoequilíbrio, da troca homeostática de energias, onde os animais só agiriam contra outros para a preservação de suas espécies, sendo sempre seres de equilíbrio. É até engraçado ver nos programas de televisão como os animais silvestres vão muito além de preservarem suas espécies, agindo com tal crueldade com os seus próprios membros (como, por exemplo, matando os filhotes de outros machos), que não deixam para trás semelhantes atos de crueldade da parte dos humanos. Por outro lado, observa-se em ambiente domesticado ou controlado (em virtude da alimentação farta, por exemplo) como animais de espécies distintas que, na natureza, estariam se digladiando e se matando – ou ao menos fugindo um do outro – encontram meios para se tornarem amigos afetuosos, como se algo interno de amor despertasse neles após a satisfação geral de suas necessidades básicas de sobrevivência. Como se um quisesse transformar o outro em seu xerimbabo. Não seria esse impulso de amor dos animais também um atributo da natureza semelhante ao desejo do homem pelo carinho dos animais?

E aqui chego ao nó górdio de minha visão antropológica sobre nosso tema. Atribuo o desejo pelo xerimbabo – tanto aos Guajá, como cultura representativa da cultura mais longeva dos seres humanos (a de caçadores/coletores) quanto à linhagem de culturas humanas que se espalharam pela Terra desse modo – não a um desejo de domínio sobre a natureza, como dizem nossos ambientalistas e filósofos misantropos, mas a uma *falta*, uma *carência* de natureza! Os homens – coletivamente, inconscientemente e culturalmente – sentem saudades do tempo, só alcançável pelo mito, em que pertenciam integralmente à natureza, no qual viviam e se comportavam como animais e não haviam se desprendido de suas condições e de seus modos de existir. O tempo em que o homem não tinha cultura, não era ser cultural, o que quer dizer, dependia exclusivamente de seus instintos animais.

Portanto, ocorreu que, em longo tempo evolutivo, foram emergindo forças humanas inéditas, para além da natureza, tais como a fala complexa, a inteligência especial, completa e unitária em todos os homens desde então, e seus concomitantes desdobramentos de comportamento coletivo. Emergiram ou foram construídas instituições socioculturais inesperadas, quase artificiais, tais como a adoção geral do tabu do incesto, a consequente regra da exogamia e a obrigação de reciprocidade de dar a outros para manter um sistema sociocultural.

Talvez esta seja a narrativa de uma visão antropológica inesperada, uma vez que, em geral, as narrativas antropológicas e filosóficas tratam de ver a ascensão do homem sobre a natureza como uma obra de arrogância de sua autoconsciência. Arrogância sem a qual supostamente o homem não teria condições de enfrentar tantos desafios de mudanças ambientais e transformações socioculturais sem perder o rebolado. Arrogância que, de tão desmesurada, teria retirado da essência humana alguns atributos considerados próprios da natureza, de sua animalidade, por assim dizer, como o de pertencer à natureza sem querer dominar todos os seus elementos com o intuito de modificá-la, muito menos destruí-la. Arrogância que o fizera indiferente à destruição por ele perpetrada. Tudo isso faz parte da narrativa antropológica que condena os homens a se considerarem uma espécie ofensiva à natureza e que se coaduna com a autocomiseração que move a sociedade moderna diante do que parece ser um iminente perigo de autoaniquilamento.

Voltando aos xerimbabos: pela narrativa antropológica tradicional, os Guajá seriam exemplos de arrogância humana. Espero ter demonstrado, pelo contrário, que os Guajá, ao quererem ter xerimbabos, exemplificam a carência do homem pela natureza e o desejo inconsciente e impossível de voltar a ser natureza. Por conseguinte, amplio minha visão para deixar claro que considero o *Homo sapiens* autoconsciente de suas limitações diante da natureza e que busca, em geral inconscientemente, descobrir caminhos de, na impossibilidade de voltar a ser natural, criar culturas que tenham proximidade com a natureza. E seria isso que deveríamos buscar ao pensar no fato de que não só os Guajá (mas muitas outras culturas e muitas pessoas do mundo moderno) adoram ter xerimbabos e são capazes de fazer de tudo para os ter, inclusive empurrar, de modo imprudente, algumas espécies para a beira da extinção. O que fazer para anular esse perigo, sem discriminar os amantes de xerimbabos e sem reprimir o desejo de amor à natureza, que, recalcado, pode emergir como uma neurose coletiva, cultural, são outros quinhentos. Talvez a ONU crie uma agência para isso.

Parte 2: A herança do xerimbabo

4. *A criação de passarinhos*

Caminhando de manhã cedo pelas ruas do Leblon, bairro de classe média alta do Rio de Janeiro, ouvi o trinado de um passarinho que me pareceu familiar. Tinha de ser um golinha, que aqui no Sudeste chamam de coleiro ou coleirinho. Aproximei-me do porteiro do prédio de onde vinha o canto e perguntei-lhe se era um coleirinho e ele falou, "é, é um golinha", e me chamou para vê-lo. Estava na garagem, em uma gaiola de palito novinha, brilhando, pendurada em um gancho, perto de uma janela de onde vinha uma réstia de sol. O cantar era lindo, o passarinho era lindo, a gaiola era linda. Se você fosse vender, quanto custaria? "Ah, moço, uns R$ 1.500,00". "Quanto?! Como que você vai pedir um tanto desses?!". "Eu comprei ele por R$ 800,00, de um criadouro no Recreio, novinho, sem cantar, tem anilha, estou legal com ele, ninguém tira ele de mim". E passamos uma boa meia hora conversando sobre coleirinho, golinha, pintassilgo, papa-capim, curió, bicudo, trinca-ferro, passarinhos que antes só se obtinham da sua condição de silvestre, hoje adquiridos dos criadouros.

Por todas as ruas do Rio de Janeiro são escutados os cantares dos passarinhos em gaiolas. Elas estão no Leblon, em Botafogo, em Laranjeiras, em Santa Teresa, na Tijuca, em Vila Isabel, na Penha, no Méier, em Deodoro, em Campo Grande, enfim, na Baixada e além. Em Botafogo, quando fui trocar os pneus do meu carro, vi na porta da oficina um curió novo cantando. Fui indagar do dono, que logo vi que tinha perdido as cordas vocais para um câncer na laringe, e ficamos a matraquear sobre passarinhos, eu lendo os trinados em semitons saindo dos seus lábios. Não tinha medo do Ibama, pois comprara o curió de um criadouro e foi me mostrar a nota fiscal. Estava escrito R$ 400,00, mas na verdade ele teria pago o dobro! Mais para dentro da oficina havia mais duas gaiolas com um canário-belga e um bicudo, já meio velhos. O dono, que era descendente de sírios, fora criado em Botafogo mesmo e não conseguia explicar por que gostava de passarinhos: sempre os vira assim em gaiolas, gostava do canto, lhe alegravam a alma.

Com frequência, passeando pelas ruas de qualquer cidade brasileira, grande ou pequena, veem-se passarinhos engaiolados nos bares, nas oficinas, nas bancas de jornais, nas lojas frequentadas mais por homens do que por mulheres. Perguntar a um dono de botequim sobre seu bicudo é meio indiscreto, visto que ele pode achar que você está querendo o passarinho, que pode avisar o Ibama ou que está de olho gordo. Melhor não prolongar muito o assunto. Já com os milhares de porteiros de prédios sempre se pode furar a barreira, particularmente se você também for nordestino e criador de passarinho. Descobre-se que muitos porteiros gastam até o valor de um salário mensal na compra de um coleirinho ou bicudo, e ninguém se arrepende. Já a morte de um desses xerimbabos é sentida e lamentada por muito tempo.

É claro que há pessoas que possuem passarinhos, gostam desses animais, mas não se acanham de fazer negócios com eles. Muitos compram os bichinhos ainda novinhos e aguardam seu amadurecimento, curtem seu cantar, cuidam do bem-estar deles, para depois revendê-los por um preço compensatório ou trocá-los por outro passarinho, por um relógio ou por uma bicicleta. E aí voltam a comprar outro pássaro e começam tudo de novo. As páginas da internet estão cheias desses "rolos".

Conversar com passarinheiros me transporta a tempos de minha infância e a momentos de minha maturidade intelectual. Muitas coisas me interessam ao perguntar e ouvir as considerações desses criadores. Falo sobretudo em relação aos passarinhos acima mencionados, não aos periquitos, cacatuas, calopsitas ou agapornis e até aos canários-belgas. Estes são passarinhos exóticos, de fora do Brasil, que só sobrevivem aqui em gaiolas e se reproduzem unicamente em criadouros. As mulheres que começaram a apreciar xerimbabos gostam desses passarinhos, especialmente dos psitacídeos, talvez porque sejam tagarelas, chilreiam e aprendem a falar ou a fazer coisas interessantes. Há também as rolinhas, a fogo-apagou, a cascavel, a asa-branca, a juriti, essas pombinhas que arrulham, que passeiam nervosas e que têm caras de bebês, as próprias pombinhas da paz. Estas não são apreciadas na atualidade, mas eram comuns até a década de 1960. Há também as aves mais majestosas, de tamanho maior, algumas de grande beleza e variedade, que exigem gaiolas melhores e maiores, e que são difíceis de se reproduzirem em cativeiro. Falo de sabiás, concrizes, pegas, pássaros-pretos, anumarás, galos-de-campina, açuns-pretos, que são cobiçados loucamente pelos colecionadores, pelos passarinheiros que dedicam grande parte de seus tempos a cuidar desses xerimbabos de asas.

Na minha infância em uma cidade do interior do Nordeste, muita gente tinha passarinhos em gaiola. Alguns eram fanáticos e possuíam muitas gaiolas, que eram espalhadas por todos os cômodos da casa, principalmente nos quintais e nas garagens. As esposas enlouqueciam com maridos assim. Raramente alguém conseguia amansar e treinar um pássaro silvestre para ficar ou vir comer na casa. Conheci um homem que amansara um concriz, também conhecido como corrupião, em sua casa de fazenda. O concriz dormia em uma das árvores do seu quintal e voava para catar frutos e insetos pela manhã. Mas estava sempre por perto e seu dono lhe ofertava frutas na mão e deixava água em uma vasilha. O concriz era muito cantador, inteligente, sagaz, cantava a pedido do dono, respondia a assovios, assoviava trechos do hino nacional, imitava outros pássaros e outros animais da fazenda, achava as frutas escondidas pela casa. Era uma alegria imensa para todos e um grande orgulho para o dono. Um concriz que vinha à sua mão com um assovio! Só podia ser bênção de Deus! Um dia um gavião inesperado alcançou o concriz no voo e o levou para alimentar seus filhotes. Ainda hoje esse concriz é relembrado com lágrimas nos olhos. O dono nunca mais quis saber de amansar passarinho e passou a deixar xerém de milho, alpiste e água em vasilhas, pelo quintal, à vista da varanda da casa, para apreciar de longe os galos-de-campina, os anumarás e um ocasional pintassilgo que sempre vinham se alimentar, especialmente, nos longos meses de estio.

Apenas os homens possuem gaiolas de passarinho. As mulheres são frequentemente ensejadas a limpá-las por seus maridos fanáticos, ou ocupados demais, e o fazem com certo desprazer. Acho que elas não consideram uma boa ação prender passarinho em gaiola e, as raras, quando possuem passarinho, têm periquitos e calopsitas, coisas de crianças, que podem morrer que não fazem diferença. Outro dia, fui contar meus pensamentos sobre passarinhos para uma amiga que condena todo e qualquer cativeiro de animais. Ela logo foi me mostrando uma notícia de que a Índia proibira passarinhos em gaiolas e mal me dava atenção sem conter seu desprazer em ouvir histórias dessa laia, mesmo sabendo que seu porteiro tem uma gaiola bem na entrada de seu prédio e que o passarinho canta sem parar. A música de Luiz Gonzaga sobre o açum-preto, que teve os olhos furados para cantar melhor, é um desassossego nordestino, ela, uma cantora fina e nordestina.

Nota-se claramente que criar passarinhos em gaiola é hábito que está sendo desprezado pela classe média moderna, sendo que os muito ricos os preferem soltos em suas chácaras ou fazendas. Ivo Pitangui, um mineiro que virou milionário no ofício de cirurgião plástico, possuía uma bela ilha na baía de Angra dos Reis repleta de pássaros de todas as espécies – alguns soltos, outros presos em grandes viveiros –, em que se destacavam as maiores aves, tais como, araras, papagaios e tucanos, para mencionar só as do Brasil. Roberto Marinho, por sua vez, tinha muitas aves em sua fantástica mansão no bairro do Cosme Velho. Tem gente fina que gosta de flamingos, pavões, galinhas-d'angola, patos e marrecos em seus lagos. Não se veem mais perus machos estufando o peito e soltando seu característico glu-glu, mas eles já foram, junto com os pavões, os prediletos das fazendas. Já a classe média urbana passou a ter cães e gatos em profusão e variedade, algum ratinho moscado, hamsters, lagartos, gerbos e até cobras, fuinhas e porcos da Indonésia.

Criar passarinho é tarefa e prazer de pessoas de outras épocas. Em geral, gente mais pobre do que a classe média bem-pensante. Passarinheiros podem ser encontrados nas cidades tradicionais de todos os tamanhos e regiões e nas zonas rurais. Nas cidades novas do Centro-Oeste, porém, esse costume já perdeu seu charme: cães, gatos e bichos exóticos têm substituído os passarinhos como objeto de desejo por xerimbabos. Então, é desse mundo em desaparição – esse mundo da classe baixa, do povão, da cultura básica brasileira – que trataremos agora.

5. *Defesa da criação de passarinhos*

A pergunta que se faz é: por que os brasileiros citados anteriormente gostam de criar passarinhos? Será que são uns antropocêntricos ou talvez uns machistas ou uns cruéis ou, ainda, uma gente atrasada no tempo e na cultura?

Bem, acertou, no meu entender, e após longa reflexão, quem triscou a última opção. Os brasileiros são indivíduos atrasados no tempo, descendentes de índios que tinham xerimbabos como parte essencial de suas vidas, e que teimam em buscar nesse costume uma redenção por sua ativa vida de contraste com a natureza, de distanciamento e até de repúdio. O xerimbabo de passarinho é o único elo verdadeiro, de coração, que o brasileiro da cultura básica tem com a natureza. Por esse elo, ele se compraz e sente que pode se reintegrar com a natureza. Em um plano mais profundo – e se considerarmos que um dos motivos da religião é fazer uma religação com a natureza última do ser humano, com a natureza, com o mundo e com o Absoluto –, o xerimbabo é, assim, um símbolo vivo da religiosidade do brasileiro.

Agora, por que, de todos os xerimbabos possíveis que os índios Tupinambá e outros cultivavam (como os macaquinhos, as cotias, os jabutis e outros animais), o brasileiro foi logo escolher os passarinhos? Há aqui, evidentemente, uma resposta concreta e clara que é a escala de custo e responsabilidade. Criar macaquinhos não é fácil, já que eles são bastante danados e destroem muitas coisas. Muitos até tentaram criá-los e alguns os têm sim, dado que estão à venda em pet shops chiques e caros. Mas, imagine a dificuldade e a responsabilidade de ter um macaco-prego ou um macaco-de-cheiro, dois favoritos dos índios atuais, em uma casa simples, sozinhos ou só com crianças durante boa parte do dia! Nos sertões do Brasil, nas quebradas dos cerrados e caatingas, há famílias que pegam um macaquinho de uma mãe baleada, tal como entre os índios Guajá, e conseguem criá-lo por longo tempo. São exceções, no entanto. Ao final, a dentada de um cachorro ou o coice de um jumento hão de o matar.

Por tudo o que podemos imaginar de outros animais como xerimbabos, sobram os pássaros como exemplo máximo do xerimbabo. E entre os pássaros, o mais interessante e o mais cobiçado, não restam dúvidas, é o papagaio. A perguntar pelo Brasil afora, quem não gostaria de ter um papagaio em sua casa, para falar, cantar, imitar os outros, fazer graça, participar da família, enfim, ser alguém especial no meio de seres humanos?

Parafraseando Nelson Rodrigues em outro contexto, só as pessoas anormais recusariam essa oferta. Em segundo lugar de preferência, viriam os descendentes em tamanho do papagaio, tais como o papagaio-de-coleira, a ararajuba, as maritacas, as jandaias, as maracanãs e, por fim, os periquitos de todas as variações possíveis. Entretanto, no meio disso, surgem em gorjeios os passarinhos canoros, alguns dos quais já mencionamos: sabiás, concrizes, pegas, pássaros-pretos, galos-de-campina, anumarás e, em seguida, os de bico duro e curvo, comedores de sementes, da família dos emberizídeos (curió, bicudo, pintassilgo, golinha, papa-capim) e, por fim, os incríveis fringilídeos canários-da-terra que, importados das ilhas Canárias, ficaram silvestres no Brasil e, ainda, os domesticados canários-belgas.

Quaisquer desses passarinhos são xerimbabos de primeira. Eles são vendidos clandestinamente nas feiras livres ou legalmente nos criadouros regulamentados pelo Ibama. Valem muito dinheiro e viram objeto de carinho, alegria, responsabilidade e enlevo. Os aficionados fazem exposições, torneios de canto e de briga entre machos. Muitos tentam fazer acasalamentos em suas casas, algo muito difícil (a não ser com os canários-belgas e periquitos-australianos, ambos exóticos e praticamente domesticados). Nos dias de frio, levam seus passarinhos para passear pelo sol, pelas capoeiras e pelas matas, perto de suas casas. Acham que os bichinhos gostam de espairecer vendo o mundo. Fazem vídeos que expõem no YouTube – em longas e, muitas vezes, entediantes gravações – que são seguidos de comentários de toda sorte, quase sempre, escritos por pessoas que amam os passarinhos e que não se incomodam de escreverem mal ou de serem criticadas por irem contra o sentimento bem-pensante de estarem usando pássaros em cativeiro. Há, portanto, uma psicologia especial e uma razão social da parte de quem cuida de passarinhos. Vamos analisar essa gente e o que eles têm de bom para nos dizer.

6. *A reconexão com a cultura indígena*

Como mencionado anteriormente, é gente de extração popular que atualmente ama e cuida de passarinhos. A classe média, que Brasil afora já foi amante desse costume, está envergonhada – envergada pela censura verbal ou visual de atraso existencial diante dos discursos flamejantes sobre o bestial antropocentrismo do homem – e só alguns renitentes cultores de sua infantilidade, como o presente autor, é que ainda sentem que algo mais importante se move dentro do peito e que justifica o costume de ter passarinho como xerimbabo.

Alguns anos atrás, quando era professor de antropologia na Universidade Federal Fluminense, na cidade de Niterói, um aluno escolheu, um tanto movido por minhas considerações sobre o tema, fazer uma pesquisa de fim de curso sobre o costume de criar passarinho. O pai dele, advogado, porém de extração rural, era um aficionado e tinha umas dez gaiolas de pássaros canoros em sua casa. Sua mulher, naturalmente, detestava a trabalheira a que ele se lhe impunha para manter as gaiolas limpas e os pássaros saudáveis e a casa não muito desarrumada. Esse diligente aluno pesquisou as vizinhanças de seu bairro e mais dois bairros de sua cidade. Descobriu que a cada quarteirão (com mais ou menos vinte construções residenciais) havia pelo menos duas, ou 10% do total de casas, que tinham gaiolas de passarinhos. Desses, 70% eram de periquitos ou canários-belgas, os demais de passarinhos silvestres. Evidentemente que essa amostra não tem caráter científico e dela pouca coisa se pode extrapolar. São mais impressões do que hipóteses. Dessas impressões, confirmadas por muitas observações feitas não somente no Rio de Janeiro, mas também em Petrópolis e em Campinas, cidades onde vivi nos últimos 35 anos, destaco as seguintes: o costume de se criar passarinho é bastante extenso; indivíduos de extração rural ou semirrural veem essa prática com naturalidade; esse hábito é predominante entre pessoas da classe baixa e, ainda, que os criadores de passarinhos sentem muita satisfação em tê-los cantando em casa tanto quanto os amantes de gatos e cachorros, bem mais comuns hoje em dia.

Por que criam passarinhos, perguntar-se-ia? Porque gostam, sentem prazer, lembram a infância, amam animais, querem vê-los de perto, sentem falta quando não os têm. E por aí vão as respostas. Ninguém é capaz de dizer que é costume derivado dos índios (embora muita gente no Brasil se atribua descendência indígena) e, muito menos, que é um desejo de retorno à natureza ou de experimentação de sua animalidade ou de sua religiosidade. Considerações triviais é o que fazem sobre esse hobby.

Como explanação sobre a formação social brasileira, retomo as minhas considerações iniciais sobre o significado mais profundo de os índios terem xerimbabos e faço a conexão com o prolongamento desse costume na formação do povo e da cultura brasileiros.

Em primeiro lugar, há que se considerar que o povão brasileiro foi formado desde as primeiras décadas da chegada dos portugueses, especialmente desde a construção dos engenhos de açúcar, pelo desfazimento das aldeias indígenas e suas transformações em aldeias missionárias, aldeias de administração ou de repartição, arrabaldes mestiços, vilas de pescadores e bairros de pobres. As aldeias missionárias, para terem certa autonomia e melhor controle por parte dos religiosos, eram localizadas a certa distância dos nascentes núcleos portugueses, mas eventualmente se ligavam à vida socioeconômica dominante. Os índios eram convocados ou conscritos para os trabalhos braçais e para tarefas específicas da economia externa, as quais se evitava o labor de escravos, por serem considerados mais adequados ou tradicionais aos indígenas, como a derrubada de mata, a fabricação de potes e barricas para depurar o mel de açúcar, a cestaria em geral e, especialmente, a pesca e a salga de peixe para fornecer comida à escravaria e à população em geral. Também constituíam a maioria da mão de obra na construção de capelas e igrejas (bem como na de barcos e canoas), na agricultura e nos rebanhos das missões. O mesmo se deu nas aldeias de administração que, por serem laicas e controladas por feitores, capitães ou ainda por "protetores dos índios" indicados pelas câmaras municipais ou pelos governadores, estavam mais próximas e mais dependentes da vida colonial. Aqui os índios eram convocados para serviços públicos oficiais, tais como abertura de estradas, construções de prédios, fabricação de barcos e canoas, trabalho como remeiros e soldados e outras variadas tarefas. Eram pagos com salários aviltantes, mas continuavam a ser homens livres. As vilas de pescadores foram sendo formadas por índios e mestiços que se dedicavam a pescar para produzir a base proteica da alimentação de escravos e dos demais cidadãos. Eram tolerados até quando havia presença de negros escravos, que para lá fugiam, e que eventualmente podiam se casar com índias. Já os arrabaldes eram formados por índios mestiços já saídos das aldeias missionárias e de administração, que adquiriam compromissos formais e existenciais com as vilas luso-brasileiras, por já serem cristãos por convicção e não por estratégia de sobrevivência, e que viviam uma vida já protolusitana, porém, ainda cheia de indianidade, e eram acolhidos, tolerados ou aceitos como gente, constituindo o estrato inferior da sociedade crescente.

    A mestiçagem indígena começou com os relacionamentos sexuais de homens portugueses com índias, conforme nos esclarece a nossa historiografia. Portugueses poderosos ou abastados tiveram muitas mulheres indígenas, seja em casamento, seja como amásias, e com elas tiveram muitos filhos. Há quem teve trinta filhos ou mais. Portugueses menos poderosos tiveram casamentos e amásias indígenas e também fizeram muitos filhos. Poucos, no entanto, mantiveram todos os seus filhos dentro da mesma família constituída formalmente ou cristãmente, ou sob a guarda paterna. Uma parte desses filhos ficava com o pai e a família que formara, porém, a maioria era gerada principalmente nas aldeias de administração e lá ficava com a família extensa da mãe, ou, já como adulto, se deslocava para as aldeias de arrabaldes ou para as vilas de pescadores, onde passava a viver vida de índio mestiçado, paulatinamente se transformando em mestiço brasileiro. Por conseguinte, muito cedo, a maioria dos filhos mestiços não foi incorporada ao estamento superior de brancos portugueses e cristãos-novos, ainda que tivesse irmãos e primos que teriam ascendido socialmente por escolha parental.

(Vale a pena apontar que, quando um paulistano dito de "quatro costados" se mostra orgulhoso de descender de algum membro do povo Tupiniquim ou Tupinambá do planalto de Piratininga, que formaram a vila de São Paulo, ele deveria se dar conta de que, ao lado dele, houve muitos outros descendentes, seus primos, os caipiras, que ficaram nas aldeias e arrabaldes, e depois foram convocados para os duros labores de tropa de bandeirantes, e depois foram levados para criar as novas vilas que iam se formando ao redor da nova cidade e pelo interior do estado.)

Para um mestiço se tornar membro do estamento social superior, ele eventualmente teria de se conectar com alguém de origem europeia ou tentar que alguns dos seus filhos e filhas se casassem para cima, ou, no máximo algum neto, isto é, até a terceira geração. Quando um paulistano de elite diz que é de "quatro costados" por se considerar descendente de Tibiriçá ou de um dos seus filhos, ou de um português do século XVI que se casou com uma índia, ele pode até estar dizendo algo real, mas não se dá conta de que, por esse mesmo processo, ele teria milhares de "primos", advindos daqueles primeiros anos de convivência sexual e social entre portugueses e índios, que não chegaram ao estamento superior, porém constituíram o estamento inferior, os mestiços que foram se transformando em caipiras e, assim, em povão. O mesmo pode-se dizer dos centros econômicos e políticos que floresceram nesses primeiros dois séculos de povoamento e colonização, como Pernambuco e seus desdobramentos, Bahia, Rio de Janeiro, Santos e São Paulo, depois, a partir de 1616, e de um modo bem mais intenso e prolongado, São Luís e Belém.

Portanto, foi do desfazimento das aldeias indígenas, e a partir desses núcleos populacionais e culturais, que a cultura básica brasileira se constituiu e se esparramou – por motivações econômicas, como a expansão da criação de gado, a mineração e os processos econômicos paralelos e subsequentes – pelo seu vasto território nos decênios seguintes à expulsão dos franceses e dos holandeses. A convivência entre índios, mestiços e os novos mestiços que se formavam pela entrada do negro – como escravo, mas também como livre, forro ou fugido – formou o estamento subordinado, produziu a economia interna e foi moldando uma nova cultura mestiça, a base da cultura brasileira. O estamento subordinado só existiu em função do estamento superior que o dominava. Em um processo dialético e dialógico os dois estamentos foram se moldando, constituindo uma cultura distinta, sintética, nova, ainda que hierarquizada e desigual. Os estamentos continuaram a existir e a se tensionar mutuamente, constituindo subculturas desta cultura sintética em formação.

Eis, mais ou menos, a minha explanação sobre a formação da cultura brasileira. Mas aqui, neste final de capítulo, o que nos interessa é tão somente traçar o caminho social pelo qual o xerimbabo indígena se transformou hoje no costume de criar passarinhos em gaiolas e no genuíno amor que as classes baixas brasileiras e parte das classes médias têm por seus passarinhos. E o quanto isto tem sido importante para a constituição de uma sensibilidade da cultura popular brasileira.

Não há como reconstituir essa passagem através de relatos históricos, pois eles nunca foram descritos ou analisados por cronistas e historiadores. Aparentemente não produzia efeitos sociais ou econômicos que fossem dignos de nota. O que se evidencia fenomenologicamente é que o estamento inferior em formação manteve o sentido primevo do xerimbabo e o transformou no costume de criar passarinhos, por motivo de conveniência, pela facilidade de tê-los e pela beleza e ternura que proporcionam. Nesse processo deu-se um novo passo dialético: o xerimbabo passarinho não somente manteve o elo do homem com a natureza, da qual se afastara, como tornou-se símbolo da nostalgia da vivência indígena que o povão sente que tem, que já teve, e não sabe dizer como. A não ser pela explicação tão comovente e tão irreal de asseverar que sua família se formou por uma avó, bisavó ou tataravó indígena que foi pega no laço e amansada para virar mulher civilizada. Essa narrativa de um aspecto importante da formação social brasileira, qual seja, o de ser parcialmente indígena, tem lá seu fundo de verdade histórica, porém funciona mesmo é como mito, isto é, como um relato que condensa no tempo algo que teria acontecido, mas do qual não se sabe quando, onde nem importam os detalhes factuais.

Acontece que até agora nem mesmo a historiografia e a antropologia entendiam o aspecto indígena do processo da formação social brasileira adequadamente. Analisavam tal aspecto apenas de um modo genérico e sem maiores consequências. O índio seria o terceiro elemento da mestiçagem brasileira, para muitos, o mais fraco e o menos influente. Minha posição, ao contrário, é de que foi o elemento mais forte na formação do estamento inferior. O xerimbabo teve (e, ainda hoje, continua tendo) seu papel na importância que se pode dar ao costume de criar passarinhos por todo o Brasil.

7. Dialogando com os contrários

É mais que evidente que dou aval à criação de passarinho como xerimbabo. E que, eventualmente, me posiciono contra a supressão desse costume e, consequentemente, a sanção negativa contra os que o praticam. Ao contrário, estimulo a sua continuidade, apenas de um modo mais íntegro com a natureza. Entretanto, não ignoro as consequências deletérias desse costume sobre as populações desses pássaros e o perigo de suas extinções em nosso país. Brevemente analisarei esses pontos.

Como sabemos de nossa historiografia, pássaros como papagaios, araras e tucanos, que estavam entre os principais xerimbabos dos índios da costa do Brasil, eram pegos em seus meios ambientes e trocados e/ou vendidos para marinheiros de todas as nações europeias. O encantamento por esses animais atingiu os europeus, certamente, por motivos análogos à instituição do xerimbabo, mas também por outros menos singelos, como a vontade de exibição e o valor de mercadoria. Em continuidade, as casas-grandes dos engenhos e das fazendas de tabaco, gado e algodão também exibiam essas grandiosidades do mundo alado. Ao mesmo tempo, do desfazimento das ocas indígenas das aldeias de missão e administração às casinhas de pescadores e aos barracos dos arrabaldes mestiços, ia se instalando o xerimbabo passarinho em gaiolinhas feitas de madeira com talos de folhas de palmeiras para abrigar as aves canoras, comedoras de frutas e insetos, e os passarinhos comedores de semente.

De onde se obtinham esses pássaros? Certamente, das abundantes matas, os maiores, e dos campos, cerrados e caatingas, os menores. Com a intensificação da derrubada da Mata Atlântica, os papagaios, as araras e os tucanos foram rareando e custando cada vez mais caro, por serem trazidos de lugares cada vez mais distantes. As aves canoras tiveram sobrevida mais longa e foram penetrando e se adaptando às capoeiras de mata, aos carrascais e às caatingas, onde havia frutas e sementes, e com isso continuaram a ser obtidas sem grandes dificuldades. Não é por um motivo maior que eles foram se tornando os favoritos do estamento inferior da sociedade luso-brasileira.

Não se pode precisar quando exatamente faltaram passarinhos em certas regiões e, consequentemente, quando começou a acontecer o abuso de se pegar passarinhos em grandes quantidades, por métodos como facheio, à noite, visgo ou armadilhas, para a venda desenfreada a partir de certas regiões. É possível que, para alguns pássaros, como galo-de-campina, anumará, concriz, canário e pintassilgo isso tenha ocorrido desde a década de 1960. Para os demais pássaros só a partir da década de 1980 é que esse processo se desencadeou em estados como Pará, Pernambuco, Bahia, Minas Gerais e Mato Grosso, de onde ainda hoje (2018) são levados para os estados do Sudeste do país.

O tráfico de pássaros silvestres é dos mais devastadores e cruéis que há no Brasil. Ninguém sabe exatamente a quantidade de pássaros que são traficados por ano em nosso país. Algumas estimativas apresentam números muito variados, entre 8 e 25 milhões de aves que seriam traficadas no Brasil, sendo 70% para consumo interno e 30% para exportação. As estimativas são baseadas em amostras de pássaros apreendidos por fiscais. Quanto à morbidade do tráfico, há estimativas de que entre 50% e 90% dos passarinhos trazidos de caminhão ou outro veículo particular dos estados acima mencionados morrem antes de alcançar seu destino nas feiras clandestinas. E mais uma outra porcentagem morreria antes de estar na gaiola de alguém cuidadoso. Evidentemente que tal situação é inaceitável sob qualquer aspecto. Não só os pássaros que sobrevivem sofrem terrivelmente de maus-tratos, como a mortandade contribui efetivamente para o perigo de extinção de suas espécies. Em certas regiões da caatinga e do agreste do Nordeste brasileiro já são raros passarinhos como pintassilgo, canário, bicudo e curió, quando até a década de 1950 eram abundantes (ainda que a explicação mais plausível para essa falta não seja o apresamento e sim o autoenvenenamento por comerem frutos e sementes contaminados por agrotóxicos). Em estados que sofreram graves desmatamentos nos últimos cinquenta anos, como o Espírito Santo, a extinção de certas espécies correrá cada vez mais veloz, se nada for feito para reverter essa situação. Assim, criar determinados passarinhos em gaiola como xerimbabo tem se tornado uma ameaça às suas sobrevivências. O Ibama e também outros órgãos e ONGs brasileiros têm realizado muitas campanhas contra o xerimbabo de passarinho em virtude dessa constatação. Acrescente-se ainda a argumentação meio filosófica, meio ideológica, de que tal costume seria de caráter antropocêntrico, antianimal e, portanto, contra a natureza.

O que nos resta dizer diante disso? Bem, primeiro que há um perigo de extinção de aves, como de outros animais, que pode ser parcialmente atribuído ao costume do xerimbabo. Entretanto, a grande causadora da diminuição crítica dessas aves se deve à expansão do agronegócio nos cerrados, matas e caatingas, incluindo o indiscriminado e não replantado corte de madeira. Estamos engatados a uma irracionalidade econômica e ambiental muito séria, como todos sabem. Segundo, que há crueldade e mortandade no tráfico desses animais. Terceiro, por tudo o que escrevemos na primeira parte deste capítulo, é pelo menos discutível, seja como tese filosófica e antropológica, seja como prática social, que o costume do xerimbabo usado pela cultura de base brasileira tenha um caráter absolutamente antropocêntrico e contra a natureza.

Portanto, o que nos leva a considerar como deletério aos animais e objetar veementemente é contra o tráfico de animais, em geral, e de aves, em particular. É de todo inaceitável que se pratique o aprisionamento de aves em grandes quantidades, em uma determinada região, e que estas sejam vendidas a passarinheiros inescrupulosos para serem revendidos em feiras de passarinhos Brasil afora. A repressão ao tráfico de animais é uma medida, no meu entender, incontornável, não só pelo que o aprisionamento indiscriminado de animais causa às suas populações, como, principalmente, pelo modo cruel e desumano com que os animais são tratados. A crueldade aos animais deve ser reprimida para o bem da cultura brasileira. Ela é um desvirtuamento do relacionamento original e positivo entre homens e animais silvestres, conforme vimos no caso das culturas indígenas. Por outro lado, o aprisionamento seletivo de passarinhos realizado em sítios e fazendas por parte de seus moradores para serem usados como xerimbabos, e a eventual venda, troca ou de alguma forma comercialização desses pássaros não devem ter o mesmo nível de repressão do caso acima cogitado. Aliás, não devem nem ser reprimidos. Esse tipo de atividade não causa crueldade, ao contrário, ela instiga uma preocupação por parte de seus ativistas com a preservação das condições do bem-estar dos passarinhos, abre a visão para, de um modo genuíno e cultural brasileiro, se amar a natureza, tê-la por perto e se comprometer espiritualmente a ajudar na luta pela sua continuidade dentro da nação e da cultura brasileiras.

Por sua vez, a atividade de criadouros ou criatórios de pássaros silvestres tem sido uma saída para a substituição do tráfico e da venda desastrada desses animais. Para criar e reproduzir passarinhos, cujas matrizes são originalmente silvestres, há toda uma regulamentação certificada por lei pelo Ibama. O resultado são passarinhos sadios e satisfatórios para quem os ama e os quer em suas casas, e os preços são extremamente altos para compensar todo o cuidado e desvelo que os criadouros e criadores devem prover.

Entretanto, na minha visão, todos os criadouros – e até os criadores amadores que eventualmente conseguem reproduzir seus xerimbabos em cativeiro – deveriam ter como norma interna devolver uma porcentagem dos animais reproduzidos à natureza para que o estoque silvestre continue a existir. Digo norma para que isso seja um ato de consciência da existência dos pássaros como animais da natureza, ainda que culturalizados em nossa cultura. Não considero que deva ser objeto de lei ou normatização do Ibama. Aí entraríamos em mais burocracia e, consequentemente, em desvios de conduta etc., algo do qual a cultura brasileira deve evitar para se consolidar e se afirmar no mundo. Para repartir os resultados da reprodução em cativeiro com a natureza, os criadores teriam de ter consciência de que estão no mundo social e político e que são responsáveis também pelo bem-estar da natureza. Assim, por conclusão, o costume do xerimbabo é não somente um ato antropológico de grande discernimento como também um ato político de valor humano inestimável.

8. *Tese a debater*

Criar passarinho em casa, ter esse tipo de xerimbabo, é um ato de amor e humildade humana pela natureza; eis minha tese antropológica. É o reconhecimento da grande falta que sentimos por termos ultrapassado o ponto de não retorno à nossa animalidade essencial. Somos agora seres culturais, dependentes de regras e normas, que estão só parcialmente inseridos na natureza.

Diante do fato de que vivemos atualmente em culturas que, para sua continuidade e reprodução, se tornam cada vez mais agressivas à natureza, o costume do xerimbabo deve servir para melhorar as atitudes humanas no sentido de arrefecer e diminuir essa tendência sociocultural e econômica avassaladora. Ter um xerimbabo em casa deve ser motivo para se saber que a condição desse passarinho estar conosco é nos darmos conta de que também precisamos dele para viver. Por outro lado, o fato de que na cultura brasileira, afogada em uma desigualdade social histórica *quase* intransponível, o xerimbabo esteja se restringindo às classes sociais mais pobres e oprimidas é um sinal de alerta de que, em nossa cultura, o fosso interclasses continua lastimavelmente a todo vapor, criando-se e recriando-se em novas formas. Significa que o fosso entre classes e estamentos continua se desdobrando em novas formas, antes inexistentes. Que o costume do xerimbabo esteja sendo reprimido pelo discurso *soi-disant* filosoficamente correto é não somente um erro grave por parte do estamento dominante, que impõe esse discurso, como também é uma afronta à integridade antropológica e moral de nosso estamento inferior, o povão brasileiro.

Que viva o xerimbabo brasileiro!

Capítulo 5
*Ninguém almeja ser presidente, ou,
a classe média não tem confiança em si mesma*

O Brasil tem uma classe média frouxa e insegura. Isso se deve, já vimos, em grande parte ao fato de ela não ter autonomia, por razões de origem social e econômica e por desmotivações morais e éticas, para efetivamente se dispor com firmeza perante as demais classes e contribuir devidamente para a sociedade, para o desenvolvimento da economia e para colaborar com a política nacional. A classe média é insegura porque não sabe se ao agir está fazendo o bem ou o mal para o sistema social; e frouxa porque teme ser ridicularizada por quem de tradição deve mandar nela. Em compensação, a classe média brasileira, seja a de coloração esquerdista, seja a direitista, se faz reivindicativa ao reclamar de sua condição de oprimida e desprezada pela elite econômica e social, no caso, a burguesia ou o empresariado, o patriciado rentista e os novos senhores rurais; e, por outro lado, se faz petulante por sentir-se ameaçada e pressionada de baixo para cima pelos membros do estamento social inferior, as classes baixas, o povão, que a culpam maldosamente por mantê-los em sua condição marginalizada da sociedade brasileira. Nessa situação, a classe média se apresenta cheia de subterfúgios para os de cima e os de baixo, servindo quase sempre aos de cima, mas disposta a entrar na confusão que possa vir dos de baixo. A encenação de conflitos entre visões de direita e visões de esquerda é o seu principal estratagema para sobreviver diante dessas duas forças opostas que a fazem lembrar da falta de legitimidade própria para ser o que gostaria de ser.

Por que carência de legitimidade própria? Bem, ao definirmos a classe média como aquele segmento populacional que se expressa pelo domínio do conhecimento (ciência, discurso) e, consequentemente, da tecnologia (aplicabilidade desse conhecimento) e da eficiência em aplicar tal tecnologia, como sua função estruturante para a sociedade, vemos que a classe média brasileira está longe de realizar esta sua tarefa a contento. Ao contrário, a classe média brasileira contribui, proporcionalmente ao seu peso e ao seu custo socioeconômico, muito pouco para a sociedade brasileira. Em vez de contribuir para diminuir o custo da exploração real do capital sobre o trabalho pela aplicação da tecnologia, ela foge de sua responsabilidade por acomodação com sua existência e bem-estar e deixa que a sociedade busque outros meios para arrefecer essa exploração. Por exemplo, uma parte significativa da classe média brasileira atual é formada por professores, desde os que são treinados para ensinar as crianças e os jovens até os doutorados para cuidar do ensino superior e da pesquisa de ponta. Entretanto, há quase cem anos que o ensino público brasileiro se estiola em turbilhões de dificuldades, tendo como consequência a baixa entrada dos filhos de trabalhadores em profissões que necessitam de educação superior, o que contribui para a continuidade da desigualdade social marcada pelos vieses da raça e da pobreza tradicional. Culpar essa vergonhosa falha pela maldade ou perversidade da elite econômica tem sido a principal desculpa da classe média professoral brasileira, quando ela é que teria as condições para enfrentar o desafio e impor sua ética profissional à elite e à sociedade. Assim é que foi feito nos países que conseguiram equacionar a educação pública como um direito social e uma prática real para todos. Culpar as recorrentes crises da universidade pública brasileira à perversidade da elite econômica ou ao desleixo dos governos autoritários e democráticos tem sido a atitude mais comum no meio político dos professores universitários desde a época da ditadura militar e mais intensamente no período posterior. Ensinar economia, filosofia e ciência política a economistas e administradores não melhorou nem um pouco a capacidade desses profissionais em administrar uma autarquia pública, uma empresa estatal ou suas próprias universidades. Por quê? Eis um dos pontos que queremos tratar neste capítulo.

1. Teoria da classe média

A classe média é formada pelos agentes sociais e econômicos que dispõem do conhecimento, seja científico, filosófico, artístico ou religioso, como meio de sua existência e justificativa social. Não são só os professores e cientistas propriamente ditos que fazem parte da classe média. Advogados, engenheiros, médicos etc., bem como um largo segmento de administradores, contadores, consultores de vários naipes, a larga maioria de burocratas do serviço público e militares e policiais, especialmente os de patente. Todo o judiciário. Esta visão de classe média não se equaciona claramente com a visão funcionalista que define a classe média por sua renda em relação à classe alta e, pelo outro lado, às classes baixas. A classe média varia de renda desde o parco salário do técnico de laboratório até o bem-sucedido advogado criminalista e o cirurgião plástico. É certo que, nas relações sociais um advogado rico está mais próximo de um burguês pobre ou de um fazendeiro de café, ao passo que um técnico de laboratório provavelmente tem como vizinho um motorista de táxi e um policial militar. Entretanto, o técnico de laboratório e o advogado, e suas respectivas famílias, estão no mesmo plano de inserção cultural na modernidade, compartilham de visões de mundo baseadas no discurso científico e formam expectativas de dificuldades e compensações da vida muito semelhantes. A classe média rica aplica suas economias em fundos e ações, partilhando assim das benesses da subclasse rentista, mas em geral continua a pensar por moldes de classe média.

Essa visão do que constitui a classe média nas sociedades modernas e no Brasil atual bate de frente contra as visões sociológicas mais conhecidas, como a marxista, a funcionalista e a estruturalista. Para o marxismo, a classe média é um subproduto da burguesia decadente ou do operariado em ascensão que passa para o outro lado. Às vezes, ela se confunde com a pequena burguesia, ou com o segmento operariado superior, o *"white-collar worker"*, tão bem delineado pelo sociólogo americano C. Wright Mills. Para funcionalistas como Talcott Parsons, a classe média é efetivamente a classe que está no meio das duas principais classes e que se define por atitudes ou sobranceiras em relação ao operariado ou subordinadas em relação à burguesia. E para estruturalistas como Pierre Bourdieu, a classe média se define por uma ambiguidade nascida de sua condição mediana, englobando tanto quem utiliza o conhecimento para se justificar quanto quem usa do trabalho de pequeno empresário para sobreviver. Em outras palavras, a classe média seria uma espécie de pequeno-burguês, tal como descrito por Marx em suas análises sobre a França.

Ao contrário da classe média, o segmento que trabalha em ofícios tradicionais – por sua própria conta ou em coletivos que seguem regras, disciplinas de horário e eficiência – se caracteriza com clareza sobre o seu papel na economia e na sociedade de uma nação. Quando um marceneiro, um mecânico de garagem, um bancário ou um técnico de uma grande empresa são convidados para explicar o que fazem, eles apresentam os resultados de seu trabalho em função de seus esforços pessoais (conhecimento, habilidades individuais e disposição psicológica) e das condições de trabalho que tiveram para realizar suas tarefas. Os resultados do trabalho qualificam o trabalhador, mas antes o trabalho em si certifica a sua condição social de trabalhador e consequentemente reconhece o seu posicionamento no mercado de trabalho; mais ainda, a conjuminância desses passos afiança o trabalhador a se colocar perante a sua sociedade como agente social com a garantia de usufruir dos direitos e de cumprir os deveres inerentes à sua condição de cidadão.

Para a classe média, preencher esses mínimos itens do que seria trabalho não se dá no mesmo nível de transparência e frequentemente parece complicado. Imagine um fiscal da Secretaria da Receita Federal explicando para o seu pedreiro o que ele faz como contribuição econômica ao país: visitar empresas, checar suas contabilidades e verificar se elas pagaram seus impostos devidamente. Ou um professor de antropologia explicando ao porteiro de seu prédio o que significa dar aulas sobre o relativismo cultural. Ou um professor de um educandário público do bairro explicando aos pais dos alunos que está em greve há três meses, porque as condições de trabalho não são boas para ele.

Todas essas mencionadas profissões são de classe média. Elas se baseiam não em uma capacidade de trabalho manual, mas no conhecimento mais intenso e profissional da língua operante na sociedade, da matemática, da filosofia, das artes e da poesia, das ciências que produzem tecnologia, tanto na forma de instrumentos e ferramentas, empresas e estruturas organizacionais, quanto na forma de programas de computação e de administração, de ideologia, discurso político e cultura, de educação dos jovens e, por fim, de ética e moral, que são essenciais para a sociedade moderna. Também fazem parte da classe média os militares e policiais, cuja função é dar segurança ao Estado, respaldo à economia e proteção aos cidadãos. É evidente que esses objetivos são atingidos de um modo um tanto a-científico, mas a instituição policial militar nasce como meio para melhorar as condições de reprodução da economia. Nesse sentido, a classe média, tal como a entendemos modernamente, é produto da formação do capitalismo e dele participa de um modo fundamental para produzir as bases de uma mais-valia relativa, isto é, de favorecer condições de aumento de produtividade pela aplicação de tecnologias.

Antes do surgimento do capitalismo, na Idade Média europeia, não havia um conjunto específico de pessoas que se pudesse associar a algo como a classe média, porque quase toda a tecnologia necessária para mover a máquina social feudal poderia ser aprendida na prática por quase todo mundo, sendo as especialidades de trabalho compartilhadas entre camponeses, que viravam artesãos e guerreiros, e as elites de nobres e clérigos que exerciam a administração e o exército. Os primeiros passos do capitalismo possibilitaram que um grupo de artesãos e um segmento da nobreza decaída (inclusive do clero) se transformassem em artistas, arquitetos, engenheiros (civis e militares), médicos e intelectuais. Antes que houvesse qualquer preocupação com a educação de camponeses ou operários urbanos – ou com a divulgação das novas ideias de cunho lógico e filosófico e, posteriormente, de cunho metodológico sobre ciência e matemática –, a elite dos países europeus e essa nova classe emergente criaram instituições superiores de produção, ensino e divulgação de conhecimentos novos, com base em uma ascendente, hegemônica e cada vez mais dominante metodologia científica. A universidade surgiu muito antes de o povo ser educado. O grupo variegado de pessoas que será o agente desse processo é que constituirá o segmento mais conspícuo da classe média.

As oportunidades de aplicação de tecnologia científica e de novos conceitos ideológicos (políticos, religiosos e comportamentais) junto com a descoberta das Américas e a consequente expansão econômica e política dos principais países europeus alavancaram todo o sistema de produção e trocas econômicas e suas necessárias formas de socialização, constituindo esse novo sistema socioeconômico que veio a se chamar de capitalismo. Aqui não temos só, por um lado, um nascente empresariado dono do capital para fazer fábricas, reorganizar a produção agrícola e dar asas à mercantilização; e, por outro, uma massa de gente arrancada do campo, cada vez mais constrangida a laborar por opressão direta de feitores, condicionada pela perda das velhas condições de sobrevivência e inserção no mundo social mais amplo que, aos poucos, foi se tornando o que veio a se chamar de proletariado urbano, junto com parte de seus membros que, perdendo as mínimas condições de sobrevivência e de oportunidades de labor, foi se relegando a se tornar um resto de proletariado, uma escória de seres miseráveis com tendências à vida curta e desfortunada, com laivos de sordidez e criminalidade. Assim é que vemos sendo descrita, com variações estilísticas conforme o interesse dos autores, a formação das duas classes sociais que constituiriam o motor humano do sistema capitalista. De Adam Smith e David Ricardo a Karl Marx e seus seguidores, as variações desse quadro se devem a interpretações diferentes sobre como se formaria o valor do trabalho – se pelo "mercado", se pela usurpação da "mais-valia" – e por que e como remediar a inevitável desigualdade criada entre essas duas classes para dar continuidade à operação de todo o sistema capitalista. É certo que todos os economistas que se debruçaram sobre as questões da formação do capital e da sociedade que dele resultara viram que o sistema capitalista se desenvolvia cada vez mais em função da aplicação das descobertas da ciência *lato sensu*, da tecnologia. Por um momento, a insistência de Marx de que esse desenvolvimento se dava pela continuada e crescente opressão da classe operária que produzia mais-valia para a reprodução do capital não só levou a muitas indagações e teorias como também à formação de drásticas atitudes políticas para conter essas ideias (via polícia e repressão) ou para incrementá-las e viabilizar suas soluções por meio de movimentos políticos.

Tanto os epígonos de Smith quanto os de Marx, por mais que sentissem que a tecnologia era um grande motor da reprodução do capital, não conseguiram aferrar um determinado e específico grupo de pessoas como os agentes da produção da tecnologia. Os seguidores das variações teóricas do capitalismo interpretado por Smith nem mesmo estavam muito interessados em enfatizar as mazelas da classe operária nem as suas lutas por superação da opressão laboral. Viam que a economia se desenvolvia por razões próprias do sistema produtivo – como o mercado, o capital aplicado, a estrutura de produção e distribuição dos bens – bem como por motivos externos, como a política de conquista de mercados que os Estados favoreciam. Para que tratar de uma outra classe social, ou de qualquer classe, para falar a verdade, se o que interessava era tão somente como juntar operários em uma fábrica e fazê-los produzir as coisas com eficiência e obter lucros? Os ingleses, os magnatas do capitalismo, não iriam inventar a sociologia no começo do século XIX, e sim o psicologismo utilitarista, a ética justificadora do individualismo.

Os franceses é que precisavam de alguma maneira dar conta de entender tudo o que estavam experimentando com seus longos anos de revolução e de restauração social e política. Para Saint-Simon e Comte havia o indivíduo, sim, pois houvera Louis XVI e Napoleão, mas não tão utilitarista e capaz, pois este indivíduo estaria sob o controle de uma coletividade –que se distinguia, agora, em operar por vontade própria, em produzir coisas e ideias –que fazia parte de um processo bem mais avassalador e inexorável que passava por cima de tudo e que fazia sentido por sua necessária consequência e conclusão: o processo histórico (e evolutivo). A "sociedade" era maior e mais determinante que o indivíduo. Diante do inexorável desenlace do processo histórico, Comte chamaria a atenção para a chegada do estado final de nossa existência, o estado positivista, o qual seria, se não criado, ao menos exercido em sua total competência pela classe de cientistas, especialmente engenheiros e sociólogos. Isto é, a classe média é que deveria organizar e operar o Estado, qualquer povo e qualquer nação.

Por sua vez, Marx e Engels – nem ingleses nem franceses, mas alemães –, operando sob o modo dialético de compreensão e articulação das coisas do mundo que haviam aprendido com os ensinamentos de Hegel, calcularam todo o edifício da história humana, do processo histórico (e evolutivo), como o desenlace da luta de segmentos sociais que se definiam sempre e a cada momento histórico por sua posição no sistema econômico, ou melhor, no modo de produção econômico. A dialética hegeliana favorecia a ideia de que a cada momento da existência surgia sua necessária negatividade, contradição ou oposição. No confronto desses dois momentos distintos, o que é, e o que a ele se opõe, os dois se integrariam em um só momento por uma síntese, uma subsunção, um modo de os opostos se constituírem em uma nova entidade. O modo ou a lógica dialética de compreender o mundo, que Hegel considerava superior ao modo ou à lógica chamada analítica, presumia que a cada ser, ou momento histórico, corresponde seu oposto, e que isso se dava como uma conflagração de opostos que resultava no novo ser. Para Hegel, esse modo deveria ser o fulcro da produção do conhecimento sobre o mundo e de sua ampliação por todo o universo das relações humanas ao longo do tempo. Por essa forma, a dialética poderia ser caracterizada como um triângulo: os vértices horizontais seriam formados pela tese e por sua contraface (a antítese), e o vértice superior seria o novo modo constituído, a sua síntese. Tal imagem e tal argumentação lógica calaram tão fundo na mente de Marx e Engels que na sua caracterização filosófica dos elementos produtores do processo histórico – desde que a desigualdade social se instalara no convívio humano – haveria sempre e tão somente dois elementos contrários entre si, sempre produzindo sínteses novas que se transformavam em teses, que provocavam antíteses, que formavam novas sínteses etc. etc. Haveria sempre uma classe social que trabalhava e produzia riqueza e outra que a comandava, que a oprimia e que regia a sociedade como um todo. Ao verem o capitalismo se desenvolvendo desde o Renascimento, Marx e Engels, por força da obsessão pela lógica dialética, só poderiam perceber duas classes se opondo entre si para produzir a mais-valia reprodutível que permitia a continuidade do sistema capitalista. Nada como estar preso em uma lógica de pensamento e de argumentação para não enxergar nada mais do que esta lógica permitiria. Há tese e há antítese, portanto só há empresário dono do capital e proletário operário. Eis que Marx, mesmo sabendo que o capital aumentava à medida que a tecnologia produzia a mais-valia relativa, não alcançava discernir a existência de uma classe por trás dessa produção de tecnologia. Na medida em que ela era visível no processo histórico, a classe média seria tão somente o resultado de uma decaída de segmentos burgueses ou da decadente nobreza, ou a ascensão voluntariosa de segmentos do proletariado felizmente mais preparados e mais ambiciosos que conseguiam preencher um nicho econômico e social entre as duas grandes classes sociais. Tal nicho, cabe ressaltar, poderia a qualquer momento ser desfeito. A classe média, portanto, não era uma força permanente na formação do capital e, consequentemente, na constituição da sociedade de cunho capitalista.

Nem Marx e Engels nem seus seguidores jamais entenderam, portanto, o que era a classe média e qual era o papel da tecnologia na produção do capital e no arrefecimento das contradições e, desse modo, no potencial de luta entre burgueses e operários. Na Revolução Soviética e nos seus avatares do século XX, todos os explicadores se utilizaram essencialmente da lógica dialética para formular e interpretar a produção econômica, a política, a ciência, a ética e as contradições da sociedade, e, parcialmente em função disso, todos deram com os burros n'água.[2] As formulações de Adam Smith e seus seguidores tiveram um notável sucesso e em grande parte, ainda que não sejam discutidas aqui as bases lógicas dessa compreensão,[3] a vantagem desse capitalismo como produtor econômico e conformador de sociabilidades e culturas viáveis, em relação às formulações sociopolíticas de base marxista, se deveu à compreensão dada ao papel específico e próprio da classe média na produção do sistema capitalista. Aqui a mais-valia seria produzida por uma síntese de uma relação tríplice entre capital, trabalho e tecnologia, ou, entre burguês ou empresário, operário ou trabalhador e classe média.

As classes sociais, seguindo a visão derivada da sociologia marxista, constituem representações das posições de seus membros no processo econômico. Este é um dos seus pontos de formação e identificação. Seu outro ponto de identificação conforma-se pelo modo de cada membro se relacionar com o outro e produzir efeitos de sociabilidade. Isto é, cada classe constitui sua forma de sociabilidade umas com as outras e, ao todo, em sua integridade, elas constituem um modo reconhecido por todos que formam a cultura geral da sociedade. Um terceiro ponto de consequência da classe social é que cada uma forma um campo de in-

---

[2] É de se notar que a Escola de Frankfurt encontrou seu espaço intelectual e deu uma explicação diferente da aplicação do marxismo e seus problemas ao fazer uso da lógica da diferença para demonstrar as carências da dialética. Daí ter se apoiado tanto em autores como Kierkegaard e Nietzsche, como em Freud e nos poetas surrealistas, para tal intento.

[3] A discussão sobre os limites da eficácia da lógica dialética como explicadora do capitalismo e, ao contrário, a utilização da lógica clássica, analítica, como mais adequada para entender o capitalismo, sempre sob o pano de fundo da lógica hiperdialética, podem ser encontrada em "Lógica e Economia", obra inédita de Luiz Sérgio Sampaio, no endereço https://www.dropbox.com/s/egpxbwx54pg4rqd/logica%20e%20economia%20luiz%20sergio%20sampaio.pdf?dl=0

fluência, analogicamente, um campo gravitacional, sobre a totalidade cultural (e ética) das demais classes e da totalidade da sociedade. Esse campo gravitacional produz as formas e os estilos das diversas características psicológicas, sociais e morais que o indivíduo e a sociedade carregam. Assim, a classe burguesa ou empresarial, por sua condição necessária de tomar a iniciativa da produção, dá consistência ao modo pelo qual se operam e qualificam a individualidade, o princípio da iniciativa e da determinação que existem em todos os segmentos da sociedade. Já a classe operária, por suas condições de submissão e alienação no trabalho, mas também pela condição de realizar trabalho em conjunto, efetiva o estilo da sociedade dos modos pelos quais deve-se aceitar o destino, por um lado, e sublevar-se contra esse destino, por outro. Nesse sentido, o campo de influência da classe operária sobre a sociedade inspira os meios e elementos da luta contra a opressão, seja ela organizada em sindicatos e rebeliões, seja ela anárquica e fora dos limites da aceitabilidade política, como na criminalidade e na violência urbana. Em adição, a classe operária efetiva, pelo trabalho em conjunto, o sentido de solidariedade da sociedade, a constituição do comunitarismo e a união negociada entre opostos. Já, por fim, a classe média efetiva o discurso da sociedade, suas justificativas e sua ideologia, colaborando singularmente para articular a grande trama da humanidade em relação ao lugar que habita e o sentido de sua existência.[4] Ela o faz porque sua posição no sistema capitalista é produzir as bases da tecnologia, isto é, a ciência e a filosofia do sistema. Nesse mister a classe média produz os professores e os pesquisadores da ciência, os advogados e os engenheiros, os poetas e os artistas, os políticos e os ideólogos, os quais modelam o sistema como um todo. O campo produzido pela classe média é que vai produzir a ampliação do significado do homem em relação à sua condição biológica e à sua condição cultural, seus potenciais e seus limites de transcendência, suas carências e suas vicissitudes. É nesse

---

[4] Dada a semelhança dessa tese de entendimento do sistema de classes no regime capitalista com uma conhecida tese de que a humanidade, desde o surgimento da agricultura e da urbanização, se fez através de três grandes blocos sociopolíticos, quais sejam, a classe dos sacerdotes, a classe dos guerreiros e a classe dos camponeses, pedimos vênia para não discorrer sobre essa possível, mas não verdadeira, analogia neste livro. Fica ao leitor a dica para pesquisar o tema e chegar à sua visão mais balanceada.

campo que se ilumina a consciência da sociedade sobre o sentido da vida e da morte, portanto, sobre a religião. É pela ampliação do campo de influência da classe média que surgem os temas mais atuais discutidos em fóruns como a ONU, os quais se pretendem universalizar, tais como os direitos universais dos povos indígenas, os direitos de minorias sexuais e religiosas, direitos de animais, assim como, por contrário, a intervenção em culturas que aceitam o infanticídio feminino, a clitorectomia, o uso de burcas e outros costumes de sociedades tradicionais considerados desrespeitosos ao ser humano. Em breve, serão feitas declarações pelos direitos da nascente entidade Terra.

Por esta visão de formação de classes sociais e dos impactos que as classes carregam e derramam sobre a sociedade na disputa entre si, pode-se entender que não importa tanto o critério de renda econômica na constituição de classes. É certo que há uma disparidade imensa entre as rendas da classe empresarial e as da classe operária. E também está evidente que a classe média tem renda muita variada, por exemplo, entre advogados de escritórios famosos e advogados que tocam o ofício na porta de cadeias ou entre um engenheiro consultor e um funcionário público de uma cidadezinha qualquer. As diferenças de renda contribuem para as diferentes visões de mundo e, sobretudo, para a atuação política dos segmentos da classe média. Igualmente, a hierarquia constituída no serviço público – que, em princípio, faz parte da classe média – cria diferenças que se traduzem na ação em compromissos com visões políticas e sociais diferenciadas. Entretanto, o que existe de comum entre esses segmentos díspares da sociedade moderna é que eles baseiam sua existência no conhecimento e na tecnologia e se justificam como membros ativos da sociedade pela aplicação desse conhecimento em suas atividades econômicas e sociais.

Há ainda que se entender que em uma sociedade capitalista muitos indivíduos da classe média, por razões de conhecimento e de domínio sobre as tecnologias, funcionam como "agentes" ou empregados da classe empresarial, o que lhes confere durante o período vigente de serviço o papel de auxiliar leal às visões desse empresariado. O engenheiro ambiental que presta serviço a uma empresa de construção de hidrelétricas dá tudo de si e de seu conhecimento para cumprir o serviço que lhe foi contratado independentemente do que ele considerava certo ou errado a respeito desse empreendimento, e, assim, momentaneamente, está fazendo o papel de serviçal do empresário. Entretanto, em que pese sua consciência moral, ele continua a ser de classe média e a ter sua visão de mundo constituída a partir de sua vivência de classe.

Para concluir essa explanação teórica sobre a classe média, vale afirmar que, por essa metodologia, a classe média constitui a classe mais abrangente nas sociedades modernas, especialmente naquelas altamente capitalistas. A ciência e as técnicas predominam na organização econômica e social dessas sociedades e, assim, seus agentes formam uma grande parcela da população. De certo modo, sem pretender maior peso a essa afirmação, podemos dizer que a tendência mundial do capitalismo, devido à crescente automação, é a de que a maioria da população se tornará classe média, ainda que, ocasionalmente ou por fases da vida, realize tarefas do tipo técnicas ou manuais, sob orientação do empresariado, como se fosse classe operária. Ou mesmo que exerça funções de executivos, como se fosse empresariado.

2. A classe média na era colonial do Brasil

Mantendo a perspectiva marxista de que classes sociais derivam da posição social dos indivíduos na cadeia de produção econômica, podemos dizer que a classe média surgiu no Brasil com muita dificuldade e relativamente atrasada em comparação com os países europeus e com os Estados Unidos. As dificuldades se deveram à condição colonial brasileira comandada por Portugal e suas configurações sociopolíticas. Essas condições se caracterizaram pela persistência de uma forma especial de um parafeudalismo altamente centralizado na realeza, com concomitante fraqueza e dependência da nobreza, da pequena nobreza e até da classe de mercadores e usurários. Esse feudalismo português manteve reforçado por mais tempo que outros países o instituto jurídico e político do patrimonialismo como instrumento de poder e como meio de conexão da realeza com a nobreza, o alto clero e os segmentos do estamento social inferior, inclusive a cristandade nova.[5] Desse modo,

---

[5] Existe uma vasta literatura sobre a forma do feudalismo português e do seu equivalente patrimonialismo. Para uma revisão dessa literatura e um posicionamento

podemos dizer, como já o fizemos por diversas vezes em outros capítulos, que o que prevaleceu como forma de estruturação social no Brasil Colônia foi o *modus operandi* de estamento social. Aqui as características culturais, étnicas e religiosas tiveram papéis fundamentais em definir a qual estamento pertenceria uma determinada pessoa, e não só sua inserção no contexto da produção econômica. Por essa razão, tornou-se bastante difícil reconhecer os elementos que compunham algo como uma classe média em tempos coloniais, ainda que nos concentremos nas áreas que têm a ver com o conhecimento, a tecnologia e sua divulgação ou ensinamento.

Os missionários podem ser considerados como segmentos de uma incipiente classe média, tendo em vista que seus membros eram recrutados da nobreza e do campesinato e também que seus propósitos e suas ações consistiam em estabelecer as bases ideológicas, religiosas e éticas da colonização. Os missionários cuidavam da doutrinação dos índios e da educação básica dos filhos do estamento superior. Administradores de nível médio, como o pai do jesuíta Antônio Vieira, que veio ao Brasil por comissão real, em 1614, e burocratas em geral que eram nomeados pela realeza portuguesa ou pela burocracia do reino também podem ser vistos como incipiente classe média. Não é de surpreender que as críticas e as variações de visão sobre o projeto colonial vinham precisamente desses dois segmentos, representados aqui pelos jesuítas, nos seus conflitos com senhores de engenho, canavieiros, fazendeiros e preadores de índios, e pelos literatos e poetas, como Gregório de Mattos, gozadores e criadores de caso nas vilas e cidades. Entretanto, a percepção de suas respectivas fraquezas diante do poder da elite econômica, do poder político local e do poder real impedia esses dois segmentos de irem muito além do protesto em nome da justiça divina e das galhofas à moda de bobos da corte.

A sociedade colonial – baseada na exportação das *commodities* do açúcar, tabaco, couros, madeiras, âmbar, anil e poucas coisas mais – prolongou-se pelo segundo quartel do século XVIII, só iniciando um novo

---

histórico sobre a questão, recomendo a leitura do livro *História de Portugal*, de Rui Ramos (coordenador), Bernardo Vasconcelos e Souza, e Nuno Gonçalo Monteiro (Lisboa, A esfera dos livros, 2009).

processo – fruto das descobertas de ouro e diamantes em Minas Gerais, da expansão do algodão no Nordeste e no Maranhão e da entrada de escravos treinados para trabalhos mais refinados – com o surgimento e rápido enriquecimento das cidades, dando início à urbanização da Colônia, até antes da chegada da Corte portuguesa. As mudanças econômicas consolidaram-se em mudanças políticas e culturais com a entrada em cena do marquês de Pombal que, entre as diversas medidas intencionadas a modernizar o Império, decretou o fim do poder e da influência do jesuitismo no Brasil e em Portugal. Com isso, mais de sessenta grandes missões por todo o Brasil foram em sua maioria transformadas em vilas, povoados e arrabaldes dominados por brancos e mestiços sobre índios, mestiços e mulatos, conformando uma espécie de homogeneização cultural forçada. Por sua vez, a educação dos jovens iniciou uma transição do escolasticismo formalizado pelos professores jesuítas para uma educação mais cientificista, mais matematizada e mais prática, baseada em uma metodologia empirista e experimental e com matizes laicas e até anticlericais.

Nas cidades áureas de Minas Gerais bem como na Bahia, no Recife, em São Luís e no próprio Rio de Janeiro iriam surgir as bases mais orgânicas de uma protoclasse média de bacharéis, militares de patente média, clérigos (que substituíam os jesuítas), literatos e professores, artistas e burocratas e, com eles, os primeiros sinais de autonomia da elite econômica e política e, consequentemente, de rebelião contra a Coroa portuguesa.

O mundo mudava muito com as ideias novas de República e liberdade dos povos, com o rápido desenvolvimento da industrialização europeia, com a Independência dos Estados Unidos e com a Revolução Francesa. As casas maçônicas, já bem estruturadas em Portugal e na Europa pelo final do século, iriam também ser instaladas no Brasil, em fingido segredo, como se não fossem de todo desafiantes ao *status quo*. A maçonaria tornou-se o lugar político da classe média brasileira, cheia de ideias protorrevolucionárias, mas dependente umbilicalmente da realeza. Um quadro sociológico confuso, como demonstram as análises históricas sobre o papel da maçonaria na Independência do Brasil. Não obstante, os maçons foram os principais responsáveis pela firmeza das convicções demonstradas nas rebeliões e conjurações a favor da Independência do Brasil de Portugal. Mostraram suas unhas, não exatamente garras, pois não as tinham suficientes, na Inconfidência Mineira, de 1789, nas conjurações Carioca, de 1794, e Baiana, de 1796, e na Revolução Pernambucana, de 1817, levantes que foram podados rapidamente. Contudo, para os portugueses já fora tarde demais.

É sempre difícil convencer historiadores ou cientistas políticos brasileiros – quase todos resignados ou iludidos com o dilema de pensarem o mundo ou como marxistas ou como antimarxistas – de que a vontade de liberdade do brasileiro, que resultou na vontade de Independência do país, tenha advindo da classe média incipiente, contraditória porém vociferante, que se expressara nas rebeliões mencionadas e, por fim, no consenso geral sobre a permanência do jovem príncipe e no Grito do Ipiranga. Cadê o povo que não apareceu nunca, sempre dizem, como se só houvesse espírito de liberdade se fosse da forma francesa. Acontece que as rebeliões sempre aconteceram assim no Brasil e assim continuaram a se expressar em todos os grandes eventos, desde o fim da escravidão, a República, o tenentismo, a Revolução de 1930, a ditadura militar e o seu fim. A classe média é o segmento que expressa a vontade da nação, pois ela é formada de segmentos tanto do estamento superior quanto do estamento inferior e porque é ela que elabora e domina o discurso político. O povo permanece longe dessas atribulações políticas até hoje, porque vive marginalmente à sociedade que dá o tom da vida política à nação. Esta é a sua miserável condição de estar preso ao estamento social inferior.

O processo de formação da classe média deu-se, portanto, à medida que a sociedade colonial ia precisando de pessoas que não somente explicassem o mundo e lhe dessem sentido, mas também ajudassem a criar e a reproduzir os valores contraditórios dessa sociedade. Nem tudo era economia. A vida só não bastava, como já disseram alguns poetas, e as pessoas precisavam de ideologias, de arte, de imaginação e de rituais laicos e religiosos. Os clérigos e os literatos podiam fazer isso melhor que os senhores de engenho, os procuradores de índios e os mercadores de escravos e mais adequadamente que os bacharéis portugueses e os burocratas do Reino enviados para disciplinar a Colônia.

Em toda a formação da classe média brasileira, especialmente desde os seus primórdios, há que se considerar o papel que deve ter cabido –

ainda que pouca informação possa ser recolhida dos relatos históricos, das teses e dos livros que temos sobre esse conjunto difuso de pessoas – aos cristãos-novos, criptocristãos ou judeus convertidos por força do decreto manuelino para poderem escapar da expulsão de Portugal, da perseguição da Inquisição e encontrarem um refúgio em uma nova pátria. Não foram poucos os cristãos-novos que vieram para a Colônia brasileira e encontraram meios para viver e angariar riqueza em vários nichos econômicos. Para os historiadores, o papel desses indivíduos na formação do Brasil é quase invisível e foi sendo diluído por conta da dissimulação que tiveram de exercer em suas vidas e, consequentemente, pelo progressivo esmaecimento de suas crenças e práticas sociais que tiveram de relegar abrupta ou paulatinamente para poder sobreviver e constituir família. É provável que por muito tempo profissões como barbeiro, alfaiate, médico e mestre-escola tenham sido exercidas e ensinadas por cristãos-novos, que depois se transformaram em cristãos regulares, ainda que com certas especificidades profissionais ou de visões de mundo (das tantas que povoam a variedade comportamental e cultural do brasileiro tradicional). É provável que a subclasse de mercadores e exportadores, agiotas, donos de naus e outros tenha sido em boa parte formada pelo espírito empresarial desses cristãos-novos. O período holandês no Nordeste brasileiro (1630-1654) favoreceu o ressurgimento da identidade judaica entre muitos criptocristãos, mas estes logo tiveram de fugir ou se acoitar em lugares mais ermos para não serem perseguidos. É de notar que, em certas regiões dos sertões nordestinos, notadamente no Seridó da Paraíba e do Rio Grande do Norte, persistem costumes que derivam claramente de práticas judaizantes, ainda que não mais reconhecidas como judaicas por seus praticantes.[6]

3. A classe média no Império do Brasil

Formada no regime estamental, a incipiente classe média colonial nunca se livrou dos gestos e atitudes comportamentais próprios para

---

[6] É de esperar que o conhecimento histórico sobre o papel dos judeus e cristãos-novos no Brasil há de ser ampliado nos próximos anos, sobretudo por uma metodologia antropológica dentro da história.

serem aceitos pelo segmento mais alto do estamento superior, fugindo assim de participar do todo cultural brasileiro e de ter uma simpatia mais profunda para com o cotidiano e a sina do grosso do estamento inferior, especialmente os escravos negros, a caboclada subordinada e a indiada selvagem. Certamente que os missionários e o clérigo comum, a serem considerados como classe média, foram os que mais tiveram simpatia pelo estamento inferior, mesmo porque eram dos poucos a terem relações mútuas de afeto e de moral. Com a expulsão dos jesuítas, em 1759, e a laicização do controle indígena, os índios, vivendo em missões e em aldeias e arrabaldes conexos às vilas, perderam uma voz poderosa em sua defesa. Por força do regulamento conhecido como "Diretório dos Índios", da lei pombalina promulgada em 1756, suas aldeias foram tomadas por "brancos" que vieram se estabelecer pelo estímulo da política que favorecia o casamento interétnico de brancos e negros com índios, e a obrigação do uso da língua portuguesa. A princípio com alguma resistência, depois desbragadamente, em poucos anos essas aldeias se tornaram vilas e povoados cada vez mais caracterizados como luso-brasileiros, a exemplo das dezenas de vilas do Amazonas e do Nordeste e de bairros e arrabaldes como Santa Cruz, no Rio de Janeiro, e Pinheiros, em São Paulo. Quando os índios queriam protestar contra as invasões dos poucos e pequenos terrenos que lhes restavam, só podiam apelar diretamente ao rei de Portugal, pois não havia mais vozes a seu favor na Colônia.[7] Os mais espertos acomodavam-se com os invasores, casavam-se com suas filhas, partilhavam seus terrenos tradicionais, arrebatavam lotes abandonados por antigos companheiros que, sem outra opção, corriam em busca de novos locais para morar. Não foi isso o que ocorreu em todas as cidades brasileiras que se expandiram pelo surgimento de novos bairros?

O ouro, o algodão e, em seguida, o café iriam dar o ritmo do desenvolvimento econômico do Brasil, da sua continuada formação social

---

[7] Algumas teses em antropologia e história defendidas em universidades nordestinas mostram que os índios apelavam diretamente para o rei de Portugal quando vivenciavam que as terras que lhes haviam sido garantidas por alvarás reais e por meio de sesmarias concedidas por governadores e/ou capitães-mores eram invadidas e usurpadas por não indígenas. É de se entender que no processo real parte dessa usurpação era feita por outros índios que, por compulsão sociocultural, estavam passando cada vez mais para o lado dos luso-brasileiros.

baseada na introdução de mais escravos por toda a primeira metade do século XIX. Com essa base, houve uma expansão do Estado e o surgimento de profissões que tipificariam a classe média já querendo se desalojar do seu abrigo estamental superior e ousar voos próprios. Literatos, cientistas, advogados, médicos, engenheiros e jornalistas passaram a articular sentimentos de nacionalidade brasileira olhando para dentro de si, buscando elementos que constituiriam uma narrativa sobre a origem do Brasil, um mito fundador, e uma explicação mais convincente sobre por que continuávamos a manter a escravidão; por que havia tanta pobreza e miséria; por que havia tanta injustiça; por que o país não se desenvolvia e por que parecia tão longe de ser uma nação como a França ou a Inglaterra, a Itália ou a Alemanha, já que Portugal ficara tão para trás que não servia mais de parâmetro de comparação, a não ser para o uso castiço da língua portuguesa.

Não havia universidades no Império – é de se lamentar o desleixo português dos nossos imperadores –, mas as faculdades de engenharia militar, de medicina e de direito proviam um lastro básico para a formação de profissionais que podiam articular um discurso científico contemporâneo e, com frequência, um discurso filosófico, mítico ou poético para dar sentido à nação. Muitos filhos da elite econômica eram mandados para serem educados em Portugal, França e Inglaterra e muitos estrangeiros aqui vieram para compor os institutos de arte e ofícios, os colégios católicos e as oficinas que necessitavam de renovação tecnológica. A crescente urbanização favoreceu a ampliação de uma classe média com pretensões de até ter influência no comando político da nação. Não bastassem as pequenas revoluções, as gritarias contra o imperador, seus governadores provinciais, seus ministros nomeados e contra as eleições à base de poucos eleitores, de vez em quando, um literato como Cândido Mendes de Almeida, o velho, do alto de sua condição de escrevente dos governos provinciais do Maranhão, recebia a incumbência de ser candidato e, desse modo, ser eleito pelo Partido Conservador para representar seu estado por dois anos na Corte (eventualmente, não sendo reconduzido, sua vida tomou outro rumo na capital do Império e deixou legados). Como ele, outros literatos, publicistas, jornalistas, médicos e militares jubilados iriam se escorar na aba da elite econômica, escrevendo discursos e explicando o mundo político e econômico, para alcançarem voos mais altos.

Até que o tráfico negreiro acabasse, a classe média do Primeiro Império se via ojerizada com a entrada em magotes de negros africanos pelos portos de Santos, Rio de Janeiro, Bahia, Recife, São Luís e Belém. Não era apenas que a escravidão se mostrava aviltante aos olhos dos participantes, e desumana para as vítimas, e já estava na consciência do mundo ocidental que não poderia prosseguir diante dos novos meios de eficiência econômica e tecnológica que faziam a máquina capitalista funcionar, mas era também que o Brasil parecia ter se acostumado, a ponto de sofrer de estupor moral, a ponto de não se enojar com a repetição de ter de treinar, dia após dia, centenas de milhares de jovens africanos, homens, mulheres e crianças a se tornarem escravos ao molde brasileiro, na base dos grilhões, dos castigos, das crueldades e da persuasão forçada de religião, com um mínimo de atenção para que não se matassem e não deixassem de ser gente. Darwin, quando aqui esteve em 1836, escreveu horrorizado com a maldade e a indiferença com que os negros escravos eram tratados.

A recomendação que José Bonifácio apresentou aos deputados constituintes de 1823 sobre a necessidade de acabar com a escravidão no Brasil – ainda que com plano e ordem, fazendo doações de terras e criando condições de trabalho aos ex-escravos – demonstra, nos aspectos filosóficos daquele texto, o quanto Bonifácio estava tocado com o horror de submeter um ser humano à escravidão, pois que todo ser humano, não importa de onde venha e de que raça seja, é intrinsecamente livre, consciente, capaz e desejoso de ter uma vida feliz. É lamentável que essa recomendação nem tenha chegado a ser discutida seriamente, pois a Assembleia Constituinte foi em pouco tempo dissolvida pelo jovem imperador e, na Constituição outorgada de 1825, a escravidão passou sem notificação, como se não existisse.

O fim do tráfico negreiro, pela Lei Eusébio de Queirós, de 1850, fez o Brasil mirar-se com mais calma diante da escravidão e produziu os discursos político-filosóficos de intelectuais como Joaquim Nabuco e de poetas como Castro Alves. Entre parênteses: e pensar que, ao contrário, nos estados sulistas escravocratas dos Estados Unidos não houve ninguém de alta estatura humanista a protestar – a não ser Mark Twain, de um modo próprio, e Harriet Beecher Stowe – até que a Abolição de 1861 fosse decretada por um político filosoficamente liminar.

Por sua vez, literatos da classe média, buscando adaptar uma linguagem renovadora, com base no romantismo europeu, meio mitológica, para criar uma visão nova do Brasil, tomaram o índio selvagem, histórico e já passado, como um herói constituidor da nação brasileira. Antônio Gonçalves Dias, mulato filho de comerciante de algodão da cidade de Caxias, no Maranhão, e José de Alencar, cearense, filho da elite de fazendeiros de gado e de algodão, descendente de participantes das rebeliões que se originaram em Pernambuco, são os mais conhecidos indianistas brasileiros. Mas havia muitos outros que escreveram artigos em jornais, pequenos livros e inúmeros poemas, e pesquisavam as histórias da formação social, demográfica e econômica de suas províncias. Todos eles contribuíram para se criar a visão no Brasil de que o índio é parte formadora e imprescindível da nação, ainda que ele não exista mais como no passado. O historiador maranhense João Francisco Lisboa, encarregado pelo imperador dom Pedro II de pesquisar elementos da história do Brasil nos arquivos de Portugal, avaliou com detalhes os relatórios de governadores, desembargadores, juntas de missão e tantos outros documentos, e formou sua visão de que o índio foi um sofredor, embora tenha sido o construtor da nação e merecesse ser enaltecido. Afirmou isso com toda veemência para se contrapor às ideias e ao juízo do maior historiador do Império, Francisco Adolpho de Varnhagen, filho de um alemão que construiu uma pequena siderúrgica em Sorocaba, lá tendo contato com índios coroados (atuais Kaingang) selvagens, e que rebaixava o papel formador do índio tanto na demografia quanto na formação sociocultural do brasileiro. Na verdade, para dizer que o território brasileiro não era propriamente dos índios, Varnhagen afirmava que os portugueses haviam chegado ao Brasil só um pouquinho depois dos índios, que teriam imigrado dos contrafortes dos Andes e de mais além. Boa argumentação para os tempos atuais em que fazendeiros justificam sua chegada a terras que os índios defendem como suas por antecipação!

O debate sobre os índios, que ocorreu a partir da leitura em um teatro público, com a presença do jovem imperador dom Pedro II, em 1845, do poema épico *A Confederação dos Tamoios*, de Domingos José Gonçalves de Magalhães, publicado no ano de 1857, e durou pelas duas décadas seguintes, evidenciou que a classe média brasileira estava dividida sobre esse tema. Uma boa parte enaltecia os índios, lamentando-se por suas derrotas causadas pela maldade do português e por seu destino de, ao final, deixarem de ser índios e estiolarem-se na mestiçagem. A outra parte diminuía os índios por sua crueza, selvageria e desinteligência, e regozijava-se por sua breve e inexorável extinção. O governo imperial apegou-se ao aspecto romântico do índio originário e assim não pôde evitar de produzir uma política de proteção aos índios e sua integração à brasilidade, ainda que sob a ideia de que seria pela doutrinação religiosa, à la jesuitismo. E para isso contratou a ordem dos franciscanos capuchinhos, da Itália, para vir doutrinar os novos gentios brasileiros. Entretanto, já pelos meados do século XIX, havia quem achasse que não se devia integrar o índio pela religião e sim pelo desenvolvimento econômico, e esta integração seria mais completa. Uma mistura dessas ideias estimulou a política indigenista aplicada pelas administrações provinciais, sob o controle do governo central, e serviu para propor a demarcação de terras – na verdade, glebas de terra, em geral seguindo a tradição de sesmarias, isto é, uma área de terra, em modo retangular, formada por uma légua de testada a um curso de água e três léguas de banda ou de fundo – para os índios já envolvidos na economia local. A avareza nessas demarcações, o propositado desleixo das autoridades provinciais e o destino final da imensa maioria dessas terras concedidas a aldeias e povos indígenas foram notoriamente malconduzidos e trágicos. Poucos povos indígenas brasileiros conseguiram reter, passados os anos, essas pequenas glebas de terra. De qualquer sorte, não obstante toda a cupidez, má vontade e safadeza das autoridades provinciais e dos políticos nacionais, o índio, como sujeito da nacionalidade e da alma do brasileiro, ficou definitivamente imbricado na identidade nacional. Ninguém é brasileiro sem também ser, de algum modo, índio. E é só por esse sentimento de nacionalidade autóctone que hoje os povos indígenas sobreviventes retêm cerca de 13% do território nacional quando, em outros países americanos, exceto o Canadá, estão longe de garantir territórios exclusivos para si, muito menos nesse percentual dos territórios de seus países.

Por sua vez, há que se perguntar: por que a classe média brasileira da segunda parte do século XIX não abraçou a causa e os esforços de Irineu Evangelista de Souza, o barão de Mauá, na sua ingente luta pela implantação de métodos capitalistas na economia nacional, mas, ao contrário, relegou-o à sanha de seus inimigos, quase todos cupinchas do imperador, que viam com maus olhos as atividades empresarias do barão, seu modo de libertar escravos e contratá-los como operários livres para suas empresas, e sua persistente vontade de aumentar a eficiência da produção?

O primeiro ponto de uma possível resposta é que a classe média não tinha tanta autonomia assim, à época, para encarar os donos de jornais e editoras, os políticos da elite, a burocracia e os nobres do reino. O segundo ponto é que talvez a classe média ainda se sentisse carnalmente apegada aos donos do poder, à elite política e econômica, e achasse que os esforços do barão de Mauá contrariavam o espírito brasileiro de não atropelar as regras da civilidade, da ética local e da razão patrimonialista do Brasil. O barão, afinal, era ligado aos capitalistas estrangeiros, principalmente o homem mais rico do mundo, o judeu inglês barão de Rothschild. Será possível imaginar que já houvesse naquela época um segmento expressivo da classe média que era contra o capitalismo internacional, mesmo sem ter qualquer ideologia política de esquerda fomentando essa visão? O terceiro ponto, talvez correlato ao segundo, é que já havia indícios, prévias, prolegômenos de novas visões de mundo, além do liberalismo econômico propagado pelos feitos de Mauá.

Com efeito, o republicanismo, isto é, o discurso e a luta pelo fim da Monarquia (esta, até então, justificada como fulcro da integridade da nação) e o alvorecer de uma protoburguesia rural brasileira (com ganas de tomar as rédeas do poder) davam o ar de suas graças, desde meados da década de 1860, junto com o positivismo, especialmente da última fase de Auguste Comte, quando este já estava meio que se transbordando de sabedoria sequaz e teleológica. Juntos, o positivismo, prometendo racionalidade e um destino glorioso para o Brasil (se ao menos deixassem-nos governar), e o republicanismo, alvissarando um tempo de participação dos cafeicultores no poder, iriam desembocar na estonteante cavalgada do Campo de Santana à praça Quinze, liderada pelo marechal Deodoro, para derrubar o precocemente envelhecido imperador dom Pedro II.

Havia ainda duas grandes correntes de pensamento trazendo suas influências. Uma delas era a teoria da evolução, de Charles Darwin, que se expandia como uma doutrina, o evolucionismo biológico, e com seu concomitante e malfadado darwinismo social pregado por muitos seguidores (ainda que a contragosto de Darwin). O evolucionismo foi veiculado inicialmente por cientistas biólogos e médicos, e trazia de algum modo um tom de esperança de que as coisas tendiam a melhorar. Já o darwinismo social, com imenso estrago ideológico e cultural para o Brasil, era apregoado por literatos, historiadores e intelectuais em geral, gente que queria explicar o atraso econômico do Brasil e o extrovertido racismo nacional pela superioridade biológica do branco europeu. O darwinismo social marcou fundo a psicologia do brasileiro recém-republicano, especialmente, os médicos, biólogos e cientistas em geral. Essa doutrina difundia como fato científico a ideia de que a humanidade se constituíra em grupos raciais intrinsecamente desiguais por inteligência. No mais baixo escalão, estariam os negros africanos e, no mais alto, os caucasianos europeus. Para piorar, os mulatos e mestiços seriam *degenerados*, isto é, decaídos das características originais das raças formadoras. O mulato não seria nem branco nem negro, portanto, suas características gerais estariam aquém das raças que o compunham. Dado o vasto contingente demográfico brasileiro de mestiços, não havia saída para o Brasil senão importar imigrantes da Europa ou até de outros lugares onde havia raças "puras", como o Oriente Médio e o Japão. Com efeito, essa ideia vinha perturbando o Brasil desde o Império e foi se consolidando de um modo avassalador. Todo mundo conhece a piada do plano de Deus de fazer o Brasil como um país perfeito, sem terremotos, tempestades, vulcões, desertos e outras desgraças naturais, exceto pelo "povinho" que ele lá colocaria. É uma piada do início do século XX que perdurou desde então. O que fazer diante dessa sina desgraçada?

A outra corrente de pensamento influente sobre a classe média do fim do século foi um convoluto discurso filosófico de coloração alemã, sem traquejo para tornar compreensível a situação social e cultural do Brasil, tal qual exposto pela chamada Escola Filosófica de Recife, tendo o eminente jurista sergipano Tobias Barreto à frente, e difundido por muitos discípulos e admiradores.

Quem tentar, nos dias de hoje, e sem a boa vontade de quem tem de defender uma tese para efeitos de progressão acadêmica, ler os escritos de Tobias Barreto e mesmo os de seu dileto e mais famoso discípulo Sílvio Romero não haverá de se surpreender com a dificuldade para acompanhar o raciocínio do autor e o desdobrar do argumento do texto. É evidente que eles estão dizendo alguma coisa sobre o Brasil, talvez uma interpretação derivada da argumentação de algum epígono de Kant, mas fica difícil de entender como isso se encaixa em algum argumento prévio, mais ou menos reconhecido por outros pensadores brasileiros. Sua influência foi grande especialmente pelo que prometia de profundeza de pensamento. Sílvio Romero (1851-1914) tem uma vasta obra sobre filosofia, folclore, direito e literatura, e virou um dos maiores polemistas de seu tempo. Seus artigos críticos sobre a obra inusitada e excepcional do alagoano Manoel Bomfim, *Males e origens da América Latina* (1905), apagaram e enterraram esse livro por pelo menos oitenta anos! Pelo final do século XIX e, para alguns críticos literários, como Antonio Candido de Mello e Souza, até a Semana de Arte de 1922, os textos de intelectuais brasileiros da época foram ficando cada vez mais rocambolescos, no romance e no ensaio, e empolados, nas poesias parnasiana e decadentista. Esse estilo de escrever iria perdurar por muito mais tempo do que sua função linguística fazia jus histórico. Ele impregnou o pensamento brasileiro de uma aura formalista e estetizante, em textos pretensamente eruditos, intensos e de difícil compreensão, que levou anos para ser debelada e que ainda está presente no pensamento provinciano de muitos rincões brasileiros. Quanto mais campanudo, mais admirado o autor. Escapou desse estigma, por pouco, o genial Euclides da Cunha, simplesmente porque teve a sensibilidade de contar uma história popular brasileira com um espírito épico. Perdoamos as descrições geológicas de Euclides e suas pernósticas análises psicológicas presentes no impressionante *Os sertões* (1903), mas lamentamos que esse exemplo tenha sido emulado por muito tempo, se é que já esteja completamente descartado de nossa forma de escrever e até de pensar.

Os dois grandes feitos ideológicos da classe média do último quartel do século XIX foram a Abolição e a República. Mas, não se deve esquecer que, entre a proposição antiescravocrata de Bonifácio e o ato final da princesa Isabel, haviam se passado nada menos que 65 anos. Sinal denunciante da fraqueza da classe média. Já em relação à República, vista por quase todos os historiadores como mais um feito alienado da história brasileira, o que nos parece mais extraordinário é que ela tenha sido proclamada sem quase nenhum protesto da população que há oitenta anos se acostumara com a realeza mandando em todos. A Monarquia caiu de passada que estava, mas também porque o discurso que prometia a República caíra bem com muita gente, como se a nação já se achasse madura para ficar de pé sem a moderação de um imperador.

É inegável que o fim dessas duas instituições seculares deixou um vazio na sociedade brasileira. A liberdade dos ex-escravos não trouxe sua ascensão na sociedade, mas relegou-os à camada mais baixa da sociedade, especialmente pela entrada de imigrantes a preencher os novos espaços de trabalho criados pela incipiente, porém, consistente industrialização do país. Por sua vez, a República, com seus primeiros anos de bate-cabeça e de desorganização política e administrativa, conforme pode-se ler nos escritos de um Alberto Torres, na segunda década do século XX, deixou a classe média com a sensação de frustração, por não ver seus propósitos libertários sendo cumpridos devidamente. Ainda que não majoritário, o discurso progressista dos positivistas, que haviam se empenhado com toda a força de sua verve e imaginação pela República, não parecia lograr efeito suficiente para consolidar tal tipo de progressismo. Uma centena de escolas primárias e médias foram construídas pelas grandes cidades brasileiras, por exemplo, mas não tinham a grandeza de emular o espírito educacional brasileiro suficientemente para fazer a escola pública alcançar um número grande de brasileiros.

A maioria dos intelectuais brasileiros ficou a se lamentar. Manoel Bomfim saiu com sua posição sociológica pré-marxista segundo a qual os males do Brasil e da América Latina não derivavam em nada da raça, da mestiçagem, da geografia, da ascendência ibérica, da religião católica, como diziam os apologistas do protestantismo, dos anglo-saxões e do clima temperado. Bomfim dizia que nosso problema derivava de uma tal de situação colonial que, tal como um parasita, sugava os recursos do Brasil, deixando-o incapacitado para desenvolver-se autonomamente. O capitalismo em toda a sua simbologia do mal ainda não aparecera como o grande vilão do atraso nacional, mas pelo menos não era a raça o nosso problema. Entretanto, não obstante a clareza de sua exposição, as ideias de Bomfim foram recebidas a pedradas e seu livro definhou sem maiores leituras.

Euclides da Cunha também tentou se livrar da carga negativa do racismo, especialmente da mestiçagem, ao argumentar que os mestiços de índios, negros e brancos dos sertões brasileiros já tinham se constituído em raça pelos longos trezentos anos da mestiçagem original. Uma raça nova, de fortes, havia se formado no Brasil e estava representada por aqueles jagunços de Antônio Conselheiro que se defenderam bravamente das quatro expedições do Exército brasileiro. Embora, hoje em dia, poucos percebam esse truque de Euclides, à época, ele foi bem percebido, porque, pelo que diziam os cientistas, raça pura era melhor do que mestiçagem.

Nada muito consolador para um povo que já tinha quatrocentos anos de formação e uma nação com pelo menos cem anos de Independência. É desse infeliz período de nossa história que os sentimentos mais contrastantes sobre o Brasil surgem e são articulados. De um lado, somos um povinho que não vale quase nada; de outro, temos orgulho do que somos, lembrando o livro *Por que me ufano de meu país*, de Afonso Celso, um dos fundadores da Academia Brasileira de Letras. Intelectuais do porte de Alberto Torres e Oliveira Viana lamentavam a incapacidade do povo brasileiro para qualquer ato de civilidade e grandeza moral. Apenas uma certa minúscula elite poderia ser salva, e isso por se manter pura biologicamente. Ao final desse período, um dos ricos descendentes dos Prados, Paulo, lamentava a história do Brasil não só por sua condição colonial, mas por sua tibieza intelectual e moral, por sua melancolia e pelas raças que nos compunham, e propunha que só por uma revolução haveria alguma chance para o país. Ah, uma boa revolução até para a elite desconsolada!

4. A classe média na modernidade (1922-1980)

Um segmento da classe média paulista articulou a Semana de Arte Moderna para escapar da mesmice artística e intelectual prevalente no país, conectando-se com as novidades surgidas no pós-guerra na Europa. Muito longe de entender o dilema e os descaminhos europeus, com a criação do surrealismo, a expansão do freudismo e a disputa entre comunistas e fascistas, o modernismo brasileiro trouxe de bom a vontade da classe média de se conectar com o povo em sua linguagem, em suas demonstrações artísticas, em sua história sofrida e em suas transcendências. E, pelo povo, não mais povinho nem ainda povão, recriar o mito do Brasil.

A Semana de Arte Moderna, realizada em São Paulo, mas conectando o Rio de Janeiro e outros estados, abriu o horizonte dos poetas para apreciar e usar a língua mais vernácula, os temas do cotidiano, as paixões mais carnais, a graça e as idiotices da nação. Os romancistas buscaram uma prosódia nativa, surgiram os regionalismos, a assunção do caráter nacional defeituoso, o último suspiro do povo medíocre tomado por povo banzeiro. E aí eis que surgiram Gilberto Freyre e os comunistas para darem o tom do que poderia ser o Brasil. A classe média se assumiu totalmente com suas principais contradições de origem. Uma gente confusa que acreditava na astúcia do nativismo, que acreditava na racionalidade do processo histórico, que só acreditava na paternidade que vinha de fora. Uma classe média não propriamente dividida, mas embolada em ideias vindas da esquerda, do centro e da direita europeias, que ditariam o ritmo do pensar sobre o Brasil, e que orientariam as forças políticas a se consolidarem em suas refregas e seus anseios pelo poder.

A fundação do Partido Comunista do Brasil, em 1922, não teve quase nenhum impacto político e cultural até a entrada de Luiz Carlos Prestes, o Cavaleiro da Esperança. Em finais de 1924, o capitão Prestes levantou em rebelião uma tropa de tenentes e soldados do Exército e, com mais alguns voluntários paisanos, e sem ter muito o que fazer caso se mantivesse aquartelado, saiu em tropel Brasil afora, vindo do Rio Grande do Sul, margeando as cidades pelos sertões do Sul e do Centro-Oeste, volteando pelo Nordeste, sempre em combate contra tropas oficiais em seu encalço, e alardeando uma rebelião popular contra o poder instituído há quatrocentos anos. A revolução não deu certo, a cavalaria teve de refugiar-se na Bolívia e na Argentina, mas Prestes e seus companheiros fizeram história pela longa marcha percorrida e pelas vitórias em refregas e manobras militares, e ganharam fama pelo país. Sobretudo na imaginação da classe média e dos trabalhadores urbanos. Pelos sertões e pelos cerrados onde passara sua tropa de "revoltosos", como ficaram conhecidos, ficou uma memória de algo parecido com as investidas dos cangaceiros que atormentavam esses mesmos sertões, com um tanto de sinal trocado.

O Partido Comunista do Brasil começou a atrair gente de classe média e um tanto da elite rural decadente de vários estados na década de 1930, quando fez parte da Aliança Nacional, um conglomerado de grupos políticos contrários ao poder cada vez mais centralizado por Getúlio Vargas. Passou a ser parte importante das ideias políticas e depois culturais a circular no país, trazendo a perspectiva marxista de analisar fatos históricos, reinterpretar o Brasil e dar rumo intelectual a uma sonhada revolução comunista no Brasil. Essas ideias, com pequenas variações, porém internamente consideradas irreconciliáveis, como aquelas veiculadas pelos adeptos de Leon Trótski, passaram a ganhar foros cada vez mais amplos na *intelligentsia* da classe média, tanto por conta da aderência dos seus adeptos a sonhos intelectuais quanto pela força moral que proviam aos que combatiam o getulismo, os fascistas locais e, no plano internacional, os fascistas e os nazistas. É certo que o PCB tinha membros da classe trabalhadora, estivadores das cidades portuárias, operários das fábricas das cidades que se industrializavam, mas a maioria funcionava mesmo como massa operária, gente que podia ser mobilizada para greves e protestos. E, depois da Segunda Grande Guerra, para votos. Quando o PCB foi declarado ilegal pelo Congresso Nacional, em 1947, tendo sido cassados, por todo o país, um senador, sete deputados federais (que haviam sido constituintes) e dezenas de deputados estaduais e vereadores, seus membros foram para as sombras da política, os mais habilitados para serem eleitos por partidos populares, outros para militarem como intelectuais, dirigentes sindicais, jornalistas e em todas as profissões cabíveis, até como militares.

O PCB teve grandes intelectuais no Brasil que nunca arrefeceram de suas convicções políticas derivadas tanto da filosofia marxista, portanto, contrárias ao capitalismo como sistema político-econômico e ao liberalismo como filosofia social, quanto da existência real daquilo que parecia ser a indestrutível e utópica civilização comunista criada por Lênin e pelo Partido Bolchevique, na Rússia, depois, União Soviética. É certo que alguns intelectuais, como Arthur Koestler e George Orwell, já haviam criticado em duros termos o que estava acontecendo na Rússia desde a década de 1930, mas foi só quando o primeiro-ministro soviético Nikita Khrushchev, em 1954, acusou Stalin de crimes de guerra, que começou uma debandada de intelectuais brasileiros das hostes do PCB, ainda que muitos continuassem a se declarar marxistas e a apoiar o PCB em suas lutas políticas. Seja o que tivesse sido no passado ou como fosse no presente o comunismo real instalado na União Soviética, o que parecia razoável para muitos é que o comunismo continuava a ser uma utopia desejável por trazer mais igualdade social e humanismo, além de autonomia política para o Brasil. Essas ideias não foram levadas pelo vento do processo histórico, mas continuam flutuando em muitas instâncias políticas e culturais no país.

Um segundo grande impacto criado pelo modernismo brasileiro foi a argumentação extremamente rica no aspecto teórico, abrangente na explanação empírica e poderosa no convencimento de gregos e troianos de que o Brasil não era um país racista, apesar de ter sido escravocrata por quase quatrocentos anos, e que sua população, formada majoritariamente por negros, mestiços e mulatos, não era de nenhum modo inferior às populações de outros países, porque não era cientificamente comprovável que os negros fossem inferiores aos brancos e a outras populações. Ao contrário, dizia a argumentação, no Brasil havia se formado uma população mestiça e que a mestiçagem trazia grandes vantagens físicas, intelectuais e até morais, se por moral entendermos algo um tanto diferente da moral cristã.

É evidente que muito disso se deve primordialmente ao pernambucano Gilberto Freyre e seu livro inaugural, *Casa-grande & senzala*, publicado em 1933, elaborado a partir de uma tese de mestrado defendida na Universidade de Columbia, em Nova York, sob a supervisão do antropólogo judeu teuto-americano Franz Boas. Freyre passara alguns anos nos Estados Unidos como estudante universitário e lá se deparou com a teoria culturalista da antropologia que estava sendo trabalhada e divulgada por muitas universidades e que iria rapidamente se tornar a base da antropologia como ciência social. A teoria culturalista dizia que não existem culturas superiores nem inferiores, porém que cada cultura desenvolve os seus potenciais de acordo com as circunstâncias históricas que influem sobre elas. Ademais, não existem raças superiores nem inferiores, pois em diferentes momentos históricos aquela raça constitutiva de uma determinada sociedade que havia sido superior em poder hoje seria dominada, e vice-versa. E que cada homem ou mulher, em qualquer aglomerado racial, teria o mesmo potencial de inteligência e esperteza que qualquer outro ser humano em outro aglomerado racial. Este foi o lastro teórico que deu base para Freyre rever a história brasileira, especialmente, a relação entre brancos e negros, senhores e escravos, e chegar à conclusão de que os negros só estavam por baixo por circunstâncias históricas, mas que, individualmente, seriam capazes dos mesmos potenciais humanos que os brancos ou membros de outras raças, como os índios.

Com *Casa-grande & senzala*, Gilberto Freyre desenvolve uma visão de Brasil que pouco se havia falado antes, talvez Manoel Bomfim trinta anos antes, talvez alguns trechos de Capistrano de Abreu em seus livros sobre o povoamento do Brasil, ou, mais longe ainda, José Bonifácio. Freyre lava a alma do brasileiro ao "provar" que o país não é pobre e subdesenvolvido por ser negro ou mestiço, mas por outras razões, principalmente econômicas: a monocultura que concentra renda e degrada a alimentação e a saúde, a desigualdade social e a dependência em *commodities*. A elite brasileira, originalmente portuguesa, mas com muitos mestiços, não era de todo ruim, ao contrário, tinha hábitos até interessantes e humanistas e, sobretudo, havia criado uma forma de relacionamento inter-racial que era melhor do que qualquer outra criada nas Américas e, talvez, na história da humanidade. Graças à tolerância e à "plasticidade" cultural dos portugueses. Querem uma apologia melhor do que essa para o nosso país? Ou, por outra, não foi bom nos livrarmos da pecha de povinho por sermos mestiçados no corpo e na alma?

Assim, Gilberto Freyre deixou sua marca na história brasileira e na constituição de uma visão de mundo que perdura até hoje entre nós. Pode ser que os americanos pensem o contrário, ou que o movimento negro brasileiro atual favoreça a interpretação de que somos mais racistas ainda por sermos fingidos e hipócritas em nossas atitudes, mas no fundo da alma de (quase) todo brasileiro ele não se acha racista e condena quem é racista. Gilberto encararia críticas acadêmicas e ideológicas desde o começo e, continuadamente, ao longo de sua frutuosa carreira. Elas viriam principalmente da academia e especialmente dos marxistas. Dos primeiros, por acharem que seus livros não seguiam uma linguagem metódica e não se restringiam a um tema específico. *Casa-grande & senzala* fala de tudo, até de receita de doce, o que parecia um despropósito indigno da academia. E, da parte dos marxistas, porque evidentemente Gilberto Freyre não era um marxista, não acreditava que a luta de classes sociais definiria uma sociedade nem achava que os trabalhadores e a classe média deveriam governar o Brasil. O discurso acadêmico, particularmente em sua vertente marxista, logo prevaleceria na formulação do discurso sobre o Brasil, já a partir da década de 1940, vencendo seus concorrentes jornalísticos, religiosos e histórico-ensaísticos. Enquadraram Freyre nessa última vertente e acharam que o tinham varrido do mapa intelectual brasileiro. Na verdade, o discurso acadêmico é que foi se fossilizando com a mania de teorizar sem ter bases empíricas suficientes para comprovar suas hipóteses, até que, ou se fossilizou de vez pelo marxismo dogmático ou pela "liquidez" da pós-modernidade. Mas isto veremos adiante, mais particularmente, no Capítulo 8.

O terceiro grande incentivador da classe média na modernidade foi o desenvolvimento econômico de cunho capitalista por meio da industrialização, da modernização da agricultura e do surgimento de novas atividades e profissões do comércio e dos serviços. De 1890 a 1980, o Produto Interno Bruto do país cresceu a taxas ciclotímicas,[8] porém alcançando em média mais de 3% ao ano, sendo que entre 1946 e 1978 essa taxa chegou a quase 7% ano, enquanto a população pulava de 14,3 milhões, em 1890, para 121 milhões, em 1980. Concomitantemente e consequentemente, surgiram novas instituições sociais e culturais; deu-se uma ampliação dos discursos ideológicos; as instituições da ciência e a valorização de um discurso de racionalidade se expandiram; foram criadas novas profissões e ocupações; enfim, o espaço de influência e a relativa autonomia da classe média aumentaram exponencialmente. Podemos dizer que o auge da força e da legitimidade da classe média no Brasil situou-se no período entre 1958 e 1978, quando, além do crescimento dos serviços e da ampliação das universidades, se criou um novo estilo de samba com acento claramente elaborado por artistas de clas-

---

[8] Ver Tombolo e Sampaio, *Revista de Economia*, "O PIB brasileiro nos séculos XIX e XX: duzentos anos de situações econômicas", v. 39, n. 3 (ano 37), p. 181-216, set./dez. 2013, onde são apresentados os seguintes dados, alocados por períodos de crescimento e depressão ou queda econômica. 1820-1875 (56 anos), com crescimento médio de 2,70% a.a.; 1876-1905 (trinta anos), com 2,29% a.a.; 1906-1945 (quarenta anos), com 4,34% a.a.; 1946-1957 (doze anos), com 6,33% a.a.; 1958-1978 (21 anos), com 7,39% a.a.; 1979-2003 (25 anos), com 2,26% a.a.; e 2004-2012 (nove anos), com crescimento médio de 3,80% a.a. A taxa média do período como um todo (1820-2012, 193 anos) foi de 3,71% a.a.

se média e atendendo a um público essencialmente de classe média e transformado por hipóstase em um símbolo da criatividade do povo brasileiro. Esse período de auge da classe média inclui boa parte do período ditatorial (1964-1985), o que indica que a ditadura, não obstante o domínio dos militares e a presença interesseira dos banqueiros e dos empresariados industrial e rural, não afetou as bases da ascensão da classe média. Ao contrário, pelo fim da ditadura militar, o discurso antiditadura tomou conta da nação e, no período seguinte, todos os esforços foram feitos para continuar a beneficiar a classe média, pelo menos em relação ao povão.

Entretanto, há que se constatar que a ascensão da classe média não trouxe um entendimento comum sobre as coisas culturais e políticas de que ela trata e sobre os modos possíveis de exercer seu papel cada vez mais importante para a nação. Ao contrário das classes médias dos países onde o capitalismo está bem estabelecido – e não há dúvidas sobre o papel essencial que a classe média deve exercer para aumentar a produtividade do capital e diminuir a exploração da classe trabalhadora –, a classe média brasileira nasceu e cresceu intensificando suas contradições internas. Isto se deve, é bom relembrar o que foi escrito muitas páginas atrás, ao fato de que a classe média brasileira tem origens tanto no decaimento de parte da elite econômica da vez quanto na ascensão mais rarefeita de segmentos do estamento inferior. Por muito tempo a classe média se manteve em uma espécie de corda bamba, ou sob uma espada de Dâmocles, pronta para cair e ser decepada por falta de propósitos reais, a não ser o social, que tem sido de amenizar o potencial de descontrole da plebe brasileira. Assim, ela, como uma classe para si, para usar uma terminologia já muito festejada, nunca encontrou os modos adequados para exercer seu papel de melhorar as condições econômicas e sociais do país. Em consequência, nunca parou de brigar entre si por posições e atitudes políticas variadas, ditas de direita, de esquerda e, por falta de outro termo, de centro. É curioso que, à medida que o desenvolvimento econômico se expandia, os segmentos da classe média se consolidaram elaborando discursos cada vez mais díspares uns aos outros. Isto indica tanto que a classe média se sente capaz de exercer um papel cultural e político na sociedade – e quer forçar essa posição na arena política, pressionando a elite econômica que se sente no direito de mandar na nação – quanto que, por não saber direito qual o seu papel, confunde as bolas e se perde na retórica como saída para seus impasses. Esta briga é alardeada por todo o país por pessoas que se dizem de esquerda e de direita (liberais, conservadores, socialistas, trabalhistas e comunistas) diante de uma população majoritária que encara a balbúrdia desses discursos com um misto de pasmaceira, distração e enfado; ou, para me dar o luxo de fazer uma gracinha, como os elefantes encaram uma luta de macacos que acabaram de comer marula, aquela frutinha dos cerrados africanos que contém até 17% de álcool em sua atraente doçura. E isto já vem desde a década de 1930.

5. A classe média na atualidade: dilemas e perspectivas

Bem, pelo muito que foi dito neste capítulo, mais parece que a classe média serve para muito pouco: talvez para servir a si mesma, pegar umas rebarbas da elite, constranger o povão a ficar quieto e a aceitar seu destino e, hoje em dia, reclamar à beça do governo. A parte filoesquerdista da classe média, especialmente os que trabalham em universidades, jornais e nos governos, acha que o povão precisa ser olhado e atendido em suas reivindicações e em seus direitos. Daí o seu generoso esquerdismo. O povão precisa de educação, saúde, segurança e divertimento, todos concordam e buscam no governo a resolução desses problemas. Mas, no frigir dos ovos, a educação – que, até à universidade, tem de ser pública, porque raramente um pobre pode pagar uma instituição privada – é ofertada pela classe média. Esta, por sua vez, mal sai das faculdades de pedagogia e educação e já está entrando nos sindicatos para protestar por melhores salários, melhores condições de trabalho e mais tempo para lazer. E tome greves, ano após ano, nos últimos quarenta anos. O professorado tem razão em protestar, claro. Todo mundo tem razão para protestar sobre qualquer tema. A questão é que o protesto virou uma maneira de ser dos professores e, evidentemente, concentrar-se para educar é uma das últimas tarefas presentes no pensamento do professorado brasileiro há muitos anos.

Os professores dos cursos fundamental e secundário são ensinados por professores universitários. Estes discutem entre si os métodos para se ensinar jovens no Brasil, métodos que devem ser sempre os melhores e da última moda. Quem é professor universitário sabe o quanto de discussão sobre método acontece em uma faculdade de educação no Brasil. Na verdade, o método pode variar, mas a filosofia de ensino já está garantida e instituída desde finais da década de 1970. Para os pedagogos brasileiros da atualidade, ensinar é uma tarefa em si mesma desconfortável porque é intrinsecamente autoritária. Significa submeter alguém jovem a ideias de velhos, tolher seu espírito livre, condicioná-lo a ser passivo e obediente aos ditames de uma sociedade injusta. Esta visão prevalece no Brasil, mas também em outros países dominados pela pós-modernidade, em graus diversos. Em todo o mundo a classe média reclama da falta de liberdade e da opressão do Estado, mas os franceses, que inventaram essa moda, via os filósofos Foucault e Deleuze, nunca abriram mão de colocar *les enfants et les filles* em filas e persuadi-los a decorar a "La Marseillaise" desde os três anos, enquanto os Estados Unidos cantam "The star-spangled banner" antes de qualquer jogo colegial de *football* ou *baseball*. No Brasil, querem botar na agenda educativa se o menino pode ou não entrar de saia no colégio.

O problema com o professorado brasileiro não está na sua indisposição inconsciente em não se esforçar para cumprir suas tarefas, ignorando qualquer veleidade de "vocação" ou de dever, nem tampouco de evitar trabalhar. Eles o fazem quando trabalham em escolas particulares e seguem as regras e o ritmo de trabalho dessas escolas. A questão é que, sabendo que o Estado não tem moral para implantar um objetivo claro de educação para ajudar os filhos das classes trabalhadoras a ultrapassar a barreira do estamento social em que estão condenados a viver, bem como uma disciplina de trabalho para os funcionários públicos, terminam por fazer corpo mole, introjetam direitos trabalhistas inalienáveis e, ao final, contribuem enormemente para atrasar a vida de meninos e meninas que vivem em favelas e bairros destituídos de serviços públicos mínimos por não receberem uma educação adequada para possibilitar uma melhora substancial em suas vidas.

A ineficiência da classe média brasileira é proverbial. Chegar atrasado em reuniões e atrasar-se no cumprimento de tarefas tornaram-se hábitos venerados. Exalta-se em prosa e verso o jeitinho brasileiro, nossa marca maior. Enfim, há algo por trás disso tudo, de muito mais coisas que nem precisam ser mencionadas porque quem ler este livro sabe o tamanho do seu calo. Comparemos só a classe média brasileira com a da Argentina ou a de algum país europeu, por exemplo. Em primeiro lugar, há disciplina de trabalho e obrigações de cumprimento de tarefas na formação dessas classes médias, porque nada lhes é garantido sem esforço pessoal. Segundo, o trabalho da classe média é visto como essencial para o desenvolvimento desses países. A classe média é trabalhadora no sentido de que ela contribui para a formação do capital e para a amenização da exploração do trabalhador operário. Destarte, essa classe média pode exigir do Estado e dos controladores do capital a contrapartida de melhores salários e de direitos sociais para todos. Desse modo, a classe média se coloca ao lado dos trabalhadores operários, também porque boa parte dela atualmente deriva de filhos em ascensão da classe operária, devido ao incremento do papel da tecnologia no trabalho. Em terceiro lugar, a classe média de países bem resolvidos no capitalismo sabe que ela detém o poder sobre o conhecimento científico *lato sensu*, inclusive a tecnologia. Daí que seu papel econômico é cada vez mais poderoso no conjunto da economia. Nesse sentido é que se pode dizer que a tendência da sociedade atual é aumentar o tamanho da classe média cada vez mais, chegando, no limite, a ponto de todo o trabalho ser fundamentalmente de classe média, isto é, ser caracterizado pelo *conhecimento renovável* aplicado. Quando tal situação vier a acontecer, não haverá mais diferenciação social e ética entre trabalho "manual" e trabalho "intelectual", e caberá a cada ser humano decidir quando irá trabalhar "na enxada" e quando "na caneta", para usar uma expressão bem tradicional do interior do Brasil. Esse dia realizará uma das características mais desejadas do livro *Utopia*, de Thomas More, no qual as famílias trabalham em revezamento no campo e na cidade, em tarefas agrícolas e em tarefas artesanais ou intelectuais, todas indistinguíveis em valor de trabalho e valor humano.

Voltando ao Brasil, e já chegando ao desfecho deste capítulo, não se pode ter muita esperança de que a situação de classes sociais – inseridas na prática dos estamentos sociais, com toda sua carga negativa de discriminação segundo tradição cultural, reconhecimento racial e autoproteção do *status quo* – seja transformada simplesmente pelo desejo e pela atuação consciente da classe média. Ela está muito dividida porque não tem seu papel econômico definido e realizado e, consequentemente, seu papel social e ideológico projetado. É certo que a intensificação do modo capitalista de reger uma sociedade vai exigir esse posicionamento da classe média, ainda que ela resista bravamente. Por exemplo, refutando uma flexibilização das leis trabalhistas, a meritocracia na profissão de professor, o compromisso com um regime fiscal nas contas do Estado e um senso de responsabilidade sacrificial para a preservação de um sistema possível de saúde pública e previdência social. E outros pontos mais. Essa resistência vai impedir ou desacelerar as possibilidades de a classe média brasileira assumir definitivamente seu papel de produtor de tecnologia – via conhecimento científico, para consolidar o capitalismo moderno brasileiro – e de elaborador do discurso da nação brasileira: tanto da sua fonte de iniciação histórica quanto do seu desenvolvimento desequilibrado e do seu futuro. E, a partir dessa assunção, assumir mais ainda a responsabilidade de dirigir o país.

Se nada disso acontecer ou der certo, há ainda outras possíveis saídas que têm sido propostas por pensadores brasileiros e estrangeiros, como Gilberto Freyre, Darcy Ribeiro, Stefan Zweig, Roberto Mangabeira Unger e Luiz Sérgio Sampaio. São saídas que necessitam de revoluções políticas ou culturais e serão discutidas no capítulo que trata dos pensadores brasileiros e no último capítulo. Para dar uma palinha aqui, basta que se diga que elas implicam a imersão da classe média em um todo bem maior, seja absorvendo as classes operárias, seja decaindo para a classe operária, seja se aliando à classe alta tradicional de capitalistas e banqueiros, seja entregando a rapadura de volta aos donos da terra.

Isso não quer dizer que o Brasil viva um ciclo de eterno retorno. As alternativas parecem ser sempre as mesmas, mas essa impressão é irreal e acontece em qualquer país, dependendo do modo em que filosoficamente se mirem a condição do ser humano e as situações em que produzem cultura e sociedade. Na nossa visada tem jogo para a classe média, como tem jogo para o Brasil.

Capítulo 6
O passado arrasta-se na universidade

Conversava com um velho amigo sobre a nossa universidade e o longo período de greve pelo qual estávamos passando, e ele me dizia: "Sou um velho comunista e sei que a universidade é uma instituição capitalista. Trabalhamos para o capitalismo, ensinamos nossos alunos as tarefas que eles terão de cumprir para manter o sistema capitalista funcionando, quiçá para melhorá-lo, fazê-lo mais eficiente e dar mais lucros." Enquanto falava com um ar de enfado sardônico, a outra parte do meu cérebro começou a funcionar em paralelo, buscando fazer conexões com novos argumentos em uma tentativa de compreender em um contexto mais abrangente o que o meu amigo falava.

Pelo tanto que já conversara com ele, imaginei-o jovem membro do PCB pelos idos da década de 1960, entrando na faculdade de engenharia e participando das passeatas, das reuniões e das assembleias estudantis, discursando e apoiando resoluções tomadas pelas orientações do Partidão nas disputas e querelas sobre assuntos importantes ou supostamente importantes, alguns temas com ares de cortina de fumaça para avaliar o que estaria por trás dessas disputas. E ao longo dos anos seguintes em que virou profissional e escolheu ser pesquisador e professor, submetido ao arrocho opressivo da ditadura, que ceifava vidas de alguns amigos e companheiros, e observando os colegas que subiam na carreira por competência ou por oportunismo, enquanto ele se mantinha fiel a um comportamento moral de trabalho e a uma linha de reflexão que demonstrava que o Brasil estava passando por mais uma fase de crise do capitalismo na forma de uma nova expansão do imperialismo que exigia o desenvolvimento dos países periféricos e, para tanto, a modernização de suas indústrias, a formação de técnicos eficientes e a ilusão cultural de participação desses países em desenvolvimento na formação da nova civilização, ainda que destinados a serem dependentes e submissos.

De repente, meu amigo me acordou de minha digressão inconsciente perguntando-me com veemência se eu não concordava que mesmo sendo capitalista a universidade tinha de ser defendida para que tivesse recursos e se tornasse autônoma, quiçá como exemplo de resistência ao capitalismo, alinhando-se aos movimentos sociais mais importantes, como o MST, os sem-teto, os movimentos de favela e outros mais. Olhando-o com carinho, respondi-lhe, tendo em vista minha prévia *rêverie*, que não achava que a universidade fosse um mero instrumento do capitalismo nem que pudesse ser autônoma – seja como instrumento, seja por outras funções mais nobres –, já que ela era fundamentalmente pública, financiada majoritariamente pelo Estado e a ele tinha de responder diretamente, e ao público em geral, à sociedade, indiretamente.

Como nos iludirmos que a universidade poderia ser autônoma se ela não tem sustentabilidade financeira, portanto depende da benevolência ou da visão estratégica dos poderes vigentes e dos administradores incumbentes? Na verdade, dizia-lhe eu, a universidade tem mais autonomia do que merece, como nossos adolescentes da atualidade que esbanjam liberdade em consumo, à custa dos pais, como nós nunca fizéramos ao nosso tempo. De onde vinha esse dinheiro, será que nossas míseras rendas são na verdade maiores do que as dos nossos pais? O acúmulo de bens e patrimônio dos nossos pais e de nós, como membros estáveis da classe média, é o que lastreia nossas expensas e as farras dos nossos filhos? Então, assim, não estamos tão mal de renda para ficarmos por aí fazendo greve e reclamando que os governos não dão o que nós merecemos.

Bem, ninguém de classe média para baixo, nesse país, pode estar satisfeito com o valor de seu salário, e se fosse só pelo salário ninguém conseguiria morar nos bairros mais abastados e conviviais de uma cidade brasileira, disse-me meu amigo, já marcando para me dar o bote na sua explanação de apoio à greve e à reivindicação de mais autonomia e mais recursos. A questão principal não é mais o salário, e sim as condições de trabalho que, se nunca foram excelentes (e sempre estiveram muitos níveis abaixo das universidades americanas e europeias), hoje estão por demais deterioradas: prédios dilapidados; laboratórios decrépitos; falta de substâncias e de máquinas atualizadas para pesquisa; falhas inacreditáveis no acesso à internet; e, sem falar muito alto, pela vergonha que nos dá, as péssimas condições dos banheiros para alunos e para professores em alguns prédios.

Como é possível pesquisar com afinco e com expectativas nessas condições degradantes? Como suportar a disparidade de condições de trabalho entre institutos que recebem verbas extras por prestarem serviço a empresas particulares ou estatais e aqueles institutos desprestigiados por tratarem de temas sociais, culturais ou artísticos, fundamentais, no meu entender, para se instilar um espírito crítico nos alunos e por consequência na nação, mas que continuam a sofrer por falta de verbas e também por desprestígio explícito dos demais institutos da universidade?

Meu amigo apontava essa diferença interna não por interesse pessoal, já que trabalhava na área dita das exatas, mas simplesmente porque era amante das artes, da boa música e do teatro (desde o tempo em que vivera em Moscou) e da boa literatura, e sabia, por vivência nos Estados Unidos, em um pós-doutorado, o quanto valem as humanidades para a formação do profissional e do cidadão (que a paideia americana não deixa esses dois se descolarem um do outro). Não será por isso que eles são fortes e prósperos, murmurou meu amigo meio sardonicamente. A universidade ao léu, exagerou meu amigo, desprestigiada pelo governo, não só era uma afronta à classe média brasileira e aos profissionais formados por ela, como era também, pior ainda, uma atitude de passividade e entrega da soberania brasileira ao imperialismo. Por isso, cada vez mais, o Brasil iria depender dos técnicos e do *know-how* estrangeiros, como já se via claramente na indústria do petróleo e na construção das grandes barragens hidrelétricas, todas praticamente dependentes de consultorias externas e do maquinário pesado estrangeiro, daqui só entrando a mão de obra básica, sem qualificação técnica expressiva, e os mediadores em forma de políticos, gerentes e capatazes.

1. Greves e capitalismo

O capitalismo e o imperialismo, que para nós são a mesma coisa, querem um Brasil burro e incapacitado tecnicamente para tomar conta de si. Essa é a nova fase do imperialismo mundial: o monopólio estratégico do conhecimento, da tecnologia, da informática, da robótica e da comunicação, incluindo aqui satélites, internet, softwares e espionagem via Facebook, WhatsApp e quejandos. E, por cima, impõe o imperialismo cultural, por meios evidentes ou por cooptação, um aviltamento, preferencialmente, autoinoculado, da cultura brasileira, tanto em suas evidentes limitações, que bem ou mal fazem resistência às culturas exógenas e as querem reduzidas aos seus devidos lugares de subordinação, quanto em suas sutis qualidades que sobranceiramente desconsideram os estrangeirismos da moda.

Por exemplo, de um racismo cordial que pensávamos que tínhamos – e que podíamos ir suplantando com políticas públicas tradicionais, via educação e trabalho –, passamos a ter a consciência dolorida de sermos um país altamente preconceituoso que busca disfarçar e fingir o nosso modo racista. E, por via de consequência, adotamos práticas políticas exógenas próprias da cultura americana cuja forma de racismo é oposta à nossa.

Quando eu já estava me desinteressando da ladainha de meu dileto amigo – não por desrespeito ou discordância, e sim pelo seu caráter repetitivo –, caiu-me de novo o lado B do meu cérebro e parti para recordar os anos de consolidação do pensamento do meu amigo, já nos fins da ditadura militar. Em 1976, Geisel demitira na marra o comandante do III Exército de São Paulo pela morte do operário e membro do PCB Miguel Fialho Filho – embora a comoção pública não tivesse sido tão retumbante quanto a que ocorrera à época do assassinato e do enterro de Vladimir Herzog, alguns meses antes, também comunista de carteirinha, porém jornalista de prestígio na classe média paulista – e prometera, a partir daí, o fim da ditadura ou do autoritarismo militar ou do regime de exceção (como quer que o chamassem críticos ou áulicos) em uma passagem lenta e gradual, porém segura e constante, em direção a um regime democrático confiável. Já haviam ficado para trás, praticamente, a insensatez do terrorismo e a vigência perversa do aparelho de repressão policial a presos políticos, com seus policiais cascudos e disfarçados, as torturas e assassinatos, e o ambiente de paranoia e medos reais. Geisel prosseguiu com seu intento e fez seu sucessor, o imponderável Figueiredo, com seus chefes militares metendo broncas homéricas nas assembleias e passeatas que surgiam no bojo da ambiguidade e inconsistência dos tempos. Já havia quem soubesse quase cem por cento certo que a ditadura se desvanecia, mas nós, jovens professores constituindo e renovando nossas universidades, não o sabíamos, só o desejávamos muito, com paixão, como se fosse a redenção do país, a aurora de uma nova era.

Nessa ocasião fomos tomados por duas tendências socioculturais opostas. Por um lado, estávamos em uma baita recessão econômica provocada, fundamentalmente, pelos desmandos dos empréstimos internacionais para financiar os projetos grandiosos da ditadura, pelas duas crises do petróleo e pela elevação dos juros do mercado americano que, no total, endividaram o país e quebraram sua capacidade de rolagem da dívida etc. Isso causou uma intensa especulação financeira e uma progressiva elevação da inflação, o que provocou uma defasagem social ainda maior entre as rendas da classe média e as rendas de todos os tipos de trabalhadores. O fosso da desigualdade social aumentou e isso trouxe consequências excruciantes à identidade nacional, principalmente pela dispersão de elementos que lhe eram básicos e nucleares. De repente, aquilo que a classe média fazia, como a bossa-nova, filmes de arte ou arquitetura, não tinha mais nada a ver com o que as classes baixas dos mundos rural e urbano faziam. Nem o samba nem o forró nem o bolero as uniam mais.

Por outro lado, e em consequência desse fosso que se criava entre as classes sociais, emergiam, no panorama intelectual nacional, novas formas culturais com pretensões de abrir caminho para o surgimento de um novo paradigma intelectual para entender a nação: o paradigma da diferença, que já vinha animado, desde a Europa, para avaliar e se compatibilizar com as mudanças no capitalismo e nas formações socioculturais provenientes dessas mudanças.

Quais foram essas mudanças e o que recebemos desse paradigma? Primeiro, que a ditadura militar era tão somente uma forma variada, ainda que extrema, de algo muito mais profundo na nossa cultura, qual seja, o autoritarismo. O Brasil era um país autoritário integralmente e por todos os seus poros. Era autoritário na sua própria cultura, desde as relações íntimas entre homem e mulher, pais e filhos, patrões e empregados, chefes e funcionários, burocratas e clientes, classe alta e classe baixa, e mais, na visão da cultura brasileira para com a natureza, em toda sua história e formação, e, por fim, era autoritário entre militares e civis. Não vivíamos um período de excepcionalidade, e sim a reiteração cíclica do autoritarismo militar para com os civis. É claro que os militares eram uma verdadeira ponta de lança da burguesia nacional dependente e submissa ao capitalismo internacional e sua face política imperialista, centrada nos Estados Unidos. O que os militares tinham implantado no Brasil não era uma ditadura aos moldes fascista, corporativista, personalista, caudilhista ou violento/ditatorial, como as ditaduras do Cone Sul, mas um regime autoritário, com a nomeação de governadores e prefeitos (ou suas eleições indiretas pelas respectivas assembleias); com a manipulação ou fechamento temporário do Congresso Nacional; com a censura seletiva da imprensa; com a repressão e a tortura (focada na oposição revolucionária de molde guerrilheiro); porém sem a perpetuação personalista de caudilhos e ditadores, sem abuso generalizado do Judiciário, sem corrupção institucionalizada, e tendo como objetivos o desenvolvimento da economia nacional, a construção do papel dirigente do Estado, a defesa da soberania nacional, o fortalecimento da cultura de massas pela tv e rádio, a proteção da indústria nacional etc. A ditadura (ou regime militar autoritário) é uma coisa ruim dentro do espírito da maioria dos brasileiros, mas ela foi suportada. Se não fossem pelas crises causadas pelo aumento do preço do petróleo (1973 e 1979) e pela elevação dos juros norte-americanos, a economia brasileira teria provavelmente continuado a crescer muito e, assim, arrefecido o ímpeto da oposição político-ideológica desde sempre contrária a ela, mesmo na falta de apoio popular, como ocorrera no seu período econômico áureo (1968-1973), precisamente o período mais cruel e nefasto da repressão policial e militar aos grupos de guerrilha e aos partidos democráticos e comunistas tradicionais.

No diapasão do conceito de autoritarismo como característica cultural brasileira, os pais brasileiros passaram a ser vistos como autoritários/opressores/repressores dos seus filhos; a escola foi vista como autoritária/opressora/repressora/castradora e o professor passou a ser considerado como intrinsicamente autoritário, que reduz o aluno à obediência e à conformidade ideológica.

Que país mais escroto é esse? Nem os militares nem a burguesia que os insuflara a dar o golpe seriam, propriamente, o problema. Ele seria a nossa mais profunda e intricada predisposição a querer dominar os outros, os mais fracos, e a oprimi-los. O "Sabe com quem está falando?" tornou-se o mote que nos caracterizava pelos congênitos autoritarismo e elitismo brasileiros.

Tem jeito de mudar o Brasil? Como? Eis a segunda contribuição do paradigma da diferença trazido pelos ensinamentos e pelos seguidores brasileiros da tríade francesa Deleuze, Derrida e Foucault.

2. Entre parênteses: digressão filosófica

Difícil alguém levar a sério a ideia de que o pensamento de filósofos, exposto em linguagens herméticas dirigidas aos seus fiéis seguidores, possa influenciar e mudar a visão e o comportamento de um povo (ou de um segmento influente desse povo). Mas, no Brasil, isso acontece. A classe média que tem sido profissionalizada e intelectualizada pelas universidades brasileiras (públicas, privadas ou confessionais) costuma também ser doutrinada pelo pensamento vigorante em determinados momentos de nossa história. O fim da ditadura militar brasileira deu-se após um relativamente longo período de transição, imposto como uma promessa austera pela autoridade máxima da nação ainda pelos idos de 1976-1977. De lá até 1985, e de certo modo até 1992, transcorreu um período de transição em que, ainda que houvesse certeza de que não haveria mais retorno ao regime ditatorial, não se sabia exatamente para que lado a banda tocaria e em qual tom. A eleição de Tancredo Neves, mas não sua posse, e sim a do antigo presidente da Arena, o partido do governo ditatorial, José Sarney, deixou tudo ainda indefinido, sobretudo porque se suspeitava seriamente que Sarney cultivava o apoio dos militares. Collor de Mello, idem, com sua posuda arrogância. Só com a saída por impeachment deste primeiro presidente eleito desde 1960, em outubro de 1992, é que o Brasil entrou aliviado em um sentimento democrático e com aspirações a cumprir todos os seus ritos.

Esse longo período de transição à democracia caracterizou-se no ensino universitário pela entrada, consolidação e expansão das ideias do mencionado triunvirato francês. As principais ideias filosóficas que aqui deitaram raízes foram: a) a vida é um eterno devir; nada se conclui, nenhum processo se consubstancia; a dialética é uma ilusão autoritária;

b) é inútil, irreal e impositivo tentar definir algo. Todo conhecimento é relativo e perspectivo; c) as filosofias que tentam explicar a vida por conceitos são falsas e totalitárias; d) o dever da filosofia é desmontar a farsa que são a filosofia e a cultura ocidentais, desde Platão; e) o sistema capitalista mundial é, desde sua origem e em todo seu processo, autoritário, esquizofrênico e falso; f) o real da vida e o que nela vale a pena estão sempre por baixo de algo e contra algo; g) o poder é tudo e está acima de tudo, inclusive do amor, que sempre e necessariamente é ilusório; h) cabe ao filósofo e ao cidadão "consciente", isto é, seguidor dessa visão diferencial da vida, lutar contra toda forma de autoritarismo; i) não há contradição entre lutar contra o poder e por meio do poder.

Outros aforismos dessa natureza podem ser acrescentados. Talvez mais uns dez. Basta reler e repensar as obras desses três filósofos e seus epígonos para perceber o quanto essas obras viraram moeda comum no meio intelectual universitário brasileiro. Tão entranhados estão alguns conceitos e algumas visões que ninguém mais percebe de onde vieram, pois viraram lugares-comuns.

Para a *intelligentsia* universitária brasileira que, advertida ou inadvertidamente tinha uma queda por esses autores, seus ensinamentos indicavam as seguintes visões e as seguintes tarefas a serem realizadas: a) toda a história e tudo o que foi construído no Brasil – sua cultura e suas instituições – deveram-se à sua veia caracteristicamente autoritária, por isso seria filosoficamente e socialmente ilegítimo; inclusive, as esquerdas tradicionais; b) só os oprimidos, os marginais e os grupos autonomeados antiautoritários têm legitimidade para fazer o que devem fazer; aguardem-nos; c) não há Brasil, nem propriamente uma identidade e uma cultura brasileiras, só um conjunto mal e ideologicamente costurado de "brasis", identidades e culturas brasileiras impostas de cima para baixo; d) nenhuma das miríades de culturas brasileiras tem legitimidade para se sobressair sobre as demais; portanto, qualquer forma de cultura é válida; porém, quanto mais humilde e oprimida, mais válida ela é; e) o exercício da violência é válido quando vindo de quem não tem poder efetivo na sociedade; f) a identificação dos segmentos educados da classe média com os trabalhadores e os marginais do Brasil é essencial para legitimar uma luta de oprimidos contra opressores; g) qualquer tentativa de criar um sistema educacional público no Brasil estará eivada de autoritarismo e ilegitimidade (Darcy Ribeiro tentou uma grande novidade no Rio de Janeiro e foi execrado por isso e nesses termos); h) o capitalismo no Brasil é fruto de uma imposição de uma ordem mundial centrípeta e injusta, tendo sido acatado pelo autoritarismo de nossas perenes elites e, por isso, deve ser combatido; i) dadas as aparentemente intransponíveis dificuldades em se promover o socialismo, deve-se sempre lutar contra as formas deletérias da sociedade atual, dominada pelo capitalismo, pois, assim, pela experimentação, novas formas sociais mais justas brotarão.

Antes que eu terminasse de imaginar todo esse discurso, fui chacoalhado pelo amigo que insistia em que eu não estava prestando atenção ao que ele dizia, e que não tinha nada a ver com o que eu estava murmurando. Vixe! Parece que estamos bêbados!

Resolvi explicar tudo ao meu amigo, resumindo aqui e acolá, expandindo mais um ponto ou outro, enfatizando minha fala com gestos e palavrões. De algum modo, ele teria de me entender; teria de compreender que minhas objeções à greve atual não se deviam a uma simples desilusão com a greve, mas a todo um histórico de pensamento sobre o que seria o Brasil, a classe média, o papel dos professores no contexto do país, e como tudo isso estava desvirtuado pelo processo filosófico e cultural que estávamos passando (estávamos, já se via, pois previa um fim em breve) e que precisávamos mudar nossa filosofia e percepção do mundo. Ao menos nós, os intelectuais desse país. Ao menos os nossos alunos, já que papagaio velho não aprende a falar.

Meu amigo me ouviu meio atônito. De onde você tirou tanta sabedoria e conhecimento para fazer essa análise? Ora, eu sou antropólogo e meio filósofo. Eu observo, vivencio e penso, e isto é melhor do que fez Descartes que só pensou para achar que é. A antropologia é uma modalidade de ciência social que nos dá algumas vantagens sobre as outras ciências sociais. Observar e vivenciar são um *plus*, como diz o nobre cobrador de ônibus. Muito feliz eu fiquei em falar tudo isso. Restava saber se isso iria fazer algum efeito no modo de pensar do meu amigo e nas ideias que ele tinha do Brasil atual.

"Meu caro e brilhante amigo, não pense que por elencar um bocado de sentenças em forma quase de aforismos você se dê por satisfeito por ter feito o devido esclarecimento de suas ideias. Para qualquer uma dessas ideias que eu pegar, já vou ter dezenas de dúvidas e perguntas que só com o devido esclarecimento podem ser consideradas de alguma validade. Ademais, caro colega, eu sou engenheiro e não entendo quase nada de filosofia, ainda que no passado tenha me interessado por ler Hegel e os hegelianos até Lukács. Quando você diz que essa trinca de franceses se recusa a aceitar que haja a subsunção de dois termos formando um só, como consta ser o processo dialético – tão essencial para esclarecer o que é o capitalismo, segundo Marx –, fico meio passado, sem palavras. Regredimos ao pensamento pré-Hegel, tipo kantiano ou lockeano, ou há aí uma nova forma de pensar para a qual vale a pena fazermos uma mudança intelectual? Eu sempre achei que a dialética dava conta do capitalismo, do processo histórico e até, no limite, da compreensão de alguns processos científicos, como a evolução das formas da vida. Se o processo de negação de uma determinada tese não se fecha em confronto com aquilo que é negado para formar uma nova entidade, uma síntese, como é que as coisas que mudam em alguma direção se dão?

Por outro lado, eu pergunto, já no rol que você listou das consequências para o Brasil que essas ideias filosóficas afetam: que história é essa de que o Brasil não tem identidade própria, e sim um conjunto variegado e aparentemente infinito de identidades? Não haveria propriamente o brasileiro, e sim o gaúcho, o nordestino, o mineiro, o roraimense etc. E se descermos aos gaúchos, haveria o da serra e o dos pampas; e se subirmos a serra, haveria o descendente de italiano, o alemão, o mestiço, o negro, o cafuzo e o filho dos velhos ilhéus que aqui aportaram. E assim, descendo cada vez mais, mal sobraria o indivíduo em si e suas disposições culturais particulares. Este, por sua vez, nem pode falar muito de si, já que é dominado pelas circunstâncias, por seu inconsciente e pelo que jamais há de saber. Esse pessoal francês não acredita por acaso na França, em Napoleão, em De Gaulle e em Charles Aznavour como franceses? Ah, o Aznavour é descendente de armênio, francês é muito malmente, como esse presidente de direita, Sarkozy, descendente de húngaro. Os franceses devem desconfiar muito de que Sarkozy traia a pátria grande para retomar o Império dos Habsburgo a partir da terra natal de seus pais, a Hungria. Aí sim, eu daria crédito a essas teorias. Já por outro lado, meu amigo antropólogo, pensando no Brasil, li, se não os livros inteiros, alguns trechos, de livros de uma famosa filósofa paulista e de um vago historiador virado político carioca que concluíram que não existe Brasil, que tudo é um discurso (ou uma narrativa) feito pela elite – na qual eles não se incluem –, para enganar os trouxas e dar-lhes a ilusão pacificiente de que eles vivem em uma comunidade que compartilha de cultura e costumes que lhes dão sentido. Diziam esses ilustres brasileiros que o Brasil é tão somente uma arena de lutas de classes ainda em formação, ou em ebulição ou em definição, e que a classe superior, em vários moldes que tem usado ao longo dos séculos, usa de artifícios ideológicos nos livros que escreve, nos "heróis" e efemérides que cultua, para deixar inermes o povão, a classe baixa, trabalhadora, ex-escrava, filha de índios e negros e alguns portugueses e uns tantos italianos em São Paulo e no Sul do país.

Digo-lhe, meu amigo antropólogo, que prefiro ler o livro de Darcy Ribeiro sobre o povo brasileiro. Aqui foram moídos nas rodas dos engenhos de açúcar e nas minas de ouro quase cinco milhões de índios e cinco milhões de africanos, mas seus descendentes mestiços entre si e com portugueses, espanhóis, cristãos-novos e judeus crípticos formaram o povão brasileiro que aí está, caro amigo, reclamando por algo que nem sei bem o que é, já que não é propriamente uma revolução comunista. Eu sou paulista do interior, vivi alguns anos em São Paulo, sei que lá nordestino é baiano e que mal entendem o seu linguajar e a sua inteligência. É outra gente da minha gente, sim, mas será que eles não são o mesmo que eu, filho de italiano com caipira, e que apenas eu e meus conterrâneos nos esquecemos de compreendê-los? Ou eles é que são o nosso Outro?

Essas perguntas que estou lhe fazendo talvez sejam meio escabrosas, mas imagino que em suas aulas você já as tenha confrontado com seus alunos. Portanto, responda-me, dê-me alguma luz sobre minhas convicções e sobre as admoestações desses filósofos, os quais você declara ter influenciado tanto a inteligência brasileira que não podemos mais pensar sem eles."

Já estava ficando escuro nas varandas das cantinas do Centro de Ciências Matemáticas e da Natureza da UFRJ, o fato de ter parado de fumar estava me deixando meio ansioso e nervoso, e assim pedi ao meu amigo engenheiro para continuarmos a conversa em outro lugar: na casa dele, na minha ou em um bar tranquilo com alguma bebida. Ele aceitou e saímos para pegarmos o meu carro e irmos para o Flamengo. Algum lugar tranquilo sem muita azaração é ainda possível em uma terça-feira à noitinha.

Retomando nossa conversa, saúde! E que nossas filhas tenham maridos ricos. "Lamento dizer, mas acho que os segundos maridos delas vão ser engenheiros ou antropólogos chineses". Cruz-credo!

"Deixe eu começar falando de filosofia, da sua origem, para que a gente entenda de onde vêm essas ideias escalafobéticas desses franceses. Depois a gente vai ver como e por que seus seguidores as aplicaram no e ao Brasil. Bem, você já ouviu falar em Heráclito, não é? Um dos chamados filósofos pré-socráticos."

"O esquisitão que disse que ninguém atravessa o mesmo rio duas vezes, e que tudo flui, tudo está em movimento? Sei disso porque um antigo professor de física nos ensinou. Ele é considerado meio dialético, não é?, pelo fato de dizer que tudo muda."

"Certo, mais ou menos, mas o esquisitão disse também 'o ser e o não-ser são e não são o mesmo' para barafundar todo mundo desde então e, em especial, a ideia de outro filósofo da mesma época, Parmênides, que dizia pelos lados da Magna Grécia e até em uma visita que teria feito a Atenas, onde Sócrates o conhecera, que tudo que há na Terra e no Universo não passa de ser uma coisa só, o Um; que a diversidade ou o diferente é uma ilusão, por impossível de ser conhecida; que não há movimento; e que a verdade é o que é, cristalina e autoevidente, cabendo aos filósofos procurá-la e fugir da mentira. Pois é, meu caro, esses dois filósofos inventaram a filosofia grega para além das explicações mitológicas e das explicações naturalistas sobre a vida e o mundo, bem como, pela disputa entre seus discípulos, estabeleceram o vício de se pensar em dualidade. Ou é ou não é, é e não é, o Um e o Múltiplo, o ser em si e o não ser, o Tudo e o Nada, o zero e o infinito. Tantas dualidades que parece que o mundo é deveras dual. Dizem uns filósofos franceses, outros, de outra laia, que a civilização ocidental pensa em termos duais, que ela reduz tudo a dualidades contrastantes: Deus e o diabo, natureza e cultura, feminino e masculino, sol e lua. Não podemos fugir dessa discussão, mas te digo de cara, e te mostrarei isso adiante, o mundo não é dual, é quinquitário."

O engenheiro e eu já estávamos meio chamuscados, embora já mais calmos, pois a discussão arrefecera e só eu falava sem parar. Onde diabos eu iria chegar com isso tudo? Evidente que eu teria de demonstrar e provar que o mundo não é dual, mas antes tinha que dar sentido ao trazer Heráclito para o primeiro plano de minha argumentação para tentar demonstrar como tudo que vem sendo exposto pela tríade francesa vem dele, Heráclito, via principalmente Nietzsche e Heidegger.

"Heráclito, chamado de o Obscuro, se opôs a Parmênides não só por rivalidade, mas porque ele, homem de Éfeso, cidade da Ásia Menor, sob o poder dos persas (hoje território da Turquia), via tudo em movimento mesmo. Não é óbvio que tudo se movimenta? Ele também sacou as coisas que são ambíguas e paradoxais, e viu nelas algo equivalente à mudança contínua, como se fossem da mesma ordem de pensamento, da mesma dimensão da vida. Por exemplo, o homem olha a si no espelho e diz eu sou aquilo que sou, tal como sou e me vejo. Isto é o que diria Parmênides. O que é, é. Aí o homem cai no sono e sonha que não é um homem e sim uma borboleta. No sono ele não é o que é, ele é o que não era, a borboleta-homem inconsciente. Quem é o homem afinal? Uma hora ele é, em outra ele não é. Isto é inconsistente, também paradoxal e certamente fluido e cambiante. O homem é o menino que foi, o adulto que está sendo ou o velho que será? Inconsistências cambiantes. E onde está a verdade, da qual falava Parmênides como aquilo que é, por oposto àquilo que não é. Deve estar em algum lugar. Mas, para Heráclito, a verdade é um modo de dizer daquilo que é e que não é, por ser dúbia e cambiante. De que adiantaria ficar procurando-a? Quem alcançaria a verdade, se ela é só ilusão criada por quem pensa que o mundo é tal como é, e não aquilo que é e não é, e ainda assim muda. Por tudo isso, tinham razão os contemporâneos que chamavam Heráclito de 'obscuro'. Difícil ver clareza em tudo isso, mas não é impossível. No tempo de Sócrates, pelo fim do século V a.C., uma solução foi achada pelos seguidores de Heráclito. Segundo Protágoras, adversário sofista de Sócrates, a verdade não é um absoluto, nem uma autoevidência; é algo interno ao sujeito que pensa, à sua experiência de vida, ao seu modo de ver, enfim, à perspectiva de quem mira alguma coisa. A verdade seria, portanto, nos termos atuais, relativa e perspectivista. O que Parmênides chamava de *alétheia*, 'verdade', é irreal, uma invenção imposta, estática e reducionista, pois que o que há de fato, quando proferida por alguém, é tão somente sua 'opinião', uma *doxa*, diziam os gregos.

Está entendendo, agora, meu amigo engenheiro? O que esse pessoal francês diz é no fundo uma repetição de Heráclito, uma renovação do modo de visar o mundo e pensar de Heráclito, o filósofo aristocrata de Éfeso. Tá entendendo? Heráclito é doido? Faz sentido?"

"Bem, não sei dizer com certeza; acho que faz algum sentido, faz sentido sim, mas deve ser relativo também. Alguns amigos filósofos dizem que Deleuze e Foucault são os caras que explicam o mundo atual, e o fazem de um modo não muito claro, meio obscuro, cheio de termos novos, cada qual com sua definição própria, e ainda assim mutante, mas, se traduzirem suas linguagens para um português mais geral, como fazem meus colegas da filosofia, alguma coisa de pertinente para entender o mundo pós-moderno sai com uma força de verdade. É ou não é?"

"Veja, por exemplo, essa coisa de dizer que não existe Brasil, só brasis. Não é verdade? Você aí é um nordestino até o talo, embora tenha vivido em outras paragens e tenha adquirido um sotaque meio cambiante. E pensa de um modo distinto, quase especial, isto é, muito individual e diferente do meu modo, que sou paulista, embora nós vivamos no Rio de Janeiro. Sua visão de mundo é particular, não universal. A minha também é distinta e única. Como então achar que haveria um só Brasil se há tantas diferenças regionais, mas também entre cidades, entre bairros, entre ruas etc.? De que adiantaria reduzir tudo a uma coisa só? Isso não seria autoritário por impositivo e, portanto, irreal? Eu penso que o Brasil é multiforme e multitudinário, e é aí que está nossa maior riqueza. Reduzi-lo a uma ideia única é uma barbaridade, além de ser uma visão ideológica criada pela classe dominante para iludir o povo em geral e torná-lo submisso a esse discurso.

Pensa também, grande antropólogo, do ponto de vista da filosofia. Sua visão de mundo é só sua opinião, não mais do que isso. Pode até ser mais refinada ou mais bem argumentada do que a minha, por exemplo, mas não passa de uma opinião. Os seus alunos só o escutam porque você se impõe por uma autoridade constituída socialmente, a de ser professor, não por algo especial. A minha visão também é só uma opinião. Não existe nada de universal nem na minha opinião nem na sua. Nem se as somarmos com a de outros colegas se daria algo do tipo universal. Seria uma soma impossível de opiniões. Isso não existe. Epa! Já estou adotando a visão heraclitiana do mundo. Mas eu sou engenheiro e deveria pensar que a verdade é algo possível de se alcançar pelo método científico; algo que tenha um caráter universal, em que se estabeleçam, dentro de certos parâmetros definidos, algumas proposições que possam ser falsificáveis, como diz um dos meus heróis, o filósofo da ciência, Popper. A verdade científica seria feita de proposições que podem ser matematizadas, das quais se pode tirar alguma certeza, até que uma nova conformação de proposições derrube a vigente. Newton e sua mecânica gravitacional, Einstein e sua relatividade, Bohr e a mecânica quântica são proposições com pretensões universalistas que permitiram um monte de coisas, como levar o homem à Lua, fazer raio laser e criar supercomputadores. Pense também no Google, o que seria disso se não fosse pela ciência, pela matemática e pela certeza de algumas verdades?"

"Calma, amigão, para não desviar o curso de minha explicação sobre Heráclito e sua influência sobre a pós-modernidade. Eu estou dizendo que Heráclito sacou um aspecto da vida que teria ficado de lado se prevalecesse só a ideia de Parmênides de que tudo é um, que o mundo é estático, que as diferenças são ilusões e que a verdade é algo sublime e único, sem manchas e sem dúvidas. Pelo contrário, até: todo mundo vê, na verdade, que tudo flui, que tudo está em mudança e nada está parado, que o universo está em movimento desde algum princípio que ocorreu não sei quanto tempo atrás. Como então alguém pode achar que o todo é um e que o mundo está parado? Bem, eu digo que os dois filósofos têm razão e que vale a pena vê-los reconciliados, mas que eles não bastam para entendermos o mundo, embora tenha gente que ache que as visões e as consequências dos dois bastem. Em contrapartida, algumas pessoas acham que um deles é o que vale, e o outro não vale nada, e vice-versa. Vou correr agora nessa explicação, porque já está tarde e nós dois temos família para cuidar. Só mais alguns minutinhos, preste atenção.

Parmênides sacou que tudo pode ser reduzido a uma coisa só. Misterioso, não? Mas não é isso que é o Deus dos judeus, o um que é todo, onipresente e onisciente, do qual cada um de nós e um grãozinho de areia não somos mais do que uma parte desse todo? Parmênides nunca teve nada a ver com os judeus, talvez nem soubesse que existissem. (Porém, outro dia ouvi uma aluna que estuda teologia dizer que os rabinos judeus escreveram na Bíblia sobre o Deus hebreu se dizendo único e autorreferenciado ['eu sou o que sou'] por volta do tempo de Parmênides, ainda que exemplificando um fato para-histórico de um passado mais remoto.) Mas ele sacou uma forma de conceber o mundo e o homem dentro desse mundo que era como se tudo fosse uma coisa só.

Já Heráclito disse que o que existe é a diferença de uma coisa para outra coisa. Existe o cavalo? Nada, só existem cavalos diferentes e distintos: um branco, outro castanho, outro do rabo grande, outro da orelha curta etc. etc. Existe o ser? Não, só o eterno não ser, isto é, um possível ser, só que em perene transformação, portanto, um não ser. Que é e não é, portanto, um paradoxo, às vezes, uma inconsistência. Quando é que um homem é um não ser? Bem, a cada momento que ele muda, que é todo momento. Eu, aqui, já não sou mais o mesmo que era há vinte segundos, pois, já pensei em outra coisa e isso me transformou, adicionou algo em mim que me mudou do que eu era. Eu sou sempre um não ser. Isto é puro Deleuze, na veia, embora ele fale em outros termos, especialmente no conceito de devir, o eterno e constante mudar-se.

Heráclito parece mais interessante do que Parmênides, porque o ser e o não ser, sendo o mesmo e também não sendo o mesmo, são, na verdade, no mínimo, duas coisas. Duas é mais do que uma, portanto, isso parece ser melhor e mais abrangente, digamos, como base de uma filosofia. Com efeito, a filosofia de Heráclito absorveu a filosofia de Parmênides. Só que a destroçou nessa absorção. Realmente, quando os sofistas estavam dando aulas pela Grécia socrática, eles pareciam mais interessantes, convenciam mais gente e eram mais democráticos: todo mundo vale e tudo vale. E ganhavam mais dinheiro, porque, pelo que percebemos em alguns diálogos de Platão, Sócrates demonstrava visível ressentimento em ser preterido pelos ricos, já que o professor Protágoras os convencia de que eles tinham boas ideias e de que suas ideias eram tão boas quanto as de qualquer filósofo, enquanto Sócrates ficava interrogando-os em seu conhecimento e quase sempre os desconsiderava nas conclusões de seus argumentos. Dizer que todos têm razão é também um regalo fascinante que Deleuze nos oferece: ele nos faz crer que somos pensadores como qualquer filósofo, porque nossas ideias são fruto de nossas experiências e dizem respeito a uma visão perspectivista do mundo em que vivemos. Minhas ideias são minhas opiniões e, portanto, minhas verdades.

Só que Deleuze é mais esperto, hoje em dia. Ele sabe que tem gente que pode saber mais do que outro em algum ponto ou matéria. Porém, é um saber que só se faz saber pelo domínio que teria sobre esse outro ou outros. O saber da autoridade. Aí Deleuze vai logo dizendo que tal saber é ilegítimo do ponto de vista de uma filosofia mais leal à vida. Ou, por outra, que esse saber por ser autoritário, na verdade, vale menos do que o saber de quem não tem autoridade, pois este é que é merecedor do reconhecimento que está em mudança, em devir, enquanto o saber do sabichão é um saber estacionário, instituído, dominador, saber porque tem poder. E assim, exaltando os miseráveis da terra, Deleuze se fez muito respeitado pelos filósofos jovens, que estavam em devir, e muito temido pelos velhos, considerados autoritários e, portanto, ressentidos desse epíteto que reduzia suas sabedorias às prateleiras de museus.

Deleuze – associando o saber constituído ao poder constituído e sugerindo que o bom mesmo é o saber não constituído, por ter potencial de devir, de ser algo sempre diferente – e Foucault – dizendo que o saber, tal como apresentado institucionalmente, só se legitima pelo poder que exerce – pegaram os intelectuais brasileiros de calça arriada, especialmente os de origem marxista que estavam desgostosos com a ortodoxia marxista e desgastados com os maus resultados do socialismo real. Deleuze, Foucault e Derrida, a trinca francesa, soavam como sereias cantando para navegantes perdidos em um oceano proceloso. Mesmo que poucos tenham lido os livros desses sábios, suas ideias se espalharam pelas interpretações de seus seguidores, inicialmente como modismos, depois como ortodoxias das quais não se podia fugir sem perder prestígio na academia.

A trajetória de Foucault na nossa academia é ilustrativa. A ideia de que a história, ou o processo histórico, por exemplo, não se dá por um processo dialético de transformações provocadas por conflitos ou contradições endógenos ou exógenos – derivados da desigualdade de classes sociais e tendo uma direcionalidade, uma teleologia, qual seja, a superação desse estado de coisas por um novo estado de coisas, de ordem sintética, e, no caso dos últimos quinhentos anos na civilização ocidental, da superação do capitalismo pelo nascer do comunismo – foi substituída por ideias e noções de que o processo histórico, sempre em mudanças e mutações, não tem, em primeiro lugar, teleologia; em segundo lugar, que as mudanças se dão pelo surgimento de instituições e sentimentos sociais que estavam imbricados em um determinado estado de coisas e que se consolidam, de início, aleatoriamente, depois para servir alguma função necessária à manutenção da ordem social ou para ajudar na travessia de uma ordem social à outra. A isso Foucault chamou de 'arqueologia' de alguma coisa, do capitalismo, do saber, da loucura, esses e outros temas que lhe interessavam. 'Arqueologia' no sentido de que tal causador de mudanças estava simplesmente inserido como uma camada dentro do estado de coisas, sem maiores conexões com seu funcionamento, mas que podia ser despertado e passar a funcionar.

A exemplificar: o saber ou o conhecimento científico foi despertado de uma certa marginalidade em que estava imbricado no final dos tempos medievais e foi ganhando corpo por um dinamismo próprio e por servir aos interesses de legitimação de uma nova classe ascendente, a burguesia. Bem, a explicação de que o saber serve à burguesia não está desconforme com a visão marxista tanto economicista como culturalista da ascensão dessa classe social que vai dominar o sistema capitalista mundial. Aí Foucault passou incólume pelos seguidores do marxismo, que perceberam um tanto tardiamente o quanto de determinante havia na proposição filosófica de Foucault entre saber/poder, retirando do saber qualquer pretensão de ter uma certa autonomia, por pertencer ao espírito humano, por surgir da curiosidade própria dos seres vivos etc. Foucault penetrou com mais facilidade nos círculos acadêmicos brasileiros – e por certo na França e na Inglaterra, onde alcançou píncaros de interesse muito altos –, porque ele se ombreava espertamente com temas marxistas, os quais, de algum modo, dominavam a academia até a década de 1970. Também porque os conceitos que criou eram menos difíceis de compreender e aplicar do que aqueles criados por Deleuze. Foucault deixou a marca de que tudo é poder, tudo é feito por poder e para o poder."

"Que desgraceira isso poderia fazer no Brasil, via nossa academia?", foi perguntando meu amigo engenheiro, já meio enfezado pelo tanto que já ouvira e pela urgência em voltar para casa. "Segura as pontas que já te explico", disse-lhe.

"Nossa academia – durante o período que alcançara um valor próprio, da década de 1950 até pelos idos de 1968 – tinha como projeto fundamental entender o Brasil para torná-lo autônomo e desenvolver seus potenciais econômicos e culturais. E tanto fazia você ser marxista e querer uma revolução ou a derrubada do sistema de classes, quanto ser liberal ou conservador e querer simplesmente que o Brasil cuidasse de si mesmo, dentro do sistema mundial de capitalismo e se desenvolvesse para atingir o máximo da população, já por aqueles tempos correndo para as cidades. De Darcy Ribeiro a Gilberto Freyre, todos queriam o desenvolvimento autônomo do Brasil. Ou não? Tá, alguns dirão que não, mas aí, cada qual com sua maldita opinião.

Os militares, de algum modo, mesmo sendo nacionalistas, quebraram essa espinha de nacionalismo generalizado. Por sua vez, o capitalismo mundo afora mudou. Deixou de ser produtivista, com fábricas e ética de trabalho, para ser movido pelos serviços e pelo consumismo. Já estava tudo pronto, por volta de 1970, e ainda se queria mais. As famílias americanas de classe média já tinham dois a três carros, três ou quatro televisores, e viagens de férias ao Havaí, Disneylândia ou Paris. Esse nível de consumo iria chegar a países como o Brasil vinte a trinta anos depois. Estava instaurado o consumismo mesmo. Uma nova ética do trabalho e do uso do bem público foi se desenrolando no mundo inteiro até chegar onde estamos: uma ética frouxa baseada tão somente no pragmatismo jurídico, e não moralista, isto é, que dependeria de uma força espiritual superior, seja divina, seja coletiva, no sentido de dever patriótico.

Mas, voltando ao Brasil. Os militares e o novo capitalismo suscitaram na academia brasileira o sentimento de que nacionalismo era coisa velha e mofenta, de que desenvolvimento autonômico era irreal, de que seria melhor se conformar com um desenvolvimento dependente, de que tudo era mesmo irremediavelmente internacional, de caráter pragmático e, acima de tudo, de que havia uma válvula de escape de grande valor, o gozo lúdico. Foi por meio da academia e da juventude de classe média que se justificou aquilo que o processo social, caudatário das mudanças econômicas, estava fazendo pelo meio da cultura brasileira: qual seja, o negócio é se divertir, mesmo que a algum custo. Como enunciava a frase popular, sempre dita com conformada ironia, 'nóis sofre, mas nóis goza'. Quer dizer, se havia repressão, ditadura, militarismo, sufoco intelectual, havia divertimento, sobretudo no 'Sul Maravilha' que se espelhava nos movimentos de rebeldia estética e moral do mundo civilizado (Europa e Estados Unidos).

A base filosófica heraclitiana de Foucault e Deleuze: tudo é inconsistente, paradoxal e em mudança. Assim, não haveria identidade, a não ser como forma autoritária de 'congelar' a vida e o pensamento, e sem identidade não haveria necessidade de encarar outra identidade. Se não há identidade, no sentido existencialista, mas tão somente singularidade no coletivo, não há senso de responsabilidade por seus atos, já que eles podem ser interpretados de qualquer modo, por qualquer um. Se a história ou o processo social não faz sentido teleológico (Deus, o encontro do homem consigo mesmo ou o fim da história), quem há de dizer se algo é verdadeiro, justo, responsável, legal ou mesmo legítimo? Ademais, a ideia de que o que está constituído é velho e retrógrado, parado no tempo, sem capacidade de devir, não merece a consideração de ninguém. Muito menos de quem se posiciona como oprimido, marginal, inconsistente, desinstitucionalizado, em devir.

Dessa forma, alunos e professores passaram a ser seres em devir, oprimidos por uns e outros, os alunos pelos professores, os professores pelas universidades, e todos pelo capitalismo, pela história e especialmente pelo Estado. O Estado brasileiro! Quer algo mais ominoso e terrível do que isso? E aí a crítica se esparramou por todos os poros da sociedade, do jovem advogado que virava procurador para atacar o Estado ao índio que se rebelava contra a Funai. E surgiram as ONGs para ideologicamente bater o prego no caixão do catatônico Estado por sua condenável atuação contra a sociedade. Dizendo isso me lembrei de um livro de um antropólogo francês, Pierre Clastres, precisamente com o título *A sociedade contra o Estado*, que bateu recordes de leitura, comentários e citações nas hostes antropológicas desde sua publicação em francês em 1977. Clastres falava de líderes religiosos Tupinambá que levavam seu povo a se rebelar contra a possibilidade de surgimento do Estado opressor. Por extensão teórica, Clastres afirmava que os ditos primitivos recusam o Estado, o poder constituído, ordenado, repressor, mesmo que eles não saibam o que seja, apenas por uma espécie de intuição, enquanto fazem uso de uma outra espécie de poder, um poder social, benigno, recíproco e complementar, o poder não coercitivo.

Por tudo isso, a academia brasileira produziu uma quantidade enorme de teses, dissertações, artigos e livros sobre o caráter opressor do Estado e de suas instituições, inclusive a educacional, enquanto exaltava de todas as formas, como se fosse um libertador de escravos, o caráter criativo, original, libertário dos marginais e oprimidos de todas as tribos e estirpes do país.

Na antropologia sempre, quer dizer, desde fins do século XIX, existiu um certo romantismo a favor dos povos indígenas do mundo inteiro. Esse romantismo tornou-se radical quando os antropólogos se deram conta de que os povos indígenas estavam sendo dizimados e com perigo de se extinguirem como culturas. Radicalizou-se ainda mais quando se teorizou que eles é que eram o exemplo máximo do devir, aqueles que, por sua extrema marginalidade do mundo constituído, poderiam vir a ser a salvação desse mundo condenado. Quando os índios se tornaram difíceis de serem pesquisados e passaram a hostilizar esse romantismo *à outrance*, os novos salvadores da humanidade em desgraça passaram a ser os miseráveis das cidades, das favelas, os moradores de ruas, as mulheres oprimidas, os homossexuais, agora, mais recentemente, os travestis etc.

Lembra-se disso, meu amigo engenheiro? Claro que não, porque na verdade você é um dos que compartilham fielmente do sentimento de que, fora os burgueses, todos somos oprimidos pelo capitalismo, sendo marxista, ou pelo Estado, sendo liberal, como se isso fosse a coisa mais natural do mundo, e não um simples artefato ideológico criado pelas circunstâncias do processo social e sacralizado intelectualmente, nesses últimos quarenta anos, por uma trinca de franceses. Certo? Sacou?

Não que os miseráveis da terra não mereçam sua vez. Chegou a vez deles, e isso foi um grande acontecimento, como foi um grande acontecimento os povos indígenas terem começado a crescer em população e espantarem o espectro da sua desaparição da face da Terra. Entretanto, a hipostasiação dos miseráveis leva, por um lado, a um desequilíbrio político insensato e, por outro, a um desvirtuamento do pensamento filosófico e antropológico sobre o homem e sobre a vida, por uma ênfase absoluta em apenas uma das duas ou mais dimensões que conformam o homem e a vida.

Pense em como ficou ruim a educação no Brasil, principalmente, mas não unicamente, a pública. A educação privada também virou uma privada, sob muitos aspectos. Principalmente pelo modo como os pedagogos interpretam a cultura brasileira, considerando-a ou autoritária ou conservadora em sua própria essência. Uma cultura que, em menos de trinta anos, aceitou a ascensão feminina, a homossexualidade, o divórcio em trinta dias, o protestantismo, o evangelismo, o candomblé, o sincretismo religioso, que um operário virasse presidente e que uma mulher insciente o substituísse. Ainda assim, eles acham essa cultura conservadora e autoritária, não por uma constatação de fatos, e sim por uma posição intelectual falsa, deturpada, em suma, ideológica. Da ideologia da trinca francesa.

Repito: a base filosófica da trinca francesa é Heráclito. Depois vêm, na modernidade, Kierkegaard, Schopenhauer, Nietzsche, Heidegger e Lacan. Não vou falar deles, não. Apenas resumir que essa dimensão humana que trata do contínuo, do movimento, do múltiplo, mas também do paradoxo, do inconsistente, da não identidade, da vontade do poder, do logos, e também do espaço (versus o tempo, que é tratado pela dimensão da identidade) é uma dimensão fundamental, junto com a dimensão da identidade. O que você não pode é achar que ela por si só define o homem tal como ele é e pode ser. E se o mundo e o homem forem compreendidos só ou primordialmente por ela, como faz a trinca francesa, haverá uma enorme distorção, por mais charmosa, encantadora e aparentemente libertária que ela pareça. Essa distorção pode ser perigosa ou ao menos desastrosa, como no caso de sua influência sobre a cultura brasileira letrada dos últimos quarenta anos.

Mas, e aí, para onde podemos ir? Há uma saída. Bem, voltemos mais uma vez aos gregos, desta vez a Sócrates e Platão."

"Espere aí, amigo Mércio. Vamos embora, já está tarde, vamos fechar a conta, amanhã nos falamos." E saímos do Bar Veloso.

3. Argumentos sem fim

Passaram-se uns dias sem que eu visse meu amigo engenheiro, até que, ao sair de uma aula, ele se achegou todo avexado, puxando-me pelo braço e me convidando para tomarmos um açaí na cantina, pois estava com umas ideias boas para explicar a questão da greve dos professores, funcionários e alunos na UFRJ. Disse-me meu amigo:

"Mércio, acho que entendi o teor de sua explicação sobre a influência de Deleuze na mente dos meus colegas. Desde o final dos anos 1970, nós professores, universitários e secundaristas viemos fazendo greves. A principal reivindicação tem sido o salário baixo, mas também há as questões do plano de carreira, das condições de trabalho, da interferência do Estado e da falta de recursos para pesquisa. Nos anos finais da ditadura, as greves tinham um forte peso político, pois queríamos a volta da democracia e achávamos que podíamos contribuir pelo lado da sociedade civil nesse esforço junto com as demais forças e movimentos sociais e os políticos. Eram greves gloriosas e não era necessária muita ideologia. Tínhamos um inimigo claro e comum a todos: a ditadura militar. Mas aí acabou a ditadura, vieram os anos Sarney, com um certo tom de continuidade de autoritarismo, e continuamos com as greves. Chegou a Constituinte, aqueles debates todos na mídia, as caravanas para Brasília para influir sobre os debates, nossa clareza sobre a preservação e ampliação da universidade pública, o discurso sobre sua autonomia e sua importância na formação da nova nação democrática, baseada na racionalidade científica e na solidariedade entre pessoas e classes sociais. Foram anos fervorosos e de muita esperança.

Mas, implantada a Constituição, veio a eleição de Collor, o flagelo de nossos sonhos, o filhote da ditadura, e foi fácil arregimentar apoio para retirá-lo. E chegou Fernando Henrique nos ameaçando com um modelo universitário à la americana, criando distinções entre nós, excelências espúrias, rebaixando nossos salários, até nos humilhando com seu ministro da Educação que havia sido reitor da Unicamp. Greve sobre ele e suas perversas mudancinhas. Finalmente, chegaram o Lula e o PT, que tanto nos deram apoio para as greves e para as nossas atitudes políticas. E continuamos a fazer greves. Esta última foi de matar. Não sabíamos todos nós que o governo estava falido, que iríamos ter um período de vacas magras, e que não haveria jeito de obter melhores salários assim na força do grito e na recusa a dar aulas? Quem diabos promoveu e segurou essa greve por tanto tempo, e deu apoio à continuidade da greve por parte dos alunos e funcionários? Agora, veja bem, Mércio, acho que saquei o principal do que você vem dizendo.

Será que a gente não deveria ter pensado melhor sobre algumas das greves que fizemos, das quais não obtivemos nada e para as quais entramos como uns cordeirinhos, achando que estávamos indo beber água no córrego, quando estávamos sendo levados para visitar o lobo mau? Acho que sim. Fomos cordeirinhos porque acreditávamos, como ainda acreditamos, segundo o que você me fala, que somos uns maltratados pelo governo, somos vítimas da opressão e tutelados infantilizados do Estado. Somos cordeirinhos e, para não o sermos, nos rebelamos contra o nosso pastor. Eis mais ou menos como pensei nosso caso como fábula."

"Bem bolado, meu caro engenheiro, mas, como toda fábula, a simplicidade dos personagens mascara a complexidade da realidade. Pensamo-nos como oprimidos e queremos nos rebelar, certo. Isso é um pensamento que vem tanto da área marxista quanto da área deleuziana, se podemos usar esse termo para algo que na verdade não tem nem de longe a importância histórica do marxismo. A rebelião, digamos, de ordem marxista, seria aquela em que há um objetivo claro a ser combatido e esse combate se dá em uma frente de teorização sobre as forças conjuntas, as antíteses, que poderão levar a uma transformação nova, a uma nova síntese histórica, no caso, a uma nova sociedade com poderes para professores. Na versão deleuziana, a rebelião é uma necessidade quase existencial, independe da teorização. Aliás, quanto mais forem analisados dados empíricos e estatísticas, pior, pois os dados são só construções ideológicas, interpretações personalistas daquilo que existe e que é ineludível, mas incompreensível. O que vale, repito, é se rebelar para mostrar que se está vivo e que se tem devir, capacidade de transformação.

Sem querer, ou mesmo querendo, por parte de uns poucos conscientes e cientes da filosofia deleuziana, a motivação para a greve e para a rebelião do servidor público, no caso, professores, se dá pelo sentimento de não se acomodar com a opressão representada pelo Estado. Daí qualquer motivo será sempre um bom motivo. Ao se rebelar e fazer greve você se sentirá como um índio expulso de suas terras pelo fazendeiro, um favelado maltratado pelas condições de vida, um bandido torturado pela polícia, enfim, você sabe, já estou repetindo muito esses exemplos.

O problema é não só diagnosticar, e acertemos por enquanto que esse diagnóstico esteja correto; e sim, dar uma saída, um novo diagnóstico e um prognóstico para mudança. Epa, lá vem mudança de novo.

Em primeiro lugar, rapidinho. Não se pode pensar que a mudança e o paradoxo sejam a inteireza da vida. Tampouco pode-se supor que a identidade, o dito que aparece certo, diga tudo sobre a vida. Ambos são dimensões da vida e do pensar, estão juntos, em confronto, e lutando para prevalecer um sobre o outro. Mas também não são as únicas dimensões da vida. Como já disse antes, o mundo não é dual, é quinquitário, você vai saber.

Deixe-me voltar para os gregos que acharam uma solução para isso. No tempo de Sócrates, nosso grande herói, discutiam-se muito na Grécia os desdobramentos das ideias seminais de Parmênides e de Heráclito. Há verdade ou verdades? A verdade é algo límpido e certo, única, uma *alétheia* ou é aquilo que cada um sente e vê, uma multiplicidade? O Um e o Múltiplo constituíam a temática filosófica principal e, na verdade, refletiam o que se pensava por todo aquele tempo, em todos os países, do Egito à Índia, passando pela Babilônia e pela Pérsia. O bem e o mal, na religião. Veja agora como Sócrates ou, na verdade, Platão, que escreveu os diálogos com Sócrates explicando as coisas, resolveu a parada.

Alguém aponta para um animal de quatro patas com crina e casco na pata e diz: aquilo é um cavalo. Ele é alto, forte, musculoso, rápido no cavalgar, castanho, com cabeça comprida, rabo longo. Aí passa uma pessoa com um animal parecido, porém diferente em aspectos detalhados, mas evidentes e diz, não, o cavalo é este: baixinho, gordinho, peludo nas patas, tordilho, com uma orelha cortada e rabo curto. Depois outros passam, cada qual com um animal um tanto diferente do outro. O que é o cavalo, afinal? É o Um ou o Múltiplo? Daí Sócrates intervém e aponta para o pasto ao lado. Vejam, são cavalos aqueles ali? Os interlocutores respondem em uníssono: não, são vacas! Bem, aí está. Vocês viram que há diferenças nesses animais chamados cavalos, mas quando compararam com aqueles chamados vacas, todos tiveram uma ideia clara do que é o cavalo e do que é a vaca. Pois, o que existe muito acima do Um e do Múltiplo, do ser e do não ser, do mesmo e da diferença, é o *conceito*, a ideia, o ideal desse bicho diferenciado, mas sendo o mesmo.

Pois então. Parmênides inventou o Um; Heráclito, o Múltiplo e Sócrates/Platão, o Conceito, que abrange sinteticamente, dialeticamente, esses dois em um só. Alguém pode dizer que não sabe o que é o homem porque existem sete bilhões de seres diferentes, a começar pela dualidade de gêneros e por outras diferenças? Bem, entre parênteses, para nos ligarmos momentaneamente à filosofia moderna: Nietzsche sabe que existe o homem, mas ele protestou que a ideia de homem, quer dizer, do conceito, fosse usada para representar a busca de conhecimento e de sentido para a vida. Daí que disse que toda a filosofia da civilização ocidental se resumia a breves comentários sobre Platão, que tudo era baseado na ideia de conceito, coisa abstrata e que esconde a realidade viva, e que portanto era preciso destroçar Platão para se recomeçar a pensar a realidade da vida, a vida vivida, a pulsão da vida (aqui estou misturando com Freud, mas no fundo vale também), a força de vontade que impulsiona a vida, a vida aqui e agora, o *dasein* (enfio o Heidegger, que vem dessa corrente), enfim, a vontade do poder, como centro da discussão filosófica. Vontade do poder para Deleuze é o motor do devir ou o próprio devir.

Sócrates/Platão inventou o conceito. Inventou, não, porque ele já existia como forma de pensar do ser humano, como lógica; fê-lo emergir à nossa consciência filosófica, e assim ajudou a estabelecer a filosofia como base para se pensar 'corretamente' a vida, longe de mitologias, naturalismos e dualidades entre ser e não ser.

Platão (deixando de lado Sócrates daqui por diante) criou a dialética, a síntese do Um com o Múltiplo, do ser com o não-ser, do si com o outro, da tese com a antítese, como mecanismo que produz o conceito. O conceito, a ideia, é aquilo que está acima das diferenças que são unificadas em uma unidade superior àquela original do ser parmenidiano, o ser que é ser por si mesmo. O conceito não é um ideal impossível que está em um mundo à parte do mundo imperfeito da existência empírica. Alguns filósofos apegam-se ao pensamento de que Platão era um místico ao propor essa ideia do conceito. Era-o sob alguns aspectos (e, por esse motivo, foi através do platonismo que se seguiu a Platão que se conciliou a ideia da Trindade divina cristã, esse mistério que congrega Pai, Filho e Espírito Santo em um só Deus, indivisível – não está claro agora que o processo dialético é o mesmo que forma o conceito?). Mas esse apego ao misticismo não foi o que fez Platão se tornar um dos grandes filósofos da humanidade. Ao contrário, foi a ideia da síntese dos contrários, ou da síntese do Um com o Múltiplo, que deu a glória a Platão. Ele esclareceu ao mundo que além do ser e do seu oposto, o ser parado e o ser em movimento, existe a síntese dos dois. Repito mais uma vez: ele nos fez pensar a dimensão sintética dos opostos, a formação da Conceito que agrega as diferenças dos seres da mesma natureza em um ser só, ainda que abstrato. Sem isso, não poderíamos pensar verdadeiramente, e sim, nos confrontarmos dia e noite com o inesperado. Olha aquilo ali verde e delgado, com folhagem esquisita, o que será: um animal, um caramujo, um ser do espaço, um quirk, um batacapada ou uma árvore um tanto diferente das outras?

Jogar a dimensão dialética no lixo, como quis fazer Nietzsche para trazer de volta uma raiz impossível de se ter, uma raiz que produziu a tragédia, a moira e o logos, é barrar o pensamento, não ampliá-lo. Por sua vez, reduzir o mundo ao conceito e à dialética e querer enfiar tudo nessa caixinha, como quis Hegel, é perder o sentido de que a dialética não é o ápice do pensamento, apenas um passo a mais sobre o pensar do si e o pensar do outro.

Mas, aqui, caro amigo engenheiro, estamos entrando em outro terreno, talvez ainda mais minado, por ser mais pisoteado: o terreno da dialética como dimensão parcial da vida, não dimensão total da vida e da história. Posso prosseguir?"

"Não, não, pelo amor de Deus, tenho que dar aula e você já estragou o que havia pensado sobre a nossa mania de fazer greve e está me confundindo um tanto mais. Vai matutando por aí, depois nos vemos. Eu também vou ver o que pensar. Da próxima vez trago um amigo para conversarmos, porque você vai me enrolando nessa parolagem e não vou entendendo direito e já estou me envolvendo e me submetendo como um cordeirinho à sua lábia. Arre!"

E assim nos despedimos.

4. Dialética e história

Dois dias depois, voltamos a nos encontrar, desta vez na casa dele, bebendo vinho com dois amigos, sua mulher e sua filha mais velha, que acharam por bem ouvir-me como se eu fosse um filósofo na Grécia Clássica a palestrar na casa de um patrono rico. Meu amigo fez um resumo de tudo que conversamos, as pessoas pediram algo para ler sobre isso, e, não o havendo, prometeram prestar atenção para ver se entendiam o que já havia se passado.

"Vamos em frente, caros amigos. O que é que há de errado com o pensar dialético? Nada, só que ele não é o ápice do pensar humano, como queria Hegel e o seguiu Marx, ainda que seja um pensar da síntese do Um com o Múltiplo, ou dos contrários, e que represente sob aspectos gerais o desenrolar do processo histórico. E ainda que seja essencial para a gente pensar por meio de conceitos.

Vocês sabem que até os cachorros e outros animais inteligentes pensam dialeticamente? Porque o pensar dialético é também o pensar simbólico. O símbolo é aquilo que representa alguma coisa sem necessariamente ter aparência da coisa representada. O símbolo representa, portanto, as diferenças dessas coisas. Os animais inteligentes fazem sínteses dialéticas. Um cachorro faz a sínteses das similitudes entre homens, por exemplo, quando confrontados entre homens e mulheres. Sabe que o sinal para sair à rua pode ser pegar na coleirinha, o dono assoviar ou qualquer outro sinal previamente ensinado. Comportamento condicionado, teria dito Pavlov, que nada!, comportamento aprendido por causa de sua capacidade sintética. Então, o cachorro é dialético, vejam só!"

"Cara, Mércio, você está indo longe demais com essas elucubrações. Espero que tenha alguma base maior do que o que anda falando pelos desvios de sua conversa."

"Sério, cara, esse nível de inteligência o cachorro tem. Como a dialética é a síntese das dimensões do Um e do Outro, então o cachorro também tem essas duas dimensões do pensar e do existir. Por isso é que os donos dos cachorros vivem admirados de eles sofrerem não só por si mas também pelos outros, por seus donos, em especial. Eles sabem o que são e sabem o que outros são. E sabem ser dialéticos."

Depois de umas boas gargalhadas por parte de todos e mais uma rodada de azeitonas e pão árabe com pasta de *homus*, para nos transportar ao menos para o Oriente Médio, danei-me a falar sobre a dialética, já metralhando exemplos por todos os lados.

"A síntese das diferenças e/ou das contradições produz uma totalidade. Tudo o que é reconhecido no processo vira parte dessa nova síntese e é sugado para dentro, de forma que nada sobrevive fora dela. A dialética é totalizante e, portanto, totalitária. Isso é terrível e teve consequências horríveis no mundo quando ela foi aplicada como forma exclusiva de o compreender. Por exemplo, com Marx, Engels e o marxismo.

Marx dizia que a história é o desenrolar da luta de classes. Propôs que haveria duas classes, como se fossem o Um e o Outro: burguesia e proletariado, senhor e escravo, *lord* e *serf* etc. No capitalismo, a opressão de um sobre o outro era absolutamente necessária para produzir a mais-valia – aquela parte do valor real de um produto, fruto do trabalho, que é expropriada pelo capitalista como lucro. Para Marx, que criou esse conceito de mais-valia, esta é a mola mestra do capitalismo, aquilo que lhe dá partida e permite a sua reprodução e continuidade. Duas únicas classes compunham a sociedade capitalista: o burguês, dono do capital investido, e o operário, produtor dos produtos que realizam a mais-valia. As demais condições socioeconômicas ou profissões que poderiam ser consideradas classes sociais – como comerciantes, letrados, engenheiros ou burocratas do Estado – seriam tão somente derivações de uma dessas classes. Efetivamente, por estarem subordinadas ao que é realmente efetivo e necessário, isto é, o capital e o trabalho, essas pretensas classes terminavam quase sempre seguindo os ditames da classe superior, a burguesia. Só por exceção, via intelectuais, na maioria das vezes, é que galhos rebeldes da árvore da burguesia se aliavam à classe trabalhadora, ao proletariado, para criarem a luta efetiva de classes, a revolução do proletariado, e fazerem a nova síntese social.

Ao rabiscar os *Grundrisse*, seu livro de rascunho ao *Das Kapital*, Marx observava que a tecnologia surgia no meio da opressão de classe para aliviar essa opressão, produzindo as bases para a produção continuada da mais-valia sem ter de oprimir ainda mais os trabalhadores. Mas quem eram os agentes dessa tecnologia? Bem, os filhos dos burgueses, que viravam advogados para resolver as disputas onerosas; os engenheiros que faziam melhores trens e estradas para facilitar os custos de transporte; os médicos e cientistas que saneavam e curavam as doenças, os atrasos aos trabalhos e aumentavam a vitalidade dos trabalhadores etc. Ainda que em minoria, esses *técnicos* (cientistas, pensadores, engenheiros, médicos, administradores etc.), que efetivamente contribuíam na produção da mais-valia, ao criarem uma espécie de mais-valia relativa, vinham da classe operária, de lá emergindo por capacidade individual de superar as dificuldades, ou por oportunidades surgidas ao longo do desenvolvimento social, educacional e político da nação capitalista.

Assim, os produtores da mais-valia relativa, os criadores e manipuladores da tecnologia, do *know-how*, ajudavam a diminuir a opressão sobre o operariado, e este foi ganhando condições para exigir menos horas de trabalho, mais benefícios e garantias etc., ao mesmo tempo em que ajudava o capitalismo a suportar e a superar as crises próprias de sua constituição contraditória e assim seguir avante.

Será que Marx se deu conta dessa, digamos, sub ou paraclasse de gente que produz a mais-valia relativa? Sim, especialmente quando partia para escrever alguma análise histórica, como o *18 de Brumário* ou *As lutas de classes na França*, porém nunca pensou em conceber essa subclasse como classe em si, dona de sua própria condição socioeconômica por ser precisamente um dos fatores fundamentais da reprodução do capital via mais-valia relativa. Por tudo o que via e por tudo o que sua teoria indicava, Marx sempre considerou esse conjunto de produtores do capitalismo como algo subsidiário e dependente aos dois principais fatores de produção. Por quê?

Ora, aí está o poder da influência do modelo, da determinação do tempo histórico em que se vive. Marx era um hegeliano, estudara na universidade alemã onde Hegel havia ensinado e onde sua presença intelectual era formidável. Virou um dialético. E como tal, só viu três entidades: a tese, a antítese e a totalização dessas duas pela síntese. Isto é, veja bem, meu caro amigo, uma trindade, como na divina Trindade cristã."

"Que coisa, hein, Mércio. Você agora está dizendo que Marx era cristão, ainda que sendo judeu e sem o querer! E Engels, Lênin, Bukharin, Trótski, todos? Olha que você vai para o cadafalso do stalinismo, se não o da história por dizer essas tolices!"

"Tolice, nada, verdade. Mais tarde poderemos falar de economia e do papel da classe tecnológica na formação e na reprodução do capital. O que pretendo dizer agora é que Marx viu o capitalismo como uma trindade reprodutiva, escoimando o papel produtivo daquilo que poderíamos chamar de classe tecnológica, que são todos esses que mencionei e mais alguns, inclusive, pasmem, a própria constituição do Estado, o poder burocrático etc. Inclusive, e o que nos interessa agora, nós professores e todo o sistema judiciário.

O que fazemos nós os professores? Damos aulas, pesquisamos, divulgamos ideias. Formamos engenheiros para construir melhores estradas, prédios, automóveis, navios, aviões; formamos médicos para aumentar a vitalidade e a produtividade dos trabalhadores; formamos advogados, economistas, sociólogos, antropólogos, todos para melhorarem a reprodutibilidade do capital. Você mesmo disse, meu caro amigo engenheiro, no comecinho de nossa conversa, que nós não passávamos de coadjuvantes da reprodução do capital, não se lembra?"

"É, pode ser, mas mesmo assim, nós professores e tecnólogos, burocratas e advogados não formamos uma classe em si. Discutimos e nos dividimos muito. Há professores de esquerda, outros de direita, há advogados do bem, há engenheiros safados, há burocratas corruptos e há políticos que não podem fazer nada a não ser trabalhar para quem os financiou. Isso é classe social?"

"É sim. E vou dizer mais: se Marx não estivesse ficado preso irrevogavelmente à dialética, ele teria sacado que o capitalismo não pode ser entendido como um triângulo, e sim como um quadrilátero, onde haveria os vértices do capital (burguesia), trabalho (proletariado), tecnologia (classe tecnológica ou média) e a mais-valia. Ele teria sacado que o capitalismo não pode ser entendido como uma entidade totalitária, por não ser dialético, e sim *sistêmico*. Guarde esse termo por enquanto que falarei mais tarde sobre isso. Por não ser dialético e totalitário, o capitalismo se abre para alguma coisa a mais, a tecnologia, a inovação, a dúvida, a expectativa de que há algo mais a ser capturado e incluído, mesmo que sempre sobre algo mais a ser feito. Por não ser totalitário, o capitalismo é portador de uma falta, uma carência, algo que ainda está por vir. Daí ele permitir não somente a criatividade como a inclusão do Outro, qualquer outro que aumente a sua reprodutibilidade. O capitalismo é, para sua completa aversão, já estou prevendo, o modo de produção que acarreta a necessidade de incluir os excluídos que estão por aí vagando em busca de um espaço de significação. Sem dúvida, os direitos humanos são uma invenção do capitalismo, da Revolução Francesa, mas só podem existir nesse modo de produção. A ONU vai penar muito para criar direitos humanos em países sem capitalismo desenvolvido ou anticapitalistas, como grande parte da Índia ou a Coreia do Norte.

É claro que, sob outros aspectos, o capitalismo é uma merda. Não tem Deus, só a ciência; não tem motivação sagrada, só a busca do lucro, e não tem felicidade, só o gozo. Além do mais, e isso é um consolo para nós esquerdistas, não é o fim da história. Isto é, algum dia ele acabará, nem que seja quando só houver uma empresa no mundo controlando tudo.

Agora, meus amigos, sabem de onde vem a ideia de se pensar mais corretamente o capitalismo, sem cair no marxismo nem na ortodoxia economicista? Vem de Aristóteles, mais uma vez, dos gregos clássicos. Prestem atenção, porque agora a coisa fica meio difícil para resumir em poucos minutos. Mas acho que ficará mais fácil de entender ao final. Com Aristóteles forma-se o que considero 'o quadrunvirato' da filosofia grega e a base do pensamento atual, sem o qual não podemos criar nada. Os outros já foram mencionados: Parmênides, Heráclito e Platão.

Podemos parar agora? A festa está boa, mas temos de voltar a nossas casas. Que tal na próxima semana?"

"Está bem, Mércio, mas vamos convidar mais amigos. Quero ao menos um filósofo e um antropólogo conosco para nos ajudar a rebater seus devaneios, que são inteligentes e ousados, mas muito seguros de si e, portanto, muito deterministas. Que coisa. Grande abraço, meu irmão"

5. Aristóteles e além

Aristóteles pode ser o queridinho dos lógicos e dos cientistas, inspirador da reformulação teológica de São Tomás de Aquino, mas para atrair convidados à casa do meu amigo foi um fracasso. Os que estavam na noite passada desistiram, disseram que estavam ocupados com outros afazeres e que lamentavam muito, que tinham gostado por demais de minha exposição, mas que não podiam comparecer a essa nova noitada filosófica. Mas, inadvertidos de outros perigos, vieram dois amigos antropólogos e um matemático, além de dois alunos do anfitrião.

O matemático tomou a iniciativa de perguntar se a chamada lógica clássica ou aristotélica tinha algo a ver com o que iríamos conversar. Sim, naturalmente, e além disso, discutiríamos alguns pontos extras de como essa lógica corresponde a uma dimensão básica do ser, do homem, da sociedade, da ciência e de '*otras cositas más*'.

"Aristóteles, nascido na Macedônia, foi discípulo de Platão e depois foi tutor de Alexandre Magno, rei da Macedônia e conquistador de grande parte do mundo antigo até a Índia. Portanto, além de saber muito de tudo o que se sabia à época, também instruiu um grande rei nas artes da política e do comando. Aristóteles pesquisou, ensinou e escreveu tratados sobre quase tudo, de biologia e astronomia a ética, teologia e metafísica. Mas dedicou-se pouquíssimo à matemática, naqueles anos estudada pelo viés da geometria e com pitadas de misticismo, por Pitágoras, e, anos depois da morte de Aristóteles, por Euclides. E contribuiu quase nada com o que hoje chamamos de antropologia, isto é, o estudo dos homens em coletividade, em sua diversidade e em sua unidade. Aristóteles, naturalmente, sabia que os homens eram os mesmos em toda parte, mas, como todo grego da época, considerava 'bárbaro' e, portanto, sujeito a um status social menor, inclusive pela escravidão, quem não fosse grego, não importando se era uma sociedade de caçadores-coletores ou um Império como o persa. Dizem que um dos conselhos que deu a Alexandre Magno foi para tratar bem os gregos e baixar o pau nos persas e nos demais bárbaros.

Depois que Alexandre saiu pelo mundo, Aristóteles retornou a Atenas e decidiu estabelecer sua própria escola, o Liceu, para ensinar sobre coisas diferentes e por um método diferente daquele criado pelo seu mestre Platão. Parece que Platão e seus discípulos mais fiéis teriam se sentido meio traídos pelo discípulo mais brilhante, e isso criou uma mística que ainda hoje é repetida: a traição do aprendiz. Bem, chega de biografia, aliás, vocês podem ler tudo isso na Wikipédia em qualquer língua.

O que eu quero expor aqui para vocês é uma reinterpretação das ideias de Aristóteles com vistas a demonstrar que ele estava ciente das contribuições dos grandes filósofos que o precederam e almejou colocar mais um tijolo nesse edifício. O seu principal tijolo foi a criação das bases da lógica, a partir da qual ficou mais consistente fazer ciência propriamente dita, isto é, pesquisar empiricamente, qualificar as características, comparar dados distintos, testar por conceitos, excluir por convenção as exceções ou os casos não relacionáveis, classificar similitudes etc.

Pois, enfim, Aristóteles se apresentou com uma pegada filosófica diferente de Platão. Em vez de partir do conceito, que mais parece uma entidade dedutiva, que anuncia o ser de cima para baixo, ele partiu da experiência, daquilo que é dado na empiria. Começou quase como Heráclito teria começado, pelo ser no estado múltiplo. Mas esse ser empírico não está aí à toa, sempre mudando, sem eira nem beira. Ele tem identidade, ele é algo, e não pode ser outra coisa senão o que é. Parmênides na veia. Depois, ele é um ser que ultrapassa as diferenças empíricas.

Platão na veia. Por fim, ele é um ser classificável, em ordens, grupos, famílias, gêneros etc. É um ser do sistema. Esta foi sua contribuição principal. O ser, além de ser o que é, de ser diferente no espaço e no tempo, de ser sintético em suas diferenças, é também um ser no sistema, em algum sistema real ou convencionado.

Especificamente, Aristóteles se esforçou muito (e ainda hoje nos martiriza ler seus livros sobre lógica, analítica, interpretação etc., pelo tanto de complexo e convoluto na linguagem) para definir as bases daquilo que veio a ser chamado de lógica (depois lógica aristotélica, lógica clássica, lógica do terceiro excluso etc.) como sendo constituída por três princípios norteadores do pensamento: o princípio da identidade, o princípio da contradição e o princípio do terceiro excluso. No fundo, todos esses princípios se reduzem ao primeiro e dizem praticamente que o ser existe e não pode ser confundido com o não ser. Isto é, nesse ponto, Aristóteles recusou o inconsistente paradoxal do ser de Heráclito, porém reconheceu o ser em mutação.

Para ir um pouquinho mais adiante, sem querer inundar vocês com mais análises, para Aristóteles, o ser existia na empiria, era multitudinário, e se qualificava por categorias ou predicados concretos. Aristóteles nomeava dez categorias do ser: substância, quantidade, qualidade, relação, lugar, tempo, estado, hábito, ação e paixão. Na minha interpretação, as categorias substância e tempo correspondem à dimensão da identidade do ser, dada por Parmênides; as categorias quantidade, qualidade e lugar correspondem à dimensão da fluidez e espacialidade do ser, tal como proposto por Heráclito; relação, ação e paixão são qualificativos da dimensão conceitual, tal como apresentado por Platão; as restantes categorias, estado e situação, correspondem à dimensão que indica integração entre as dimensões anteriores, isto é, a sistematicidade, produto de Aristóteles.

Por sua vez, Aristóteles também falou sobre as causas da formação do ser, em número de quatro: causa material, causa eficiente, causa formal e causa final. As explicações sobre essas causas e as intepretações sobre elas constituem um dos mais discutidos temas da filosofia desde que Aristóteles foi redescoberto no século XIII e serviu de inspiração aos grandes construtores da filosofia moderna, e do método científico, desde São Tomás de Aquino a Descartes, Leibniz e Kant.

Enfim, o que concluo disso tudo, para nossos propósitos menos filosóficos e mais antropológicos e práticos: que Aristóteles construiu sua teoria a princípio utilizando os ensinamentos de seu mestre Platão, mas indo adiante, ao estabelecer que o ser não era só identidade, diferença e síntese, mas que só se completava dentro de um sistema. Assim, soube entender que o conceito de Platão, escoimado de qualquer espiritualidade, era fundamental para agregar diferenças que existem no meio de similitudes. Assim, em vez de uma, duas e três dimensões do ser, nós temos, com Aristóteles, uma, duas, três e quatro dimensões do ser – um quadrado –, não um triângulo, uma linha ou um ponto.

Veja aí, meu amigo, você é o que pensa que é; mas também é emoção e irracionalidade, e é aquilo que não pensa e não sabe que é; é síntese mal trabalhada da sua consciência com seu inconsciente; e é também ser social: pai, irmão, professor. Você é um ser ao menos de quatro dimensões.

Essa coisa de associar formas geométricas e números a entes filosóficos parece cisma de Pitágoras que – antes de Aristóteles e até de Sócrates, Parmênides e Heráclito – associara qualidades humanas e divinas a números, formas e fórmulas. Entretanto, como vocês engenheiros e físicos sabem, a matemática, não mais por números, mas por equações complicadíssimas, sai a desdobrar consequências de suas próprias dinâmicas internas que apontam para realidades desconhecidas pela física, pela astronomia e por outras ciências duras. As fórmulas de equações de Einstein, Bohr, Dirac e não sei quantos mais físicos criaram entidades antes desconhecidas, algumas comprovadas, outras não, por invisíveis e incompatíveis com o que sabíamos por experimentação e por empiria. Eu pessoalmente conheço um grande matemático que inventou um número estrambótico, o ômega, que induz a pessoa a acreditar em possibilidades de controlar o infinito, ao menos de um certo ponto de vista.

Em suma, foi esta a contribuição fundamental de Aristóteles para o conhecimento humano. Pela ciência, por sua concepção do ser, como um ser quadrimensional – e não uno, dual ou trinitário – é que os homens começaram a pensar, a refinar, a inventar, a equacionar em fórmulas os entes da Terra e a produzir resultados como arte e tecnologia.

O tempo de criação desses quatro modos de pensar, que correspondem, no nível do ser humano, tanto como indivíduo quanto como ser coletivo (sociedade, cultura), a quatro modos de ser, levou pouco mais de dois séculos, se tomarmos o nascimento de Heráclito, a 535 a.C, como seu início, e a morte de Aristóteles, a 322 a.C, como seu fim. Em pouco tempo, em uma nação muito especial, fundaram-se as bases do pensamento filosófico e daquilo que podemos chamar de civilização ocidental, que são só parcialmente transferíveis para outras civilizações, e as da ciência e da filosofia que podem ser pensadas como tendo abrangências universais ou, ao menos, potenciais de diálogo com as filosofias de outras civilizações do mundo.

Viva Aristóteles, nosso patrono. Com ele podemos entender o capitalismo e melhorá-lo, sabendo que um dia, de algum modo, haverá um declínio e sua substituição por outro regime econômico e social; podemos entender a economia, a biologia, a matemática, a física e até a antropologia e ampliá-las. Compreendemos quase tudo do processo histórico e do homem, mas não tudo: 90%, não mais. O problema é que os 10% que faltam não serão entendidos pela lógica científica e sim por uma outra que ainda está longe de ser entendida, e que não é mística nem espiritual nem mágica. Essa lógica que subentende a quinta dimensão do homem e, portanto, do processo histórico em que ele se envolve, foi chamada de hiperdialética por seu criador, o filósofo Luiz Sérgio Coelho de Sampaio.

Falar sobre a hiperdialética é o que me interessa, pois é ela que me emula a pensar do modo como expus essas ideias, mas não para agora. Precisaria de mais tempo, de um curso inteiro, de alguns livros a serem lidos por todos, de mais dedicação. Mas vou dar umas palestras sobre temas mais cadentes, tais como cultura brasileira, economia, classe média, povão, futuro do Brasil e talvez outros que serão sempre acolchoados pela lógica hiperdialética. Aí, quando menos se esperar, vocês terão entendido o que é essa dimensão do homem. Aliás, tudo o que espontaneamente falei até agora está, conscientemente, fundamentado por essa lógica.

A hiperdialética seria uma quinta dimensão do ser, a dimensão que controla as demais que a constituem, que nos faz conscientes de nós mesmos, de nossa história, das circunstâncias que nos formam, das incertezas que nos influenciam, do senso estruturado da nossa existência coletiva, enfim, da nossa relação com o universo e com o Absoluto, seja ele o que for. A hiperdialética permite-nos sair de nós mesmos e de nossas circunstâncias e almejar algo mais profundo e indefinido, a ser conhecido e obtido. Ela é fonte de criatividade técnica e poética, uma criatividade para além daquela que surge do instinto, do inconsciente e do acaso, que existe, que é muito importante, que nos dá arte e sonhos. A hiperdialética aproxima-nos do Absoluto, mas não reluta em dizer que não é absoluta e que não está à altura de outros potenciais que só pela imaginação conseguimos visar. A hiperdialética sabe ser humilde em sua grandeza. Deixa que um dia vamos conversar sobre isso".

Com essas palavras enternecedoras e suspeitas, resolvemos dar por encerrado nosso colóquio lítero-filosófico, mais monólogo que diálogo. As pessoas se entreolharam meio enfadadas, tristonhas, mas respeitosas. Que será isso tudo? "Então, grande Mércio, falamo-nos na semana que vem. Pelo menos quero resolver essa questão de por que entramos em uma greve desproposital e por que devemos tomar outra atitude como professores diante dos embaraços financeiros do nosso país. Está certo? Próxima semana, então, na mesma cantina, só eu e você. Essa história de filosofia e outras graças fica para pensar noutro momento."

6. Tudo acaba em um açaí

Sob o estímulo de um açaí bem gelado, em uma tarde de calor da primavera carioca do ano de 2015, reunimo-nos, meu amigo engenheiro e eu, para finalizarmos o papo sobre a universidade, a inteligência brasileira, a responsabilidade da intelectualidade e da classe média brasileira, e o que podemos pensar para o futuro próximo.

"Em primeiro lugar, por que voltarmos a fazer greve na universidade? Bem, é só uma suposição, mas, dada a persistência do passado – a indiferença e a inércia de grande parte do professorado; a carência de senso de responsabilidade social; e a reafirmação alegórica de que somos oprimidos e seríamos de direita se não nos rebelássemos contra tal opressão, como vimos no começo de nossas conversas – é muito provável que o mesmo grupo favorável às greves venha a prevalecer no futuro próximo. Sobretudo porque a ideologia que os move, um estranho misto de marxismo com antimarxismo deleuziano, os faz crer que estão sendo fiéis ao Brasil, à nossa cultura e aos direitos que nos assistem. E dificilmente, nos próximos anos, haverá uma mudança de paradigma ideológico no Brasil, não obstante os seus fracassos evidentes. Algum dia, irá mudar, aos sacolejos e borbotões, porém com equivalente força de resistência.

Como nos opor a esse grupo? Primeiro, nossa tarefa como professores – e pesquisadores criadores de *know-how* e intelectuais – é a de propor ideias, não fugir do debate e aspirar à criação de um novo paradigma que dê conta da complexidade dos temas de classe, cultura, Brasil, processo histórico, ciência, educação de jovens, responsabilidade social, ética etc., e de respeito pelo que já foi construído. Por exemplo, ser contra a trinca francesa não quer dizer que ela não tenha coisas interessantes a dizer. E o mesmo quanto ao marxismo dialético. O que nenhuma dessas duas correntes de pensamento têm é a abrangência sobre o que pode haver no homem e na sociedade: suas ideias lutam por uma hegemonia da conceituação do homem que, a nosso ver, está a léguas de visualizá-lo.

O exemplo que apresentei da crítica à concepção marxista do capitalismo é um caso claro. O capitalismo só pode ser entendido levando em conta uma certa autonomia da ciência e da tecnologia, autonomia esta que está vinculada a uma classe social, a ser chamada de classe média, para não inventarmos outro termo agora (esqueçamos "classe tecnológica", como falamos anteriormente). Essa classe não é a mesma do proletariado nem por sua inserção econômica no capitalismo, nem por sua visão de mundo, nem por ideologia, nem por atividade social e política. Sua aliança com trabalhadores deve ser feita de uma forma consciente e não baseada na ideologia marxista nem tampouco na ideologia deleuziana. Portanto, mais clareza nas regras do jogo a ser jogado. Eu vou falar dessa classe com mais vagar em outro momento, ou em uma aula ou em nossas conversas, ou em algum capítulo de um livro que estou escrevendo, vamos ver. (Ver Capítulo 4.)

Os deleuzianos e os foucaultianos têm razão em muitos pontos. Um deles é que jogar pesado na identidade do ser pode significar a sua reificação e, portanto, sua ossificação. 'Eu sou eu e jacaré é um bicho', diz o ditado popular, exagerando na identidade. O ser é cambiante, a identidade é cambiante, sim. Eu posso ser algo diferente amanhã, meu devir me chama, mas dificilmente chegarei a ser um jacaré. Sem garantia de identidade, para que se comprometer com algo? Por voluntarismo do bem?

Imagine, por esse tipo de voluntarismo, Foucault apoiou a revolução dos aiatolás, no Irã, pelo argumento de que essa revolução desafiava o *status quo* da civilização ocidental e da hegemonia capitalista americana e europeia. Se fosse Deleuze, para falar ironicamente, teria dito que a revolução dos aiatolás tinha devir, era o devir naquele momento. Bela escolha de Foucault, sobretudo para alguém que decidiu viver no olho do furacão da nossa civilização, entre São Francisco, Nova York e Paris!

O senso de responsabilidade que exigimos da parte dos professores tem um quê de moralismo, sim. Há que se sentir parte de um todo em que não se é apenas um contribuinte. Nós, que somos mais velhos, já passados do meio do caminho de *nostra vita*, temos filhos, sobrinhos e netos, e com eles temos responsabilidades. Sendo professores, os jovens a quem ensinamos viram filhos, sobrinhos e netos, de algum modo, sem pieguice (não precisa me chamar de tio), mas com senso de pertencimento a uma comunidade mais ampla. Fazer greve é abandonar essas crianças e esses jovens. Paro por aí."

"E o salário, a verba para pesquisa e a responsabilidade de incrementar o papel da ciência na formação da cultura brasileira? Como fazer tudo isso em universidades sem condições?", vociferou meu amigo já se enfezando com minha brusca parada.

"Bem, meu caro engenheiro, sei lá. Vamos tocar de ouvido. Pode ser que haja motivos muito fortes para uma greve dura e irrestrita nos próximos anos, e aí eu mesmo refarei minhas considerações. Mas, acho difícil. Melhor confiar nos nossos alunos que estão no governo, nos nossos partidos cujos líderes e companheiros nós ensinamos não muito tempo atrás."

Em uma última tentativa de me incitar a falar mais, meu amigo soltou o desafio maior: "Afinal, por que o Brasil não prestigia o professor, a educação e a ciência?"

"Deixa isso pra lá, caríssimo. Vamos tratar de outros problemas mais sérios. Talvez, ao final, tenhamos algum encaminhamento sobre esses temas, como se diz nas greves. Por enquanto, estamos no blá-blá-blá que é nosso mister.

Sigamos. Na próxima semana vou dar uma aula sobre a formação da sociedade colonial brasileira e por que ela continua tão presente entre nós. Depois falaremos sobre por que a economia brasileira não funciona a contento. E depois, aí só vendo. *Auf Wiedersehen!*"

7. Post Scriptum

A história política brasileira tem muitas pequenas confusões em épocas eleitorais, mas poucas fatalidades. Houve a morte de João Pessoa, o candidato a vice-presidente na chapa encabeçada por Getúlio Vargas, em 1930, de cujo desfecho aconteceu a Revolução de Trinta. Teve a chamada Greve de 1951, que aconteceu em São Luís do Maranhão, com gente popular sendo morta nas ruas.

Agora tivemos o atentado a faca contra o candidato da extrema-direita brasileira Jair Bolsonaro, em Juiz de Fora, no dia 6 de setembro. De algum modo, evitando comentário conjuntural, tornou-se necessário inserir aqui uma brevíssima análise sobre o caldo de cultura que favoreceu este ocorrido tão inusitado e raro em nossa história política.

O presente capítulo que transcorreu sobre a desinteligência da *intelligentsia* universitária brasileira se assenta numa plataforma só parcialmente explicitada: a disputa da classe média por poder político. Neste livro dissemos que a classe média estabelece o conteúdo do discurso sobre a nação e frequentemente dita o seu tom. O discurso político é a maior bandeira que a legitima para o poder, já que, como agente econômico, ela deixa muito a desejar.

Os sinais da ineficiência e falta de foco estão por toda parte. Efetivamente, a classe média está cada vez mais insegura em sua posição social diante das demais classes brasileiras, incerta de que não mais consegue dar conta de sua prerrogativa fundamental de produzir ciência e tecnologia e ajudar o país a encarar o mundo capitalista desenvolvido (euro-americano-australiano, chinês, japonês, indiano e os chamados Tigres Asiáticos). Assim, nossa classe média se esfacela, volta-se contra si mesma e cria o pitoresco palco de um drama em que só ela atua e só ela vê sentido: a disputa ideológica, o mundo do discurso, a crença na retórica, a pseudossacralização da palavra.

O drama intestino e entrópico dá-se efetivamente na arena da linguagem ideológica entre o que ela teima em chamar de esquerda e direita, incluindo suas gradações em relação a um incerto centro. Esse drama esboçava-se desde o fim do regime militar ditatorial, mas pegou fogo efetivamente a partir da debacle do terceiro para o quarto governo do

PT. Desde então, algum pudor moral e o recato verbal que prevaleciam no Brasil como parte de seu pacto cultural se desvaneceram.

A campanha eleitoral deste ano de 2018 nasceu sob o signo da indecidibilidade (para usar um precioso termo matemático) da candidatura do ex-presidente Lula e a ascensão meteórica do candidato de direita Jair Bolsonaro. A classe média tratada neste capítulo torce ferozmente pelo inexpugnável candidato Lula; a classe média menos dependente do serviço público e a sua consorte mais baixa (tanto o segmento que decaiu nos últimos anos, quanto o ascendente) ficam com Bolsonaro. No meio circulam outras candidaturas que procuram impor ideais medianos e atrair votos desses dois aparentes extremos. Ao lado, como sempre, olhando de revestrés, está o povão a observar.

A classe média lulista quer a continuidade do que ocorreu nos dois primeiros mandatos do seu herói. A classe média bolsonarista quer um governo que resolva a violência que danifica a moral e o tecido social da nação, apresentando-se por uma linguagem tradicional. Se apreciarmos essa discussão com condescendência filosófica, diríamos, remetendo o leitor ao capítulo 1, que se trata da disputa brasileira entre ética e moral. Os lulistas querem viver sob uma ética construída e os bolsonaristas querem viver sob a moral estabelecida. Os primeiros querem um mundo ordenado por princípios discutidos nos fóruns e entidades modernos; os segundos querem voltar à tradição brasileira de "pão, pão, queijo, queijo", criança se trata com palmada no bumbum etc.

O atentado a Bolsonaro foi realizado por um homem do povão, pobre, destituído desde jovem de segurança social, excluído do mundo da modernidade (educação precária, trabalho manual inferior), o qual só foi parcialmente alcançado por sua inserção no mundo político (filiação a um partido de esquerda da ortodoxia marxista) e pela efemeridade e solidão pessoal das redes sociais. Nesse quadro dá para se perguntar, sem cair em qualquer tentação conspiracionista: quem encomendou a esse inocente homem tal atentado? Bem, ao que se saiba, ninguém, ele o fez de moto próprio, impelido por vontade psíquica, mas certamente emulado pelo clima de achaques, acusações, denúncias e ameaças que pululam nesse mundo pós-moderno em que vivemos. Um mundo confuso e indefinido, alimentado pela insegurança e irresponsabilidade da classe média. Um mundo a ser superado.

Capítulo 7
Visões do Brasil

Parte I: Tempos formativos (1500-1920)

Neste capítulo explanaremos as ideias dos principais pensadores sobre o Brasil, aqueles cujas obras guardam um senso de originalidade e frescor, um trabalho ponderado em descrever cenários e uma ousadia em propor ideias, as quais influenciaram obras seguintes e continuam a nos influenciar ainda hoje. Todas essas obras fazem parte de uma espécie de "biblioteca brasiliana", cujos parâmetros foram estabelecidos na década de 1930 por grandes críticos, livreiros e editores, que se acumulou até os nossos dias e que tem servido de base de leitura para várias gerações de brasileiros de procedências sociais e de interesses culturais variados. Hoje em dia esses livros podem ser lidos pela internet ou resumidos em sites, blogs e Wikipédias. Assim, essas obras concernentes não serão analisadas aqui em detalhes acadêmicos e raramente com citações. O que queremos é tão somente dirigir a nossa atenção para as ideias e as visões que formaram o país e que voam por aí em nuvens reais do pensamento social brasileiro.

Quase todos os autores que serão discutidos aqui apresentaram propostas concretas, políticas ou culturais, ou as tiveram na manga, e suas escolhas dos temas já indicam isso. Os primeiros escritos sobre o Brasil transpareceram sob um espírito de novidades, sem preocupação em serem objetivos ou corretos nas suas descrições e análises. O que interessava era mostrar exatamente aquilo que se via translucidamente, naturalmente de acordo com o olhar da época, sem amenizar as surpresas. É certo que os autores tinham de ter um bom patrono para ajudar na publicação do livro, em primeiro lugar, e, em segundo, não dar motivos de ofensa ao rei ou a alguém importante no poder. Isto se percebe claramente no livro de Pero de Magalhães Gândavo, *História da província de Santa Cruz*, o primeiro a ser publicado sobre o Brasil, em 1576.

Com o passar dos anos, os autores buscaram ser comedidos em suas narrativas, fazendo questão de citar dados e de se reportarem a outros autores que já tinham tratado do tema em questão (ou de alguma parte do tema). Houve também uma crescente tendência a focar o tema e ir excluindo o contexto geral, de início, a natureza, tão admirada até o século XVII, depois as histórias paralelas, até se enquadrar a narrativa como um discurso acadêmico, que recortava a realidade em objetos, tópicos e linhas de pesquisa. O discurso acadêmico é sem dúvida o mais respeitado da atualidade por se submeter ao método científico e se adequar à realidade dos fatos e dos dados extraídos. Porém, com frequência, os textos acadêmicos seguem teorias e vieses filosóficos que muitas vezes desorientam a exposição dos dados e das argumentações. E, para o leitor mais crítico, fica evidente que os vieses filosóficos não somente distorcem os dados como dão sentido aos acontecimentos, sentidos estes que frequentemente são baseados em visões prévias.[9]

Por exemplo, a própria noção de mestiçagem, que tanto influencia o presente livro, está modelada por diversos vieses filosóficos e antropológicos, desde que foi primordialmente colocada no Brasil por José Bonifácio, em 1823; depois, pelo naturalista alemão Friedrich von Martius, em 1841; em seguida, pelos darwinistas sociais, por todo o final do século XIX e começo de século XX, e, já em 1933, por Gilberto Freyre, e assim por diante, até Darcy Ribeiro e os atuais proponentes da permanência contínua da africanidade e da indianidade. O fenômeno mestiçagem é amplo e é reconhecido por diversos vieses. No modo mais corriqueiro de se ver no meio acadêmico atual, a mestiçagem seria fruto do poder do homem branco explorando (estuprando) sexualmente a mulher negra, a negrinha da casa-grande. A origem acadêmica dessa visão vem de Gilberto Freyre, mas já estava presente como forma de pensar o mundo colonial há bem mais tempo no meio de pensadores menos ilustres, talvez até como uma visão generalizada da elite brasileira. Vista como um

---

[9] Aqui se poderia falar em "preconceito", porém, me esquivo dessa palavra por estar contaminada negativamente.

fato inquestionável, para o bem ou para o mal, essa visão calou fundo na alma brasileira, especialmente, a intelectual e a política.

Considero essa visão como um desvio da intenção original dos primeiros pensadores, como Bonifácio e Von Martius, provocado pela autocomplacência não só de Gilberto Freyre mas também da elite brasileira gozosa de suas manhas. É certo que muitos senhores e senhorzinhos de engenho e de fazendas usavam as negrinhas e mucamas como objeto sexual. Mas, a realidade social é que, ao estimarmos a quantidade de senhores de engenho e fazendeiros dos primeiros séculos da colonização em comparação com o número de negras e índias, negros e índios bem como a crescente quantidade de mestiços formados, é muito fácil constatar que, demograficamente, a mestiçagem produzida pela casa-grande não atingiu um percentual muito significativo. Com efeito, em nossa visão, a grande maioria da mestiçagem no Brasil se deu pelo intercurso sexual e pela consequente vivência entre brancos (as), negros (as) e índios (as) nos arrabaldes das vilas e cidades, na formação de vilas livres de pescadores, nas fazendas de gado, no pular de cerca dos engenhos, nos caminhos e nos povoamentos do interior.

Em contrapartida, uma vez configurada social e moralmente a mestiçagem, mais do que entre gente de raça pura, a mestiçagem se desenvolveu majoritariamente entre mestiços já constituídos desde os primeiros séculos, antes até de 1549, entre portugueses e índios, e, a partir de 1580, quando os primeiros negros trazidos da África começaram a respirar com mais segurança os ares do seu novo país e começaram a se relacionar com índios, caboclos e brancos pobres ou remediados. Entendendo desse modo, a mestiçagem permite ser vista não pela sua face mais cruel, de imposição sexual, de estupro, senão por sua face mais envolvente de intercurso livre sexual entre mestiços de corpo e alma se relacionando por prazer e para constituir famílias novas.

Bem, se essa proposição for verdadeira, como achamos que sim, e podendo ser documentada, toda a história do Brasil deverá ser tomada por uma nova perspectiva. Aqui seus autores surgirão descrevendo as obras e os temas da colonização sobre um patamar cultural que consolidava e viabilizava a Colônia, não só economicamente, quanto socialmente e espiritualmente. Viver no Brasil colonial, portanto, não seria tão mau quanto as ciências sociais da atualidade postulam, pois, de algum modo, estavam sendo criadas uma nova sociabilidade, um senso de comunidade entre todos, um sentimento, enfim, de pertencimento a um novo mundo, independentemente do fato de que o poder emanava da metrópole. A religião católica, aqui adaptada, consolidou o senso mitológico necessário para a população em geral se sentir parte de uma coisa só. Portanto, para debater com a maioria dos historiadores, de esquerda ou de direita, que consideram que a nação brasileira só se formou pelo Estado, postulo que o povo, em sua mestiçagem e em sua formação cultural, já estava constituído desde o século XVII e que havia um sentimento compartido de nacionalidade. Nesse sentido, a famosa frase do padre jesuíta Fernão Cardim, ao analisar o Brasil no fim do século XVI e começo do século XVII, de que "Aqui já é outro Portugal", deve ser tomada como uma diferenciação construída em forma de uma nova nação.

As ideias e os autores discutidos aqui não estão todos em livros ou em artigos publicados em revistas especializadas escritos por eles mesmos. Nesse sentido, a natureza epistolar da produção de muitos desses autores merecem ser destacada. As cartas enviadas pelos jesuítas, por exemplo, só muitos anos depois viriam a ser publicadas por correligionários ou por autores que escreveram sobre o papel dessa ordem religiosa na colonização. Outros escreveram relatórios ou petições ao rei que só muitos anos depois chegaram ao conhecimento público (graças ao trabalho de historiadores como Francisco Adolpho de Varnhagen, Cândido Mendes de Almeida, Capistrano de Abreu e outros mais, e especialmente a *Revista do Instituto Histórico e Geográfico Brasileiro*, criada em 1838, e ainda em existência, que publicaram tais cartas, memorandos, memórias e relatórios oficiais). Um desses documentos é a famosa petição do fazendeiro português na Bahia, Gabriel Soares de Souza, que, em 1587, queria apoio da Espanha para afiançar e, se possível, ajudar nas despesas de uma expedição que ele pretendia fazer para descobrir ouro e pedras preciosas no alto rio São Francisco. A petição foi descoberta nos arquivos espanhóis por Varnhagen por volta de 1860 e publicada em seguida. O mesmo se pode dizer dos textos de Fernão Cardim, Ambrósio Fernandes Brandão, João André Antonil e as inúmeras cartas dos jesuítas por dois séculos.

1. *As quatro (pré)visões formativas do Brasil*

Ao longo deste capítulo, veremos que o que mais importa é saber das ideias e propostas que os escritores tinham sobre o Brasil e como essas ideias se espalharam e viravam (pré)visões do Brasil. Pelo menos quatro grandes (pré)visões podem ser reconhecidas sobre interpretações do Brasil.

A primeira delas é a de que o Brasil é um país construído a partir de um determinado começo oficial, de origem portuguesa, e está em crescimento ou desenvolvimento, se modelando de acordo com as grandes influências econômicas, políticas e culturais que o dominam ou nas quais está inserido. O que havia antes pouco importa. A segunda (pré)visão é a de que o Brasil é uma extensão da Europa, uma colônia, uma reserva territorial, com pitadas de africanismos e indigenismos para lhe dar uma coloração diferenciada. Isto é que faz o Brasil ser um país imprevisível e não muito confiável, um eterno mau encontro da história. A terceira (pré)visão é que, por ser tão mestiço e enrolado, o Brasil não é bem uma nação, e sim um amontoado de gentes, uma massa informe e, portanto, um enigma por suas atitudes diante das suas situações internas surpreendentes, ora prodigiosas, ora vexaminosas. A quarta (pré)visão é a de que o Brasil é uma singularidade como nação, um exemplo potencial a construir para seus habitantes e para a humanidade, cheio de sentimentos de harmonização social prontos para se transformarem em instituições sólidas: o país do futuro.

Alguns autores evidentemente se fixam em alguma dessas (pré)visões e assim delineiam uma espécie de campo de discussão. Os economistas dependem muito da primeira e da segunda visões e evitam serem contaminados pela quarta (pré)visão. Ao contrário, poetas, filósofos, antropólogos e muitos estrangeiros fascinados se entregam à quarta (pré)visão sem grandes pudores. Os conservadores em geral se mesclam na segunda e na terceira (pré)visões. E todos nós, quando chateados ao extremo, apelamos para argumentos da segunda (pré)visão, a de que o Brasil não presta mesmo. Importa dizer que ninguém está imune a nenhuma dessas (pré)visões, e que este livro pretende encarar todas elas e delas usufruir seus pontos positivos, o que retomaremos no capítulo final.

Há que consignar desde já que, a partir do pensador, político e formulador da ideia da nação brasileira moderna, José Bonifácio de Andrada e Silva, essas (pré)visões se consolidam em argumentos mais consistentes tanto política quanto filosoficamente, e se tornam propriamente visões do Brasil.

1. O primeiro século de convivência e ideias

Temos para nós brasileiros que a carta que o escrivão Pero Vaz de Caminha redigiu ao rei dom Manuel, após ter passado alguns poucos dias na enseada paradisíaca de Porto Seguro, teria sido o primeiro documento sobre o Brasil. Se o foi, porém, não teve qualquer importância na formação de um pensamento português sobre a futura Colônia, pois tal carta teve efeito mínimo, uma vez que só foi descoberta e publicada quase quatrocentos anos depois. Entretanto, aquela descrição edênica do litoral baiano e dos primeiros momentos de contato entre portugueses e índios ficou para sempre implantada na mente dos portugueses e de muitos europeus, já que correspondia a um determinado modo de ver a nova realidade. O Brasil edênico foi reafirmado poucos anos depois pelas cartas escritas por Américo Vespúcio a seu patrono italiano, Lorenzo di Pierfrancesco de Médici, em suas duas viagens feitas ao Brasil, em 1501-1502 e 1503-1504. Essas cartas foram publicadas quase que imediatamente, em 1503 e em 1504, ainda que tenham sido levantadas algumas controvérsias sobre as suas autenticidades.

A carta que diz respeito à segunda viagem de Vespúcio (que corresponde à quarta viagem do florentino às Américas, pois estivera por duas vezes antes na região do Caribe), na qual a costa do Brasil é mapeada com nomes portugueses e indígenas (Tupinambá), foi de pronto utilizada por um geógrafo alemão, Martin Waldseemüller que, ao fazer seu grande mapa *Universalis Cosmographia*, desenhou o perfil, e de forma delgada, um corpo das terras que se alongavam muito abaixo do Equador, terras primeiramente descobertas por Cabral, imaginando até onde elas iriam e conectando-as com as terras já descritas por Colombo. Assim, os europeus passaram a saber que havia um único e novo continente, em cujo mapa o geógrafo Waldseemüller grafou a palavra "America", em imediata referência às "descobertas" de Vespúcio. Colombo já havia morrido e assim não sofreria mais essa decepção à sua honra e vaidade.

As cartas de Vespúcio foram um sucesso editorial na Europa. Todos os que as liam ficavam sabendo que, no novo continente, havia gente que tinha o hábito de andar nua, portanto, de não ter vergonha do corpo e do sexo; de dividir os produtos de seu trabalho; de viver em aldeias bem estruturadas, mas cada uma livre e autônoma; e, acima de tudo, praticar uma forma de canibalismo que há muito não se via mais na Europa e só por uma memória atávica se poderia imaginar que isso já houvesse sido praticado por lá. Na cartas publicadas de Vespúcio aparecem gravuras de homens e mulheres nus e seminus – os homens com suas partes íntimas escondidas por saiotes de penas, as mulheres com longos cabelos encobrindo suas linhas e reentrâncias – fazendo diversas tarefas domésticas e sociais, dentre as quais, indivíduos carneando um homem morto, assando partes do corpo em uma fogueira e pendurando outras partes em vigas das casas.

A prática do canibalismo ou da antropofagia – existente entre os povos Tupinambá, na costa do Brasil, mas também entre os povos Karib, das pequenas ilhas caribenhas – iria ser um dos principais itens de conversas e admiração por parte dos europeus. Daria talvez a maior justificativa para atacar e destruir esses povos ou, em uma hipótese mais humanista, ao menos para os dominar e tentar doutriná-los ao cristianismo. Não foi fácil extirpar esse costume. Há notícias de prática de canibalismo por parte dos Tupinambá até pelo menos meados do século XVII, na costa brasileira, e até o século XVIII, na Amazônia. Entretanto, ao fim e ao cabo, o canibalismo foi extinto entre esses povos, junto com o desfalecimento de sua força étnica e guerreira. Vale a pena mencionar que o interesse pelo canibalismo e pelos Tupinambá se espalhou pela Europa, e especialmente no meio dos franceses, pois eles insistiram durante dois bons séculos em entalhar um pedaço da costa brasileira para si. Para a literatura e a filosofia, o ensaio "Dos canibais", do filósofo francês Michel de Montaigne, escrito por volta de 1572, publicado no primeiro volume do seu famoso livro *Ensaios*, em 1580, expressa esse interesse, bem como uma compreensão diferenciada do fenômeno. Montaigne havia conhecido e conversado com dois índios Tupinambá que haviam estado em Rouen, na costa atlântica da França, e que depois teriam vindo a Paris. Das descrições que os Tupinambá fizeram de sua cultura, especialmente de seu espírito de guerreiro e do canibalismo, bem como de suas impressões sobre a vida na França, Montaigne chega à conclusão de que o canibalismo não é de todo condenável, pois, comparativamente ao que estava acontecendo na França com as lutas intestinas entre huguenotes e católicos em que prevaleciam formas horrendas de tortura, o canibalismo tupinambá tinha como premissa o respeito ao inimigo sacrificado, de cuja carne se comeria para adquirir suas virtudes guerreiras. Já a tortura reduzia a vítima a objeto de manipulação sádica, à animalidade e à crueza mais abjeta que o homem poderia cometer. Diante dessa constatação, Montaigne concluiria que a barbaridade é sempre algo que os outros cometem, nunca seus próprios costumes. Preciosa solução de Montaigne que daria as bases de argumentação do que mais tarde viria a se chamar de "relativismo cultural".

O canibalismo era a pior característica cultural que se poderia dizer dos índios que habitavam a costa do Brasil, mas havia outros preconceitos nada lisonjeiros: lascivos, inconfiáveis, traidores, preguiçosos, selvagens e, no limite, incivilizáveis. Muitos desses adjetivos perduram até hoje entre nós, ainda que com menos ênfase. Com efeito, ao longo da história do Brasil, diversos povos indígenas receberam o epíteto de incivilizáveis, o que significava que a única saída para os colonizadores seria dar cabo desses ditos índios, destruí-los até o extermínio total. No primeiro século da colonização, os Aimorés, do sul da Bahia, foram perseguidos e caçados tanto pelos portugueses quanto por outros índios, a soldo dos portugueses, porque os resolutos Aimorés não aceitavam qualquer diálogo, nenhum acordo. A guerra contra eles foi, portanto, de extermínio, mas, muitos sobreviveram pela fuga e por aquelas bandas permaneceram refugiados e absconsos, de modo que, três séculos depois, menos numerosos, menos aguerridos, porém igualmente resolutos, eles foram envolvidos pelas frentes econômicas do gado e do cacau, e hoje são representados pelos Pataxó, Baenan, Mongoió, Kiriri-Sapuya, Maxakali e outros que vivem no leste de Minas Gerais e sul da Bahia. Em meados do século XVIII, os Munduruku do rio Tapajós também foram aquinhoados com a pecha de incivilizáveis. As expedições oficiais foram várias, muitos foram mortos, milhares aprisionados, mas hoje os Munduruku prevalecem em muitas de suas antigas terras. E, no início do século XIX, os Puri, os Botocudos, os Avá-Canoeiros e os Timbira, em várias partes do Brasil, também foram considerados incivilizáveis e sofreram as consequências dessa determinação colonial. Ao final, Puri e Botocudos se reduziram aos Krenak e Baenan, em Minas Gerais e Espírito Santo, enquanto os Avá-Canoeiros foram perseguidos e mortos até a década de 1960, com pouquíssimos sobreviventes, no planalto quente de Tocantins, ao passo que os Timbira, que sofreram até contaminação proposital de sarampo e varíola, por volta de 1815, sobreviveram, cresceram e continuam prevalecendo em parte de seus antigos territórios no Maranhão, no Tocantins e no Pará.

Para salvar as almas e ao mesmo tempo disciplinar os corpos dos Tupinambá, os missionários jesuítas tentaram todas as estratégias pedagógicas possíveis – alfabetizá-los em português e em tupi; ensinar-lhes latim; dar-lhes o gosto pela liturgia cristã, pela música e pelas artes e ofícios; segregar as crianças dos adultos; castigar fisicamente os infratores; ter paciência e perdoar os deslizes. Porém, afinal, quando nada realmente adiantava no curto prazo, os jesuítas apoiaram os governantes nos ataques oficiais, acataram os planos de destruição de aldeias, mudaram o padrão arquitetônico das casas e das aldeias, vilipendiaram a religião tupinambá, seus pajés, seus instrumentos de devoção e apelo, enfim, fizeram de tudo já conhecido no mundo cristão para doutrinar pagãos e um pouco mais. No início tiveram imensas dificuldades. As cartas dos jesuítas, especialmente de Manuel da Nóbrega, primeiro superior da ordem no Brasil, aos seus confrades e superiores em Portugal, Espanha, Bélgica e Itália, e o livreto intitulado *Diálogo sobre a conversão do gentio* escancaram as dificuldades de converter e doutrinar os índios. Em sua imensa frustração, o padre Manuel da Nóbrega falava da inconstância da alma indígena, da impossibilidade de convertê-los senão "a ferro e fogo". Realmente, o cristianismo, o Deus único e todo-poderoso e mais um panteão de santos não faziam muito sentido para controlar os animais da floresta, as chuvas e a sua falta, arrefecer os males da alma e as doenças do corpo, especialmente as novas, as epidemias de pústula e da falta de fôlego. Não foram poucas as ocasiões em que os jesuítas se viram em apuros por não conseguirem conter as mortes de índios por doenças. Estas, os índios não se cansavam de dizer, trazidas pelos abaetés de vestimenta preta. Levaram dezenas de anos de presença missionária e de contato com portugueses, para que os índios, que afinal passaram a viver em novas aldeias subjugadas próximas às vilas e aos engenhos, sentissem que um Deus todo-poderoso os consolava pela morte dos seus pais e filhos e que os hinos de louvor em latim os faziam se comunicar com os céus e seus parentes que lá estavam. Enfim, um dia, inconstantes almas se tornaram constantes e de algum modo serenas. Um cristianismo com coloração indígena que logo se mesclou a um cristianismo africano e mulato e que iria se consolidar no seio da nova população mestiça, dando a base demográfica e cultural para tudo o mais que prosperou de gentes no Brasil.

Por tudo que representaram – de bom, de mau, de esquisito, de desumano ou de sublime – os índios autóctones e os africanos transladados nas visões sobre o Brasil durante todo o século XVI e na metade do século seguinte, incluindo o papel desses protagonistas no trabalho e, portanto, na formação de uma economia lucrativa, os relatos dos missionários e de visitantes portugueses quase sempre trataram de incentivar os conterrâneos de além-mar a virem morar nessa terra nova. Os livros *História da província de Santa Cruz* (1576), de Pero de Magalhães de Gândavo, e *História do Brasil* (1626), de frei Vicente de Salvador foram obras que tiveram leitores contemporâneos. Neles, os autores se esmeraram em descrever e explicar as belezas e as estranhezas de nossa pitoresca natureza bem como tratar de seus habitantes nativos e das possibilidades de os imigrantes terem uma boa vida.

Duas outras grandes obras elaboradas nessa mesma época só vieram a lume bem mais tarde, encontradas por historiadores do século XIX. A primeira delas é *Tratado descritivo do Brasil*, escrita pelo português Gabriel Soares de Souza, que se estabelecera com engenho e fazendas na Bahia, em 1565 ou 1569, e que anos depois, em 1587, iria submeter uma petição ao rei da Espanha para que este lhe desse permissão e o favorecesse na preparação de uma expedição às fontes do rio São Francisco, onde calculava que haveria ouro e pedras preciosas. A expedição aconteceria anos depois, tendo percorrido um vasto território até a chapada Diamantina, onde morreria Gabriel Soares de Souza. Restou-nos o manuscrito como uma rica e esmerada memória do povoamento da cidade de Salvador, com medições detalhadas da baía, suas enseadas, rios e riachos, das fazendas grandes e pequenas, das vilas e aldeias, dos índios se acomodando em arrabaldes, dos escravos negros aos poucos se adaptando à nova terra, se crioulizando, da produção econômica e da vida social que já se levava nessa bela e intrigante cidade.

O manuscrito tratava também de como as demais regiões do Brasil vinham sendo povoadas e colonizadas e, mais ainda, nomeava e descrevia uma série de mais de cento e trinta povos indígenas que já haviam sido contatados ou eram conhecidos pelos colonos e autoridades portuguesas. Diversos desses nomes indígenas se perderam pelos tempos e não são mais mencionados por outros cronistas, porém muitos foram sendo mais bem descritos em outros relatos pelos séculos vindouros. Naturalmente, os mais bem descritos são os índios Tupinambá, cujos costumes o autor conhecia de experiência vivida por ter diversos deles como escravos ou como agregados em suas fazendas. É de Gabriel Soares de Souza que temos o relato mais singelo da índia Tupinambá e dos processos sociais que entabulavam com a sociedade dominante, tanto de ordem sexual quanto de trabalho. Dizia o autor, não sem uma pontinha de maledicência: "Também as moças deste gentio, que se criam e doutrinam com as mulheres portuguesas, tomam muito bem o cozer e lavrar, e fazem todas as obras de agulha que lhes ensinam, para o que têm muita habilidade, e para fazerem coisas doces, e fazem-se extremadas cozinheiras; mas são muito namoradas e amigas de terem amores com os homens brancos."

Gabriel Soares de Souza também nos apresentou os primeiros relatos da economia do açúcar e de outros bens que são produzidos para exportação. Por eles sabemos como os africanos foram substituindo os índios no trabalho servil ou escravista, e como os índios começavam a ser subjugados pela persuasão civilizadora e passavam a viver nas vizinhanças das vilas e fazendas emprestando sua mão de obra quase gratuita em afazeres complementares à produção do açúcar.

Outra obra que só foi descoberta bem mais tarde – por volta de 1874, por Francisco Adolpho de Varnhagen, e publicada em trechos, em 1883, pelo Instituto Histórico e Geográfico Brasileiro – é *Diálogo das grandezas do Brasil*, escrita provavelmente por um certo Ambrósio Fernandes Brandão, um cristão-novo que morava na Paraíba. O diálogo é travado entre um certo Brandônio e um interlocutor nomeado Alviano, e naturalmente trata de como o Brasil, no caso específico, a Paraíba (mas, por extensão, também Pernambuco e Bahia) guarda muitas riquezas e potenciais econômicos. O relato foi escrito por volta de 1617, portanto, antes da invasão holandesa àquelas terras nordestinas. Brandônio, um dos interlocutores, já estava no Brasil há algumas dezenas de anos, enquanto o outro, Alviano, tinha recém-chegado. Um é otimista e vê maravilhas, enquanto o outro duvida seriamente de que algo de bom tenha ou saia dessa terra. Inclusive duvida da própria fertilidade de seu solo, segundo ele, só propício para plantar açúcar nos melhores locais. Parece que esse diálogo continua até hoje...

O fato de esses dois futuros livros e dos inúmeros relatos, cartas de visitantes e missionários não terem sido conhecidos de seus conterrâneos suscita a ideia de que as narrativas e propostas lá contidas teriam passado desconhecidas. Bem, pode ser que algumas das observações mais pessoais não tenham feito parte de uma (pré)visão geral de outros observadores da época. Porém, ao nosso ver, o grosso do que lemos nesses relatos do século XVI e até a invasão holandesa, em 1630, parecem bem referenciais ao que deveria ter sido pensamento e lugar-comum na (pré) visão das pessoas que viviam no Brasil. Afinal, os temas são recorrentes, às vezes as palavras descritivas são as mesmas em textos bem diversos e espaçados no tempo, e o que se diz em determinado momento é repetido em outros. O mais evidente dessas recorrências é a ideia de que a vida social dos índios era tão anárquica e intrinsecamente conturbada que até sua língua refletia essa vivência: chamada de *nheengatu* (língua boa) ou de "língua geral", pelos jesuítas, a língua dos Tupinambá, por não ter fonemas que correspondessem às letras *f, l* e *r*, dava a entender que os índios não teriam nem como imaginar ter fé, leis e rei. Algum mau linguista jesuíta, ao aprender o *nheengatu*, deve ter percebido algo parecido e prontamente divulgado como verdadeiro (ou como um belo chiste) e o tema, por assim dizer, "viralizou" até o fim do século XIX, contribuindo de algum modo para a percepção negativa do índio por parte da sociedade não indígena.

Aliás, apesar dos bons exemplos dados pelos cronistas para atrair imigrantes, a sociedade não indígena que se fez dominante tratou índios e negros sempre como inferiores para servirem seus amos e serem explorados para aumentar suas rendas. Ninguém escapa dessa (pré)visão. A única diferença de juízo de valor que se faz entre índios e negros é que, como vimos em capítulos anteriores, os portugueses sempre pensaram, em algum escaninho de suas consciências, que os índios já estavam aqui antes e que essas terras eram deles. Os próprios reis frequentemente se faziam lembrar, nos prolegômenos de seus alvarás e cartas régias, de que não tinham "jurisdição" sobre os índios e suas terras, porém sempre com ressalvas que desdiziam, na prática, aquilo que anunciavam no começo de seus discursos. Será necessário um filho de imigrante alemão, o já notório e muito citado aqui por seu trabalho historiográfico, Francisco Adolpho de Varnhagen, para vir a contestar por argumentos a precedência dos índios em terras brasílicas. Não teriam eles vindo do Oeste, dos Andes ou do Peru, pouco tempo antes dos portugueses? Pois que, sendo assim, eles seriam tão arrivistas quanto os portugueses! Apesar de seu prestígio como historiador, essa tese não pegou e foi pouco aventada nos anos seguintes. Mas, não deixa de ser balbuciada ocasionalmente por fazendeiros em marcha para a Amazônia.

Não foram muitos os estrangeiros que estiveram no Brasil nesse século de iniciação colonial que deixaram algo escrito. Porém, aquilo que deixaram tem grande valor etnográfico e histórico. Entre eles, o marujo alemão Hans Staden, que quase foi comido pelos Tupinambá da costa norte de São Paulo, por volta de 1545-1550; o huguenote Jean de Léry, que veio dar conforto aos seus correligionários na colônia francesa da França Antártica, na baía de Guanabara, tendo ficado por oito meses, entre 1556 e 1557, e o aventureiro inglês Anthony Knivet que caiu prisioneiro dos Tupinambá em 1597, e ao escapar deixou um belo relato sobre as proezas de Cunhambebe, o grande chefe Tamoio que se rebelara contra os portugueses durante e após a expulsão dos franceses. Os três relatos de origens tão díspares foram publicados em vida, para as honras de seus autores, e tratam quase que exclusivamente dos índios Tupinambá, seus costumes e suas disputas de vida e morte com os portugueses. Muitos anos depois, já em 1612, quando os franceses novamente intentaram estabelecer uma nova colônia no Brasil, desta vez na ilha que cognominaram de São Luís, no Maranhão, dois capuchinhos franceses, Claude d'Abbeville e Yves d'Évreux, escreveram caprichosos relatos da vida e das ideias dos índios Tupinambá que viviam naquela região. Os relatos foram publicados imediatamente na França e, junto com os demais textos sobre os Tupinambá, serviriam de inspiração a Jean-Jacques Rousseau para formular seu modelo social e econômico do que seria o "nobre selvagem", "*le bon sauvage*", em oposição ao homem mau, egoísta e, ao final, civilizado.

Toda essa literatura etnográfica contribuiu muito para nosso melhor entendimento desse povo indígena e de outros também. Mas, exceto talvez por um ou outro português, poucos luso-brasileiros daqueles tempos leram esses livros pelo tardio com que foram traduzidos para a língua portuguesa. De qualquer modo, esses livros conferem as próprias impressões dos portugueses em suas missivas e informes oficiais. Certamente que não diferem muito das impressões de Gândavo, Soares de Souza, Fernandes Brandão e Salvador. No mais, se tal conhecimento não era acessível e compartilhado entre os contemporâneos, estes sabiam de quase tudo por experiência vivida.

2. *As visões do século XVII: holandeses e o padre Antônio Vieira*

Da economia e da sociedade coloniais só ouviremos lusos e estrangeiros falando a partir do tempo dos batavos. E eis que eles chegaram pela Bahia (1625), tomaram Pernambuco (1630) e por fim até São Luís (1646), controlando quase toda a produção e comércio do açúcar e buscando alianças com os índios do interior do Nordeste, os afamados Tapuia, inimigos dos Tupinambá, para se protegerem das possíveis rebeliões internas ou de ataques de navios portugueses. Os holandeses deixaram um belo legado ao construírem Recife, mas nunca se fizeram queridos da massa mestiça de brasileiros nem da elite local, exceto pelos cristãos-novos que puderam recuperar sua verdadeira identidade judaica pela proteção e tolerância que lhes foram concedidas pelos holandeses. Alguns pintores e homens de letras holandeses, que aqui estiveram a convite de Maurício de Nassau, escreveram alguns belos tratados sobre a flora, a fauna e os variados povos indígenas do Nordeste, além de produzirem maravilhosos quadros a óleo e aquarela retratando aspectos da vida colonial das fazendas, dos índios, dos escravos africanos, dos mestiços e da vida social nordestina. Expulsos, não deixaram saudades, mas os portugueses ficaram por muitos anos desconfiados de que poderiam voltar, pois Portugal parecia muito frágil em sua recém-conquistada soberania diante da Espanha. Tal desconfiança levou os portugueses a, literalmente, caçar índios Tapuia por todos os lugares, a fazer guerra de extermínio generalizada, destroçando ou escorraçando as nações antes localizadas na Paraíba, no Rio Grande do Norte e no Ceará para o Piauí e adiante. Na esteira dessa terrível perseguição, que ficou conhecida nos anais históricos como "A Guerra dos Bárbaros" (1654-1710), deu-se a expansão das fazendas de gado por todo o interior das caatingas e sertões, consolidando o extermínio ou a redução de muitos povos indígenas à condição de índio subjugado, índio manso, índio domesticado, índio caboclo, caboclo, agregado, enfim, nordestino pobre.

2a. *Padre Antônio Vieira*

No meio desses acontecimentos em que quase se perdeu o Nordeste para os holandeses, crescia a estrela de um dos poucos gênios portugueses que viveram no Brasil, o padre Antônio Vieira. Do muito que se disser dele ainda é pouco. Vieira escreveu e publicou em vida mais de duzentos sermões e quinhentas cartas, todos tratando de questões humanas – sociais, culturais, políticas e religiosas – com parábolas e metáforas bíblicas; eis o seu estilo. Foi conselheiro do rei dom João IV, da nova dinastia Bragança que retomou Portugal da Espanha, em momentos cruciais da vida portuguesa e brasileira. Aconselhou dom João IV a não reprimir cristãos-novos em Portugal e no Brasil e a convidar os judeus de origem portuguesa de volta, sabendo que eles estavam financiando as companhias de comércio holandesas e, de fato, construindo não somente as bases financeiras, mas as fiduciárias, de um novo regime econômico, o capitalismo. Vieira via um mundo novo se formando enquanto Portugal se estiolava. Por sua vez, nessa agonia de encontrar meios para proteger Portugal de um possível retorno ao controle espanhol e precisando de aliados de peso, Vieira sugeriu que o rei cedesse de vez o Nordeste à Holanda. No que, afortunadamente, não foi atendido.

Acima de tudo, Vieira articulou a melhor defesa colonial à liberdade dos povos indígenas, reconhecendo-lhes o direito à liberdade e às terras que habitavam, e avaliando-os como base demográfica para a constituição do Brasil. Após ter sido incumbido pelo rei para estabelecer a missionização dos índios no Maranhão, e ao mesmo tempo comissionado com a tarefa de livrar os índios do cativeiro a que estavam submetidos ilegalmente pelo recém-chegados colonos, pouco tempo depois de aportar em São Luís, em 1653, Vieira proferiu um dos seus mais famosos e corajosos sermões, o "Sermão da Primeira Dominga da Quaresma", diretamente para a elite de fazendeiros e administradores – os chamados "homens bons" – que não gostaram nada do que tiveram que ouvir. Eis o que expôs o intemerato jesuíta:

> Vejo que dizeis: Bem estava isso se nós tivéramos outro remédio. Este povo, esta república, este Estado não se pode sustentar sem índios. Quem nos há de ir buscar um pote d'água ou um feixe de lenha? Quem nos há de fazer boas covas de mandioca? Hão de ir nossas mulheres? Hão de ir nossos filhos?
> Primeiramente não são estes os apertos em que vos hei de pôr, como logo vereis. Mas quando a necessidade e a consciência obriguem a tanto, digo que sim e torno a dizer que sim; que vós, vossas mulheres, que vossos filhos, e que todos nós nos sustentássemos de nossos braços; porque melhor é sustentar-se do suor próprio que do sangue alheio.
> Ah, fazendas do Maranhão, que se esses mantos e essas capas se torcessem, haviam de lançar sangue.

Vieira era um homem corajoso, que sabia de seu carisma, de seu prestígio perante o rei, perante sua ordem religiosa, perante o papa, perante as autoridades cristãs da Europa e do Brasil. Mas, ele estava no Maranhão, onde a mão de obra indígena era a única existente, por carência de escravos africanos (devido ao seu alto preço e à economia de exportação fraca) e os colonos viviam acossados por problemas de todas as ordens, sendo o principal deles as rebeliões indígenas. A economia maranhense e paraense era fraca pela falta de boas terras para a produção do açúcar e dependia exclusivamente da mão de obra indígena. Quando aparecia um navio negreiro a cada dezena de anos com escravos africanos, seu valor individual chegava a cem vezes o valor de um índio obtido de alguma entrada oficial ou bandeira clandestina.

Por quase cento e cinquenta anos (1614-1759), os índios do estado do Maranhão e Grão-Pará serviram de mão de obra baratíssima e aviltante à economia interna e de exportação. Ou trabalhavam como escravos, ainda que raramente nas condições de negros em senzalas, ou trabalhavam de modo servil, por uma espécie de corveia (ou recrutamento forçado de trabalho). Vivendo em aldeias de missão, controladas por jesuítas ou franciscanos, ou em aldeias de administração, controladas pelos "procuradores ou pais dos índios" (um cargo bastante requisitado), os índios recebiam em espécie "duas varas de pano grosso" (2,2 metros) por cada dois meses de serviço nas fazendas, podendo levar de brinde, por esforço especial, um machado de ferro.

Vieira queria o índio como cristão, aportuguesado, civilizado, sem dúvida. Queria-o como um futuro camponês ou um trabalhador livre que vendesse barato sua mão de obra. Só que isso parecia tão irreal na época quanto é hoje querer a igualdade social no Brasil. Toda a sociedade conspirava contra, dos próprios padres jesuítas ao administrador, o senhor de engenho, o fazendeiro e o preador de índios (que não eram poucos). Ou Vieira previa um incipiente capitalismo em que a mão de obra iria aos poucos se tornando livre, ou sonhava com uma lenta, porém contínua transformação do sistema econômico semifeudal: de senhores e servos produzindo bens de consumo para patrões e operários produzindo *commodities*, sob a luz da cristandade. Aqui vale dizer que carecemos de um estudo aprofundado sobre a (pré)visão de Vieira em relação à economia colonial brasileira e sobre a economia europeia em desenvolvimento.

Vieira pensava para além de seu tempo, sempre, porém, com base em Portugal. Em vários livros ou manuscritos que chamaram a atenção da Inquisição, tais como o *Quinto Império*, *História do futuro* e o manuscrito *Clavis Prophetarum*, Vieira propunha que Portugal iria representar uma nova fase da humanidade, o quinto Império, isto é, a quinta etapa de civilização, depois das passagens dos impérios assírio, persa, grego e romano. Portugal caracterizava-se, na visão de Vieira, como uma entidade salvacionista. Muitos comentaristas creditam essas visões de Vieira, digamos assim, nacionalistas ou nativistas, ao seu visceral comprometimento com a soberania portuguesa diante das ameaças vindas da Espanha. Ele estaria ecoando o lamento messiânico português do sebastianismo, isto é, o desejo pela volta do jovem rei perdido, em 1578, na infausta batalha de Alcácer Quibir. A partir desse episódio desastroso, Portugal perderia sua soberania para a Espanha. Com efeito, o sebastianismo fincou raízes indeléveis no inconsciente coletivo português e encontrou fértil terreno para prosperar no Brasil em anos seguintes. Na visão poético-escatológica de Vieira, melhor exagerar nas tintas para obter apoio e perseverança da população portuguesa, que viver sessenta anos sob a égide espanhola. Porém, nesse mister Vieira foi além e vislumbrou uma imagem da cultura portuguesa como algo singular e renovador para a civilização cristã e ocidental.

Não obstante a dificuldade em entender o que se passava na cabeça de Vieira, o fato é que suas visões de futuro se gravaram no imaginário português, e depois passaram para o imaginário brasileiro. Com efeito, durante o processo político-cultural que desembocou na Independência, José Bonifácio e outros vislumbraram um reino unido de Portugal e Brasil nos moldes políticos e culturais de Vieira. Algo inusitado e fabuloso fora criado no território *brasilis* e a nova nação iria ascender como um clamor divino.

Assim, o padre Antônio Vieira, nascido em Portugal em 1608 e morto em Salvador em 1697, tendo vivido tantos anos de luta, perigos e imprevistos, com uma imensa confiança em sua capacidade de persuasão, um portentoso empuxo para atuar publicamente e uma entrega desmedida ao seu torrão natal, deixou uma obra cheia de visões do futuro, plena de murmúrios de bem-aventurança para seu duplo país, Brasil e Portugal. Quem lê Vieira sai admirado de como poderia um luso-brasileiro pensar com tanta resolução no século XVII, agir tão ousadamente e devanear tão doidamente, tão perdido pela esperança de dias melhores. Um devaneio de poeta com olhar aguçado, ouriçado pela fé, disposto a qualquer sacrifício, mas sem perder a serenidade jamais. Poucos brasileiros saíram-se a Vieira nos séculos seguintes, mas os temos alguns.

2b. *Os jesuítas e o jesuitismo*

Os jesuítas deram muito ao Brasil e deixaram sua marca pelos anos afora. Marcas de análise da situação colonial e marcas de educação da elite luso-brasileira e dos índios aldeados. Foi um deles que escreveu um dos relatos mais preciosos sobre a organização do sistema de produção e exportação do açúcar. O padre italiano João Antônio Andreoni, que se autocognominou André João Antonil, publicou em Lisboa o livro *Cultura e opulência no Brasil*, em 1711. Pelas informações econômicas e sociais nele contidas os portugueses logo deram fim ao livro e poucas cópias se salvaram. Só em 1837 uma nova edição viria a lume. Por que tanta precaução da parte dos portugueses com informações sobre a economia brasileira, quando, afinal, havia dezenas de estrangeiros perambulando pelo país e os holandeses já tinham vindo, conquistado e saído do Nordeste, levando consigo as técnicas portuguesas de fabricação do açúcar para suas ilhas do Caribe? Provavelmente porque o livro, em seu último capítulo, menciona a descoberta das fabulosas minas de ouro em Minas Gerais, ouro que daria um novo gás a Portugal, renovando sua paranoia territorial e augurando dias de glória. Ouro, aliás, que, pelo Tratado de Methuen (1703) entre Portugal e Inglaterra, já teria caminho livre para encher os cofres de Londres como cobertura por seus déficits comerciais.

Em 1759, os jesuítas foram expulsos do Brasil e enviados para Portugal, onde padeceram castigos e torturas até a ordem religiosa ser suprimida pelo papa Clemente XIII dos impérios da Espanha, França e Portugal, além da Sicília e Parma, em 1767. Em 1773, a ordem religiosa foi revogada pelo papa Clemente XIV de toda a cristandade, exceto na Prússia e Polônia, onde a rainha Catarina lhe deu sustentação suficiente para sobreviver aos anos liminares até ser restaurada em 1814. A *Societas Iesu*, criada em 1540 pelo castelhano Inácio de Loyola, conta em sua história imensos sacrifícios e inúmeros martírios em prol da religião católica.

Importa para nós aqui avaliar o papel educacional dos jesuítas na formação da paideia brasileira. Já vimos que os jesuítas foram os principais missionários a doutrinar índios, tanto na costa brasileira quanto na Amazônia. Foram eles os responsáveis por espalhar a língua dos Tupinambá, chamada por eles de *língua geral* ou *nheengatu* que, inclusive, era também falada por grande parte do estamento superior que lidava diretamente com os índios, como os bandeirantes e os fundadores de cidades paulistas e mineiras e pelo Brasil afora, até meados do século XVIII. O nheengatu é ainda a língua corrente em comunidades indígenas e ribeirinhas do médio rio Negro, no Amazonas. Foram também os jesuítas que educaram os filhos da elite luso-brasileira, estamento superior da Colônia, até o nível de educação secundária, o que, naquela época, significava algo mais do que o secundário brasileiro da atualidade.

Interessa saber que a *Societas Iesu*, apesar de ter sido criada com o propósito de combater o protestantismo e preencher com cristandade católica o vácuo não cristão do mundo em descobrimento, não era reacionária aos novos tempos de modernidade racional e de capitalismo.

Os jesuítas adotaram o escolasticismo como doutrina religiosa e educacional, o que significava que entendiam a ciência, a racionalidade, sobretudo tal como expostas por São Tomás de Aquino, como a base do conhecimento humano. Não deve ter sido fácil ensinar aos jovens filhos dos senhores de engenho, dos administradores portugueses e dos demais membros do estamento superior a dialética tomista em seus pormenores lógicos aristotélicos. Entretanto, tentava-se, e o que de real e verdadeiro se passava a todos os pupilos era o ensinamento de que o mundo dos homens deve ser apreendido pelo argumento racional; que a natureza e as coisas do mundo podem ser entendidas e usadas e que a técnica está aí para ser aprimorada. A cidade dos homens não é uma cópia malfeita da cidade de Deus, como pensava Santo Agostinho, mas um artefato para os homens fazerem, longe de chegar aos poderes de Deus, como diria São Tomás de Aquino. Com essa atitude os jesuítas foram capazes de produzir grandes observadores da natureza e conhecedores dos lugares onde estiveram, de se dedicar a melhorar as plantações e as técnicas de produção que usavam, de desenhar vilas com razão geométrica e de ensinar que a ciência, a razão, não era um atributo exclusivamente divino, mas uma tarefa do homem. Os jesuítas são conhecidos na história da ciência como contribuidores ao conhecimento astronômico, à matemática, à química, à botânica e a outras atividades científicas.

Entretanto, uma das principais facetas da ciência foi negligenciada pelos jesuítas em seu empenho educacional: a da experimentação como método fundamental para a descoberta e para a comprovação de afirmações de cunho científico. Não é que os jesuítas não tivessem algumas formas de laboratório para testar substâncias, por exemplo, para a produção de remédios. É que o laboratório não se tornou um elemento essencial na pedagogia científica para a produção de testes de verdade ou falsificabilidade. Em consequência, essa produção de verdade/falsificabilidade ficou a critério ou arbítrio da *autoridade*. Uma autoridade que pairava sempre pelo alto, como uma forma ideal platônica, para definir ou dirimir dúvidas sobre proposições divergentes. E quem seria essa autoridade do conhecimento? Bem, em última análise os sábios do Vaticano, tal como na disputa entre Galileu e a Igreja sobre a centralidade do Sol no sistema planetário do qual a Terra faz parte. No plano local, a autoridade seria sempre o mestre, e o mestre estaria sempre inspirado na autoridade do mestre superior que, por sua vez, se submeteria à autoridade acima dele. Assim, a autoridade fechava a possibilidade da existência da dúvida como fator heurístico no desenvolvimento da ciência ou de argumentos lógicos.

O que isso veio a significar na paideia brasileira? Veio a significar que a verdade dos fatos ou dos argumentos depende em última instância da autoridade. Para os jesuítas e, consequentemente, para os brasileiros por eles educados, a verdade existe não como instância de busca, tal como ocorre nas filosofias empiristas ou pragmáticas que os ingleses e os escoceses estavam desenvolvendo desde fins do século XVII, mas, como instância de certeza. Daí que toda a paideia brasileira se constituiu com base na ideia de que a verdade está em algum lugar certo, que ela tem dono e que pode ser compartilhada. O lugar da verdade última é o lugar da autoridade. A autoridade dirime as dúvidas e as incertezas da verdade. A autoridade desfaz a descrença, surja de onde ela surgir, e retoma a crença na verdade.

O conjunto doutrinário, metodológico e ético que compunha o que podemos chamar de jesuitismo moldou na mentalidade educacional brasileira a premissa de que a verdade última é outorgada pela autoridade. Em consequência, a base original do pensamento científico brasileiro é permeada pelo método e pelo sentido de que a resolução de dúvidas, incertezas e descrenças é dada pela autoridade: pelo mestre, pelo sábio, pelo livro, pela doutrina e, em última análise, pelos tribunais das autoridades estabelecidas. Ao final, chegamos à atualidade em que esses tribunais são as corporações universitárias e seus múltiplos braços de associações acadêmicas.

O jesuitismo ou, digamos, o espírito do jesuitismo permanece entre nós de vários modos, não só porque ele de fato continuou a ser exercido nas academias portuguesas para onde iam os nossos jovens da elite, mas também porque ele foi repassado, no Brasil, para as instâncias seguintes de produção de conhecimento e atividades políticas derivadas. Assim, as bases metodológicas do jesuitismo passaram para a maçonaria, no início do século XIX, como forma de apreender os problemas brasileiros e de elaborar soluções para esses problemas. A maçonaria produziu as bases conceituais da nossa Monarquia. O bastão da ciência (e da racionalidade) reproduzida pela maçonaria – com seu espírito de liberdade assistida por uma confraria de sábios ou, ao menos, de autoridades – passou para os membros do positivismo pararreligioso do final do século XIX, este rigidamente doutrinário, porém ousado e aberto para prefigurar o novo. O positivismo criou a nossa República. O bastão do conhecimento empunhado pelo positivismo produziu uma forma de educação e uma ética que prevaleceu por longos anos, em parte pelo exercício da Revolução de 1930, com os positivistas do trabalho e da educação, e por algumas instituições aí construídas, como o Dasp, que instituiu a entrada ao serviço público por via de concurso, e não por indicação política, o que configurou um novo sentido para a constituição da burocracia nacional e para este segmento da classe média. Ainda que nunca tendo o poder em mãos, o Partido Comunista Brasileiro (ou do Brasil) arrancou do positivismo o bastão do conhecimento e desenvolveu a ciência e o espírito científico brasileiro nas universidades tendo como autoridade máxima os cânones da dialética marxista e uma ética de lealdade à nação. Esta forma prevaleceu até pelo menos a década de 1980, quando uma forte corrente de pensamento filosófico, genericamente conhecida como pós-modernismo, abriu caminho pelas frechas e fraquezas do marxismo e da crença no Brasil desenvolvimentista e se instalou com um projeto crítico e uma descrença que até hoje nos dominam de forma avassaladora. Quem afinal ainda confia no Brasil? Que tipo de ciência autônoma ou, ao menos, criativa se pode fazer no Brasil?

Em acréscimo, o jesuitismo foi responsável pela origem fulcral da ética brasileira, ao posicionar-se contrário à norma da nossa moral tradicional de que os índios deveriam ser escravos. Esse germe de discórdia, que virou projeto político e cultural, é o que provê a nós, brasileiros, o senso de que, se temos moral por tradição, devemos também nos submeter a novas formas de ética. Mas também, o jesuitismo nos deixou de herança o peso da autoridade para dirimir nossas dúvidas e resolver nossas questões sobre o papel da racionalidade em nossa cultura. O bastão de agente dessa racionalidade foi passado com todas as honras para os segmentos intelectualizados da classe média. Estes posicionam-se como organizadores e divulgadores do conhecimento, como produtores da ciência, sendo responsáveis pela aplicação desta como tecnologia. Se, por tantas razões ideológicas, não temos clareza sobre o papel mais orgânico da classe média na nossa sociedade e na nossa economia, é preciso ao menos que nos tornemos conscientes desse processo.

3. Pensando o Brasil independente

O principal pensador da Independência do Brasil foi sem dúvida José Bonifácio de Andrada e Silva que, merecidamente, recebeu o epíteto de "Patriarca da Independência". Desde Antônio Vieira não tínhamos um pensador e um agitador tão lúcido e destemido quanto Bonifácio. Assim, igualmente, o quanto se falar de Bonifácio ainda não será suficiente. Importa aqui analisarmos suas três posições sobre o que poderia ser o Brasil, posições estas que dão o tom das três grandes visões modernas do Brasil.

3a. *A visão conservadora*

A primeira posição político-cultural de Bonifácio era a de que o Brasil só poderia ser viável como nação se tivesse o português e, por extensão, o europeu como eixo condutor do Estado. É evidente que Bonifácio não confiava nem na incipiente classe média – que já não se bastava de brigar entre si por um ilusivo e intangível poder – nem nos senhores da economia, os pretensiosos aristocratas da terra, donos de engenho e seus novos avatares, os fazendeiros do café, nem nos grandes comerciantes (principalmente, traficantes de escravos, agiotas e contrabandistas), enfim, não tinha confiança na elite estamental brasileira. Tampouco confiava na massa ignara de lavradores livres, porém sem propriedade de terra, no proletariado urbano de artesãos, biscateiros, ambulantes e libertinos, e na grande massa de escravos. Para Bonifácio, nenhum desses grupos seria capaz de tocar uma nação tão grande e potencialmente tão poderosa quanto o Brasil. Por isso, o Brasil precisava de um poder simbólico centralizador para se manter hígido e tocar suas relações com outros países, principalmente os europeus, já que Bonifácio pouco ligava para os vizinhos de origem espanhola.

O conservadorismo político de Bonifácio derivava também de sua longa experiência europeia que incluía ter presenciado em Paris os desmantelos da Revolução Francesa e ter lutado contra a invasão de Portugal pelas tropas napoleônicas. Bonifácio tramou leal e corajosamente pela Independência do Brasil com dom Pedro I como chefe de Estado de uma possível Monarquia parlamentarista, e, ainda que o imperador acabasse por se outorgar poderes centralizadores e afastar Bonifácio da Corte, este manteve sua lealdade e não se esquivou de aceitar a incumbência de ser o tutor do infante Pedro II, deixado no Brasil para manter a linha real portuguesa no poder, como de fato sucedeu. O conservadorismo de Bonifácio talvez tenha sido um dos principais motivos de o Brasil ter se mantido indiviso, e isto já pode ser considerado um mérito. Porém, tal conservadorismo político consolidou uma elite escravocrata e uma incipiente classe média submissa, e isso durou muitos anos pela frente.

3b. *A visão liberal*

A segunda posição político-cultural de Bonifácio pode ser reconhecida como liberal. Bonifácio queria o Brasil integrado ao comércio mundial dominado primordialmente pela Inglaterra e pela França e, incipientemente, pelos Estados Unidos. Queria uma economia ordenada pelo trabalho livre e sem amarras à iniciativa privada. Seu projeto contra a escravidão incluía a distribuição de terras gratuitas a imigrantes pobres, a negros forros, a mulatos e índios domesticados. Já para quem tinha cabedal, as antigas e abandonadas sesmarias (ou doações de terras pelas autoridades de governo) deveriam voltar ao patrimônio nacional e serem vendidas.

Não havia propriamente um modelo a seguir, pois Bonifácio sabia do imenso vão existente entre as economias europeias e a brasileira, mas ele considerava que o potencial mineral e agrícola do país o faria ascender no comércio mundial. O liberalismo econômico de Bonifácio abriria os portos para qualquer nação amiga e valorizaria a instalação de fábricas (manufaturas) de capitais estrangeiros.

Entretanto, dado o fato político conservador de que Bonifácio era favorável a uma Monarquia constitucionalista muito forte e centralizada, ele tinha entre os liberais brasileiros sua principal fonte de adversidade política. Bonifácio por diversas vezes se opôs àqueles que propunham o republicanismo ou uma Monarquia parlamentarista. Tendo morrido em 1838, Bonifácio não presenciou a ascensão de Pedro II ao reino, embora soubesse da intenção de alguns liberais de declarar sua maioridade desde um ano antes. Portanto, não presenciou a ascensão de um Partido Conservador com clareza de propósitos, tal como foi se definindo na década de 1840, para se contrapor às ideias liberais. Certamente que ele não se enfileiraria com aqueles que se posicionaram a favor da escravatura, do tráfico negreiro e da venda cartorial como a única maneira de garantir a propriedade da terra.

O liberalismo de Bonifácio, portanto, era fruto de sua experiência intelectual e científica na Europa, principalmente entre 1780 e 1790, quando esteve viajando à custa da Coroa portuguesa por diversos países europeus, vendo e experimentando o conhecimento científico que se desenvolvia a todo vapor na ocasião. Seu liberalismo era de ordem econômica, porém, mesmo aí, marcado pela ideia do papel protagonista, ordenador, do Estado. De certo modo, não era muito diferente do que de fato se tornou na prática o liberalismo no Brasil, e mais ainda os nossos mais ferrenhos liberais.

3c. *A visão nativista*

A terceira posição político-cultural de Bonifácio pode ser chamada de nativista ou radical (ou ainda, de certo modo, nacionalista). Ela partia do princípio de que os povos que haviam contribuído na formação do Brasil deveriam participar integralmente da nova nação. Entre esses estavam não só os descendentes de portugueses, mas os negros africanos, escravos ou forros, e os índios nativos, domesticados ou livres. As duas principais contribuições de José Bonifácio à Assembleia Constituinte de 1823, de onde ele saiu preso e exilado, foram precisamente sobre o fim da escravidão e a civilização dos índios.

Sobre a escravidão Bonifácio considerou que era anticristã e desumana, pois os negros africanos eram seres humanos iguais a quaisquer outros seres humanos e, por isso, deveriam ser livres. Bonifácio propôs que o tráfico negreiro fosse proibido de imediato e que os escravos fossem libertos, paulatinamente, por seus senhores. Estes teriam que dar às famílias dos ex-escravos terra suficiente para sobreviverem e contribuírem para o progresso da nação. Ou que o Estado concedesse terras e ajuda para eles se estabelecerem. E que o trabalho braçal fosse realizado por homens livres.

Sobre os índios, Bonifácio considerou que eram os autóctones do Brasil, que já haviam sofrido muito por perseguições e matanças, e que dever-se-ia tratá-los com respeito e bondade, catequizá-los no cristianismo, educá-los para se beneficiarem mais de sua agricultura e incorporá-los à nova nação como homens livres e trabalhadores.

As proposições de Bonifácio sobre negros e índios, incluindo também mulatos e mestiços, não foram consideradas nem levadas adiante nem por seus colegas constituintes nem pelo governo monárquico que seguiu com uma Constituição outorgada. Entretanto, algo restou dessas propostas: quanto aos índios, as propostas se tornariam injunções para o movimento positivista, como veremos mais adiante, influenciando a República e mais tarde o coronel Cândido Rondon que, por seu trabalho junto ao Estado brasileiro, produziu resultados impressionantemente positivos.

Entretanto, há que se apresentar aqui uma reconsideração. Ainda hoje repercutem em nosso meio acadêmico, tanto de modo positivo quanto de modo negativo, as injunções de Bonifácio sobre a civilização dos índios selvagens. De um lado temos os defensores de Rondon, como Darcy Ribeiro e os irmãos Villas-Bôas, que criaram e estabeleceram o Parque Indígena do Xingu como modelo a ser reproduzido como o ideal do indigenismo brasileiro. E, de outro lado, um certo setor da antropologia brasileira que considera que o propósito de Bonifácio seria, no fundo, como estadista, de eliminar o índio enquanto povos autônomos e transformá-lo em cidadão pobre de bens e destituído de cultura. Por conseguinte, este também seria o propósito de Rondon e seus epígonos. Realmente, o propósito de Bonifácio era claramente de misturar todas as culturas e povos que aqui viviam e formar um "amálgama" (palavra usada por ele) cultural, um povo homogêneo que pudesse, com essa característica, encarar as dificuldades trazidas pela heterogeneidade cultural. Com efeito, não há dúvidas sobre essa intenção declarada. Ela advinha não somente das dúvidas de Bonifácio sobre a capacidade de os índios serem civilizados, como também das observações que fizera em seu périplo pelos países europeus (1780-1790). A ideia de formar uma nação com um só povo e uma só cultura constituía um ideal não somente romântico europeu, mas também um ideal estratégico que fugiria das nuvens ominosas que começavam a se condensar para consolidar a teoria de superioridade racial. Havia algo de premonitório nessa ideia de homogeneizar uma nação.

Em contraste, nos Estados Unidos, precisamente no ano de 1824, o governo americano criava o *Bureau of Indian Affairs*, dentro do Departamento (Ministério) da Guerra, para precisamente dar caça aos povos indígenas que viviam no território que os americanos tomaram para si e se preparavam para expandir cada vez mais. Os índios da recém-estabelecida nação norte-americana não foram considerados parte da nova nação, e sim estrangeiros, *outsiders*. Como tal, foram guerreados impiedosamente toda vez que não permitiram a entrada de imigrantes em suas terras, como fizeram com os índios Creek, no Alabama e na Geórgia, em 1813-1814. A partir de 1830, pelo chamado *Indian Removal Act*, uma lei passada no Congresso americano e homologada pelo presidente Andrew Jackson, aos índios foi imposta sua retirada das terras tradicionalmente ocupadas a leste do rio Mississippi para serem localizados em terras novas a oeste daquele rio. A incrível ordem contida nessa lei já vinha sendo praticada por estados como o Mississippi, a Geórgia e a Flórida, mas agora tomara um cunho nacional. Resultou no ataque aos índios que se rebelaram, tais como: os Seminoles, da Flórida recém-comprada da Espanha; os Muskogeans, os Choctaws e outros da região do baixo e médio rio Mississippi, inclusive seu delta e a cidade de Nova Orleans, também recém-comprada de Napoleão Bonaparte; os Cherokee, da Carolina do Norte e, enfim, todos os que sobreviveram aos anos iniciais da colonização e aos anos das guerras da Independência. Até o ano de 1848, os índios sofreram o martírio de serem removidos de suas terras à força para irem viver no território árido e infértil do novo território de Oklahoma, a noroeste do recém-conquistado estado do Texas.

Portanto, o contraste entre Bonifácio e sua proposição de civilização dos índios e a expulsão dos índios por Andrew Jackson salta aos olhos como definidor de visões diferentes do processo de reconhecimento dos povos nativos nesses dois países. É preciso, no entanto, reconhecer que o *Indian Removal Act* foi motivo de grande consternação por parte de muitos americanos da época, dentre eles, missionários e, em especial, um dos patriarcas americanos, Thomas Jefferson, que parecia mais propenso a uma política de civilização dos índios equivalente aos moldes propostos por Bonifácio.

Torna-se assim evidente que as ideias de Bonifácio tinham uma solidez cultural que trazia consigo tanto uma visão romântica (no sentido que a palavra tinha à época na Europa) da formação de um povo único (talvez puro?) quanto uma visão estratégica e premonitória do que poderia vir a ser o Brasil. Aqueles que criticam Bonifácio por querer uma nação homogeneizada culturalmente não fariam mal em rever suas críticas perante a história daqueles tempos e em comparação com outros países que desenvolviam políticas contra os habitantes autóctones das nações recém-formadas.

Uma nação com uma só cultura é quase impossível, a não ser para povos de população pequena ou para povos no passado. É impossível na modernidade. Algo mais poderia estar por trás dessa proposição de Bonifácio. O que, precisamente?

A necessidade de se fazer um amálgama cultural correspondente a um amálgama biológico antecipava uma solução canhestra para o problema do racismo que surgia, naqueles tempos, como causa alegada do subdesenvolvimento das nações não europeias. O mundo ainda não tinha uma teoria da evolução biológica que fizesse o paralelo entre espécies da natureza com raças e culturas (ou povos), algo que só viria a acontecer com estrondoso estrago para o Brasil depois de 1859. Porém, havia não somente Hegel como também Saint-Simon e, depois, a partir da década de 1830, Comte, que desenhavam a evolução da humanidade por estágios culturais e fases religiosas que implicavam a capacidade de racionalidade mental dos povos concernentes. Evidentemente que africanos e autóctones americanos estavam ao rés do chão dessa escala de valores. Bonifácio, ao contrário, não considerava a inferioridade social de negros e índios uma função de suas raças, mas das condições sociais em que viviam.

Por sua vez, o amálgama biológico que Bonifácio preconizava iria produzir, efetivamente, um povo mestiço de três raças. Isto seria bom ou mau para uma nação? À época de Bonifácio isto não era ainda bem uma questão, ainda que ninguém pusesse em dúvidas que negros e índios fossem inferiores em relação a brancos. Mais tarde, com o darwinismo social, a mestiçagem seria considerada malfazeja para a sobrevivência de qualquer nação, como veremos mais adiante. E só bem mais recente é que alguém como Darcy Ribeiro haveria de dizer, delirantemente, em 1995, que, para o Brasil e para o mundo, "mestiço é que é bom". Mirando, pois, a atitude de Bonifácio, haveríamos de nos admirar de que ele tenha proposto que a mestiçagem seria a única solução possível para o Brasil, e que seria de todo bom. Teríamos assim, de um modo esquisito, bem lembrado, uma raça só em um certo futuro. Uma raça nova. Também essas ideias só seriam bem argumentadas muitos anos depois, parcialmente, por Euclides da Cunha, quando falando do sertanejo e, mais uma vez, por Darcy Ribeiro, falando da totalidade do povo. De todo modo, o que temos é um pensador e proponente extraordinário asseverando que o Brasil precisava amalgamar-se como cultura e como demografia, pois riqueza natural e o resto já os tinha muito bem.

O mais impressionante nessas três posições político-culturais de José Bonifácio de Andrada e Silva, o que atesta a grandiosidade do seu pensamento seminal sobre o Brasil, é que elas ainda hoje repercutem como paradigmas de três das quatro principais posições político-culturais que regem a vida brasileira. Pois que a visão político-cultural conservadora do Brasil atual é aquela que considera que o Brasil deve o que é ao ramo português da sua formação sociocultural; que a elite política aqui constituída tem direitos e deveres inerentes à própria posição de elite cultural e econômica (ainda que aceite adventícios de bom grado, conformando-se estes ao modo próprio de ser elite); direitos e deveres, cabe frisar, de origem estamental, portanto, patrimonialista e clientelista. O conservadorismo brasileiro não precisa ser chamado de regressivo ou reacionário, pois sua conformação já o enuncia. Aceitar o Brasil tal qual funciona no âmbito político-cultural conservador é estar de acordo com o passado que ele representa, especialmente o passado socioeconômico caracterizado pela divisão estamental em que se situam, de um lado, o povo, de outro, a elite econômica, capitalista ou patronal e a elite cultural ou elite de privilégios adjunta àquela. Nesse sentido, o conservadorismo não é exclusividade dos donos do capital brasileiro, mas frequentemente da própria classe média que, de modos disfarçados, quer manter os privilégios alcançados ao longo da formação da sociedade brasileira, ainda que se arvore presunções de ser favorável à igualdade social (e até mesmo lute por essa tal presuntiva igualdade). De muitos modos, portanto, existe uma aliança tácita entre segmentos da classe média com a elite econômica aplainada por interesses corporativistas e estamentais que ambos partilham.

O pensamento liberal brasileiro também emergiu da visão político-cultural formulada esparsamente por Bonifácio. Sim, para se fazer o Brasil seria preciso ciência, tecnologia, trabalho livre e espírito de empreendedorismo. Seria necessário que houvesse o livre comércio e a propriedade privada da terra e dos meios de produção. Entretanto, para Bonifácio, para tudo isso acontecer não se poderia prescindir de um Estado forte para regularizar as relações de produção e a propriedade da terra. Relações de produção significavam, na visão de Bonifácio, as relações entre donos da terra, escravos, índios, mestiços, exportadores, comerciantes, interesses comerciais de países estrangeiros, imigrantes etc., enquanto a questão da propriedade da terra dizia respeito aos resquícios do sistema socioeconômico patrimonialista, com suas regras de privilégio que tanto se adaptavam quanto travavam a inserção de formas socioeconômicas do capitalismo no Brasil.

Ainda que as preocupações liberais de Bonifácio não fossem as mesmas que acometeram os liberais brasileiros nos anos seguintes, e até o presente, elas não foram de todo resolvidas. O maior capitalista brasileiro do século XIX, Irineu Evangelista de Souza, o barão de Mauá, sofreu as agruras desses resquícios patrimonialistas, como ainda vem sofrendo a ideia de liberalismo no Brasil por razões derivadas dessas questões. De modo que o liberalismo bonifaciano já vinha conflagrado em indecisões diante das possibilidades de sua instalação no Brasil. O que se coaduna perfeitamente com o modo com que os modernos liberais brasileiros também se sentem e com as fortes ressalvas que fazem os críticos do liberalismo.

O fato é que o liberalismo (econômico) no Brasil é uma obra em construção e, para usarmos de expressões comuns, o buraco da sociedade brasileira é bem mais embaixo. Há tanta desigualdade e tantas maneiras de conter a ascensão do povo do estamento subordinado que até mesmo os pensamentos conservador e liberal reconhecem tais mazelas. Assim, eis a razão de o pensamento liberal brasileiro adquirir a aparência de também ser "social" (que aqui quer dizer a parte ruim da economia), no sentido de que ações e políticas têm de ser propostas para amenizar os prejuízos sociais (aqui na acepção sociológica da palavra) que o capitalismo *tout court* traz a uma nação como o Brasil. O social entre aspas é aquele que se dá conta de que a desigualdade é terrível, isto é, aquele que diz respeito ao povo.

A terceira visão de Bonifácio, aquela que propunha um amálgama cultural e racial, com a incorporação de negros e índios, corresponde na atualidade a uma visão de ordem nativista, nacionalista e autonomista da sociedade e da cultura brasileiras. Em geral, essa visão associa-se com um sentimento que alimenta o que seria a esquerda brasileira, mas não é necessário que assim o seja. Por razões não inteiramente opostas, diversos segmentos da direita brasileira, como o integralismo, são nacionalistas e autonomistas. Argumentam que as coisas que vêm de fora do país têm algo de insidioso que podem deturpar a tradição cultural brasileira (conservadora, cristã, familial), roubar nossas riquezas da natureza (minerais, agrícolas, silvestres) e inserir uma atitude antinacionalista no seio do povo, com perigo de corroer a soberania da nação, a fidelidade da elite e, por fim, quebrar a integridade territorial e política do país. Para a esquerda, a autonomia da nação deve ser especialmente econômica, de onde derivaria a possibilidade de valorização político-cultural própria. A esquerda valoriza a formação étnica e social brasileira, associando a baixa posição social de índios, negros, mulatos e mestiços ao sofrido passado colonial e à continuada exploração econômica pelo capitalismo predominante.

Que mecanismo coletivo – de ordem social, cultural e mental – seria capaz de, através de gerações, levar o pensamento de uma certa época, incorporado em uma certa pessoa, e amoldá-lo de acordo com as circunstâncias? O que teria feito o pensamento de Bonifácio atravessar os tempos e continuar presente, de forma adaptável, porém essencialmente o mesmo em seu contorno significativo?

Pode-se supor que muito do passado permaneça o mesmo no presente: a sociedade desigual, o sistema estamental, os preconceitos (racial e social) e a dependência econômica. É o que muitas correntes políticas apontam: tanto pendendo para um pessimismo renitente (quanto mais se muda mais se permanece o mesmo) quanto justificando uma atitude mais dura para destruir as bases desse presente tão recorrente do passado (o mito da revolução). Há teorias que propõem que tudo muda sempre, interminavelmente, o agora é diferente do passado. Outras teorias acham que o presente carrega muito do passado porque os homens são os mesmos e se não houver grandes mudanças culturais eles pensarão e se comportarão igual ao passado.

Seja como for, são só hipóteses. E este relato é também uma hipótese a testar. Sigamos as três visões de Bonifácio ao longo dos duzentos anos seguintes até o presente.

O conservadorismo, o liberalismo e o nativismo são nossas três grandes visões político-culturais mais bem articuladas desde que o Brasil se tornou independente. Uma quarta visão despontará mais adiante, embora ela tenha antecedentes do período colonial. Tais visões aglutinam-se em pessoas e em questões, de acordo com as circunstâncias sociais e históricas, seja como novas ideias, seja como contraposições à situação dominante do momento. Raramente elas são límpidas e consistentes em si mesmas; ao contrário, com frequência se entrelaçam, se misturam de tal sorte que às vezes se tornam indistinguíveis. Eis o que explica por que se diz que no Brasil ninguém é conservador, nenhum esquerdista escapa de defender interesses de classe, ao passo que os liberais são camaleões que se apresentam com colorações de acordo com as circunstâncias. Não obstante, há que se delinear como essas três visões político-culturais foram se conformando através dos tempos, dando aos seus protagonistas uma base intelectual e também emocional sobre a qual poderiam elucubrar suas visões e propor suas políticas.

4. *O pensamento no Segundo Reinado*

Clareada a situação política dos anos de dom Pedro I e da Regência – quando ainda pululavam ideias de República ou de Monarquia parlamentarista à inglesa, e as disputas ideológicas maquiavam interesses meramente socioeconômicos –, com a maioridade de dom Pedro II, o conservadorismo político-cultural estabeleceu-se por todo o Império, não importando as ferrenhas disputas entre os Partidos Liberal e Conservador, nem o enriquecimento da elite nem o crescimento da incipiente classe média. O conservadorismo político-cultural teve grandes expoentes intelectuais pela metade do século XIX. O maior deles foi Francisco Adolpho de Varnhagen, que escreveu seu bem documentado livro *História geral do Brasil*, publicado (primeira edição) em Madri, em dois volumes, nos anos de 1854 e 1857. Na visão de Varnhagen, os portugueses constituíam o eixo da formação social, política e cultural da Colônia, enquanto os índios eram considerados incivilizáveis e os negros um estorvo difícil de conciliar fora da escravidão. Outro nome figurante é o de Bernardo Pereira de Vasconcellos que, embora sem obra essencial, estabeleceu os princípios ideológicos do conservadorismo político que iria dominar boa parte do reinado de dom Pedro II. Bernardo de Vasconcellos, político mineiro, foi um dos primeiros brasileiros da elite estamental a reconhecer que, quando jovem, fora liberal, mas tendo amadurecido, tornara-se conservador, pois só o conservadorismo poderia conter o possível caos em que o país poderia submergir, se fosse deixado nas mãos dos liberais.

A hegemonia do conservadorismo político-cultural só era desafiada aqui e ali pelos arroubos nativistas de poetas e de escritores que pretendiam inserir o índio na tessitura histórico-cultural brasileira e pelos que se acometeram da imensa vergonha de conviver com a indesculpável desumanidade de manter homens escravizados. Os proponentes nativistas em questão, desde os poetas Gonçalves de Magalhães e Gonçalves Dias aos romancistas Joaquim Manuel de Macedo e José de Alencar, pelo lado dos índios, e o poeta Castro Alves, o jornalista José do Patrocínio, o literato e político Joaquim Nabuco e o historiador e político Perdigão Malheiro, pelo lado dos negros, desenvolveram ideias que vieram diretamente de José Bonifácio e de seus dois escritos sobre índios e negros, embora não prestassem as devidas homenagens às suas origens. Já da parte do liberalismo político-cultural não há figuras intelectuais de relevo até talvez Joaquim Nabuco e Rui Barbosa e outros, já no final do Império, que tentaram amenizar a virulência verbal dos republicanos com a ideia de que uma Monarquia parlamentarista seria mais adequada ao Brasil. O liberalismo político-cultural, já visto por eminentes intelectuais brasileiros como "algo fora de lugar", funcionava como um tampão entre um presente desgastante e um futuro temerário. Eles ficaram até o fim indecisos sobre o movimento republicano. Nesse sentido, parecem simplesmente com uma versão amena do conservadorismo original de José Bonifácio. Há ainda, neste campo, por outro lado, a figura, mais uma vez citada, de Irineu Evangelista de Souza, o barão de Mauá, que, por emulação às formas administrativas e financeiras do capitalismo inglês, tentou implantar no Brasil as bases relacionais de um capitalismo que poderíamos chamar de liberal, o qual foi combatido de diversas formas pelo miolo duro do conservadorismo hegemônico, tal como acontece com grande frequência com qualquer brasileiro que queira escapar da nossa normalidade aceitável.

Há que se trazer a lume, a partir de 1870, quando tudo começa a mudar no Brasil, como "um surto de novas ideias" insurgentes, a chamada Escola do Recife. Animado pela figura combatente do jurista sergipano Tobias Barreto (1839-1889), a Faculdade de Direito do Recife, criada ainda no período de dom Pedro I, em 1827, despontou como um local de confluência de jovens nordestinos que, se posicionando como incipientes intelectuais e políticos, queriam pensar a nação sob as vistas de teorias em elaboração nos países europeus.

5. *Positivismo e evolucionismo*

O positivismo e o evolucionismo foram as duas correntes intelectuais discutidas com mais fervor pelos intelectuais da Escola do Recife, de tal modo que eram defendidas como "doutrinas", não como teorias. Ou se é positivista ou se é evolucionista, diria por exemplo Sílvio Romero (1851-1914), ex-aluno e admirador de Tobias Barreto, que, em sua ânsia por afirmações peremptórias, não hesitava em abrir fogo contra adversários de quaisquer naipes de um modo tão agressivo que até hoje não parece ter sido superado, se assim o pudermos avaliar. A ciência efetivamente ainda não tinha assentado bem no Brasil, pelo menos não no seu espírito de afirmar teorias com suavidade e dúvidas e de estar aberta para novas ideias e propostas teóricas. O século XIX ainda estava preso pelos tantos anos de doutrinação escolástica ensinada pelos jesuítas e repassada pelas gerações seguintes no modo autoritário de perorar sobre assuntos de qualquer quilate, atitude esta que caracterizava tantos segmentos da intelectualidade brasileira de outrora, ainda que não tenha sumido de vez na atualidade.

Apesar de banhada de espírito doutrinal, a ciência afinal entrava no Brasil, se não em laboratórios e faculdades, ao menos, por meio da filosofia, de tratados científicos, da nova sociologia e da biologia moderna. O positivismo foi a teoria que mais abriu a mente dos brasileiros intelectualizados para absorverem uma visão e tomarem uma atitude de racionalidade e sistematicidade para explicar os fenômenos naturais e humanos, o sentido da história e as questões brasileiras. Aprendeu-se que o sentido do mundo era dado por um processo de desenvolvimento mental dos homens que, em coletividade, passavam por estágios cada vez mais aprimorados de compreensão desde sua primeira condição de caçadores até o último estágio de industrialistas. O último e definitivo estágio seria o estado positivo, a ser alcançado em sua integridade pela aplicação de métodos científicos em todos os aspectos da natureza e da vida humana. Assim, ainda que em estágio, digamos assim, confuso, se não bastante inferiorizado, o Brasil poderia dar um salto para o estado positivo, se ao menos soubesse valorizar os meios intelectuais e científicos para tanto.

O positivismo, em geral, era uma visão filosófica da ciência que afirmava sem titubeios que a realidade é o que está dado para reconhecimento objetivo, experimentação controlada e explicação por vetores matemáticos ou equivalentes. Ele se contrapunha à visão idealista da filosofia alemã, de Kant a Hegel, e do empirismo inglês, duas grandes inspirações dos produtores de ciência nesses países. O positivismo, tal como elaborado por seu fundador, o francês Auguste Comte, intencionava compilar tudo o que a humanidade havia produzido em uma escala de progresso ou melhoramento das condições de conhecimento do mundo. Com isso, pretendia agregar as grandes descobertas da ciência e suas aplicações na tecnologia como base do último estágio de desenvolvimento da humanidade, o estado positivo. Pela década de 1840, Comte havia formulado suas principais ideias e contribuições ao positivismo. Além da ideia dos três estados pelos quais a humanidade teria passado até chegar ao estado derradeiro, Comte arrolara as ciências – matemática, física, astronomia, química e biologia – em um escalonamento em que no ápice estaria a sociologia, a nova ciência que desvendaria o homem em sua integridade coletiva e através da história. Estruturando tudo isso, a vida parecia fazer sentido sem necessidade de religião ou de mistificação do mundo.

O positivismo comtiano espalhou-se pelo mundo europeu e alcançou influência, pelo menos por algum tempo, até na Inglaterra, país que desenvolvia uma ciência baseada no empirismo e no utilitarismo (que iriam subsidiar a visão de Charles Darwin e a criação da teoria da evolução das espécies). O positivismo chegou ao Brasil em duas versões trazidas por discípulos dos dois herdeiros de Comte. Na versão mais científica ou ortodoxa, derivada do discípulo Émile Littré e ensinada na Escola do Recife, importava a natureza experimental, objetiva e explicativa da ciência. Na segunda versão, derivada do discípulo Pierre Laffitte, os aspectos filosóficos e teológicos das últimas obras e ações de Comte importavam mais. A versão de Laffitte fincou raízes fortes no Rio de Janeiro, em São Paulo e em Porto Alegre, estabelecendo-se como uma espécie de culto (ou seita) conhecido como Igreja do Apostolado Positivista do Brasil. Os membros mais fiéis a essa versão iriam ser os principais propagandistas do republicanismo como regime político que poderia abrir o caminho para o estado positivo do Brasil.

Muitos intelectuais e literatos filiaram-se ao positivismo, uma vez que essa doutrina dava esperanças de uma visão positiva do Brasil e favorecia uma atuação política. Entre eles, destacam-se o historiador Capistrano de Abreu (1853-1927), o crítico Sílvio Romero (1851-1914), o engenheiro-escritor Euclides da Cunha e o marechal Cândido Rondon (1868-1958), de quem trataremos em seguida. Embora a Igreja do Apostolado Positivista ainda exista, a influência do positivismo científico ou doutrinário aplicado no Brasil arrefeceu consideravelmente desde a inceptção do sistema universitário, em São Paulo e no Rio de Janeiro, a partir da década de 1930. Ele seria substituído por novas visões político-culturais advindas das teorias sociológicas derivadas do pensamento e das obras de Marx, Durkheim, Weber e do espírito do empirismo inglês. Na medida em que se possa avaliar que o positivismo doutrinário brasileiro tenha criado uma visão do Brasil que requeria uma compenetrada dedicação moral e política da parte dos seus membros, estabelecendo uma espécie de ética de comportamento, pode-se dizer que esse bastão ético passaria, a partir da década de 1930, para os disciplinados membros do Partido Comunista Brasileiro (do Brasil) e para os menos disciplinados intelectuais liberais e conservadores da incipiente academia nacional.

6. *Capistrano de Abreu*

Tratemos agora de Capistrano de Abreu. Nascido no Ceará, em 1853 (morto no Rio em 1927), Capistrano frequentou, nos anos de 1869 e 1870, a Escola de Direito do Recife, voltando a Fortaleza aparentemente por ser desleixado com os estudos. Em 1877, viajou ao Rio de Janeiro e, ao longo dos anos seguintes, se tornou o maior historiador brasileiro desde Francisco Adolpho de Varnhagen. Seu pensamento iria se expandir para além dos limites sociológicos e doutrinários do positivismo ortodoxo. Capistrano de Abreu iria visar seu interesse intelectual na formação do povoamento do interior do Brasil e na busca de explicações de ordem racial, geográfica, econômica e internacional sobre a formação diversificada do povo brasileiro, especialmente do negro escravo e do negro livre, dos índios que foram massacrados ou dominados e reduzidos a caboclos, do sertanejo, do criador de gado e, em geral, dos mestiços que constituíam, para o historiador, o verdadeiro povo brasileiro.

Sua obra principal – dentre tantas de imensa importância para a historiografia brasileira –, que se baseia em seu imenso e detalhado conhecimento empírico dos fatos históricos e faz uso dos aportes teóricos desenvolvidos pela geografia humana, a demografia, a economia, o folclore e a antropologia, é *Capítulos de história colonial*, que trata da formação do Brasil entre seu descobrimento e a chegada de dom João VI, publicada em 1907. Aqui vemos em operação a visão nativista do Brasil, uma concentração descritiva de um processo de formação histórica que criara um mundo novo, um povo mestiço e uma visão de mundo diferenciada. É curioso que Capistrano tenha escrito esse livro, que foi logo traduzido para o francês, como parte de uma espécie de propaganda do Brasil, ainda que a mesma difundisse um certo pessimismo. Talvez porque, por essa época, já predominava a visão, de origem evolucionista, *malgré* Darwin, de que as raças negras e indígenas eram raças inferiores e que, pior ainda, os povos mestiços eram produtos de uma degeneração. Não há nenhum sinal de que Capistrano tenha sucumbido à visão de degenerescência dos mestiços, como tantos aceitaram à época. Ao contrário, em carta a um amigo, Capistrano diria que o povo mestiço brasileiro estava na situação abjeta atual, porque ele havia sido "sangrado e ressangrado, capado e recapado" ao longo da história.

Mencionamos Sílvio Romero quando analisamos brevemente a Escola do Recife. Seu mérito intelectual: tornou-se o primeiro brasileiro a escrever uma resenha substancial sobre a literatura brasileira até então; deu importância ao folclore nacional como representação de épocas passadas (pela teoria evolucionista social da sobrevivência) e foi um grande polemista, sem papas na língua. Nesse afã, Sílvio Romero foi talvez o principal responsável pelo mau recebimento do livro pioneiro de um jovem médico alagoano que passara alguns anos na França, Manoel Bomfim, e que escreveu talvez o primeiro livro sobre o Brasil por um viés contrário às proposições derivadas da teoria evolucionista e do positivismo predominantes da época. Trataremos do livro *A América Latina: males de origem*, de Bomfim, um pouco mais adiante.

7. *Euclides da Cunha*

O terceiro grande pensador brasileiro que teve uma origem positivista foi Euclides da Cunha. Aqui estamos diante de um fenômeno literário que transcendeu seu tempo e nos comove ainda hoje. Sua grande obra *Os sertões* (1902) virou um clássico desde a primeira publicação e nos toca pelo valor literário "gongórico", pela exuberância das imagens, fruto tanto da corrente literária parnasiana do momento quanto da pretensão científica de um positivismo beirando o dogmático.

O que *Os sertões* nos traz como significado histórico e atual é a ideia de que o Brasil, digamos assim, profundo, o Brasil do interior, que vinha sendo delineado por Capistrano de Abreu, se formou como uma entidade própria, com sua própria laia de gente, e que esse povo, ao contrário do que a intelectualidade brasileira da época pensava, é gente de valor moral, de grande inteligência estratégica, com grande capacidade de luta e de sacrifício e até mesmo dotada de qualidade física, corporal! A descrição jornalística-literário-romanesca de Euclides da Cunha nos cafundós do sertão da Bahia, vendo o Exército nacional, recém-feito republicano, investir, por três vezes, contra o arraial de Canudos – na tentativa de destroçar esse reduto de sertanejos ajuntados por um sonho messiânico, salvacionista, e levado à luta até a morte por um paroxismo de fé e confiança em uma liderança político-religiosa – fez o Brasil dominante acordar para um mundo que parecia ter ficado à parte, o mundo do povo ralé, da raia miúda, dos jecas-tatus, dos caipiras, da caboclada humilhada que, descendente de índios, negros e brancos, muito pouco tinha a dar à nação; ao contrário, só tinha razão para envergonhá-la.

Euclides da Cunha reconstituiu em seu livro a imagem desse povo mestiço que os evolucionistas não cansavam de desmoralizar como povo degenerado, preguiçoso e curto de inteligência. Salvou-os, na sua cabeça atormentada pela teoria da degenerescência, transformando-os em uma nova raça. Euclides postulou que os sertanejos dos cafundós da Bahia, ainda que de origem mestiça de índios, negros e brancos, já teriam se mesclado endogenamente há tanto tempo, uns trezentos anos, se reproduzindo entre si, que teriam se constituído em nova raça, e essa raça detinha imensas qualidades físicas e mentais, haja vista a defesa, plena de heroísmo, e a criatividade diante das carências e táticas militares com que haviam enfrentado e suportado por três vezes as investidas do Exército brasileiro antes de serem vencidos e aniquilados até o último homem.

Nesse processo criou o mito do sertanejo, do homem que é "acima de tudo um forte", da nova raça formada pelos trezentos anos de convivência e mestiçagem endógena, do sertão como a fonte da verdadeira brasilidade. Embora fosse um positivista de carteirinha, Euclides descambou para uma visão nativista do Brasil. Enraizou a alma da nação no seu interior e radicalizou a visão político-cultural nativista, remanescente de José Bonifácio.

Euclides da Cunha, Capistrano de Abreu e Manoel Bomfim haviam, cada um a seu modo, no meio do darwinismo social, renovado o espírito nativista brasileiro, muito antes de uma visão político-ideológica lhe dar uma forma mais bem elaborada e contundente.

8. *Marechal Cândido Rondon*

É certo que Euclides da Cunha não teria feito *Os sertões* sem os trabalhos prévios de Capistrano de Abreu e sem o positivismo. O mesmo se pode dizer do positivista que mais ousado foi na guerra pela redenção do índio brasileiro, o militar Cândido Mariano da Silva Rondon (1865-1958), o único brasileiro a doar seu nome a um estado da federação.

Rondon nasceu em um vilarejo próximo de Cuiabá, foi criado por tios e veio ao Rio de Janeiro rapazote para se tornar militar. No ambiente da Escola Militar, em contato com Benjamin Constant de Magalhães e com os diretores da Igreja do Apostolado Positivista, Miguel Lemos e Teixeira Mendes, Rondon aceitou o credo pararreligioso do positivismo e passou sua longa vida profissional e pessoal seguindo os ensinamentos éticos do Apostolado. Tendo participado das manobras que resultaram na Proclamação da República, Rondon acompanhou os trabalhos enviados pelo Apostolado Positivista à Assembleia Constituinte de 1891, especialmente as recomendações traçadas sobre a questão indígena brasileira.

As recomendações traçavam uma visão político-cultural dos índios brasileiros que misturava as recomendações originais de José Bonifácio (reconhecimento de suas culturas e terras, brandura no trato, possibilidade de relacionamento harmonioso e miscigenação) com as proposições filosóficas do positivismo comtiano: 1) os índios eram considerados parte da nação; 2) eram vistos como povos específicos, que viviam em um estado social abaixo da civilização ocidental, e que, por meio de uma política adequada, poderiam progredir para o estado positivo, como o resto da nação; 3) por serem autóctones ao território nacional, deveriam ser tratados como os habitantes originais do Brasil; 4) suas terras deveriam ser reconhecidas e regularizadas como próprias, sob regime jurídico especial, e deveriam fazer parte de um sistema paralelo e independente dos estados federativos; 5) constitucionalmente as terras indígenas deveriam ser consideradas "estados autóctones americanos", com administração própria a cargo dos índios e com o auxílio generoso do Estado brasileiro, podendo ter embaixadas e alfândega para relacionar com os não indígenas; e 6) ninguém poderia entrar em territórios indígenas sem sua expressa permissão.

O memorando de recomendações do Apostolado Positivista sobre os índios não reverberou entre os membros da Assembleia Constituinte e, como na Constituição outorgada de 1824, os índios foram completamente ignorados. Com efeito, a República só iria se manifestar sobre a questão indígena quando uma grave crise de imagem estourou em 1907. Em um congresso de cientistas sociais interessados na América Latina, um imigrante ao Paraná leu um artigo em que mostrava como os índios dos estados sulinos brasileiros estavam sendo caçados e mortos por "bugreiros", a mando das empresas que vendiam terras aos imigrantes italianos, alemães, poloneses e outros. Não só os atacavam com armas de fogo, mas envenenavam as lagoas onde buscavam água e deixavam cobertores infectados com varíola e sarampo para os índios. Ao mesmo tempo, na construção da estrada de ferro Noroeste do Brasil, saindo de São Paulo para Corumbá, no Mato Grosso, os índios coroados (Kaingang modernos) atacavam os ferroviários com flechas, raramente ferindo alguém, e eram atacados, com graves danos, por capangas armados. A repercussão nacional e internacional foi grande, e muitos brasileiros se sentiram indignados com essas acusações. Ecos das poesias de Gonçalves Dias e das leituras de Ceci/Peri e Ubirajara ressoavam pela classe média letrada brasileira. A resposta do governo do presidente Nilo Peçanha foi a criação do Serviço de Proteção aos Índios (SPI), em 1910, tendo o general Cândido Rondon como diretor e orientador da nova política indigenista até sua morte em 1958.

Ao longo do quase meio século seguinte, Rondon foi estabelecendo as bases de um novo relacionamento entre as populações indígenas brasileiras, a sociedade envolvente, como sentimento de nacionalidade e opinião pública, e o Estado. Em 1916, o Código Civil aprovado e promulgado – depois de quase setenta anos de discussões de todas as sortes, desde que a tarefa fora entregue nas mãos de Bernardo de Vasconcellos – considerou os índios como gente "relativamente capaz" a certos atos civis e penais, ficando o SPI, em nome do Estado, como tutor. É relevante notar que os homens menores de vinte e um anos, as mulheres e os negros também haviam sido encaixados nesse mesmo artigo de menoridade. Aos índios foi proibido tratar de negócios com estranhos à sociedade indígena, ser processado criminalmente etc., a não ser sob a tutela do SPI. Na Constituição de 1934, a segunda da República, os índios finalmente aparecem como "silvícolas" com direito ao reconhecimento das terras por eles utilizadas e ao uso exclusivo de suas riquezas naturais. As seguintes Constituições brasileiras iriam repetir e depois fortalecer esses termos de proteção das terras, bem como reconhecer os "hábitos, usos e costumes", isto é, a cultura, ou melhor, as variadas culturas dos povos indígenas brasileiros, tal como aparecem no Artigo 231 da Constituição Federal de 1988.

Rondon fez muito pelos povos indígenas, mas não conseguiu estancar o morticínio a que eles vinham sendo submetidos, seja pelos ataques a suas aldeias, pelo açambarcamento das terras tradicionais e pelo processo de aculturação ou integração a que foram sujeitados. A força do governo federal perante os interesses econômicos estaduais era menor na República Velha, pois as terras que poderiam ser consideradas indígenas eram legalmente "terras devolutas" sob o encargo dos estados. As populações indígenas continuaram a cair em números até pelo menos a década de 1960, quando, finalmente, algo importante ocorreu no panorama histórico-social brasileiro para parar o processo de decréscimo populacional e extinção de povos, culturas e línguas. Hoje, no cômputo geral, a nação brasileira está melhor por ter conseguido dar condições de sobrevivência aos seus povos indígenas que haviam resistido até a década de 1960, e ter-se aberto para a recomposição e para o reconhecimento, como indígenas, de muitas comunidades que antes eram consideradas caboclas. O fato de termos conseguido demarcar 13% do território nacional para os povos indígenas e suas populações de cerca de 700.000 indivíduos (em 2017), e deles termos como parte da nacionalidade brasileira cerca de 250 culturas diferenciadas falando 160 línguas próprias é um patrimônio humano e cultural que dificilmente se repete em outros países.

Rondon, o positivista empedernido, que morreu rezando seu credo nas mãos de Darcy Ribeiro, enraizou o país de um modo indelével. O Brasil é, antes de tudo, indígena (é o que dizem todos os brasileiros, mesmo aqueles que querem suas terras e as riquezas nelas contidas). No processo de contato com diversos povos indígenas, Rondon estabeleceu, baseado nas recomendações do Apostolado Positivista, que ninguém tinha o direito de entrar em terra indígena sem o conhecimento e a aquiescência dos próprios. Quem lá estivesse por conta própria, e fosse atacado, não deveria revidar sob pena de cometimento de crime. Sobre essa atitude, Rondon cunhou uma frase lapidar – "Morrer se preciso for, matar nunca" – a ser rigorosamente cumprida pelas turmas de contato ou "pacificação" de povos indígenas que porventura estivessem em atitude de confronto. Com isso, e pelas dezenas de vezes em que turmas de pacificação foram destroçadas por ataques indígenas, sem esboçar agressividade ou revide, ainda que tentando deles escapar, é que se pode afirmar que o positivismo rondoniano, melhor dizendo, que o indigenismo rondoniano estabeleceu no sentimento e na prática um novo tipo de humanismo, aquele que reconhece no outro mais estranho um ser igual a si mesmo e que determina um sacrifício pessoal em nome dessa humanidade. Seriam os indigenistas que morreram cumprindo esse desígnio mártires? Sim, porém não pela religião, não pela família, não pela pátria, e sim por uma humanidade especial, por aqueles que merecem estar no mundo e na pátria Brasil.

Difícil pensar que algo assim poderia ser aplicado, sem a ajuda da fé em Deus, no instinto de autodefesa, na defesa da família ou na obrigação de morrer pela pátria. Rondon tocou fundo em um nativismo brasileiro verdadeiramente desconhecido.

Os positivistas, com sua visão autorreferenciada da objetividade, sua parca ligação com a história, sua recusa a aceitar elementos sociológicos que conectam interesses econômicos com visões de mundo, foram perdendo membros originais e deixando de conquistar novos adeptos. Émile Durkheim, um original positivista, escapou da objetividade crassa para reconhecer que algo tão intangível como o "(in)consciente coletivo" podia ser avaliado pelos seus resultados como fundamental para se compreender a sociedade. E com essa perspectiva renovou em muitos aspectos a sociologia moderna. Capistrano de Abreu, ele próprio, se afastou do positivismo pela abertura à história, suas nuanças e suas estruturas cambiantes, seu ordenamento difuso e sua inefável, por isso mesmo, dubitável teleologia. Ao final, não temos qualquer certeza para onde vamos.

9. O positivista Getúlio Vargas

No Brasil, o positivismo ainda teve uma importantíssima e longeva influência, desta vez de ordem política: a Revolução de 1930. Getúlio Vargas, discípulo de Júlio de Castilhos, que organizou o sistema político gaúcho, seguia o positivismo em vários pontos importantes. Um deles era o que asseverava que a democracia era uma confusão meio sem sentido. Assim, seria mais apropriado que os melhores (os engenheiros, os médicos, os advogados, os filósofos etc.) governassem por uma racionalidade estabelecida. Aqui ouvimos fortes ecos da visão político-cultural conservadora. Outro ponto relacionava-se com a visão orgânica que o positivismo tem da sociedade, como se ela fosse um corpo humano, com cabeça, tronco e membros. Ecos de um vago e longínquo sistema de castas. A cabeça seria controlada pelos técnicos, os tais engenheiros e médicos; o tronco, pelos empresários; e, naturalmente, os membros, pelos trabalhadores. O Executivo seria o maior poder, ao passo que o Legislativo só seria chamado para consolidar ou modificar parcialmente as ideias e orçamentos propostos, e o Judiciário acompanharia a liderança do Executivo. Nem precisa dizer que esta é a fórmula ideal de uma ditadura moderna.

Para o Estado brasileiro, um forte Poder Executivo seria capaz de, racionalmente, fazer essas três partes da sociedade – engenheiros dirigentes, empresários e trabalhadores – conviverem harmoniosamente. A partir desse entendimento, muitas leis e resoluções foram expedidas nos quinze anos do primeiro governo Vargas (1930-1945), especialmente a criação do Ministério da Educação e Cultura que, ainda que recusando a criação de universidades, passou a moldar o arcabouço cultural brasileiro pela supervisão do rádio, pela censura e pelo civilismo; e a criação do Ministério do Trabalho e da Indústria que buscou conciliar os interesses empresariais com as demandas dos operários por meio de uma legislação que ficou conhecida como a Consolidação das Leis do Trabalho (CLT). O governo central deveria reger as relações de trabalho, caso contrário, os trabalhadores ficariam sob o poder dos empresários ou se bandeariam para formar sindicatos e propor mudanças de ordem revolucionária. No segundo mandato de Getúlio (1951-1954), o governo central se consolidaria com a criação da Petrobras, da Eletrobrás e do BNDES, enfim, com o papel cada vez mais ativo do Estado na formação do capital e da poupança nacionais. O sonho positivista estava aparentemente se realizando.

Contudo, Getúlio soçobrou diante das duas forças políticas que o fustigavam por todos os lados e que eram derivadas das duas outras visões político-culturais que já se enrijeciam como partidos políticos: o liberalismo econômico, dado pelos partidos urbanos que pretendiam forçar a entrada de métodos e práticas capitalistas atualizados, especialmente o papel menor do Estado na economia, inclusive uma forma de democracia liberal, e o nativismo radical, via comunismo, que pretendia uma mudança revolucionária no país, semelhante ao comunismo soviético e inspirada nele.

O positivismo de Getúlio (que contou com alguns ministros positivistas de carteirinha, como Lindolfo Collor) era bastante sólido e evidente para ser percebido por intelectuais e acadêmicos. Entretanto, para explicar o golpe de 1937, que criou o Estado Novo, outorgou uma nova Constituição e manteve Getúlio no poder por mais oito anos, e grande parte dos intelectuais marxistas e liberais, por muitos anos, focaram sua crítica na comparação do Estado Novo com o governo fascista de Mussolini e a Constituição outorgada de 1937 com uma Constituição igualmente outorgada na Polônia, de caráter fascista. Foram necessários os ingentes esforços intelectuais de Darcy Ribeiro e Alfredo Bosi para deixar claro que, apesar de toda sua manha política, que seduzia e manipulava políticos e público, e de seu pouco interesse pelo Parlamento democrático, o que movia Getúlio era efetivamente a doutrina positivista. Por toda sua vida, levando em conta suas diversas biografias e seus diários pessoais, é de se assegurar que a visão político-cultural de Getúlio tinha raízes profundas em duas das visões bonifacianas: o conservadorismo político e o nativismo social.

10. *O evolucionismo social ou darwinismo social*

O que veio a prevalecer com muito poder de persuasão e dominação no Brasil, como teoria científica da nação, foi uma visão derivada dos desdobramentos da teoria da evolução. Pelo último quartel do século XIX, havia desabado sobre a consciência dos brasileiros a ideia de que a nacionalidade brasileira era fundamentalmente negra, índia e branca (uma mistura de um modo quase bizarro), ainda que houvesse alguma pureza de cada sangue em uma grande porcentagem de pessoas. Não dava para repatriar os negros, ainda que algumas famílias tivessem regressado à África (Nigéria e Guiné-Bissau), nem escorraçar os índios para algum território remoto. Nossa elite social e econômica era constituída de indivíduos que se diziam brancos, muitos deles "brancos baianos" (em que o sangue negro misturado era disfarçado ou relevado pelo posicionamento social), mas havia evidentes mulatos e mestiços por todos os lados. O que isto significava?

Se fizessem essa pergunta a um Machado de Assis, André Rebouças, José do Patrocínio ou Luiz Gama (mulatos bem-sucedidos socialmente, como tantos no último segmento temporal do Império), eles certamente teriam uma resposta mais temperada. Talvez formulassem uma visão de mestiçagem em ascensão: Machado evitava essas conversas; Luiz Gama estava em campanha pela Abolição; e Rebouças, de tão fiel ao imperador, partiu com ele para o exílio. Entretanto, para os iniciantes e inseguros cientistas brasileiros do fim do século XIX, naturalistas que começavam a se especializar em temas mais específicos, como zoologia, botânica ou antropologia, engenheiros que se interessavam pela geologia, química e física, médicos que pesquisavam vírus e bactérias e se preocupavam com epidemiologia, demografia, raças e criminalidade, eis que surgia a versão mais feroz do evolucionismo biológico que dominava a Europa e explicava as diferenças raciais, a degeneração dos mestiços, a inferioridade de inteligência, a selvageria congênita e a civilização exclusiva.

Darwin não parece ter sido responsável por nenhuma das visões e atitudes que foram sendo divulgadas sobre as diferenças entre raças sendo consideradas equivalentes às diferenças evolutivas das espécies. Quem lê *A descendência do homem* (1871), que é uma aplicação das ideias contidas no livro *A origem das espécies* (1859) em relação ao *Homo sapiens*, não há de notar mais que uns deslizes aqui e acolá que poderiam ser maliciosamente interpretados como se as diferenças entre grupos humanos – as malfadadas raças e sub-raças – tivessem sido constituídas pelos mesmos processos prevalentes na evolução das espécies. Entretanto, alguns dos epígonos de Darwin, como Herbert Spencer; Francis Dalton (que criou a pseudociência da eugenia); o criminólogo italiano Cesare Lombroso e o diplomata francês conde Arthur de Gobineau (que viveu durante um ano no Brasil, 1869-1870, e desprezava completamente os brasileiros, todos considerados mestiços degenerados e feios, exceto dom Pedro II, que tinha olhos azuis e cabelos louros, e era seu amigo) tiveram uma arrasadora influência racista sobre os nossos primeiros cientistas. Essas personalidades europeias articularam um discurso cheio de conjecturas e teorias científicas sobre o que constitui raça, mestiçagem, desigualdade racial, suas causas, efeitos e consequências demográficas, sociais e morais. Esse discurso deflagrou uma corrente, um paradigma de análises que é conhecido como "darwinismo social", com o perdão de Charles Darwin.

11. *Nina Rodrigues e o mestiço degenerado*

Entre os cientistas brasileiros mais afetados pelo darwinismo social, em uma posição de relevo, está o médico tornado antropólogo Raimundo Nina Rodrigues (1862-1906), nascido no Maranhão, formado em medicina nas faculdades da Bahia e do Rio de Janeiro, e que viveu sua vida adulta e profissional na Bahia. Pelos títulos dos principais trabalhos publicados por Nina Rodrigues dá para estimar sua visão sobre a presença dos negros e mestiços no Brasil: *As raças humanas e a responsabilidade penal no Brasil*; *Mestiçagem, degenerescência e crime*; *Antropologia patológica: os mestiços*, e tantos outros. Nina Rodrigues foi o grande responsável pela instalação de institutos de medicina legal como forma de reconhecer criminosos ou delituosos pela raça e seus atributos. Pela simples análise do rosto de uma pessoa já se poderia detectar se ela era ou seria criminosa, e em que grau.[10] O peso do paradigma do darwinismo social era tão grande que Nina Rodrigues não se tremelicava com o fato de, embora filho da elite rural do Maranhão, ter em sua formação genética grossas evidências de sangue negro. Seja como for, Nina Rodrigues via desgraça nas raças inferiores, mas não era um reles racista. Por mais contraditório que pareça, sua principal e mais duradoura obra *Os africanos no Brasil*, publicado postumamente (1932) por seus discípulos, é um dos primeiros livros brasileiros em que os negros emergem como indivíduos e pessoas, como seres culturais, com origens étnicas e religiosas diferenciadas, com qualidades humanas. Nina Rodrigues teve a sensibilidade de estudar e vivenciar a vida dos últimos africanos originais no Brasil, suas origens étnicas, seus rituais religiosos e suas qualidades humanas. É possível que nos últimos anos de vida, ainda nos seus breves quarenta e poucos anos, Nina Rodrigues estivesse dando uma revirada em sua visada científica sobre os negros e mulatos, tornando-a mais sóbria e mais humana. Não teria sido fácil para ele mudar tanto e continuar sendo respeitado como cientista.

---

[10] Exatamente por essa razão que, quando Lampião, Maria Bonita e outros membros do seu bando foram mortos em Angicos, Alagoas, em 1938, suas cabeças foram cortadas e, após serem mostradas pelas cidades do sertão, foram levadas ao Instituto de Medicina Legal da Universidade da Bahia, onde ficaram guardadas até serem enterradas por pressão dos novos tempos.

Havemos de lembrar que o tempo que vai de 1880 a praticamente 1933 (ano da publicação de *Casa-grande & senzala*), período político da Velha República, é aquele em que foi criada a conhecida e cretina piada sobre Deus ter feito um país maravilhoso, fértil, viçoso, rico em recursos naturais, livre de catástrofes, sem terremotos, sem vulcões, sem tempestades, mas, nele ter colocado um "povinho" xucro, ignorante e desgraçado.

Não são poucos os cientistas e escritores, grandes e pequenos, que se declararam desconfortados com o povo brasileiro – avaliado em geral por sua feiura, sua pouca inteligência e sua preguiça – sobretudo quando na presença de estrangeiros. Só para citar alguns que fizeram elocuções negativas sobre esses temas: os médicos Carlos Chagas, Oswaldo Cruz, Miguel Couto, Belisário Penna, Artur Neiva, o cientista político Oliveira Viana, o educador Fernando de Azevedo, até Roquette-Pinto, que escrevera com tanto sentimento sobre o valor dos índios ainda em 1917, e Monteiro Lobato, o grande escritor infantil, nacionalista e pré-modernista. Diversos deles se empenharam arduamente pelo movimento eugênico que derivava do darwinismo social e se espalhara pelo mundo, criando associações, promovendo medidas políticas e favorecendo a imigração como forma de "branquear" a nação. Os demógrafos até registraram, como em um desejo antecipado, a queda no índice da população negra no censo nacional de 1910 como um bom e forte sinal de um eventual embranquecimento do Brasil. Pouco se sabia sobre genes à época e, se houve embranquecimento por causa da chegada de imigrantes europeus, os negros, os mulatos e os mestiços continuariam a procriar com o mesmo ardor de sempre e nada drástico haveria de ser perpetrado no Brasil, como o foi na Argentina, que desapareceu com seus negros e mulatos, ou na Namíbia, onde foram estabelecidos os primeiros campos de concentração com negros.

12. *Manoel Bomfim, pensador adiante do tempo*

Pelo menos um brasileiro escapou das amarras científicas do darwinismo social: o médico e educador sergipano, radicado no Rio de Janeiro, Manoel Bomfim (1868-1932). Tendo estudado nas faculdades de medicina da Bahia e do Rio de Janeiro, Bomfim dirigia o Pedagogium, uma espécie de Instituto de Pedagogia criado na cidade do Rio de Janeiro para elaborar uma visão republicana da educação, quando foi enviado, em 1902, a estudar o sistema educacional francês. Ao voltar ao Brasil, em 1905, Bomfim publicou o que se pode considerar o primeiro livro de cunho sociológico, com uma orientação paramarxista no Brasil: *A América Latina: males de origem*. O livro surpreende pela força dos argumentos inusitados e contrários ao senso comum da época, e por isto foi atacado veementemente pelo crítico de literatura Sílvio Romero, também um sergipano radicado no Rio de Janeiro, como um livro anticientífico. Ainda por cima tratava de temas que diziam respeito não só ao Brasil, mas abarcava toda a América Latina, algo que só seria repetido, muitos anos depois, por Darcy Ribeiro, um intelectual de mesmo diapasão.

Não se pode afirmar que Manoel Bomfim tenha sido um marxista – nem mesmo que tenha tido simpatia pelo marxismo, depois que seus textos começaram a serem lidos e discutidos no Brasil, na década de 1920, com a criação do Partido Comunista do Brasil –, mas, certamente, para escrever esse livro, ele deve ter tido contato com textos marxistas e socialistas e se inspirado em uma visão político-cultural nativista, agora mediada por um viés histórico-dialético, para entender por que o Brasil e a América Latina eram tão pobres e atrasados. Para todos os efeitos, as explicações estavam no ar: raça desqualificada, mestiçagem degenerativa, clima tropical, catolicismo tridentino, colonização ibérica, mas Bomfim analisou esses fatores, um a um, e os desqualificou prontamente. Os argumentos racistas dominavam o ambiente científico-intelectual, assim como eram sentidas as influências do determinismo geográfico (por exemplo, em *Os sertões*, de Euclides da Cunha), de uma sociologia que derivava de uma visão de superioridade racial, no caso, anglo-saxã, alemã e francesa, e de uma superioridade religiosa, no caso, o protestantismo.

Para Bomfim as aludidas características negativas da formação do Brasil e da América Latina não respondiam pela especificidade de nossos problemas. Negros e índios não eram raças inferiores; mestiços não eram degenerados; os trópicos não queimavam neurônios; o catolicismo continuava a prevalecer em muitos países desenvolvidos; e a civilização poderia ocorrer em qualquer país, dependendo do modo como a educação fosse estendida para todos os cidadãos. Ao contrário, e acima de tudo, para Bomfim o que prevaleceu na nossa formação foi um modo colonialista de exploração caracterizado pela escravidão de africanos, a subjugação servil de indígenas e a constituição de uma elite agrária e exportadora "parasitária". A metáfora biológica do parasitismo, transformado em social, serviu de guia para as explanações de Bomfim por todo o livro. Certamente ela estava relacionada com a sua profissão de médico e com a influência da biologia como modelo funcionalista da sociedade. Mirando com os olhos do presente, a metáfora do parasitismo social evoca um espírito *démodé*, pré-sociológico; ao substituí-la por noções mais atuais – como exploração da mais-valia do trabalho, privilégios sociais e econômicos, colonialismo propriamente dito – a explanação de Bomfim ficaria bastante atualizada.

Desde aqueles dias, as ditas características dos males do Brasil nunca abandonariam de todo o pensamento social brasileiro, ao menos, nas formas mais singelas ou populares de explicar o Brasil. Igualmente, as contenções de Bomfim iriam se alojar em nosso imaginário pouco a pouco para serem reelaboradas por uma sociologia de cunho marxista. Afinal de contas, a exploração externa do velho colonialismo e do imperialismo americano e a exploração interna da burguesia são os nossos mais aclamados fatores de fraqueza, de desigualdade econômica e de retardo científico. Se a nossa educação é tão ruim assim é porque ela serve aos interesses desses fatores.

O fato é que Bomfim estava muito além de seu tempo, mas também um tanto desfocado do que poderia vir pela frente. Nas suas obras finais sobre o Brasil, Bomfim chegava perto de uma interpretação marxista, mas se recusava a aceitar a possibilidade de uma revolução do tipo bolchevique, por não achar que o Brasil tinha operários conscientes, tampouco de uma revolução militar-positivista, por não acreditar que a educação estava devidamente contemplada pelos revolucionários de 1930. Bomfim morreu em 1932 e a educação ficou para ele como o marco essencial para que o Brasil pudesse se transformar e atingir um padrão social e econômico semelhante ao dos países desenvolvidos. Nisso Bomfim continua atual e seu clamor, por não ter sido alcançado, se repete a cada geração.

13. *Oliveira Viana e a consolidação do autoritarismo político*

Se há alguém que ganhou a merecida fama de empertigado conservador na visão do Brasil e na análise política é Francisco José Oliveira Viana (1883-1951). Conservador brasileiro, por isso mesmo, como já vimos anteriormente, necessariamente reacionário.

Nascido em Saquarema, estado do Rio de Janeiro, Oliveira Viana tinha trinta e cinco anos quando publicou o livro que lhe deu notoriedade e respeito intelectuais, *Populações meridionais do Brasil* (1918). Trata-se, talvez, do primeiro livro brasileiro a pretender ter uma forma definitivamente sociológica na interpretação do Brasil. Nele, a vida social e a história foram tratadas como "fatos" sociais, ao modo do sociólogo francês Émile Durkheim, de quem Oliveira Viana era leitor atento. Essa aura de cientificidade moldou os dados históricos conhecidos e as modelagens interpretativas já realizadas, especialmente aquela que trata da tipologia regional e cultural do brasileiro proposta pelo historiador Capistrano de Abreu. São cinco as regiões formativas culturais brasileiras, porém para Oliveira Viana bastam três tipos para caracterizar o que ele considerava de mais fundamental na formação do Brasil.

O mote sociológico de *Populações meridionais do Brasil* foi a caracterização da formação sociopolítica dos estados do Sudeste do Brasil, incluindo Rio de Janeiro, Minas Gerais, São Paulo e os estados sulinos em dois tipos fundamentais: o matuto e o gaúcho, que viriam a ser analisados em seus *stati* sociais e nos seus relacionamentos com outros tipos. Não se falava em classes ou em relacionamentos de poder; falava-se em tipos culturais. Mas eis que o poder, as disposições coletivas e as instituições políticas estavam por trás desse mote etnográfico. O livro seria o primeiro de uma trilogia, os dois seguintes tratariam do Nordeste e do Norte do Brasil, cujo tipo cultural geral seria o sertanejo, mas o projeto ficou só nesse volume. Oliveira Viana, nos anos seguintes, iria tratar de outros temas mais ao seu gosto e influência, precisamente, das instituições políticas e do valor da classe dominante para manter o Brasil coeso.

Oliveira Viana estava interessado em explicar como o Brasil se construiu como entidade política e se firmou nesse mundo novo. Para o autor, o país se firmou por causa de sua elite portuguesa, "ariana", superior em moral e em destemor. E o fez a despeito dos negros, dos índios e dos mestiços desenganados. Lendo-o com cem anos de distância, é difícil sentir qualquer simpatia por seus argumentos. Em certo momento, ele falava dos mulatos superiores, aqueles que descendiam de negros superiores, como os "efãs" e os "haussás", assim mesmo, entre aspas. Os mulatos superiores tentam de tudo para ascender na vida, mas encontram muitas dificuldades no meio dos seus coetâneos de raça.

Oliveira Viana foi influente intelectualmente e moralmente na justificação do ideal conservador e golpista do Estado Novo de Getúlio Vargas, tendo arrebanhado todo seu saber jurídico para encontrar o tom adequado da política implantada nesses anos até 1945. De certo modo, esse golpe livrou o Brasil de uma versão mais reacionária ainda que, era o integralismo. Ao lado do golpe de 1937, Oliveira Viana concentrou o que há de mais conservador do patriarca José Bonifácio, qual seja: nada de mudanças bruscas, de ascensão de classes, de ideias universalistas não experimentadas no Brasil, mas também, nada de fascismo, nazismo ou comunismo. A visão política de Oliveira Viana derivava ainda de sua visão cultural do Brasil: tínhamos um povo sem espinha dorsal e quem sustentava a nação como cultura, povo e território era a elite de origem portuguesa aqui constituída, de origem patrimonialista, depois tornada patronal. Ele achava isso tudo muito bom e saudável. É curioso, entretanto, verificar que os seus três tipos culturais brasileiros surgiam da formação do povo, através da mestiçagem, ao menos da mestiçagem entre índios e portugueses. Do negro, de quem se dizia que Oliveira Viana descendia, sua saída era conceder que alguns fossem superiores.

No Brasil, com licença do gracejo, nem mesmo o conservadorismo é ortodoxo. Assim, Oliveira Viana se encaixa bem no rol de pensadores que derivam da mesma raiz e das mesmas circunstâncias que produziram o conservadorismo de José Bonifácio. O ponto de vista é elitista e externo: o que fazer com esse povo? A resposta é evidente: controlá-lo, caso contrário, virá o caos social.

O conservadorismo brasileiro da Velha República (1899-1930) duraria por longos anos a mais, até pelo menos a década de 1950. Saindo das almofadas em que se refastelara do darwinismo social, o qual foi bruscamente atirado fora da academia pela emergência da antropologia culturalista tanto americana, quanto inglesa (ver Gilberto Freyre no capítulo seguinte), o conservadorismo voltou-se mais uma vez para o abrigo seguro do político-institucional em que havia menos controvérsias a digladiar. Havia o radicalismo integralista, com ares fascistas, sim, e o radicalismo comunista, com ameaças de revolução, mas o conservadorismo terminou nadando de braçadas por entre essas duas visões concorrentes. As descrições etnográficas e atitudes respeitosas às formas culturais dos tipos de brasileiro, conforme Oliveira Viana, leitor de Durkheim, Gabriel Tarde e Franz Boas, não se coadunam com sua visão racista e darwinista social que o fez se associar ao movimento eugênico brasileiro.

Por muitos anos, desde a década de 1950, Oliveira Viana foi objeto de derrisão por parte da antropologia e da sociologia brasileiras, enquanto era-lhe pespegado o carimbo de conservador autoritário pela ciência política. Tudo isso é verdade, mas não falta quem o leia, o analise e encontre pérolas de insights sobre o Brasil em seus textos. A visão reatualizada conservadora do Brasil, afinal, tem seu espaço na compreensão do Brasil, sobretudo depois que a sua nêmese, o comunismo bolchevique, se consumiu *pari passu* à autoimolação das experiências autoritárias do conservadorismo em seus respectivos arroubos revolucionários. Elas por elas, mas, o que sobrou não é propriamente a visão político-cultural do liberalismo, como veremos no próximo capítulo.

Capítulo 8
Visões do Brasil

Parte II: A modernidade brasileira

Caracterizamos a modernidade brasileira pelo surgimento de novos comportamentos sociais e visões de mundo que derivam de, ou se coadunam com, um desenvolvimento econômico com base no estabelecimento de fábricas e indústrias nas grandes e médias cidades, inicialmente nos estados do Sudeste e Sul, expandindo-se depois para o Nordeste e pelo resto do país. As fábricas criam um operariado urbano, que inevitavelmente se sentia explorado, pelas longas horas de trabalho, baixa remuneração e precária habitação, mas também, por vezes, se sentia sortudo, pelas novas condições de vida e abertura ao mundo que lhe eram comedidamente disponibilizadas. Uma nova classe média também despontava, com novos afazeres e novos ares, modelando as mudanças urbanísticas, com novos comprometimentos políticos e culturais, em meio a uma larga oferta de novas oportunidades de trabalho. A burguesia dos novos industriais, muitos deles imigrantes, sentia seu prestígio crescer por meio do dinheiro novo, legítimo, moderno, e se achegava para o lado da velha elite fazendária. Já entrando no século XX, não somente deu-se um surto de um novo tipo de crescimento das cidades, com as largas avenidas construídas para carros e bondes, como também a edificação de casas espaçosas e prédios de apartamentos para a classe média e a expansão vertiginosa de habitações precárias. E, pois, havia novos divertimentos que abriram espaços para o relacionamento mais franco e cada vez menos rígido entre pobres e ricos. O cinema, o rádio, o gramofone, o telefone e o futebol faziam o mundo ficar mais próximo, mais participativo e mais convivial. Todos queriam estar no melhor lugar, isto é, nas cidades grandes e modernizadas.

Nesse contexto, o modernismo foi alimentado pela contribuição de intelectuais, artistas, jornalistas e políticos de muitas cidades brasileiras, mas focou-se primordialmente no Rio de Janeiro e em São Paulo, para onde todos os pretendentes sentiam necessidade de troca de endereço, exceto talvez por cidades como Recife e Porto Alegre, que conseguiram acompanhar o frenesi do modernismo sem perder seus quadros intelectuais e artísticos (pelo menos, não de um modo permanente).

Para o povão brasileiro que estava descendo o morro e se esgueirando fora das fazendas sem futuro – ou escapando da vida dura dos agrestes e sertões para se instalar no "asfalto", pegar bonde, comprar uma roupa, tocar música, torcer no futebol e portar uma estranha e inesperada alegria – que se danassem aqueles que o considerassem inferior.

Dessa modernidade eclodiu o modernismo. Tal movimento distinguia-se, em sua personificação originária, pelo refugo a ideias e costumes do passado e pela proposição de novas ideias e comportamentos chocantes (literalmente, entre gerações de pais e filhos) que, aos poucos, se amoldaram às circunstâncias e se tornaram novos hábitos e costumes que formariam as novas visões do presente. Os modernistas chegaram cheios de si, prontos para fazer história e mudar o país. Artistas, escritores, músicos, poetas, cientistas, engenheiros e arquitetos, enfim, uma nova classe média – grande parte descendente da velha elite agrária ou dos novos burgueses, alguns menos aquinhoados de herdade, contudo toda ela mais sofisticada pela proximidade com a Europa do pós-Guerra Mundial – que rejeitou *ipso facto* o parnasianismo tanto por sua linguagem pedante quanto por sua fuleiragem conceitual. Em oposição, essa mesma classe média decretou uma nova linguagem, mais rente ao coloquial, e passou a tratar do tema Brasil com um novo espírito de seriedade, encarando defeitos e virtudes. Vista de uma perspectiva da renovação da identidade nacional, o modernismo mergulhou fundo nas raízes do que poderíamos chamar de "nativismo" brasileiro. O povo, já como agente cultural, vai surgindo aí pela linguagem menos empolada, pelo uso de brasileirismos linguísticos, pela valorização de suas cerimônias religiosas e folclóricas, enfim, por seu novo papel social e político como operariado urbano.

O modernismo como movimento de classe média produziu artistas plásticos, arquitetos, poetas, romancistas, intelectuais e políticos. Os modernos eram todos nativistas (valorizando o Brasil acima de tudo), mas se entrelaçavam entre os que acreditavam em um Brasil castiço – de ordem conservadora, para encarar as peripécias do capitalismo – ou em um Brasil de vanguarda, para desafiar o *status quo* e reverter o processo político que se desenhou especialmente a partir de 1930. E havia também os poucos que formavam o meio de campo – menos exagerados nos gestos e na linguagem, buscavam a elaboração de uma visão mais equilibrada entre os devaneios artísticos, o espírito revolucionário e o atavismo cultural –, na verdade, indivíduos mais em sintonia com as tendências científicas vindas da Europa e principalmente dos Estados Unidos. Gente que queria criar universidades no Brasil. Como Anísio Teixeira, de quem trataremos mais adiante.

O modernismo medrou em chão fértil porque o mundo mudou intensamente depois da Primeira Guerra Mundial. Ainda que a recuperação econômica da Europa tenha sido lenta e sofrida (principalmente na Alemanha derrotada), a economia norte-americana deslanchou de vez e a sua cultura passou a influenciar o mundo de todos os modos. No Brasil, a classe trabalhadora urbana, a pequena, porém conspícua, classe burguesa e, enfim, uma classe média menos dependente da elite tradicional e mais ligada ao Estado e às demandas modernas, cada qual a seu modo, se relacionaram para a formação de uma nova cultura urbana no Brasil. Aos poucos, esses novos traços de comportamento e as novas visões político-culturais se espalharam pelas cidades, conquistando adeptos e emuladores.

1. *A Semana de Arte Moderna (1922)*

Associa-se o início do modernismo à Semana de Arte Moderna realizada em São Paulo, em 1922. De fato, foi uma semana notável que contou com a participação das principais figuras paulistas que iriam liderar o movimento: Mário de Andrade, Oswald de Andrade, Anita Malfatti, Menotti del Picchia, Sergio Milliet, Guilherme de Almeida, Plínio Salgado, bem como os cariocas Heitor Villa-Lobos e Di Cavalcanti. O modernismo já tinha agregado o poeta Manuel Bandeira e o acadêmico Graça Aranha, e logo foram entrando outros tantos, como o tímido poeta Carlos Drummond de Andrade. Dentro em pouco todo o Brasil intelectual era ou modernista ou arcaico. Ninguém mais ganharia peso literário se escrevesse como Euclides da Cunha, fizesse poesia como Olavo Bilac, filosofasse como Sílvio Romero nem, de peso histórico, discorresse como Oliveira Viana. Só, quem sabe, ainda era possível fazer orações jurídicas como Rui Barbosa, pois este perdurou por mais tempo, se bem que já estivesse fora de linha!

As revistas e os livros modernistas que foram sendo publicados definiram o caráter do movimento e sua força de persuasão. Havia arte, literatura, sociedade e política. Os três mais contundentes membros paulistas, Oswald de Andrade, Mário de Andrade e Plínio Salgado, iriam fazer parte (o primeiro) e até fundar (os dois seguintes) o Partido Comunista do Brasil, o Partido Democrata e a Ação Integralista Brasileira, respectivamente. Visando de retrospecto dá para perceber que se orientavam pelas linhas atualizadas das três visões políticas de José Bonifácio, agora com conotações ideológicas claras, sendo uma de esquerda, uma de centro e uma de direita. Contudo, todos os três eram originalmente nativistas e, curiosamente, até adotaram o índio como um mote geral: "Tupy or not tupy", dizia Oswald enquanto Mário escrevia *Macunaíma* e Plínio saudava "Anauê!"

Porém a geringonça rodava, os tempos se avolumavam confusos e ominosos, a Bolsa de Nova York estourava, Getúlio Vargas tomava o poder, Adolf Hitler virava chanceler da Alemanha e, de repente, as disputas estéticas e personalistas não eram mais brincadeiras de burguesinhos paulistas e estetas cariocas e mineiros. A década de 1930 radicalizou as posições entre getulistas positivistas, getulistas oportunistas, comunistas, integralistas e uns novos e tímidos liberais, todos ao final muito bem manipulados por Getúlio Vargas, que virava ditador em 1937 e pai dos pobres em 1941, só se desapeando do cargo em 1945, para retornar glorioso em 1950, e entrar para a história em 1954.

2. *Gilberto Freyre (1900-1987)*

Enquanto isso, a alma do brasileiro foi lavada pelo mais profundo estudo sociológico já feito no Brasil, até então, e desde sempre: *Casa-grande & senzala*, publicado em 1933. A ele se seguiram *Sobrados e mucambos* (1936) e, só anos mais tarde, *Ordem e progresso* (1957), formando juntos uma trilogia de estudos histórico-culturais sobre o Brasil. A bibliografia de Gilberto Freyre, vasta e grandiosa, trata de muitos assuntos – como as tumbas de cemitérios de Recife e as ladeiras de Olinda, as duas principais cidades de Pernambuco do seu tempo – que, aparentemente, só uma mente antropológica se interessaria sem parecerem ridículos. Só o antropólogo do folclore, Luís da Câmara Cascudo (1898-1986), natural de Natal, que publicou em vida mais de setenta livros bons e honestos, ultrapassou Freyre em produção sobre o Brasil.

Gilberto Freyre, uma figura telúrica, foi senhor de uma mente prodigiosa. Não fosse o trauma criado pelos sociólogos de tendência marxista da USP sobre sua obra ser conservadora e glorificante do patriarcado brasileiro (sem falar no lusitanismo e no governo ditatorial de Salazar), há muito que Freyre teria sido aclamado o intelectual brasileiro por excelência e, portanto, um exemplo a seguir pelas gerações seguintes. Tal como cada país faz de seus heróis intelectuais. Certamente que os estrangeiros que conhecem a literatura e as ciências sociais no Brasil o consideram como tal.

Casa-grande & senzala lavou a alma dos brasileiros porque demonstrou sem firulas que o negro não é inferior, que o índio pode até ser preguiçoso e indolente, mas não é inferior mentalmente, que a nossa mestiçagem foi boa, saudável e progressista e, para coroar, que se temos desigualdade social, temos nada de preconceito racial. Portanto, somos uma democracia racial. O livro chega a esses pontos laboriosamente através de setecentas páginas bem escritas, com histórias bem narradas, com argumentações bem postuladas e com bibliografia quase impecável. Trata de tudo que compõe o indivíduo, a família, o lar, o convívio com servos e iguais, a Igreja, o trabalho, o comércio, a vida social com parentes, aderentes e estranhos, muito especialmente, o sexo, suas virtudes e suas sacanagens e, então, o português, o ser cultural que afinal fez tudo isso com plasticidade de caráter e para o bem de todos.

Quem não entender o livro deste modo é porque não entendeu metade do livro. Pois, claro, há a outra metade.

A originalidade do foco culturalista de Gilberto Freyre advém de sua experiência como estudante de antropologia nos Estados Unidos. Freyre estudou por três ou quatro anos (1918-1921) no primeiro curso de pós-graduação em antropologia criado nos Estados Unidos, na

Universidade de Columbia, em Nova York. Seu principal mentor havia sido Franz Boas, um judeu alemão imigrante que, três décadas antes, havia pesquisado os esquimós, das Terras Novas do Canadá, ainda no século XIX, e que configurou a antropologia para o estudo e a análise da cultura para explicar diferenças entre etnias, raças, países ou civilizações. Raça virou uma questão secundária, deixando de ser fator de diferenciação entre culturas. Na verdade, raça virou anátema naquele departamento e, por sua enorme influência, na ciência antropológica americana e mundial. Como teórico e líder da escola chamada "antropologia cultural", Boas propôs que cada cultura só era explicável em seus próprios termos, não por critérios de outras culturas, não sendo possível, portanto, se fazer comparações entre elas, muito menos escaloná-las em valores, quaisquer que fossem. Assim, toda e qualquer cultura era autoidentificável ontologicamente, autossuficiente socialmente e autodeterminada politicamente. Política e economia é que são elas e fariam as diferenças de poder e extensão, não, porém, de superioridade ontológica.

O departamento de antropologia da Universidade de Columbia preparou os maiores antropólogos americanos da primeira metade do século XX, dentre eles, Alfred Kroeber, Robert Lowie, Margareth Mead, Ruth Benedict, Robert Redfield, Alfred Herskovitz e outros tantos e seus muitos discípulos. A antropologia cultural americana virou padrão de pesquisa e de foco intelectual por muitos anos, até pelo menos a década de 1960. Gilberto Freyre manteve uma longa correspondência com Franz Boas e cordiais relações com muitos antropólogos culturalistas. Essa focalização na cultura, em todos os seus aspectos que formam uma totalidade una e singular, é que deu margem a muitas das críticas que iriam pipocar contra Gilberto Freyre e seu livro fabuloso, como veremos adiante. Pareceu a muitos que Freyre não via a economia, a desigualdade social, o poder, a opressão, enfim, os propulsores do preconceito racial e social que afligiam as sociedades mestiças ou com minorias negras.

Casa-grande & senzala é um livro extraordinário também sob o aspecto de inovações de pesquisa. Freyre foi a lugares antes nunca ou raramente pesquisados, tais como lápides de túmulos de cemitérios, anúncios de jornais para capturar escravos fugidos, livros de batismo de paróquias, inventários de fazendeiros e comerciantes, depoimentos tanto de ex-escravos e descendentes de ex-escravos quanto de seus ex-senhores e senhoras, e até cadernos caseiros de receitas de quitutes de antigas sinhás de engenho. Para que tudo isso? Bem, para encontrar dados novos e inesperados, mas especialmente para fenomenologicamente estimar a sensibilidade dos tempos, sensibilidade que definiria caráter, moral, *ethos*, enfim, o espírito da cultura. Deu certo, mas pela metade.

As críticas não vieram logo de cara, não. O encantamento com o livro foi geral e irrestrito, no começo. Precisou que a universidade, esse tão recente estabelecimento nacional, se firmasse no cenário intelectual brasileiro, como novo padrão de avaliação de ideias, para que os primeiros críticos de Freyre mostrassem seus pontos de crítica e suas bases de argumentação. E isso veio acontecer no final da década de 1940. Gilberto Freyre surfou, assim, por um bom tempo como o escritor de um livro tão aclamado e tão bem vendido como o fora *Os sertões*, de Euclides da Cunha, em 1902. É evidente que *Casa-grande & senzala* iria ter mais durabilidade ao longo dos anos.

Em 1936, Gilberto Freyre publicou um prosseguimento do grande livro, desta vez sobre a trasladação dos ricos donos de engenho para as cidades, com todas as suas tralhas, inclusive os escravos. Este é o livro *Sobrados e mucambos* que tratou da urbanidade brasileira a partir do começo do século XIX. No mesmo ano, Sérgio Buarque de Holanda publicou *Raízes do Brasil*, outro grande livro de que trataremos em seguida. Este livro saiu em uma coleção editada pelo próprio Gilberto Freyre, que lhe fez o prefácio altamente elogioso, sem constatar qualquer diferença essencial entre seus dois respectivos modos de pensar o Brasil. Na segunda edição do livro, já em 1947, Buarque de Holanda retirou o prefácio de Freyre e algumas referências positivas que este lhe havia feito. A máquina da USP já estava a postos para triturar *Casa-grande* e desancar Freyre, o que fez até praticamente a última década de vida do antropólogo pernambucano.

O lado B de *Casa-grande & senzala* é aquele que avalia como extremamente positivo o papel do português na criação da sensibilidade da cultura brasileira e na construção de uma sociedade menos racista, talvez até não racista. A maldade do caráter senhorial do português, o sadismo das sinhás, as sacanagens do senhorzinho não passaram despercebidos por Freyre, ao contrário, foram até realçados; mas, o foram de um modo tal que se apresentaram relevados em seu caráter opressor ou considerados moralmente aceitáveis para aqueles tempos. Para Freyre, o português fez o Brasil ser menos racista, por sua tolerância e até amorosidade ao negro; contra o índio o português foi muito mal, quase o destruindo de todo, mas também não desprezava as índias, não. Esse modo de focar o português com exclusividade de agente é o que consiste, para mim, no lado B de *Casa-grande & senzala*, não o que disseram por todas as décadas entre 1950 e 1980, e até praticamente o século XXI, os intelectuais e pesquisadores, primeiro da USP, depois das demais universidades, e seus seguidores de orientação marxista ou weberiana. As críticas uspianas originais eram, em primeiro lugar, no sentido de descaracterizar Gilberto Freyre como um antropólogo ou sociólogo de primeira grandeza. Diziam que escrevia bem, mas que fantasiava; que sua pesquisa se referia a só um certo tempo histórico, mas que se pretendia aplicar a todo o Brasil; que não se passava receita de bolo em um livro sério; que não reconhecia efetivamente a questão econômica; que nem sabia o que era luta de classes; e que, naturalmente, essa história de "democracia racial" era uma balela criada para justificar seu arraigado conservadorismo. Mais tarde, quando Freyre saiu pelas colônias portuguesas falando sobre a civilização portuguesa no mundo, tal qual um padre Antônio Vieira dos últimos tempos proclamando finalmente o *Quinto Império*, aí Freyre virou um reacionário incorrigível. Um anátema acadêmico.

Só que Gilberto Freyre era maior que eles todos. No mais, Freyre efetivamente não diz em seu livro que o Brasil é uma "democracia racial", quem primeiro o disse foi o sociólogo francês, Roger Bastide, que ensinou na USP entre 1938 e 1954, e que foi fundamental na formação do principal intelectual acadêmico paulista, o sociólogo Florestan Fernandes, de quem falaremos mais adiante. Talvez Bastide tenha criado essa expressão meio que no ímpeto de um entusiasmo, já que na USP tal expressão só iria causar desconforto. Mas Bastide era um francês que conhecia seu próprio racismo nacional e, aqui no Brasil, virou amigo igualmente de brancos e negros, pesquisou, se converteu ao candomblé e estava certamente acima das querelas dos intelectuais brasileiros. Quando perguntado sobre essa noção de democracia racial para o Brasil, Freyre teria respondido algo no sentido de que a democracia é sempre relativa, não é absoluta. Até os gregos teriam tido uma democracia relativa, com a presença de escravos. Nesse sentido, a noção de democracia racial é relativa também. Pode-se, portanto, dizer que o Brasil tem uma democracia racial relativa, pelo menos é melhor do que muitas outras; certamente melhor do que aquilo que se praticava nos Estados Unidos, na Alemanha, na China e na Cochinchina. Essa democracia pode e deve melhorar, dando condições econômicas, sociais e educacionais à população negra e mestiça. Tal resposta não conforta quem está do outro lado. Mal sabia Freyre o que viria de críticas no século XXI, com uma nova linguagem do movimento negro, em que a mestiçagem é considerada fruto do estupro do senhor branco contra a mulher negra. Tenho esperanças de que o presente livro ajude o movimento negro a se posicionar de outro modo sobre o processo verdadeiro da mestiçagem brasileira.

A fama negativa de Gilberto Freyre foi aumentando à medida que a situação político-cultural brasileira acirrava cada vez mais os ânimos militantes ao longo dos anos compreendidos entre 1950-1970. Intelectuais marxistas, militantes comunistas, os envergonhados pensadores liberais e os vagos democratas, e seus alunos, só pensavam em algum modo de revolução política, ao menos, revolução cultural. Só intelectuais de direita e alguns nordestinos defendiam Freyre. Darcy Ribeiro e Fernando Henrique Cardoso, por exemplo, o abominavam, até que abriram suas mentes para o quadro mais largo da história e da cultura brasileiras e se conformaram em declarar Freyre um intelectual de primeira grandeza, se não o maior de todos. Seus respectivos textos são os mais serenos e elogiosos de todos os que já escreveram sobre Freyre, especialmente, porque não são simplórios nem bajuladores, e sim equilibrados na crítica e no respeito à imaginação criativa de Freyre.

Para mim, repito, o lado B de Freyre está na sua incapacidade de ver que o negro escravo não estava preso ao convívio exclusivo com seus senhores; convivia também, e alegremente, ainda que tensamente, com os índios e com os brancos fora da senzala, do engenho, da fazenda, do mocambo, do olhar cioso dos poderosos escravagistas. E foi fora desse olhar que a vida social brasileira foi criada, que a mestiçagem medrou e se multiplicou. O branco português foi mais maleável, sim, "plástico", sim, em sua cultura original; mas, muito mais foram os negros e os índios, e muito mais numerosos, lascivos e hedônicos. Foi essa convivência que criou a sensibilidade de nosso povão e, portanto, a base da cultura mais geral do brasileiro.

3. *Sérgio Buarque de Holanda (1902-1982)*

O autor de *Raízes do Brasil*, publicado em 1936, trouxe para o ambiente intelectual do país uma nova corrente da sociologia moderna, aquela que tenta explicar a formação da sociedade moderna como o resultado de uma tensão social e cultural entre o antigo regime feudal e o novo regime capitalista. Trata-se da contribuição do grande sociólogo alemão Max Weber, com cujo trabalho, até então ainda não traduzido nem para o francês ou inglês, muito menos, para o português, Sérgio Buarque teve contato durante os três anos em que esteve em Berlim como jornalista, entre 1928 e 1931. A partir daí se formou a visão de Buarque de Holanda sobre o Brasil, ainda que levando em consideração a historiografia brasileira e sociólogos como Gilberto Freyre e Oliveira Viana.

O patriarcado brasileiro, culturalmente enaltecido por Freyre no papel dos senhores de engenho, e politicamente valorizado por Oliveira Viana, no papel do garboso bandeirante, é visto por Buarque de Holanda como o grande obstáculo à entrada segura das formas sociais e políticas necessárias à solidificação do capitalismo em nossa sociedade. E o capitalismo é o destino da sociedade moderna. Sérgio Buarque via que, por trás do modernismo, estavam a fábrica, o burguês, o operário, o crescente urbanismo e as lutas políticas. Presenciou a Alemanha se exaltando cada vez mais, refregada por uma nova força política surgindo com olhos e gritos de terror anunciado. Pelo outro lado, a União Soviética já mostrava sinais de tal facciosismo interno que parecia prenunciar algo igualmente horrendo e, portanto, rejeitável. Sérgio Buarque era, até pela acolhida às proposições de Max Weber, um liberal *avant la lettre*.

Na configuração que Sérgio Buarque fez do Brasil, a família não era apenas patriarcal; ela também era corporativa, autocentrada e clânica. Primeiro, a família, depois, o resto. Internamente reinavam amor e afeto entre pais, filhos e irmãos, e este amor era transferido para as famílias próximas, com as quais havia uniões de casamento e de interesses mútuos. O afeto, a cordialidade entre famílias, era o modo de criar solidariedade entre si para melhor proteção, seja contra outras famílias que se rivalizavam, seja, muito mais, contra o monstro poderoso e irracional, movido pela ambição desenfreada e pelo capricho vulgar: qual seja, o Estado, seus mandantes, sua burocracia e seus funcionários. A colonização do Brasil, que teve muito de autonomia e ousadia de sua população, foi, entretanto, em última análise, controlada pela metrópole, de onde eram emitidas as ordens e as regras de comportamento social, de administração pública, de distribuição de justiça, de incentivo à produção de riquezas e de arrecadação de impostos. A doação de terras por sesmarias era prerrogativa de governadores e capitães-mores, mas elas podiam ser revogadas pelo capricho dos régulos da Corte, pelas intrigas que eram fofocadas pelos adversários. Racionalidade nas regras, nos contratos, nos compromissos, só se fosse pelo fio do bigode entre familiares e amigos leais. A coisa pública pertencia ao privado no poder: eis o sentido da permanência do patrimonialismo até nossos dias, tal qual explanado por Weber e analisado por Buarque de Holanda.

Raízes do Brasil é conhecido acima de tudo pelas diversas interpretações e algumas controvérsias sobre o que seria esse tal de "homem cordial" que aparece em toda sua explanação no seu sexto capítulo. É o brasileiro gentil, cavalheiro, nobre? O homem que não gosta de conflitos e revoluções? O representante de uma sociedade cordial e, quem sabe, harmônica? Naturalmente, não é nada disso, é apenas o homem que tem afeto e amor no coração para com seus familiares e próximos, que se esmera em agradar os amigos para tê-los perto e para reciprocamente ajudá-lo quando houver precisão. O homem cordial é a contribuição da cultura brasileira ao homem que um dia será universal.

Esse homem cordial, na verdade, é a representação de um passado que teima em perdurar na contemporaneidade, impondo limites à mudança, ao surgimento de um outro homem mais sistemático, menos ebuliente e mais cumpridor de seus deveres sociais. O progresso brasileiro, nossa modernidade, depende do fim desse homem cordial, tão cheio de si em família, e tão melindroso, tão corruptível e tão corruptor diante dos desconhecidos, dos eventos inesperados, e especialmente dos adversários, do Estado e da burocracia. Para muitos, esse homem cordial é o praticante original do jeitinho, esse modo dito tão brasileiro de ludibriar, enganar ou levar vantagem sobre os outros por meios, ações e símbolos de uma imposição de classe, com ou sem a ajuda de pessoas da mesma classe, ou pela simples cara de pau. O homem para quem não existe o público como uma entidade autônoma, só como uma entidade dependente de alguém que o explora; e se for ele o sortudo a ter a coisa pública na mão não há como se acanhar em se aproveitar da oportunidade. Cordialidade por fora, desfaçatez por dentro.

Não se pode afirmar que Sérgio Buarque tenha se declarado alguma vez como um proponente do capitalismo para o Brasil, embora fosse óbvia sua escolha em *Raízes do Brasil*. Já no final de sua vida, ao contrário, ele foi dos primeiros assinantes da fundação do Partido dos Trabalhadores, supostamente por concordar ao menos com algumas das premissas daquele partido. Talvez desejasse uma social-democracia à la holandesa ou sueca para o Brasil. Nos anos turvos da década de 1930 e meados da década de 1940, Sérgio Buarque não apoiou Getúlio Vargas nem foi simpatizante do Partido Comunista nem do Integralista. Ficou na moita, esperando melhores tempos.

Na continuação, Buarque de Holanda despontou como um excelente historiador, tendo aberto linhas de pesquisa sobre a expansão da cultura paulista no interior do Brasil, assim como ensaios bem construídos sobre a decadência da Monarquia e a incepção da República. Editou a importante coleção *História geral da civilização brasileira*, da qual se destaca o volume escrito pelo autor, *Do Império à República*. Sua segunda mais aclamada obra, *Visão do paraíso*, nos traz um inesperado toque nativista do autor. O Brasil teria sido pensado, desejado e mitologizado como um paraíso terreal, até antes de ser "descoberto", tal qual vemos a menção de que "não muito longe daqui estaria o paraíso" na famosa terceira carta de Américo Vespúcio, e na acalentada observação do jesuíta Azpilcueta Navarro em carta aos seus confrades, em meados do século XVI, para terem boas razões para virem residir no Brasil.

Mais do que explicar, com boa dose de ironia, que o Brasil foi pensado como um paraíso terreal, cujas raízes estariam nas sagradas escrituras e em misturas com mitos pagãos, passando dos tempos medievais ao Renascimento e às Descobertas, a própria ideia de *Visão do paraíso* ressoa, na minha interpretação, a algo mais profundo e menos evidente: é um tropo abscondido, no fundo da alma brasileira, que estava a produzir uma nova visão político-cultural do Brasil, a visão de um lugar de bem-aventurança. Esta seria a quarta visão político-cultural, junto com o conservadorismo, o liberalismo e o nativismo, a fazer parte dos momentos orientadores dos pensadores brasileiros desde sempre. Tal visão pode ser escandida dos textos de Vieira, dos propósitos políticos de Bonifácio, dos devaneios de mestiçagem de Freyre e, certamente, está presente na motivação existencial de Stefan Zweig, na motivação filosófica de Vilém Flusser e nos delírios utópicos de Darcy Ribeiro sobre o Brasil, como veremos mais adiante.

O Brasil do *Quinto Império*; Brasil, uma nova nação na Terra; Brasil, o melhor país do mundo; Brasil, o país do futuro; Brasil, o país do novo homem; Brasil, a nova Roma lavada em sangue negro, índio e branco. No Brasil, até um liberal como Sérgio Buarque – que, em 1936, achava que o brasileiro era um estrangeiro em sua própria terra – pode eventualmente, vinte anos depois, se emplumar de cores nativistas!

4. *Caio Prado Júnior (1907-1990)*

O comunismo, na década de 1930 e além, era claramente internacionalista, tendo como base política a União Soviética (Rússia) em primeiro plano. Mas, o comunismo também podia ter sua dose de nativismo, como bem encontramos no livro mais bem escrito até então sobre as bases sociais da economia brasileira da era colonial, *Formação do Brasil contemporâneo – Colônia*, publicado em 1942.

Caio Prado Jr. veio da elite cafeicultora de São Paulo. Sua família era ilustre também em letras e política. Seu tio Paulo Prado, militante e mecenas do modernismo, amigo de Capistrano de Abreu, publicara alguns anos antes um dos últimos livros bem argumentados historicamente que se lastreava em uma versão autopiedosa do darwinismo social no Brasil. O livro *Retrato do Brasil* (1928) explicava que as dificuldades do Brasil se davam, além do fato histórico da exploração portuguesa, à escravidão africana e à lassidão indígena, pela razão de as raças que constituíam a nação brasileira (o branco, o negro e o índio) serem, cada qual a seu próprio modo, melancólicas, isto é, tristes, acabrunhadas, sem grandes paixões e energia. Sobretudo pela mestiçagem vigente. Para Paulo Prado, a única saída para o Brasil seria uma revolução; entretanto, quando ocorreu a Revolução de 1930, ele, como quase toda a elite paulista, se pôs contra.

Já Caio Prado Jr. não tinha nada de psicologismos para explicar os problemas do Brasil. E foi vigoroso apoiador da chegada de Getúlio Vargas ao poder. Para ele, o que se devia visar eram os processos socioeconômicos prevalentes na formação do Brasil, a relação dessa formação com a expansão econômica europeia, principalmente a incepção do capitalismo, o papel reles do Brasil de produzir uma única *commodity* para exportação, sob o regime da monocultura e do latifúndio, a contínua decadência portuguesa e sua dependência da Inglaterra e, enfim, o modo e o grau de inserção do Brasil na economia mundial e sua possibilidade de escapar de sua condição de subdesenvolvimento pela revolução comunista.

A pesquisa de Caio Prado Jr. não foi original nem veio direto de fontes históricas primárias. Ele aproveitou os estudos dos grandes sintetizadores do Brasil até então, especialmente Varnhagen e Capistrano de Abreu, todos os textos históricos já conhecidos, atas de câmaras municipais e tudo o que estava publicado nas revistas públicas do Brasil. Foi o suficiente para delinear um quadro sólido e consistente sobre a economia brasileira. Caio Prado Jr. fez um apanhado geral sobre o crescimento da demografia brasileira, a expansão para o interior, via pecuária e mineração, a economia dos engenhos, das fazendas de gado, das minas de ouro e a consistente expansão do café por todo o Sudeste brasileiro, principalmente o estado de São Paulo, cuja capital, de uma pequena e acanhada vila até 1880, haveria de se tornar o centro econômico do país e abrigar o grande surto de estabelecimento de fábricas e indústrias.

Formação do Brasil contemporâneo trata também de como a sociedade colonial se estabeleceu e se consolidou. Sobre a família patriarcal e seu papel na economia e na sociedade, segue, de certo modo, Gilberto Freyre. Acata a visão de que o negro era escravo para o trabalho e para o serviço doméstico. Como quase todos os historiadores brasileiros (exceção feita a Capistrano de Abreu), Caio Prado Jr. considerava que o índio teve papel pouco relevante na economia e igualmente na formação social. A economia interna era vista de soslaio, como sem importância. Caio Prado Jr. notava que o índio constituiu a mão de obra fundamental apenas na Amazônia, porque aquela economia tinha pouca expressão na exportação.

Formação não foi o primeiro livro brasileiro sobre economia. Alguns anos antes, em 1937, Roberto Simonsen, engenheiro, economista, industrial e homem ilustre da inteligência paulista, um dos fundadores e *sponsors* da Escola Livre [Faculdade] de Sociologia e Ciência Política (que por alguns anos rivalizou com a USP nas disciplinas atendidas) e que era consultor de Getúlio Vargas para a economia, havia escrito diversos ensaios sobre economia e em especial o livro de dois volumes *História econômica do Brasil* (1937), que tratava da economia nacional, especialmente, da incepção da indústria no país. Nos anos seguintes, Simonsen foi protagonista de um caloroso debate com outro grande economista, Eugênio Gudin, sobre desenvolvimento econômico e o papel do Estado como indutor (um debate inescapável, recorrente e indefinido até hoje). Em sua *História econômica*, Simonsen, também leitor arguto da história brasileira, já abria grandes rasgos de conhecimento sobre os altos e baixos da nossa economia colonial, sobre a sua dependência da monocultura e do latifúndio e sobre o papel negativo da escravidão na formação do capital brasileiro. De certo modo, abrira alas para a chegada de Caio Prado Jr.

O que marca em especial na obra de Caio Prado Jr. não é tanto sua clara explanação dos aspectos sociais e econômicos da sociedade colonial brasileira, como sua busca em dar *sentido* à construção histórico-social do Brasil. Tanto o sentido da exploração econômica quanto o da subordinação política servirão de inspiração para os economistas e historiadores de economia que o seguirão no tempo. E, mais do que isso, é a tentativa clara e bem-feita de dar uma explicação marxista à formação econômica brasileira, apesar de toda a cara feudal ou semifeudal que nossa sociedade apresentava. Como, escravidão em um modo de produção capitalista? Como, servidão indígena? Como, patriarcado ingente? Que capitalismo é este?

Caio Prado Jr. sabia que o modo de produção econômico estava longe de ser capitalista, mesmo incipiente, como na América do Norte no mesmo período. Ele, entretanto, para conceber que havia uma economia pré-capitalista, já com ares de capitalista, funcionando no Brasil colonial, se fixou na organização do trabalho do engenho de açúcar (que mais tarde seria bem explanado por Celso Furtado em seu maravilhoso livro *Formação econômica do Brasil* [1959]), na forma "primitiva" (sem ironias) de formar capital pela escravidão, na produção de uma mais-valia absoluta, nos moldes bancários de controlar o investimento, na organização da exportação, enfim, na predominância do mercantilismo em toda sua objetividade. Que importava que Portugal fosse teimosamente semifeudal, patrimonialista e patriarcal, diante da força estruturante da economia capitalista? Um dia, a casa cairia. De qualquer modo, uma economia capitalista produz capitalistas, isto é, burgueses, mesmo que agrários, mesmo que metidos a barões, mas não rentistas com camponeses para pagar foros. Para Caio Prado Jr., por sua própria vivência pessoal, os fazendeiros de café é que haviam financiado e transferido seus capitais das fazendas para as fábricas.

Caio Prado Jr. brigou com meio mundo por suas ideias ao longo de sua vida. E ditou a agenda da discussão econômica brasileira por um bom tempo. Por trás dele estava o Partido Comunista Brasileiro (PCB) e outros grandes economistas e historiadores a lhe dar apoio ou a buscar imprimir nuanças de entendimento mais adequadas aos tempos em transformação. Esse debate fazia sentido para prover a estratégia de combate político que o PCB promovia no país. Se o Brasil já tivesse experimentado o modo capitalista de produção no engenho, nas fazendas de café, nas modernas usinas de açúcar, no negócio do gado, assim como nas novas indústrias, haveria por trás disso uma só classe social: a burguesia, com colorações diversas, agrária e industrial, mas, mesmo assim, burguesia. Assim, o inimigo a ser varrido por uma revolução comunista seria um só. Já se a economia brasileira tivesse sido regida por uma estrutura semifeudal, sem criar modos capitalistas de produção, distribuição e consumo dos bens produzidos, então não teria havido capitalismo no Brasil antes do advento da indústria. Aí o inimigo eram os fazendeiros, a elite rural, os rentistas, e os novos capitalistas seriam aliados estratégicos para mudar o Brasil. Haveria, portanto, que se fazer uma revolução burguesa, antes de se ousar fazer uma revolução proletária.

Discussão vai, discussão vem, infinitamente, até que a União Soviética colapsou e o sonho comunista, exceto para os recalcitrantes, foi para o beleléu.

A temática levantada por Caio Prado Jr., entretanto, continua válida. Talvez não mais em termos da dialética marxista, mas de uma visão nativista do mundo brasileiro. Com o pouco de capitalismo que existiu no Brasil, com a educação científica, ainda que escolástica, dada pelos jesuítas, é possível supor que o Brasil não estivesse tão fora do tempo como acreditam aqueles que acham que só com o capitalismo puro-sangue é que a racionalidade burocrática e a tecnologia encontram um abrigo para crescer. Há uma sementinha de modernidade econômica no Brasil: pode-se supor que ela tenha sido fundamental para que as novas formas de organização do trabalho nas fábricas fossem aceitas sem tanta resistência.

5. *Os intelectuais comunistas*

Caio Prado Jr. inspirou muitos intelectuais a serem comunistas, deu o tom do debate econômico e criou uma aura de que ser comunista é ter preocupação com economia, com classes sociais, com partidos, com a história, enfim, com o Brasil. Não era só ser internacionalista e dar apoio às revoluções mundo afora. Contudo, foi Luiz Carlos Prestes, o Cavaleiro da Esperança, que iniciou em fins de 1924 (concluindo em fevereiro de 1927) a grande marcha Brasil adentro, tentando levantar o povo e as elites contrárias para derrubar o governo do presidente Artur Bernardes e fazer uma nação mais democrática, quem mais influenciou gerações e gerações de brasileiros de classe média ou do segmento da elite decadente a se tornarem membros do Partido Comunista Brasileiro, o PCB ou Partidão. Ao final de sua impressionante odisseia, Prestes refugiou-se na Bolívia, depois na Argentina, e se tornou comunista por doutrinação e convite de intelectuais do PCB. Viajou para a Rússia em 1932 e voltou, em 1935, para fazer a revolução comunista, acreditando e fazendo os russos e soviéticos acreditarem que o Brasil estava pronto para se levantar em armas para fazer uma revolução do tipo bolchevique. Nada disso aconteceu. Muitos foram presos e torturados, ele próprio passou quase nove anos na cadeia, incomunicável, e sua mulher judia-alemã, Olga Benário, que viera com ele para fazer a revolução, terminou sendo deportada para a Alemanha nazista, onde pereceu em um campo de concentração. Felizmente, a resoluta mãe de Prestes conseguiu resgatar a filha do casal do campo de concentração e a trouxe de volta ao Brasil.

O PCB trabalhava politicamente através de um comitê central, ao modo leninista. Seus intelectuais deviam respeito e acatamento às ordens desse comitê. Porém, dadas certas circunstâncias, especialmente as artísticas e científicas, podiam tomar atitudes mais independentes, as quais o PCB via como manobras táticas em prol de uma estratégia mais geral. Entre os grandes intelectuais brasileiros que foram filiados ao PCB, podemos destacar alguns, sem nenhum desmerecimento aos aqui olvidados, por ordem de entrada: Astrojildo Pereira, um dos doze fundadores do Partidão, em 1922; Octávio Brandão; Mário Pedrosa (depois tornado trotskista); Leôncio Basbaum; Caio Prado Jr.; Oswald de Andrade; Patrícia Galvão; Tarsila do Amaral; Jorge Amado; Nise da Silveira; Graciliano Ramos; Alberto Passos Guimarães; Oscar Niemeyer; Cândido Portinari; Di Cavalcanti; Mário Schenberg; Darcy Ribeiro; Octavio Ianni; Dias Gomes; Carlos Moreira Neto; Moacyr Werneck de Castro; Nelson Werneck Sodré; Oduvaldo Vianna Filho; Ferreira Gullar; Leandro Konder; Carlos Nelson Coutinho e muitos mais, além de uma plêiade de simpatizantes ocasionais ou permanentes.

Por muitos anos os comunistas acharam que o Brasil poderia produzir uma revolução, mesmo na década de 1950, apesar do fracasso de 1935, dos anos de cadeia, da ilegalidade da sigla, de 1947 até 1978, e estavam sempre preparados para assumir a luta política com sacrifício pessoal e familiar. Quando os rumores dos crimes de Stalin vieram à tona, em 1955, em toda sua crueza, a decepção abalou muitas convicções. Em 1958, um grupo do comitê central publicou um manifesto a favor da democracia como valor político em si mesmo. Isto foi uma decisão que iria orientar o Partidão a favor da democracia pelos duros anos da ditadura militar e até o seu fim. No período anterior ao golpe de 1964, o PCB tomou a decisão de fazer alianças com partidos mais próximos, como o PTB (Partido Trabalhista Brasileiro), o PSB (Partido Socialista Brasileiro) e até o conservador PSD (Partido Social Democrata), sem receio de estar traindo a revolução ou o operariado. É o que tinha a fazer diante do indefectível caráter malemolente da política brasileira, da Guerra Fria e de sua impossibilidade de vir às claras, por estar ilegal, e jogar o jogo político. Em 1962, deu-se uma importante cisão, com um grupo se fixando na sigla Partido Comunista do Brasil (PCdoB), para mostrar seu internacionalismo e sua militância aguerrida, enquanto o grupo majoritário ficou com a sigla mais usada e ganhou ares de mais democrata. O PCB manteve sua conexão dependente com a União Soviética até o fim, quando a queda do Muro de Berlim dissolveu o programa bolchevique e toda a velha estrutura do PCB. O PCdoB que, nos anos de chumbo da ditadura militar, teve muitos membros participando nas lutas de guerrilha, se socorreu da ajuda de nações comunistas como a Albânia e a Coreia do Norte, e assim conseguiu se manter mais ou menos na mesma linha política até hoje, ainda que como linha auxiliar do Partido dos Trabalhadores.

Os intelectuais comunistas escreviam com um olho na dialética marxista e com o outro nas campanhas políticas do Partidão. Os Estados Unidos tornaram-se o inimigo nº 1, o imperialismo internacional tornou-se efetivamente o principal culpado pelo subdesenvolvimento do Brasil, os latifundiários eram o inimigo nº 2, os pequeno-burgueses eram piores que os burgueses, a classe operária era batalhadora, sacrificada e fiel, os lavradores, os camponeses, os sem-terra, os retirantes das secas e os favelados eram a gente mais sofrida do mundo, a classe média era nojenta e egoísta, os capitalistas brasileiros eram exploradores selvagens (mas podiam ajudar a financiar a publicação de livros e filmes), os banqueiros iriam ser os primeiros a serem fuzilados, e o Partidão salvaria o Brasil por ser composto de indivíduos de boa-fé e com visão estratégica da política.

O PCB era uma máquina social de estabelecer pontos ideológicos tão assertivos que nem se precisava tanto de novas ideias para os membros entenderem o comportamento mais correto com que deviam se portar. Seguindo a tendência de buscar interpenetração na sociedade, tal como outras correntes ideológicas do passado, como a maçonaria e o positivismo, o PCB fez um imenso e bem-sucedido esforço para que seus membros estivessem em todos os setores institucionais do Brasil: nas fábricas, em especial, como operários e gerentes; nas Forças Armadas, como soldados e oficiais; nas universidades, como professores e funcionários; nos jornais, o máximo que pudessem, das oficinas às redações; nas artes variadas, da pintura ao teatro; no funcionalismo público, em todas as esferas, e, se possível, no Itamaraty. O comunismo era uma ideologia que precisava ser despertada no pensamento de todos, tal como uma religião, só que de modo racional, consciente e com propósito social. Precisava se tornar "hegemônico", isto é, convincente por todas as esferas sociais, culturais e políticas, conforme a caracterização mais conhecida criada pelo filósofo italiano Antonio Gramsci.

O PCB exigiu, em quase todos os seus momentos, um alto nível de comportamento ético de seus membros. Considerava-se como padrão de comunista saber se portar como a vanguarda do proletariado e como o farol da ilustração intelectual do país. E também como paladinos da moral e da ética. Nesse mister algumas grandes obras de escritores brasileiros foram rejeitadas por não cumprirem um mínimo de padrão socialista.

Por tudo isso, quando a ditadura militar acabou e a anistia trouxe de volta todo mundo, o Brasil já não era mais o mesmo, e o PCB mostrou-se já exangue, sem presença contundente nos sindicatos de trabalhadores, e já sem força ideológica para manter ou reproduzir seus quadros intelectuais. Nisso seu papel de farol da esquerda brasileira foi tomado pelo Partido dos Trabalhadores, o PT. Quando a União Soviética chegou ao fim, poucos restaram a defender o ideal leninista de revolução, ainda que intelectuais de esquerda perseverem com análises sobre a história e a conjuntura política pela via da dialética marxista.

O legado intelectual do PCB ao pensamento social brasileiro é vasto em todas as áreas da cultura, incluindo literatura, cinema, poesia, e da intelectualidade, incluindo filosofia, história, sociologia, ciência política e antropologia, e das ciências da natureza. Ao final, passada a experiência de disciplinamento partidário e do autossacrifício pessoal, sobrou para os últimos moicanos do velho Partidão uma visão de que a democracia como regime político da ordem econômica capitalista é de fato um valor político em si mesmo para um país como o Brasil. Ao menos como um estágio sólido e duradouro a ser ultrapassado em novas condições sociais, econômicas e políticas. Por isso é que se fala, por razão e com malícia, que os comunistas viraram liberais na política.

6. *Anísio Teixeira (1900-1971)*

Muito antes de despontar como um educador que podia tomar a responsabilidade de criar uma universidade para o Distrito Federal, em

1935, Anísio Teixeira já era o principal formulador de uma visão moderna para a educação brasileira tanto em aspectos de filosofia quanto como visão pedagógica e prática escolar, para todas as classes sociais brasileiras. Em 1932, ele e um grupo de educadores de ponta – com destaque para Fernando de Azevedo, Lourenço Filho, Hermes Lima, Cecília Meireles, Afrânio Peixoto e o indefectível Roquette-Pinto (que estava em todas nesses anos) – assinaram o "Manifesto dos pioneiros" que introduzia um programa com uma série de conceitos sobre educação no Brasil que ficou conhecido como Escola Nova. A Revolução de 1930 tinha despertado a possibilidade de mudanças no Brasil e, ainda que regida por gente ligada ao positivismo, havia abertura para novidades, se estas viessem com força persuasiva política. O programa manifestava-se pela inclusão de todas as classes sociais, sem discriminação, em um programa pedagógico universal, para todos com idades entre sete e quinze anos. O Manifesto falava também sobre o "desenvolvimento natural e integral do ser humano em cada uma de suas etapas de crescimento".

Na década de 1920, depois de ter sido inspetor de ensino público na Bahia, Anísio Teixeira passou uma temporada na Europa, observando as escolas de diversos países e, depois de uns anos na Universidade Columbia, em Nova York, a mesma onde estivera alguns anos antes Gilberto Freyre, lá concluiu um mestrado em filosofia da educação com ninguém menos que John Dewey, o filósofo americano por excelência, talvez o maior responsável pela consolidação da visão de educação pública norte-americana desde o início do século XX. Para Dewey a educação era uma dimensão da vida moderna que deveria contribuir para o espírito de igualdade social e democracia política. Acreditava também que o indivíduo devia ser visado como um ser integral para ser tanto cidadão como profissional e que a escola deveria ser de turno integral, misturando disciplinas do espírito com as do corpo. Foi mais ou menos isso que Anísio Teixeira quis estabelecer no Brasil para o nível juvenil, ao longo de sua vida de educador e político, e de fato estabeleceu um protótipo do que seria essa Educação pela famosa Escola Parque, quando foi secretário de educação na Bahia, no final da década de 1940. Essa mesma ideia foi repercutida no programa educacional conhecido pela sigla Ciep, criado e dirigido por Darcy Ribeiro, em um período de oito anos, entre os anos 1983 e 1995, no estado do Rio de Janeiro.

Para Anísio Teixeira e seu confesso discípulo Darcy Ribeiro, não poderia haver muito mistério em se prover educação de qualidade para todas as crianças brasileiras. Bastavam vontade política e recursos humanos e financeiros. A simplicidade e a clareza de sua visão sobre educação constituem a sua grande contribuição ao pensamento social brasileiro. Mas nada foi fácil quando ambos tentaram tocar projetos ambiciosos e, eventualmente, não alcançaram êxito permanente.

Anísio Teixeira, como Darcy Ribeiro, também elaborou e organizou universidades no Brasil. Anísio foi o principal responsável pela concepção e instalação da Universidade do Distrito Federal, na cidade do Rio de Janeiro, sob o patrocínio do prefeito Pedro Ernesto, em 1935, tendo já sido secretário de Educação municipal nos anos anteriores, quando construiu diversas escolas públicas que elevaram a qualidade do ensino no Distrito Federal por muitas décadas. A UDF não durou muito, pois Getúlio Vargas mandou fechá-la após a tentativa do levante comunista em novembro daquele mesmo ano. Gilberto Freyre chegou a preparar um curso de antropologia cultural, naquele ano, com algumas aulas. O modelo sobreviveu na criação ainda em 1939 da Faculdade Nacional de Filosofia, a qual abrangia as ciências humanas, a filosofia e as demais ciências, como física, química e biologia, até que foi fundada a Universidade do Brasil, e cada bloco de ciências criou seus próprios institutos. Hoje é a Universidade Federal do Rio de Janeiro.

Anísio e Darcy também criaram juntos a Universidade de Brasília, novamente para ser um exemplo e modelo da educação superior no Brasil. De fato, mesmo tendo sofrido a intervenção militar durante os anos da ditadura, a UnB serviu de modelo para o sistema universitário brasileiro que foi instalado no final da década de 1960 pelo Ministério da Educação do governo militar-ditatorial.

A história brasileira é um redemoinho de ironias e tragédias. Anísio morreu em 1971 em condições até hoje consideradas suspeitas. Seu corpo foi encontrado no fosso do elevador de um prédio no bairro de Botafogo, no Rio de Janeiro. Ou ele era muito distraído ou um vento o empurrou ao vazio.

7. A Escola de sociologia da USP

A Universidade de São Paulo foi criada em 1934 pela iniciativa de um segmento da elite tradicional paulista, tendo à frente o eminente jornalista Júlio de Mesquita. São Paulo tinha passado pela traumática experiência civil-militar da Revolução Constitucionalista de 1932, uma rebelião contra o governo de Getúlio Vargas, na qual fora derrotado, mas não vencido. A USP seria uma redenção por cima. E o foi.

O modelo universitário da USP foi feito por emulação ao sistema universitário francês e, por isso mesmo, os primeiros professores estrangeiros foram franceses, alguns dos quais deixaram marcas perenes na cultura universitária uspiana. Eles certamente estabeleceram um espírito acadêmico de pesquisa científica que fez de São Paulo um modelo só pareado no Brasil, por muitos anos, pela Faculdade Nacional de Filosofia do Rio de Janeiro. Vale notar também que, pelo mesmo período, por iniciativa de outro ramo da elite paulista, que incluía o economista Roberto Simonsen (1889-1948), foi criada a Escola Livre de Sociologia e Política de São Paulo, a qual, por alguns anos na década de 1940, foi um excelente êmulo da USP nesses estudos, tendo professores de porte internacional, como A. R. Radcliffe-Brown, Herbert Baldus, Emilio Willems, Donald Pierson e o próprio Sérgio Buarque de Holanda.

Além de estabelecer um padrão de ensino e pesquisa em todos os ramos da ciência, a USP ficou famosa por seu conjunto de professores e intelectuais na área de filosofia e ciências sociais. Dentre eles, destacam-se pesquisadores franceses como Fernand Braudel, Claude Lévi-Strauss, Pierre Monbeig e Roger Bastide, que influenciaram um monte de alunos, e os grandes intelectuais brasileiros que fixaram o padrão uspiano nos anos compreendidos entre 1950 e 1980, especialmente, Florestan Fernandes, Octávio Ianni, Fernando Henrique Cardoso, José Artur Giannotti, Antonio Candido de Mello e Souza, Mário Schenberg, Cesar Lattes, Alfredo Bosi, Dante Moreira Leite, Miguel Reale, João Cruz Costa, os quais são seguidos de uma plêiade de epígonos e discípulos, entre eles, para citar só uns poucos, destacam-se José de Souza Martins, Marilena Chaui, Maria Sylvia de Carvalho Franco e Roberto Schwartz.

Interessa por esse exemplo determinar como se deu a criação de um padrão de pesquisa e formulação de ideias sobre o Brasil nesse período, que vai do fim da Segunda Guerra até meados da década de 1980, quando acaba a ditadura militar (1964-1985). Pois, por esse tempo, uma nova tendência se instalava no Brasil e mudava o nosso modo de pensar o país, deixando-nos menos assertivos e confiantes, conforme veremos em seguida.

Três grandes mudanças ocorreram na atitude intelectual acadêmica. Duas delas se referiram a questões metodológicas. Em primeiro lugar, passou-se a tratar de qualquer problema social ou intelectual como uma *hipótese* a ser testada, não como um fato reconhecido a priori a ser descrito ou refletido. Assim, todo um suporte metodológico de pesquisas foi estabelecido como base para qualquer estudo. Por exemplo, para pesquisar a questão do racismo no Brasil na década de 1950, cujo líder de pesquisa foi Florestan Fernandes (1920-1995), foram delineadas regiões geográficas de pesquisa a partir de onde comparações poderiam ser traçadas, questionários de entrevista formalizados para definir histórias de vida, levantamentos sobre demografia, habitação, transporte, natureza do trabalho, participação religiosa e outras relações secundárias. Não interessava saber se o brasileiro se dizia ou não racista, e sim as condições objetivas em que o racismo se apresentava ou não. Essa metodologia ficou conhecida como "funcionalista", seguindo métodos antropológicos ingleses e métodos sociológicos americanos. O método funcionalista proveu à ciência social brasileira um caráter de sistematicidade aos estudos e a suas temáticas e, quando se fez necessário pelas mudanças internacionais das ciências sociais, favoreceu a passagem para as tendências estruturalistas ou, ao menos, à aceitação da noção de estrutura nas questões sociais. Como se sabe, o predomínio da estrutura nas ciências sociais durou da década de 1950 até a década de 1980.

A visão, digamos assim, funcional-estruturalista, na USP, teve também desde o começo uma coloração marxista pela importância dada à noção de classe social, isto é, o conjunto de atributos e características sociais derivados da inserção do indivíduo no mercado de trabalho. Nas pesquisas sobre o racismo, o resultado não ficou nada favorável à propalada democracia racial brasileira, o que deu ao grupo de cientistas sociais que ficou conhecido como Escola de Sociologia de São Paulo uma enorme alavancagem para criticar a metodologia culturalista de Gilberto Freyre.

De simples coloração, o marxismo passou, pelo período compreendido entre 1950 e 1970, a ser a cor predominante na USP, seja pela influência do PCB entre seus professores, seja pela influência de grandes autores ligados ao marxismo, de Trótski a Lukács, de Lênin a Gramsci, de Hobsbawm a Godelier. As grandes questões brasileiras passaram a ser: a desigualdade da inserção do Brasil no capitalismo internacional; o papel do imperialismo em nosso subdesenvolvimento; a continuada influência dos longos anos de escravidão na nossa ética do trabalho e na inércia política do povão; a falta de autonomia da classe média (às vezes chamada de pequena burguesia); a relação quase incestuosa entre a nossa elite agrária e a nova elite industrial; o desequilíbrio econômico regional; e, enfim, o descompasso geral entre economia e política. Tudo era estrutura, tudo era classe social, enfim, tudo era o capitalismo. A cultura e o povão passaram a ser meros detalhes.

A outra mudança metodológica importante foi o modo como se apresentavam e analisavam os dados obtidos na pesquisa. Muito longe de "narrar" histórias com exemplos singulares que se mostravam como exemplos paradigmáticos a representar uma realidade mais ampla (como nos estilos narrativos de Freyre e Buarque de Holanda), o novo estilo de apresentação tratava de cotejar os dados como se estivessem em uma planilha e com números estatísticos. Depois, vinha uma análise à luz de alguma teoria ou de autores paradigmáticos – como Marx, Weber, Durkheim e seus epígonos – que comprovariam ou não a hipótese formulada originalmente. Em muitos casos, a descrição analítica era um retorno ao capítulo introdutório, como em uma circularidade. Aí tínhamos uma ciência social verdadeiramente científica e atualizada nos padrões internacionais, com a concorrência de autores brasileiros em revistas internacionais, que veio a se tornar o padrão brasileiro por longos anos, até ser abalada pelas dúvidas e incertezas criadas sobre o predomínio da dialética marxista e, por fim, destroçada pelos singulares casuísmos dos novos autores do pós-modernismo.

É certo que a linguagem de apresentação de uma ideia desenvolvida na pesquisa foi tornando a literatura da Escola de Sociologia de São Paulo meio cansativa e restritiva dos temas. Mesmo os dois clássicos livros de Florestan Fernandes sobre o povo indígena Tupinambá (suas teses de mestrado e doutorado defendidas na USP em fins da década de

1940) tratam do tema do canibalismo e das lutas internas de um modo funcionalista e, portanto, circular. Os Tupinambá brigavam entre si e se canibalizavam para se vingarem de ataques anteriores dos mesmos inimigos. Era o que os próprios Tupinambá diziam aos visitantes da época, e isso virou uma explicação sociológica aceita por muitos durante um longo tempo. Nenhuma ideia sobre por que os Tupinambá tinham chegado a esse poço sem fundo de vinganças era discutida. Na antropologia funcionalista corrente não se perguntava a origem de costumes, supostamente, porque ela estaria perdida nos tempos, e os "primitivos" não tinham deixado escritos para verificação. Já a coloração marxista foi se consolidando ao longo dos anos em fortes tonalidades. Culminando toda uma linha de pesquisa em que participaram muitos alunos e colegas de outras disciplinas, está o livro A revolução burguesa no Brasil, publicado em 1974. Aqui não há mais hipóteses a serem pesquisadas e discutidas. Temos uma teoria a ser deslindada na história brasileira. Na análise que Florestan fez da malsucedida revolução burguesa no país, o Brasil não passava de um reles exemplo do domínio do capitalismo, como sistema e como história, com todas as suas peças institucionais sendo manipuladas para consolidar a maldade do sistema sobre uma elite egoísta e infiel, uma classe média sem caráter e um povo sofrido, porém não muito esperto. Os espíritos de Lênin e Trótski se juntavam pela última vez para esclarecer o Brasil e sua saída por uma verdadeira revolução, desta vez, um passo à frente, pelo socialismo. É evidente que esse livro só iria ser lido pelos membros acadêmicos dessa linguagem.

A terceira mudança ocasionada pelo predomínio do pensamento acadêmico sobre o Brasil foi a de que todos os que não pensavam da mesma maneira ficavam de fora do debate intelectual. Todos os que não se pautavam pelo marxismo ou, pelo menos, por uma inflexão pela importância da classe social para entender o Brasil desde o seu comecinho, foram chutados para escanteio ou negligenciados. E estamos falando aqui de intelectuais como Raymundo Faoro, que publicou Os donos do poder em 1958, e Vilém Flusser (que nem atravessou o umbral do Departamento de Filosofia da USP por querer trabalhar com a fenomenologia, Heidegger e Wittgenstein). A discussão intelectual foi virando cada vez mais ideológica, e internamente mais sectária, certamente que pela ominosa presença da Guerra Fria e do que o Brasil se tornaria em

1964, de modo que, não só Gilberto Freyre foi varrido da academia, mas foram execrados todos os autores que tinham algum cunho antimarxista, ou indiferente ao marxismo, como Raymond Aron, Miguel de Unamuno, Ortega y Gasset, e conservadores brasileiros, como Miguel Reale, Milton Vargas e Mário Ferreira dos Santos. (De certo modo, as exasperadas críticas *ad hominem* feitas ao filósofo conservador autodidata Olavo de Carvalho são reverberações daqueles tempos.) Apesar da visibilidade política de Miguel Reale como ex-membro do Partido Integralista, de coloração fascista, de ex-reitor da USP, de ser um dos redatores da Constituição de 1967 outorgada pelos militares, sua obra filosófica é pouco lida e comentada até hoje. O mesmo pode se dizer da obra singular de Mário Ferreira dos Santos.

A que conclusão pode-se chegar acerca desse papel constritor da Escola de Sociologia de São Paulo, tanto metodológico quanto intelectual, sobre o pensamento social brasileiro? Simplesmente que ele representa a mesma fraqueza e incerteza social que se veem na classe média brasileira desde pelo menos os últimos momentos do Império. A necessidade de se criar uma linguagem própria e torná-la hegemônica na intelectualidade brasileira diz muito da incapacidade da classe média de assumir um papel libertário para o país, que possa abrir um horizonte de participação mais amplo de ideias, inclusive as ideias e sentimentos que vêm da formação do povo brasileiro, essa massa inerme de gente mestiça sem refinamento e com propósitos indefinidos. E também com as ideias de pensadores conservadores que, se não forem todos uns Bonifácios, pelo menos não caem todos em deslizes fascistoides.

A classe média intelectualizada quer estar perto da elite, não porque a respeite por suas qualidades de liderança e mando do país, mas para se sentir protegida das vicissitudes da vida ou da história. Sua inteligência é refinada no sentido literal da palavra, isto é, tornada mais fina repetidamente. Isto é o que disse o antropólogo francês Claude Lévi-Strauss, quando esteve no Brasil e particularmente em São Paulo, dando aulas na USP, no fim da década de 1930; e isto é o que disse Vilém Flusser sobre a intelectualidade brasileira dos decênios de 1950 e 1960. De certo modo, a explosão do pós-modernismo no Brasil, a partir dos anos 1980, jogou um grande balde de água fria por toda essa breve tradição acadêmico-intelectual. Se surgiram ou não novas formas discursivas do pensamento social brasileiro com ganas de influência ou de predomínio, não dá para se notar com clareza em nossos dias. Mas, trataremos disso mais adiante.

8. *Raymundo Faoro (1925-2003)*

Raymundo Faoro era um jovem advogado concursado como procurador da República quando publicou seu grande livro *Os donos do poder*, em 1958, e ninguém deu a mínima. Só com a experiência da ditadura militar e uma escrita menos empolada é que o livro viria a ser lido e comentado na segunda edição (1975) com a devida propriedade que ele requer. E fez um imenso sucesso a partir de 1978, o ano que iniciou a chamada abertura democrática, inclusive ajudando o Brasil a se repensar em relação ao período da ditadura militar.

Trata-se de entender por que a elite brasileira se comporta do mesmo jeito que se comportava desde a Colônia, especialmente no que concernem às nossas famigeradas formas de patrimonialismo e de corrupção. Para Faoro, essa elite constituía um "estamento burocrático", que é um conceito emprestado de Max Weber, para significar que, na alçada do poder, o estamento está acima das classes sociais, existindo e se perpetuando como controlador do Estado, o poder constituído. Nesse sentido, Faoro considerava que as classes sociais eram subproduto da entrada do capitalismo no Brasil, uma entrada um tanto tardia, só a partir do final do século XIX. O Brasil teria sido, até então, dominado por um regime semifeudal controlado pelo Estado português, isto desde a incepção da nação portuguesa, com dom João I, no final do século XIV. Esse regime criara sua própria burocracia, isto é, suas normas e leis, seus quadros permanentes, de controle e auxiliar, e se perpetuaria pelos anos afora, independentemente, das mudanças econômicas ou sociais que ocorreram e ocorreriam.

O Brasil independente teria recebido como legado de Portugal esse estamento burocrático, o qual atravessara o Império e chegara à República sem maiores abalos, até depois do crescimento econômico e político da classe burguesa (agrária e industrial). Com efeito, quem pretendesse subir na hierarquia política já teria sido, por isso mesmo, "incorporado" por alguma forma de cooptação por esse estamento e estaria dirigindo a nação ou algum setor institucional dela (o Judiciário, o Legislativo) por meio do seu pertencimento ao estamento e para seu benefício e perpetuação.

Sem dúvida, esta era uma visão pessimista e cruel do Brasil e de Portugal. Mas, as explicações de Faoro eram sólidas, a base teórica era respeitável (sobretudo à medida que a análise marxista do predomínio de classes ia perdendo sua força de persuasão) e as evidências históricas saltavam aos olhos. Com efeito, parece que há um grupo social de poder, composto pelas esferas altas do Executivo, Legislativo e Judiciário, com a participação de elementos da elite econômica e especialmente da mídia, dos grandes jornais (e agora da televisão), que dominam e "mandam" no Brasil pelo controle que exercem sobre as instituições políticas, judiciárias e legislativas, e que fazem tudo à sua imagem e semelhança: manobram e manipulam as instituições e, aparentemente, também a vontade do povo (pelo marketing); protegem-se mutuamente por leis, atitudes sociais e amizades, tudo isso para manter seu poder, seus interesses econômicos e seus stati políticos e sociais. Ainda por cima, e aqui temos uma ajudazinha do marxismo, essa elite estamental burocrática está conectada de forma subordinada aos segmentos econômicos e políticos (inclusive simples instituições como CIA, Scotland Yard, KGB, o que for) do imperialismo! De fato, em última instância, é aí que está seu fulcro de poder. Um liberal poderia chamar isso de teoria da conspiração ou de um retrato distorcido e irreal de uma supermaçonaria, mas o sarcasmo não desfaria o valor da análise de Faoro. Um conservador diria que Faoro exagera nas tintas, e um marxista concluiria que esse estamento burocrático, se já existiu antes, por conta do regime semifeudal, desde o início do mercantilismo, vai desaparecendo e hoje seria apenas a representação da classe burguesa.

Seja como for, e aqui a ironia é proposital, os graves acontecimentos de conluio e corrupção trazidos à tona pela Operação Judicial da Lava Jato, desde março de 2014, têm demonstrado que o estamento burocrático "faoriano" inclui também o segmento mais avançado da classe operária brasileira, aquele sediado na base da indústria paulista do ABC, bem como os sindicalismos de classe média dos bancos, estatais, militantes de organizações sociais e até educacionais. Enfim, parece que todo mundo socializado na modernidade faz parte dessa elite estamental, menos o povão, que só furta lata de leite em pó em supermercado e a galinha do vizinho.

A dramaticidade desses acontecimentos nos leva a supor que o estratagema de Faoro está vivo e esperto, mas, de tão forte que é esse drama, há que haver uma explicação mais profunda e mais abrangente. Talvez o presente livro permita pré-visualizar essa explicação.

9. *Victor Nunes Leal (1914-1985)*

A obra fora da curva de Faoro não faria maior sentido sem uma obra anterior, a do político e jurista mineiro, Victor Nunes Leal, defendida inicialmente como tese de doutorado para lecionar na Universidade do Brasil, publicada em 1948 com o título *Coronelismo, enxada e voto*. Nela, Nunes Leal aproveitou-se de sua vivência pessoal em uma cidade de tamanho médio de uma determinada região de Minas Gerais para criar um modelo que serviria para todo o estado e quiçá para além, como foi eventualmente visto por seus leitores. Esse modelo daria conta do jogo político brasileiro tradicional desta nossa peculiar ordem democrática. Patrimonialismo, patronalismo, clientelismo, compadrio, autoritarismo, toma lá dá cá, peculato, corrupção, desvio de verbas, compra de votos, rivalidade entre famílias, assassinato de adversários: tudo na veia, em carne e osso.

Em uma linguagem jurídico-sociológica foi tecida toda a rede de conexões e influências que vai do poder central até o poder mais local possível: a cidade, a vila, o bairro, a rua, enfim, até a parentela. Essa rede era estabelecida por laços de afinidade política, hierarquia de status social e econômico e, acima de tudo, lealdade imortal, que passava de geração a geração. Naturalmente, havia defecções que eram retribuídas com a inimizade mais feroz possível.

Nunes Leal descreveu com cores vívidas como vinham sendo feitas as eleições, qualquer eleição, em Minas Gerais, desde que o sistema de votação foi instalado no Brasil. O poder local, o coronel – termo que se originou da nomeação de potentados locais como membros da antiga Guarda Nacional – que, tendo em vista seus próprios interesses econômicos e os de seu grupo de correligionários, amigos e clientes, negociava com o poder imediatamente superior, em ordem ascendente até o máximo do poder central, os termos da eleição: candidato, financiamento, retribuição, recompensa, tudo na base da confiança (o famoso acordo feito no "fio do bigode") e da lealdade. Vereador, deputado estadual, deputado federal, senador, prefeito e governador eram eleitos por esse modo, nesse modelo. *Mutatis mutandis*, poucos objetariam à constatação de que as eleições permaneceram assim desde sempre – apesar do majestático Tribunal Superior Eleitoral e seus desdobramentos estaduais e normativos, os tribunais estaduais; das urnas eletrônicas; das leis e regulamentos eleitorais e dos julgamentos prolongados – pois tudo continua a funcionar à base de acordos. Aumentaram terrivelmente não só os custos das eleições por causa da necessidade incontornável do marketing político, cada vez mais sofisticado e caro, como também a presença dos financiadores com interesses em mudanças legislativas em seu favor ou a presença de agentes na máquina do Estado para azeitar os seus negócios com o poder público. Contudo, a matriz de tudo isto está na análise local, com dados sociológicos e vivência fenomenológica, de Victor Nunes Leal.

10. *O debate econômico: qual capitalismo queremos?*

Muitos não querem o capitalismo no Brasil nem como fase de passagem para o socialismo e, muito menos, como fim da história. Fernando Henrique Cardoso, o presidente sociólogo, já observou que intelectual brasileiro tem aversão ao capitalismo. Entretanto, a economia brasileira só funciona quando há capitalismo vigendo, uma vez que os experimentos coletivistas ou cooperativistas são de curta duração e, quando funcionam, o fazem com boa dose de continuada subvenção. Os exemplos de fora também não são de muita valia. Talvez algum dia seja formulado um paradigma eficaz para o socialismo ou para alguma forma alternativa de ordenamento econômico, mas, por enquanto, a questão que nos concerne é o tipo de capitalismo que pode melhor se adequar ao Brasil.

A pergunta não pode ser tratada sem alta dose de ideologia, é verdade, mas também pelas diferentes análises da formação social e econômica do Brasil: e é aqui que centramos uma discussão que até hoje reverbera no país.

Vamos supor que a posição mais aproximativa da realidade histórica seja a de que o Brasil surgiu como uma Colônia para produzir o açúcar para adoçar a boca do europeu, como pitorescamente dizia Darcy Ribeiro, e que, ao longo desse processo, gerou um povo mestiço e uma sociedade hierarquizada que queria constituir uma identidade e formar uma nação. A produção, a comercialização e a contabilização do açúcar devem ter sempre produzido um delta de lucro que permitia a sua reprodutibilidade, até que a concorrência externa, vinda precisamente do Caribe, foi tornando-as menos lucráveis e reprodutíveis, Essa explicação, colocada no contexto de um tempo histórico-econômico chamado mercantilismo, é de teor capitalista. Por sua vez, a mão de obra escravista (de africanos importados) e parcialmente servil (de índios subjugados), que durou uns bons quatrocentos anos, não é verdadeiramente capitalista. Nosso país, semelhantemente, está longe de representar um Estado mínimo ou propulsor do capitalismo, sejamos ou não faorianos. Assim, em breve e leviana conclusão, para efeitos de apresentação da questão em pauta, a formação econômica brasileira tem fortes elementos da origem do capitalismo mesclados com elementos de origem feudal. O mesmo se pode dizer da sociedade brasileira: ela é tanto moderna quanto arcaica. A questão aqui é a dosagem dessas influências e a dinâmica do processo histórico que predomina na economia e na sociedade brasileiras.

Pondo os pratos na mesa: para que o Brasil tenha um desenvolvimento econômico consistente, que traga uma contribuição efetiva à diminuição da desigualdade social e eleve a nação a se tornar um membro ativo da comunidade internacional, precisamos de mais ou de menos presença do Estado na economia nacional?

Na década de 1940, tanto um comunista como Caio Prado Jr. quanto um liberal como Roberto Simonsen, responderiam que sem o Estado e sem planejamento econômico nada aconteceria para o Brasil dar um bom salto na sua produção industrial e no seu desenvolvimento social. Todos concordaram, por exemplo, com as negociações de Getúlio Vargas com os Estados Unidos em estado de guerra para ajudar no financiamento da empresa estatal de produção de aço, a Companhia Siderúrgica Nacional. Já na venda dessa empresa, cinquenta anos depois, como parte do plano de desestatização do curto governo de Fernando Collor de Mello, efetivada no governo de Itamar Franco, a divisão entre contra e a favor estava clara entre linhas políticas e concepções do capitalismo brasileiro.

Tal situação repete-se em toda a questão das estatais brasileiras. Entretanto, a questão de fundo vai mais adiante. O papel do Estado diz respeito ao financiamento da Previdência Social, do Sistema Único de Saúde, da educação universitária, da produção científica e tecnológica e dos subsídios a empresas de ponta ou de grande envergadura nacional e com Potencial Internacional. Para isso, faz-se uso de déficits públicos contínuos e alta dosagem de corrupção patrimonialista.

E o contrário, isto é, a pouca presença do Estado, a incepção do capitalismo liberal, com mudanças na legislação trabalhista, na participação da previdência social, com diminuição de subsídios a empresas estatais e privadas, com cobrança de custos universitários, tudo isso tendo como modelo as economias americana ou inglesa ou francesa, em que isso daria para o desenvolvimento do Brasil? Tornar-nos-íamos algo como a Coreia do Sul, com quem tanta comparação tem sido gasta, ou algo como a Austrália, a Tailândia, ou algum país sul-americano, como recentemente a Colômbia, o Chile ou o Peru?

Ninguém – nem os filoestatistas nem os neoliberais – tem "moral" para afirmar qual tendência seria melhor para o Brasil neste momento da nossa história. A desiquilibrada inserção do Brasil no mercado mundial e sua posição política perante outras nações não ajudam nessa decisão. A opção que ganhar o governo no processo democrático vai impor, mais ou menos, o que achar pertinente a suas ideias, só para, em outro governo contrário, aquilo ser desfeito ou desarrumado, por uma substituição igualmente canhestra. Esta é a nossa breve história econômica de curta duração. Algo muito grave ocorre na nossa elite econômica e social para não sermos capazes de realizar uma política econômica de médio ou longo prazo. Eis por que o debate entre economistas parece infrutífero para a nação como um todo.

De qualquer modo, essas duas visões contrárias estão evidentes há umas boas décadas e fazem parte do esforço de brasileiros para entender como nossa economia poderia funcionar melhor.

Desconsiderando a possibilidade aventada por muitos anos sobre o Brasil dar um salto revolucionário em direção a uma economia socialista, nosso debate econômico se restringe ao modelo capitalista mais adequado para nossa sociedade. Assim, o debate parece derivar de uma primeira grande polêmica, anteriormente mencionada, que se deu na década de 1940, entre os economistas Roberto Simonsen (1889-1948) e Eugênio Gudin (1886-1986) que se tornou, ao longo dos anos, o paladino do liberalismo econômico brasileiro. A questão principal versava sobre a industrialização do Brasil e se seriam necessários (ou não) o planejamento econômico e a intervenção do Estado para ela deslanchar. A polêmica pessoal, depois de réplicas mútuas, não foi adiante, porque o momento político em que se instalou a controvérsia acabou no fim do primeiro governo Vargas e também porque Simonsen faleceu muito cedo; mas seu bastão foi passado adiante, como veremos.

Gudin não acreditava que o Brasil pudesse competir na indústria e propunha o foco de investimento econômico no setor agropecuário. Achava que a iniciativa privada – e nisso citava o economista liberal Ludwig von Mises (que continua a representar o paradigma da economia liberal mundial) – deveria fazer tudo na economia, que a concorrência era o melhor estímulo para o desenvolvimento, não o planejamento, e que o Estado privilegiaria necessariamente os amigos do rei. Simonsen, ao contrário, era a favor da industrialização, tal como via acontecendo no país, do planejamento e do papel ativo do Estado, inclusive na criação de órgãos públicos de financiamento, estatais e na educação profissionalizante. Industrial e político, Simonsen foi responsável pela criação do Senai e do Sesi e, certamente, teria apoiado a criação da Petrobras e do BNDES.[11]

O Brasil desenvolveu-se bastante na indústria entre as décadas de 1950 e 1980, graças sobretudo ao empuxo dado no segundo governo Vargas. A economia financiou uma nova capital, se esparramou pelo Centro-Oeste e pela Amazônia, mesmo que à custa de muita desgraceira social e ecológica. Os ricos ficaram mais ricos; a classe média melhorou sua capacidade de autodeterminação; o povão rural migrou para as grandes cidades, aumentou sua renda e seus filhos aprenderam a ser operários de fábrica, garçons, porteiros, pedreiros e biscateiros ou a entrar na bandidagem; mas, mesmo assim a desigualdade social cresceu,

---

[11] Ver Gilberto Maringoni, "Simonsen versus Gudin, a controvérsia pioneira do desenvolvimento", in *Revista do IPEA*, ano 9, edição 73, 28/08/2012. Visto na internet em 11 de junho de 2017.

aumentando o fosso já existente e mantendo as diferenças de oportunidades e participação na vida pública do país pela continuidade do regime estamental que ainda prevalecia no Brasil. Em certo momento, a economia nacional deu um salto de crescimento tal que passou acima de sua capacidade de sustentabilidade, especialmente durante a ditadura militar, quando a disputa entre desenvolvimentistas e liberais se realizava sem as agruras da disputa democrática. A economia estancou precisamente no fim da década de 1970 e tem se arrastado, desde então, exceto por uns saltitos de perna curta e uns voos de galinha de vez em quando. O nacional-desenvolvimentismo foi responsável por essa longa fase de crescimento, mas, aparentemente, também se mostrou incapaz de encontrar novas saídas quando sua capacidade de investimento e endividamento esbarrou diante dos nós patrimonialistas criados pelo controle do Estado. A inflação estourou de vez no final da década de 1980 e a saída foi o ressurgimento de uma nova era do liberalismo econômico, desta vez sob o cognome de neoliberalismo. Deram-se o fim da inflação e a rápida venda de algumas estatais importantes: umas, em petição de miséria; outras, com alto rendimento e enorme potencial estratégico para a economia nacional. Gudin foi ressuscitado!

Na verdade, fazendo um balanço das muitas ideias, proposições e debates entre os principais economistas e sociólogos acadêmicos brasileiros durante o período compreendido entre as décadas de 1950 e 1990, não parece tão claro que seus diagnósticos e as propostas implantadas fizeram muito efeito sobre a economia em si. Olhando para trás a partir de nossa perspectiva atual, alguns temas de debate parecem surreais. Por exemplo, o debate entre planejar ou deixar a economia rolar *à volonté* soa como uma falácia. O governo sempre planeja e necessariamente o planejamento é sempre mudado pelas circunstâncias. Ou o planejamento já contém premissas erradas ou o viés de políticas que é usado já distorce os seus resultados quando aplicado. Na experiência do homem comum brasileiro, o que se apresenta como o fato econômico que parece ser mais real e consistente é a relação inversa entre inflação e massa salarial. Isto significa que a precaução constante contra a inflação é a melhor política para o crescimento dos salários, inclusive o salário-mínimo. O crescimento da economia brasileira pela substituição de importações se deu bem porque o Brasil estava em expansão e, para isso, os investimentos com a construção de Brasília foram fundamentais. A entrada de organizações e empresas multinacionais em todos os setores (da indústria automobilística ao comércio varejista) resultou na quebra de muitas empresas locais, mas também no surgimento de novos empreendimentos e no incremento da capacidade competitiva da empresa brasileira. O crescimento do nosso mercado interno deu-se tanto pelo aumento do salário-mínimo quanto pela extensão da saúde e da Previdência Social para todos, especialmente para o povão rural, e também pela ampliação do alcance da educação para todos os jovens e pelo boom do agronegócio e da expansão econômica para a Amazônia.

Não parece, portanto, estranho, mesmo para quem não entende dos meandros quase esotéricos da ciência econômica, que o equilíbrio entre políticas desenvolvimentistas e neoliberais seja o melhor caminho para o Brasil.

Independentemente do modo que decidirem os economistas que têm ou terão influência sobre os governos, considerar que a economia, no Brasil, seja autônoma de nossa política tradicional – de cunho perversamente patrimonialista e estamental, ao contrário do que ocorre nos Estados Unidos e nos países capitalistas mais desenvolvidos – é sempre um erro grave de visão estratégica para o país. Desde a década de 1930, nossa economia tem sido um misto de desenvolvimentismo e liberalismo. Às vezes, dá certo e temos bons momentos de crescimento; outras vezes, medram os nós cegos de ambos os lados e o impasse se instaura. Até segunda ordem, é preciso que haja um sagrado entendimento entre os economistas das mais variadas tendências para o bem do país. Pois, deixados para comandar a nação, suas diferentes e diversificadas ideias, quando levadas aos limites de suas argumentações, não são tão frutíferas quanto parecem. De um modo muito sucinto, é preciso que seja dito que o registro ou a chave da política pública brasileira deve sair do controle dos economistas e passar para uma estratégia mais sociocultural. É o que veremos mais detalhadamente no capítulo final deste livro.

11. *Pensando a arte e a literatura no Brasil moderno*

Este capítulo começou com a chegada do modernismo, que trouxe muitas novidades boas para nossa sociedade e muito boa arte, música e literatura. Quase todo crítico literário brasileiro considera Machado de Assis como o nosso maior escritor, o mais sutil em falar do brasileiro e o dono da mais fina linguagem em nosso português do final do século XIX. Que seja assim, mas do modernismo brotaram também grandes e maravilhosos poetas e escritores, artistas plásticos, músicos eruditos e populares, e deu-se a popularização do futebol, do Carnaval, das festas regionais, como a junina no Nordeste, que se nacionalizaram.

Se citarmos apenas alguns pareceria homenagem e parcialidade; assim, abordemos, de outro modo, a arte brasileira em geral.

A grande temática da literatura brasileira passava a ser a do brasileiro enraizado em suas circunstâncias, de onde se poderia vislumbrar o homem em sua inteireza cultural. Nossos autores regionalistas – como José Lins do Rego, Raquel de Queirós, Jorge Amado, Graciliano Ramos e Guimarães Rosa – eram etnógrafos, mais do que psicólogos ou filósofos. A eles interessava descrever a cultura brasileira, não a alma do brasileiro. Do Brasil não saem Dostoiévskis, como diz o chavão, talvez, porque aqui, abaixo do equador, pecado nem culpa há. Clarice Lispector possivelmente nos deu um vislumbre de nossas incertezas; Guimarães Rosa nos pôs em dúvida sobre a nossa identidade; João Cabral de Melo Neto nos disse que nosso destino era de pedra; e Carlos Drummond de Andrade enunciou que a pedra nos fazia tropicar pelo meio do caminho. Mas, o que vale para nós, são as histórias de amor e sacanagem, de coronéis e lobisomens, de sinhazinhas e megeras, de cangaceiros e retirantes. A alma do brasileiro é uma janela aberta para o mundo, exposta sem pudor para que todos participem de seu entendimento no dia a dia, na conversa em bares e jantares, nas paradas de ônibus e nas praias. Somos modernistas até demais, e será preciso um novo salto civilizacional para que comecemos a nos indagar se vale a pena viver. Por enquanto, não temos dúvidas: vale. Nossa angústia é só a falta de grana.

Dois ou três (ou quatro) brasileiros inventaram e fizeram Brasília, uma cidade que para muitos parece irreal, mas que para nós brasileiros tem muita força cultural. A ideia de interiorizar a capital do Brasil para conectar seu imenso território vem desde antes de José Bonifácio e nunca foi motivo de grande resistência, a não ser pela cidade do Rio de Janeiro, por justas razões. O esboço urbano de Brasília, em forma de avião, é um tanto estranho, certamente, porém assaz modernista e nativista: não foi, afinal, um dos nossos que inventou o avião? Já a Esplanada dos Ministérios não deixa dúvidas de que estamos no âmago da cultura popular, cotidiana, brasileira. O onirismo do arquiteto Oscar Niemeyer, que quando garoto visualizava diariamente as curvas dos morros e montanhas cariocas e esbarrava nos despachos de candomblé nas esquinas das ruas do bairro de Laranjeiras, desenhou um verdadeiro despacho arquitetônico. Lá, na Esplanada, estão dois potes de pipoca, um parece que foi chutado e virado de ponta-cabeça, duas garrafas de pinga, pacotes de feira em forma de edifícios, uma galinha sagrada com os pés amarrados em forma de catedral, tudo em oferta aberta por uma larga e clara trilha para que nenhum orixá que se cative por este ebó se perca pelo caminho. Na maioria das cidades brasileiras não se cultua o candomblé, se bem que em quase todas haja quem culte a umbanda (que é uma síntese do candomblé africano com o espiritismo). Mas, para o brasileiro que vive em cidades à beira-mar e à beira-rio, onde despachos são comuns nos Anos-Novos, a estética do despacho está gravada profundamente. Creio que este é o caso do arquiteto Niemeyer e daqueles que se sensibilizam ao ver Brasília e sua luminosa Esplanada.

Dizem que músicos e matemáticos natos têm um tipo de inteligência e criatividade que os diferencia dos demais seres humanos. Alguns falam que essas duas modalidades de arte e técnica se encontram em algum lugar da mente humana. No Brasil, nossos músicos são favorecidos por uma cultura mestiça de muitas tonalidades. Assim, Villa-Lobos pegou tonalidades negras e indígenas e misturou-as com Bach para fazer suas Bachianas brasileiras, alçando nossa música a um patamar universal. Inúmeros músicos natos sintetizaram com poucos instrumentos de percussão e o acordeão, uma invenção europeia que chegou ao Brasil no fim do século XIX, tonalidades indígenas e negras com modulações portuguesas, espanholas e mouriscas, para formar uma gama de estilos musicais, desde o forró, no Nordeste, o carimbó, no Pará, e a música nativista do Sul. Com esses ritmos surgiram danças coletivas que, com variações de batidas de pé, rodopios de pares dançantes e outras peripécias, resultaram em inúmeros estilos de danças que identificam características regionais.

No mais, nos ambientes mais urbanos, negros, mulatos, curibocas, capoeiras, caboclos e brancos pobres desenvolveram o samba e suas variações, cadenciaram a marcha militar para desfilar e criar o frevo e produziram o Carnaval brasileiro. Nem precisamos falar muito sobre o Carnaval que, ao longo de mais de um século de modernismo, se tornou a principal festa coletiva brasileira. No Carnaval, muitas características da cultura contemporânea são exibidas, tais como as novas manifestações da nossa sexualidade e o delirante anseio pela bem-aventurança nacional. Do samba, a classe média urbana do Rio de Janeiro, junto com um baiano das barrancas do rio São Francisco, modulou o ritmo bossa-nova, e o mundo se curvou com entusiasmo à nossa elegância.

Os modernistas, Mário de Andrade à frente, descobriram a arte popularíssima do folclore brasileiro, aquela que foi elaborada e construída ao longo de quatrocentos anos pela imaginação e pela astúcia do povo, como representação de sua vida cotidiana e de sua busca de transcendência. Eis a cerâmica de bonecos de Mestre Vitalino; as fantasias coloridas e feitas de materiais variados das danças tradicionais, como o maracatu, o bumba meu boi; as carrancas do rio São Francisco; as cavalhadas; o samba de roda; as pastorinhas etc. O modernismo santificou Aleijadinho e aspergiu de benemerências as igrejas mineiras da sua fase áurea, chamando a ambos de "barroco tardio". Uma arte dotada de cores e de arabescos mouriscos e indianos que, como dirá anos mais tarde Vilém Flusser, foi a primeira originalmente elaborada como arte pela mestiçagem brasileira de negros, mulatos e portugueses. A arquitetura colonial foi estudada com reverência e, ao menos, sobrava algo de positivo do legado português colonial que o brasileiro podia cultuar com orgulho. Por outro lado, a destruição pelo Exército português dos Sete Povos das Missões – que, como os quilombos, constituíram um dos poucos experimentos sociopolíticos diferentes da colonização opressora – obliterou este experimento misto cristão-indígena, deixando, além de algumas poucas ruínas de fachadas e de adros de suas igrejas e aldeias, o sofrido povo guarani vagando pelo mundo em busca de uma terra sem males e das bênções dos *nhanderu* ("nosso pai", isto é, um Deus paracristão).

O modernista Oswald de Andrade, nosso mais célebre burguês *enragé* comunista, vislumbrou em sua vivência de poeta e visionário a mestiçagem criativa da cultura brasileira que se atualizava em São Paulo. O meio milhão de italianos que aqui aportaram desde o último quartel do século XIX; os espanhóis e os portugueses da última geração; os sírios e os libaneses; os judeus poloneses e russos fugindo dos *pogroms;* e os insulados japoneses se misturaram, em pouquíssimo tempo, com a elite do café e a pequena burguesia, criaram empresas, viraram artistas, intelectuais e funcionários públicos, formaram as novas hostes de operários anarquistas e comunistas em conjunto com a população negra local e a caipirada que migrava para a grande cidade, e se sentiram como se sempre estivessem vivido neste reino da utopia. Que outro país poderia ser tão aberto?

Para Oswald, o fundamento dessa abertura tinha um caráter quase universal e trágico, poetizado no seu "Tupy or not tupy", com base na relação original do português com o indígena. Oswald aproveitou-se do costume dos povos Tupinambá de matar, assar e comer os inimigos para obter sua coragem, e submeteu à inteligência brasileira a ideia da antropofagia como o emblema do processo de formação da nossa sociedade e cultura. Esta teria se constituído desde cedo e continuava a se formar pela absorção das influências exógenas que eram tragadas sofregamente, consumidas e transfiguradas em novas formas. O que não era digerido era cuspido fora. Com ironia, com deboche e de modo descompromissado é que se cria nesse país.

O delírio antropofágico de Oswald de Andrade marcou permanentemente o pensamento cultural e a visão artística brasileiros. O seu "Manifesto Antropofágico," sua prosódia (em contos, romances e ensaios) e sua poesia, de tão singulares e inusitados, fizeram nossa arte prescindir do surrealismo que se desenvolvia no mundo europeu e se extravasava em outros países latino-americanos. Ao mesmo tempo esse novo modo de ver o mundo teve especial influência na formação da nossa mais consistente forma artística que iria se desenvolver a partir do final da Segunda Guerra Mundial, o concretismo.

Com antecedentes na arte concreta e no construtivismo russo, o concretismo e seu ramo renovador, o neoconcretismo, criados na década de 1950, com o toque antropofágico, parecem ser a mais original das produções de artes plásticas criadas por brasileiros modernos. São brasileiros intelectualizados, urbanos e sofisticados, com misturas e mixagens de poetas, filósofos, pintores, escultores em vários materiais, com uma visão mesclada de influências diversas, própria de gente que vem de várias procedências regionais e, em muitos casos, descendentes de imigrantes recentes. Destaca-se sobretudo, ao meu ver, Wlademir Dias-Pino (1927-), filho de imigrantes espanhóis, que, ao longo de oito décadas, desde que editou na gráfica do pai seu primeiro livro de desenhos e poemas, aos doze anos de idade, fez poesia, jornalismo, pintura, gravuras, desenhos, estilização de gráficos indígenas, fotografia, criando espanto e entusiasmo ainda hoje em quem tem a sorte de ver uma exposição sua. Wlademir participou do grupo original dos concretistas, da construção do poema-processo e do livro-poema. Por sua extensa obra, em contato com temas surpreendentes, às vezes populares, e uma visão muito peculiar do mundo, Wlademir talvez seja o mais instigante e intrigante artista brasileiro.

Concretistas e neoconcretistas tinham consciência de que faziam uma arte conceitual contrária à arte figurativa presente na cultura popular brasileira. Rompendo com essa tradição, juntaram materiais diversos, retorceram aço em esculturas largas e equilibradas de modo periclitante, modularam formas de bichos e animais como se fossem origamis japoneses, costuraram roupas de saco de arroz e, aos poucos, foram trazendo a arte produzida conceitualmente para perto do público, para que este pudesse a ela se integrar ou com ela se relacionar. Os parangolés de Hélio Oiticica, que subiram o morro para fantasiar os passistas do samba, e o uso de elementos naturais na última fase de Lígia Clark dão um tom muito elevado da concepção desta arte. Na verdade, anteciparam em muito o melhor do que viria mais tarde como arte pós-modernista. Paralelamente ao que se fazia na arquitetura em Brasília e em outras cidades, criaram uma base da arte moderna brasileira. No limite, carnavalizaram a arte, fizeram-na estar ao lado da vida (ou, até mesmo, nela enraizada). Como mais tarde filosofaria o poeta Ferreira Gullar, mostraram que a arte (no caso dele, a poesia) existe não porque ela representa o melhor do homem, mas porque a vida em si não basta ao homem.

O que os artistas concretistas e neoconcretistas brasileiros fizeram conceitualmente foi empurrar a arte para um limite de proximidade com a vida, sem deixar de considerá-la uma mediação da existência. Os artistas metaforicamente recusaram, pela negação do figurativo, a estética normativa, a arte estabelecida, a imposição de uma ordem política, social, cultural, religiosa, ideológica, ainda que sem oferecerem qualquer noção de solução. Ao introduzirem materiais e elementos próprios de uma vivência brasileira, esses artistas pretendiam, ao menos, criar pontes entre a arte chamada erudita e a arte popular (uma diferença, de natureza especialmente socioeconômica, enraizada no sistema estamental e classista desigual predominante no Brasil).

Naqueles anos se produziu uma arte libertária e genuinamente brasileira, uma espécie de renovação do espírito da Semana de Arte de 1922. Este é um legado sobre o qual a continuidade da imaginação artística brasileira pode se assentar. Isto é arte do Brasil, produzida por nossa mestiçagem física e cultural. Artista não precisa dar mais explicações do que isso.

12. *Darcy Ribeiro (1922-1997), a antropologia, a educação e a política*

Em sua origem, a antropologia no Brasil foi instituída como uma disciplina das ciências sociais para estudar os índios, os negros e a cultura popular. Isto é, qualquer coisa que não fosse propriamente parte da civilização ocidental ou mesmo de qualquer civilização. Por isso é que os antropólogos mais sofridos politicamente dizem que a antropologia é uma espécie de ciência auxiliar do colonialismo. Ah, os sofridos. Isso durou até a Segunda Guerra Mundial, quando antropólogos americanos foram convocados para ajudar o governo americano a se preparar para o pós-guerra, especialmente no Japão, essa intrigante civilização insular. Precisavam saber o que fazer, como melhor se comportar, para melhor moldar, se não dominar, o Japão e, quiçá, o mundo. A antropologia virou a ciência social do imperialismo. Ah, a má consciência de novo!

Entrementes, a antropologia mundial e a brasileira estudam hoje quase tudo que cheire a cultura ou a modos de ser no mundo, não só os colonizados, os dominados, os marginais, mas agora também a classe média e as elites ocidentais e aspectos da vida cotidiana de qualquer povo, nação ou etnia. De certo modo, o objeto das ciências sociais é um só, o ser humano em sociedade, sendo as diferenças entre elas questões de método e propósitos.

Darcy Ribeiro começou sua carreira de antropólogo, depois de se formar na Escola Livre de Sociologia e Política de São Paulo, em 1948, estudando os índios, já trabalhando para o Serviço de Proteção aos Índios (SPI), o órgão nacional de proteção e assistência ao índio desde 1910 comandado pelo marechal Cândido Rondon. Fez estudos de campo entre os Guarani, os Ofaié-Xavante, os Kadiuéu e os Urubu-Kaapor, filmou a cerimônia fúnebre dos Bororo, elaborou os propósitos e fundamentos culturais, ambientais e geográficos do Parque Nacional do Xingu e criou o Museu do Índio, dentro do SPI, hoje ainda localizado no Rio de Janeiro. Muita gente que conheceu Darcy já como educador e político desconfia de que ele não tenha ficado muito tempo fazendo pesquisa de campo com os índios. Mas ficou, sim, e passou boas agruras, além de ter se sentido muito feliz nesse período em que foi etnólogo.

Darcy deixou contribuições importantes em vários ramos da etnologia, como um vasto e detalhado diário de campo de sua estada com os Urubu-Kaapor, publicado em 1995, um livro sobre arte plumária desse mesmo povo (junto com sua mulher Berta Gleizer Ribeiro) e vários artigos sobre arte e religião dos Kadiuéu, e usou a temática indígena também para fazer dois de seus quatro romances, *Maíra* (1976) e *Utopia selvagem* (1981). Mas, foi na sua empreitada para entender o Brasil e sua posição no mundo que Darcy se destacou com obras amplas e ousadas. Foi também aí que ele sofreu as maiores críticas dos seus colegas antropólogos brasileiros.

Em 1956, Darcy conheceu Anísio Teixeira, então diretor do Instituto de Educação e Pedagogia (Inep), do Ministério da Educação, e passou a dedicar boa parte de seus esforços à educação. Os dois conceberam, lutaram e fundaram a Universidade de Brasília, em 1961, que serviu de modelo para a modernização do sistema universitário brasileiro. Anos depois, em 1993, Darcy iria fundar a Universidade do Norte Fluminense, no estado do Rio de Janeiro. Nos dois governos de Leonel Brizola (1983-1987 e 1991-1994), Darcy iria atirar-se à tarefa de implementar uma forma de educação pública de primeiro e segundo graus em turno integral. Ao final do segundo governo Brizola, havia implantado 503 escolas públicas conhecidas como Ciep (Centro Integrado de Educação Pública), em turno integral e com várias características metodológicas e de assistência social para os alunos e suas famílias. Esse projeto foi emulado durante algum tempo pelo governo do presidente Fernando Collor, entre 1991-1992, e mais tarde no governo da prefeitura de São Paulo, gestão Marta Suplicy, entre 2005 e 2008.

Contudo, nos governos seguintes, o projeto Ciep foi desativado em vários aspectos que comprometeram sua integridade, aparentemente por decisão de ordem política. Há também críticas de que tal projeto, sendo de tempo integral, tem custos altos para os orçamentos estaduais. O fato é que o Brasil claudica terrivelmente em sua decisão de prover uma educação básica de qualidade para o seu povo. É uma decisão de ordem político-filosófica que mudaria no curto prazo o quadro de desigualdade social em que vivemos. Talvez a classe média e a elite brasileiras não queiram, intuitivamente, fazer essa mudança. Por outro lado, é uma decisão que necessariamente exigiria mais comprometimento orçamentário e, portanto, corte de despesas e subsídios em outros setores da sociedade. O clamor pela educação de Darcy ecoa não como o de um pioneiro ou de um profeta, mas como o de um combatente original e ousado que, algum dia, há de ter emuladores.

Quando estourou o golpe militar em março de 1964, Darcy, que era ministro-chefe da Casa Civil do governo Goulart, exilou-se no Uruguai e passou a dar aulas na Universidade Oriental, onde começou a matutar sobre por que o Brasil e outros países latino-americanos ainda estavam submetidos ao imperialismo (ou viviam como colonizados). Era a pergunta do momento, para a qual muitos economistas, sociólogos e cientistas políticos tentaram várias explicações. A estratégia de Darcy foi pela antropologia. Nos anos que vão de 1968 a 1974, Darcy publicou uma série de cinco livros que chamou de *Estudos de antropologia da civilização*. Tratava-se de entender como o Brasil, a América Latina, a civilização europeia em suas modalidades anglo-saxã, latina, eslava e outras tinham chegado onde chegaram, tão diferentes e tão desiguais. Para isso, Darcy fez uma longa excursão para dentro do tempo, tomando como base uma visão dialética das transformações da história, inspirado e emulando o famoso livro de Marx e Engels *A origem da família, a propriedade privada e o Estado*, publicado pela primeira vez em 1884. Tratava-se de seguir essa trilha para explicar os tempos depois de 1500, com as descobertas marítimas e a colonização moderna. Suas questões diziam respeito à formação sociocultural dos povos latino-americanos, à dominação geral do português e do espanhol sobre os povos autóctones americanos, à escravatura de africanos nas Américas, às razões econômicas, étnicas, políticas e históricas da incapacidade ou das intransponíveis dificuldades de o Brasil e demais países saírem de suas condições de subdesenvolvimento.

Entre tantas análises e ideias contidas nesses livros, destacam-se algumas. Uma é, seguindo a dialética marxista, a de que o processo histórico é determinado pelas transformações do modo de produção, o qual se exerce de acordo com outros parâmetros além do econômico, como a demografia, as rivalidades entre povos e estados, as peripécias da história e as ideias para justificar a vida cotidiana. A outra é a de que, na história das Américas, dessa nova formação histórica derivada da expansão europeia, haveria uma diferença entre formações de povos por misturas de etnias e as simplesmente transplantadas da Europa. Misturas ocorreram com intensidade em vários países, como a Venezuela, a Colômbia, o México, diversos países da América Central, Cuba e especialmente o Brasil. Os povos assim plasmados são chamados de "povos novos". Como esses povos se constituíram é um processo que a história está ainda para desvendar em sua integridade, embora muitas ideias já tenham sido apresentadas.

O que significa um povo novo em relação a visões de mundo, também não está claro. Para Darcy estava claro que os povos novos sofreram para se constituir, mas agora estão buscando uma nova configuração cultural, um novo sentido histórico. Tudo é novo, experimentar é o que se deve fazer. Já povos transplantados ocorreram em países como a Argentina, Uruguai, Canadá, e nos Estados Unidos, em especial. Darcy considera que foi mais fácil formar esses países já que as regras estavam mais ou menos predeterminadas desde suas matrizes.

O povo brasileiro é o livro que Darcy considerou sua obra máxima. Aqui está uma narrativa consistente (recomendada pelo literato e sociólogo Antonio Candido de Mello e Souza como obra fundamental para quem quiser conhecer o Brasil) sobre o que Darcy chamava de dores da formação do povo brasileiro: a escravidão e a servidão como formas de trabalho; o Brasil como empresa para produzir *commodities*; sua integração no mundo mercantil; depois, no capitalismo, a formação de classes sociais; o processo de mestiçagem; a colonização original e redobrada; o capitalismo selvagem aqui implantado; e, especialmente, as qualidades formativas desse povo novo, original, que iria muito além de sua existência social. A ideia de que o Brasil teria uma formação sociocultural mestiça de europeu, africano e ameríndio, além da efetiva contribuição posterior de novos europeus (especialmente, italianos, alemães, eslavos, espanhóis e outros), árabes (sírios, libaneses e armênios) cristãos ou muçulmanos, asiáticos (principalmente japoneses, mas também chineses e coreanos) é que fezeram Darcy propor que aqui se formou uma cultura com qualidades excepcionais que um dia se alçará a um posto de reconhecimento e influência sobre o mundo. Uma cultura mestiça, pois, no seu dizer antropológico, utópico e espantoso, "mestiço é que é bom".

(Advirto aqui os leitores para se reportarem ao Capítulo 6, O passado se arrasta na universidade, para seguir a trilha da discussão sobre a intelectualidade brasileira influenciada pelos filósofos do pós-modernismo, que tanto mudou a visão da classe média intelectualizada sobre a formação histórica do Brasil, seu sistema sociocultural e seus propósitos filosóficos e antropológicos de nação autônoma.)

13. *Mangabeira Unger (1947-) e a difícil solução para o Brasil*

Roberto Mangabeira Unger (1947-) é um filósofo, cientista político, jurista e instigante pretendente a político brasileiro, com dupla formação pessoal e intelectual no Brasil e nos Estados Unidos. É professor da Universidade de Harvard, em Boston, de onde escreveu suas principais obras filosóficas, jurídicas e políticas. Mangabeira destaca-se mais por algumas ideias filosóficas sobre o mundo e suas possíveis aplicações em situações políticas nacionais, do que propriamente por qualquer visão própria do Brasil. Nesse sentido, ele não é um pensador sobre o Brasil – ainda que possamos deduzir que se enquadre na seção dos nativistas –, mas um proponente sobre como o Brasil deveria agir para mudar e encontrar seu caminho na história.

Uma das grandes ideias filosóficas de Mangabeira Unger é a de que, para além de Miguel de Unamuno, o indivíduo é um ser para além de si mesmo, portanto, está potencialmente acima de suas circunstâncias. A outra é a de que as circunstâncias são construções desse indivíduo, o homem, portanto, podem ser desfeitas e reconstruídas. Isto quer dizer que os sistemas sociais e políticos, as classes sociais, as sociedades e as nações são produtos humanos feitos por homens que podem mudar. Há em Mangabeira Unger uma intensidade de vontade de poder, como tradução de uma vontade de ser, muito próxima de Nietzsche, em que pese sua aparente rejeição a esse filósofo.

Nos seus escritos políticos, Mangabeira propõe que, apesar das diferenças entre Brasil e Estados Unidos, ambas as nações possam criar projetos equivalentes baseados na noção de "democracia empoderada". O problema principal brasileiro seria a desigualdade social, ao passo que o problema americano seria a constância impermeável do racismo. Essas sociedades teriam de criar, por um esforço de pura consciência e decisão política, instituições experimentais em que mudanças pudessem ser realizadas de tal modo que se "energizassem" em outras instituições. Três ideias são constantes: uma é a da imaginação criadora; a segunda é a de que a decisão para fazer algo tem de ter o apoio de um grupo social forte; a terceira é a de que tudo a ser feito tem de ter um viés experimental, estrategicamente modificável. Está bem, temos uma fórmula.

Quando foi ministro de Assuntos Estratégicos, por dois anos, no segundo mandato do presidente Lula (2007-2009), Mangabeira circulou intensamente por entre governadores e prefeitos, especialmente da Amazônia, tentando convencê-los a aplicar algumas de suas ideias para desenvolver a Amazônia com inclusão das populações locais, a pequena e a grande propriedade, a criação e renovação de instituições e de democracia empoderada.

Por exemplo, para sanar e equacionar positivamente o problema da exploração ambiental, social e humana do mau uso de terras na Amazônia, haveria que se criar um novo modelo econômico que integrasse a grande e diversificada propriedade, com gado, plantações perenes, silvo-agricultura, proteção ambiental, participação dos trabalhadores nos lucros, com a pequena propriedade de produção intensiva, e com uma educação escolar que enfatizasse o espírito inquisitivo, dedutivo e criativo dos jovens, e não a formalidade do conhecimento e a decoreba. E, se fosse possível, haveria que se dar um cavalo de pau na economia que tem se desenvolvido na Amazônia há mais de cinquenta anos e criar um novo modelo por atos político-administrativos, para que a Amazônia e o Brasil viessem a encontrar caminhos mais dignos e profícuos para suas populações.

O diagnóstico dos problemas brasileiros de Mangabeira Unger enquadra-se no âmbito do pensamento nativista brasileiro; sua vontade de ação tem tonalidade utópica e delirante, mas seu poder de convencimento esbarra na percepção geral de que o enquadramento pode até estar certo, mas as suas dimensões sociais e políticas carecem de mais senso de realidade cultural.

Os críticos mais duros de Mangabeira alegam que ele não dá um exemplo sequer de uma sociedade que, em algum momento de sua existência, tenha procedido como ele indica ser a fórmula de uma trajetória social e política. O filósofo americano Richard Rorty já retorquiu em sua defesa dizendo que talvez faltasse imaginação a esses críticos. Seja como for, como o Brasil é um retrato a ser constantemente retocado, as ideias e a verve de Mangabeira Unger, tais quais os conselhos de um Antônio Vieira dos últimos tempos, merecem ser ouvidas, repensadas e quiçá trabalhadas.

14. *Antonio Risério (1953-) e o Brasil negromestiço*

Nas décadas de 1960 e 1970, a Bahia se engradeceu com um movimento intelectual e artístico que teve grande repercussão por toda a sociedade brasileira. Um longo e sólido cultivo da literatura, da música, da educação e da política (tanto de esquerda quanto de direita) já fizera desse estado um dos centros intelectuais mais fecundos do país, à parte sua relativa queda de importância econômica. Nas áreas mais festivas, como a música e o Carnaval, essa repercussão atingiu todas as camadas sociais da Bahia e se esparramou por todo o Brasil. Na década de 1950, contava com músicos, escritores e intelectuais extraordinários – tais como Dorival Caymmi, Jorge Amado, Anísio Teixeira, Thales de Azevedo, Dias Gomes e muitos outros – e a geração que surgiu a partir do final dessa década possuía artistas que deixaram marcas indeléveis, como João Ubaldo Ribeiro, Glauber Rocha e Raul Seixas e, em seguida, todo o grupo que constituiu a Tropicália e seus desdobramentos locais, à frente Caetano Veloso e Gilberto Gil. Sem falar em João Gilberto, o criador da batida da bossa-nova. O filósofo português Agostinho da Silva foi por alguns anos, na década de 1960, um dos inspiradores e animadores intelectuais dessa geração. A arquiteta italiana Lina Bo Bardi deixou sua marca na direção do Museu de Arte Moderna. O fotógrafo e etnólogo francês Pierre Verger tornou-se um ícone de uma geração inteira de baianos com seu conhecimento da cultura negromestiça da Bahia e suas conexões com o mundo africano.

Negromestiço é o termo, o sintagma, que, para o antropólogo, poeta e ensaísta Antonio Risério, melhor representa todo o processo da formação demográfica e cultural da Bahia. Logo a Bahia, o aclamado berço da "negritude" moderna brasileira, que criou o samba no Rio de Janeiro e as baianas a rodar no Carnaval. Pois, para Risério, o Brasil é um país de mestiços de negros, brancos e índios que se amalgamaram em diferentes colorações e em diferentes subculturas por todo o território nacional. No centro há uma cultura brasileira, convenhamos, que junta e mistura e junta, e isto não é pouca coisa e merece respeito.

Antonio Risério era um rapaz de apenas quinze anos quando se meteu no meio do rebuliço político-cultural que se deu no final da década de 1960 em Salvador. Foi preso por alguns meses por fazer parte do movimento estudantil e dos primórdios de uma das organizações políticas que pretendiam fazer guerrilha à época. Depois, deixando a breve militância política, passou para o tropicalismo e para a contracultura (a ordem dos fatores não altera o produto) e vivenciou muitos anos de estudos em Salvador e em São Paulo sobre estética na pintura, na música popular, no cinema, na poesia e, principalmente, na antropologia. Risério enfatiza em sua obra e em muitas entrevistas que deu ao longo das últimas quatro décadas que o Brasil só pode ser visto por um olhar antropológico, o único capaz de sentir a pulsação de sua formação cultural, muito acima e além de sua formação social e econômica. Sua obra literária e crítica foi se consolidando com o tempo, e dela se destacam dois livros especiais: *A utopia brasileira e os movimentos negros* (2007) e *A cidade no Brasil* (2012).

A utopia brasileira trata de mostrar como a negritude brasileira – compreendendo descendência, vivência, pensamento, arte, religião, sentimento, solidariedade, atitude e movimento social – é acima de tudo mestiça, composta de elementos indígenas e europeus, tanto física quanto espiritualmente. Afirmar tal proposição no auge da mobilização da militância dos movimentos negros ou afrodescendentes atuais, na própria Bahia, constitui um pleito de desabrida coragem. Demonstrar efetivamente que a mestiçagem de negros na Bahia e no Brasil é de longa data e é produtora de uma nova formação cultural significou: penetrar na história das relações raciais, nos reinos e tribos africanos; ponderar o papel de brancos e negros (e até de indígenas) do longo período de escravidão; avaliar os movimentos de rebelião e de negociação; confrontar as diferenças entre grupos étnicos africanos; atribuir valores de relacionamento intenso com indígenas e brancos e demonstrar o potencial de síntese cultural existente no inter-relacionamento racial desde o princípio da colonização. Para Risério, a utopia brasileira é justamente a mestiçagem que aqui se formou. Nisso ele descende de Gilberto Freyre e de Darcy Ribeiro e acrescenta muito mais por tratar exatamente do espaço sociocultural brasileiro mais intensamente negro de todos, onde as evidências da presença cultural indígena já haviam sido de todo diluídas no caldeirão africano ou se encontram perifericamente para além do Recôncavo baiano.

O antropólogo Risério pensa também o espaço urbano como formativo da cultura geral brasileira e das várias subculturas que se distinguem Brasil afora. Tendo já tratado em outros estudos da cidade de São Salvador, em seu livro *A cidade no Brasil,* ele estende sua percuciente visão de mundo para focar como a cultura brasileira cria sua própria cidade, a partir do legado português e do legado indígena, e se desdobra internamente, nas ruelas, nos arrabaldes, no limítrofe do urbano com o rural, por meio das influências mescladas africanas e indígenas. Risério trata da formação histórico-antropológica de Salvador, São Luís, Belém, Manaus, São Paulo, Curitiba e Porto Alegre, especialmente essas três últimas que receberam forte influência da "segunda" imigração, e demonstra que, para além das diferenças de formação histórica, econômica e étnica, uma coisa todas elas tiveram em comum: uma centralidade urbana e antropológica já constituída que amalgama as diferenças e faz com que prevaleça o espírito da cultura assimilacionista do Brasil. Se os italianos foram hábeis para se integrarem à nova sociedade e os japoneses (e okinawanos) um tanto mais rígidos, ao final, em duas ou três gerações, todos foram se encontrando e se mesclando de corpo e alma. Risério cita o filósofo judeu tcheco Vilém Flusser, um imigrante da segunda leva, para demonstrar como os imigrantes em São Paulo e por extensão em quaisquer outras cidades brasileiras vão arrefecendo suas lealdades culturais às suas pátrias e perdem suas características originais pela força assimilacionista da cultura básica brasileira.

A cidade no Brasil pode ser lido como uma espécie de segundo volume de uma possível série de livros sobre o Brasil que começa com *A utopia brasileira*. O que interessa verdadeiramente é a cultura brasileira como condicionadora da vida social, política e econômica do Brasil. Neste sentido, Risério se assemelha a Luiz Sérgio Coelho de Sampaio, como veremos em seguida, quando este diz que para entender o Brasil há que se mudar o registro de análise da economia da sociologia marxista-bourdieuana ou da política gramsciana-foucaultiana para o registro da análise da formação da cultura e seus desdobramentos que pervagam e incidem sobre cada uma dessas outras esferas da vida social.

Risério é um raro espécime de intelectual contemporâneo que passou pelo crivo da academia apenas e tão somente para obter as ferramentas metodológicas e a visão holística da vida social, pouco se importando com os afazeres e desdobramentos do ensino e da carreira. Seus livros, seus artigos, sua poesia, sua artesania artístico-literária, seu trabalho como um dos criadores do Museu da Língua Portuguesa, em São Paulo, sua tarefa cultural na abertura dos Hospitais Sarah Kubitschek a uma convivência mais humana, seus estudos e observações, como marqueteiro político, sobre as formas de influenciar os eleitores a votarem em determinado candidato têm como raiz seu profundo interesse pelo Brasil e suas possibilidades de transcendência e uma inesgotável vontade de estar no mundo para influir na vida contemporânea.

Ultimamente Risério não tem se furtado ao debate inglório, quase diariamente, por suas ideias nas redes sociais, como Facebook e Twitter. Com frequência puxa temas, alude a eventos e abre veredas de debates que vão contrariamente ao fluxo do pensamento "politicamente correto", seja em relação à política econômica, seja em relação a políticas culturais, seja em relação a movimentos sociais. Risério impõe a si e a quaisquer outros o direito e o dever de exercerem a liberdade de pensamento e de expressão, sempre através de argumentações científicas, filosóficas ou, ao menos, balanceadas por evidências aceitáveis, sujeitas, evidentemente, a seus próprios equívocos, contradições e aprimoramentos, independentemente de contrariar a opinião politicamente correta ou a visão ideológica em moda. Sua vontade de influenciar o mundo não tem fronteiras e, por isso mesmo, há que se esperar que daí venha mais chumbo intelectual.

15. *Vilém Flusser (1920-1991) e o encantamento estrangeiro*

Vilém Flusser, um intelectual judeu, nascido em Praga, fugiu da invasão hitlerista e migrou para o Brasil em 1940 e aqui viveu por mais de trinta anos, tendo dado aulas de filosofia – especialmente sobre Heidegger, Wittgenstein e teoria da linguagem – em algumas faculdades da Universidade de São Paulo, no Instituto Tecnológica da Aeronáutica e na Fundação Armando Alvares Penteado. Destacou-se mundo afora como um grande teórico da fenomenologia e suas aplicações à história, à "pós-história", à literatura e à linguagem e, em especial, à fotografia. A questão teórica essencial para Flusser era saber como aquilo que se apresenta ao homem é percebido, entendido e passa a fazer sentido para si e para o mundo.

Durante muitos anos Flusser era conhecido no Brasil por um grupo estreito de intelectuais que trabalhavam questões de cultura, sobretudo intelectuais conservadores, como Vicente Ferreira da Silva, Miguel Reale e Milton Vargas, que organizaram, na década de 1950, diversos congressos nacionais de Filosofia. Na década de 1960, Flusser escreveu inúmeros artigos para os jornais *O Estado de São Paulo* e *Folha de São Paulo* até que, sentindo que não havia clima para convivência humana e diálogo intelectual, decidiu sair do Brasil, por volta de 1972, e foi morar pela Europa até se abrigar no Sul da França. Hoje sua bibliografia é imensa e está quase toda publicada em muitas edições em várias línguas (Flusser era fluente em vários idiomas e escrevia em alemão, francês, inglês e português.)

A principal obra de Flusser que concerne ao Brasil, *Fenomenologia do brasileiro*, foi publicada em alemão em 1994 e em português de sua própria lavra em 1998. Trata-se de uma obra que é um verdadeiro ponto fora da curva temática dos livros escritos sobre o Brasil, incluindo os que estão sendo analisados aqui. Aquilo que ninguém esperava que fosse dito sobre o Brasil é dito e argumentado com um desvelo inusitado. Um livro que, em muitos aspectos, tratou mal o Brasil e os brasileiros, mas, em uma perspectiva essencial, revelou que, no Brasil, graças ao modo como vivem os brasileiros, estaria surgindo o que ele chama de *homem novo*, o qual, por suas excepcionais características de sociabilidade, poderia servir de exemplo para a humanidade. A linha de visão do pensamento que chamamos de utópica ou delirante é melhor representada por Flusser do que propriamente por seus antecessores e continuadores, como o padre Antônio Vieira, Gilberto Freyre, Darcy Ribeiro e Luís Sergio Sampaio.

Fenomenologia do brasileiro tratou da forma como um estrangeiro, vivendo no Brasil como imigrante, percebia o brasileiro como ser cultural, pelo seu comportamento (que incorpora sua história pessoal e a história coletiva), por suas atitudes diante da vida, por seu modo de relacionamento, por sua arte e pensamento, e por sua visão de mundo.

Eis algumas coisas que Flusser disse sobre o brasileiro. Em primeiro lugar, e essencialmente, que o brasileiro é um ser cultural que vive fora do tempo tal como concebido e vivido pelo europeu (ou pelo norte-americano). Flusser chamou esse tempo europeu de tempo histórico, portanto, o brasileiro, ao contrário, seria um ser *a-histórico*. Não se trata aqui de deprecar que o brasileiro é africano ou indígena, portanto, sem história. Trata-se de mostrar que o brasileiro em sua multiplicidade formativa vive de um modo diferente do europeu, sem seguir os ritmos e o tempo que o desenrolar da história faz ao europeu. O brasileiro não estaria nem aí para os problemas que afligem o europeu: guerras, nativismos, ódios raciais e étnicos, mitos e histórias do passado, desejos de progresso, competitividade, aspirações religiosas, visões de mundo. Como assim? Primeiro choque!

É que o brasileiro vive para se sentir bem, pelo gozo e pela busca da bem-aventurança. Isto acontece especialmente com o brasileiro pobre, o povão, aquele sem participação na vida política da nação, mas também se dá com o brasileiro "burguês", aquele que comanda, de vários modos e em vários graus, a economia, a política e o discurso da nação. O brasileiro vai ao futebol não como o operário europeu que busca consolo e circo, para se livrar da alienação do trabalho, mas porque é no futebol que o jogo da vida se desenrola com suas regras, sua estratégia, suas táticas, seus dribles, suas frustrações, sua dureza, suas pegadas, suas malandragens, seu gozo, sua alegria. Por vezes parece que Flusser falava de Garrincha, nosso anjo de pernas tortas, que fazia o público delirar de alegria e sensibilidade, mas ele falava do próprio futebol, especialmente, visando a Copa de 1970. Até durante a ditadura militar!

O Carnaval é outro tempo ritmado em que o brasileiro se faz gente como em um transe, pondo em suspensão o resto da vida. Gasta-se tanto esforço, perde-se tanto tempo no Carnaval porque é tempo ganho dentro do tempo a-histórico da vida brasileira.

Flusser melhorou sua explicação da seguinte forma: o Brasil não se concebeu na história através de um mito de origem declamado por todos, como narram as nações europeias. Não há para o Brasil uma origem essencial que dê sentido ao desenrolar da história e isso conta na interpretação fenomenológica de Flusser. Ao contrário, o Brasil foi se constituindo pela vivência cotidiana, a vinda de portugueses e cristãos-novos jogados nesse Novo Mundo desencadeou uma história de congraçamentos de gentes diversas, sem qualquer propósito comum efetivo, a não ser viver. Seria simplesmente sobreviver, se não tivesse gozo. A mestiçagem original é, assim, sem sentido histórico. O sentido só virá depois, se vier! É claro que Flusser conhecia a história do Brasil e sabia que houve lutas e conflitos internos e externos, massacres de índios, crueldade com escravos, perseguições a judeus e a cristãos-novos, mas foram os ritmos de vida – criados por negros, índios e portugueses, escravos, servos ou senhores – que fizeram a vida ter sentido, na pura vivência. Se fôssemos Heidegger, diríamos, no puro *dasein*.

Ao longo do livro, Flusser vai dando exemplos da vivência a-histórica do brasileiro. Comecemos com o que ele falou sobre o que o brasileiro acha da natureza.

Para Flusser, o brasileiro rejeita e detesta a natureza. Ele é ser da cultura. A natureza é cruel, dura, perturbante, inabitável. A natureza é calor, é água demais, é terra pouco fértil, são os mosquitos, os sertões e os carrascos. Já os europeus, depois de devastarem o que tinham de natureza, em cerca de 4.000 anos de agricultura, agora fazem festinha com florestas replantadas, prados verdes onde pastam vacas e ovelhas, rios limpos, mas tranquilos e bem controlados por diques e barragens. A Floresta Negra é um replantio de pinheiros e espruces, não mais! A natureza é um jardim onde se cultivam rosas roxas. Em compensação, no Brasil gosta-se de gente, não se odeia. Aqui o que vale é a convivência cordial, um valor constituído. Na Europa, há 4.000 anos prevalece o ódio mútuo e aos povos diferentes. Essa dualidade é estilizada, não há dúvidas, porém, serve ao propósito de dar sentido de diferença entre os dois extremos.

Sobre miséria. Na Europa, se há um mendigo na rua, o passante fica preocupado e se sente culpado; em reação, dirige-se a uma entidade social e assina um cheque de doação, e logo se sente melhor. Trata o mendigo como um ser à parte de si, como objeto, para o qual responde com distanciamento cauteloso. No Brasil, um mendigo é visto com animosidade. Por que esse sujeito está aí, sujo e desconstruído, e, ao contrário, não se levanta, toma um banho e vai tocar a sua vida? Se tem problemas, vá resolvê-los! Para o brasileiro, o mendigo é um ser sujeito, um aparentado, responsável por sua existência, e, note-se bem, não há objetificação do ser indivíduo mendigo. Parece reação negativa, mas é pura identificação humana. "Mimimi" e autovitimização são efeitos recentes.

A seção mais cruel e, por isso mesmo, mais clarividente, sobre o Brasil é a análise sobre como se dá a alienação no Brasil. Alienação é o sentimento de estar fora da realidade por nela não habitar, ou participar efetivamente, ou participar sem compreender. É um sentimento que os existencialistas sabem muito bem que provoca mal-estar, e é considerado a base da sociedade moderna, capitalista, na análise dialética marxista. Pois bem, no Brasil, se formos contar a vivência do brasileiro comum, bem como a do sujeito de classe média e alta, o burguês, na fraseologia flusseriana, a vida seria pura alienação. Nem mesmo os burgueses participam efetivamente desse mundo. Flusser dava como exemplo viver na cidade de São Paulo na década de 1960. São Paulo não é, propriamente, uma cidade onde as pessoas se conectam em um centro cultural: é um monstrengo desconectado em bairros, nascendo aos pedaços a cada dia. Rios fétidos, corredores desumanos, feitos para automóveis, prédios descomunais de feios, sem arte e sem poesia, descentralização cultural, enfim, para lembrar a música de Caetano Veloso, uma cidade dominada por uma "feia fumaça que sobe apagando as estrelas". O burguês paulista sente inveja do burguês europeu, quer imitá-lo, e só pensa em dinheiro e exibições baratas. Um povo amorfo de nordestinos sem nome, baianos calados, mal articulando um português compreensível para os patrões. Que saída, que fuga haverá para essa gente e essa vida?

Pois, há saída, sim. Na vida intelectual – apesar de ser costumeiramente tão pobre e imitativa, conforme já vimos na descrição de Lévi-Strauss da década de 1930, tão tendente a modas e sensacionalismo – pode surgir um senso que permita o escape dessa alienação, da irresponsabilidade e da incompetência prevalentes, que favoreça o entendimento da verdadeira essência do brasileiro. Onde está essa saída? Para o brasileiro (burguês e povão incluídos), ao contrário do europeu, usando a terminologia marxista, a economia não é infraestrutura nem a cultura é superestrutura. Ao contrário, a cultura é infraestrutura, ou seja, é a base para o entendimento da vida. A economia surge depois. Assim, para Flusser, "a originalidade e a criatividade brasileiras se articulam muito mais na cultura do que na economia, e que a cultura absorve e engaja os melhores brasileiros, em detrimento da política". Enfim, "Será na cultura que se dará o novo homem, ou não se dará em parte alguma".

Flusser tratou de como a criatividade brasileira se formou na cultura a partir das igrejas e estátuas do chamado barroco mineiro, no auge da riqueza mineral de Minas Gerais. Flusser gozava da cara dos que achavam que isso seria o último suspiro do barroco euro-português. Para Flusser o barroco seria uma falsa grandiosidade do absolutismo europeu e de uma cristandade sem amor ao homem. Já a arte mineira seria a alegria do mulato que juntava elementos africanos, europeus e indianos, nas cores, nos arabescos, nas expressões, para dar sentido a uma nova cultura que surgia ou estava para surgir. E isto foi compreendido intuitivamente na Semana de Arte Moderna de 1922, para ele a única verdadeira revolução que já se deu no Brasil.

Por fim, a língua portuguesa. Que língua é essa que não aglutina substantivos com verbos e com palavras soltas para criar novos sentidos, precisando sempre de preposições e advérbios? Bem, é uma língua não linear, portanto, não histórica. O português, como o latim do qual deriva, é uma língua sem profundidade, porém com clareza de expressão. Acontece que uma língua reflete o pensamento da existência do ser humano. Ela está inserida na vida ou na história (ou na não história). Flusser, ainda na década de 1960, tinha escrito e publicado um livro chamado *Língua e realidade*, no qual discutia a língua como articulação necessária do pensamento. Assim, seu argumento sobre o português falado no Brasil seguia as peripécias da formação do Brasil. Primeiro, o português seria uma língua que se deteriorou no processo de formação de um povo amorfo feito de portugueses decaídos culturalmente, de índios e negros servis e escravos, sem participação na vida social da elite, tampouco na literária. Por outro lado, o que era literário, vindo da vida burguesa ou da elite, era pomposo e lusitano, fora da compreensão desse mesmo povo. Duas línguas faladas e incompreendidas não iriam produzir literatura nem filosofia até que começassem a serem articuladas entre si. A vinda de imigrantes falantes de outras línguas não latinizadas, como o iídiche, o árabe e o japonês, levou o português culto do Sudeste do país a se abrir para novas palavras e novos conceitos. Com isso abriu-se ou começou a se abrir para o português arcaico e pobre da massa amorfa do povão. Flusser citava autores como Guimarães Rosa e Carlos Drummond de Andrade como articuladores dessa nova língua. Aqui estariam elencados também Manuel Bandeira e seus poemas sobre Recife. Eis a nossa esperança para uma literatura de ponta e uma filosofia própria. Tomando por fim a conclusão ou a motivação que levou Flusser a falar tanto do Brasil, sem pejo e com amor, à página 161 do seu livro:

"Resumindo: no Brasil está ocorrendo um processo em muitos níveis que tende a transformar um substrato arcaico e primitivo em estrutura complexa e sofisticada, pelo método de elaboração consciente e absorção maciça de elementos históricos do Ocidente. O processo se dá mais significativamente no nível linguístico, prova que se trata de processo autêntico, porque grandemente não deliberado. Se e quando o processo alcançar sua meta, terá surgido um novo homem sem igual no resto do mundo."

A língua portuguesa falada no Brasil seria fundamental para articular o novo homem. Para o autor, será um "homem que brinca trabalhando e trabalha brincando" (p. 170), logo, que foge da alienação, do ódio e da autocomiseração. Tal acontecimento só poderia ser algo sagrado, portanto, seria uma nova religião que articularia esse novo homem. Benza Deus, Flusser.

16. *Luiz Sérgio Coelho de Sampaio (1933-2003) e a originalidade brasileira*

Sampaio era filho de um contador de Vila Isabel, Rio de Janeiro, formado engenheiro eletrônico pelo Instituto Tecnológico da Aeronáutica, em São José dos Campos, São Paulo, em 1956, com pós-graduação em economia pela Universidade do Estado da Guanabara (depois Uerj), de onde seguiu para trabalhar na Bolsa de Valores do Rio de Janeiro, em meados da década de 1960. Lá trabalhou na concepção, na metodologia, nos propósitos, na preparação de cursos e na fundação do Instituto Brasileiro de Mercados de Capitais (IBMEC) bem como na formulação dos algoritmos que determinam os valores de ações de empresas. Em 1976, foi para a Embratel, onde chegou à vice-presidência. Em 1983, Sampaio concebeu e dirigiu a conexão de diversos computadores das agências da Embratel pelo Brasil e assim criou uma espécie de embrião do que viria a ser a internet. Chamou esse projeto de "Ciranda". Entretanto, o projeto não foi levado adiante na passagem do governo Figueiredo para o governo Sarney. Mais uma perda brasileira do bonde da história.

Nos anos entre 1970 e 1990, Sampaio passou a elaborar uma filosofia baseada na ideia de que o ser humano (pessoal ou coletivo) seria constituído de cinco dimensões, as quais podiam ser explicadas por cinco lógicas. As cinco dimensões humanas seriam (1) o ser consciente, isto é, o ser que pensa e se autodetermina; (2) o ser inconsciente, isto é, o Outro internalizado, o indefinido do ser; (3) o ser histórico, isto é, a síntese dialética de (1) e (2), o que também quer dizer o ser consciente e inconsciente de si e do Outro, em um só, portanto um ser de mudança, de história; (4) o ser sistêmico, isto é, o ser que está inserido em um contexto social, isto é, que tem relação com o Outro do Outro; e, por fim, (5) o ser em sua subjetividade integrativa, "quinquitário", isto é, o ser de cinco dimensões, que agrega e sintetiza todas essas dimensões de um modo ideal.

Cada dimensão e o sistema como um todo poderiam ser entendidos por um método que Sampaio chamou de "sistema lógico hiperdialético", formado por cinco lógicas respectivas a cada dimensão: (1) lógica da identidade; (2) lógica da diferença; (3) lógica dialética; (4) lógica sistêmica ou clássica; e (5) lógica hiperdialética. A lógica hiperdialética coordenaria as ações das demais lógicas de um modo duplamente consciente quanto inconsciente. O ser humano se constituiria dessas cinco dimensões e seu desenvolvimento pessoal ou coletivo (como cultura ou como história) poderia ser explicado pelo inter-relacionamento entre as cinco dimensões.

A filosofia de Sampaio desdobrava-se em muitas intepretações, práticas e aplicações, mas basta essa provisória explicação para que possamos passar para sua aplicabilidade na interpretação do Brasil.

Como muitos intelectuais do seu tempo, Sampaio tinha em mente uma interpretação do Brasil baseada nas contribuições dos cientistas sociais do século XX. Na formação econômica brasileira tinha em vista as dissertações de Caio Prado Jr., Roberto Simonsen e Celso Furtado, tendo como mentores teóricos Karl Marx, Joseph Schumpeter e John M. Keynes. Assim, ele reconhecia que a economia brasileira era dependente e submissa ao capitalismo internacional, que a burguesia brasileira era caudatária das decisões externas e exploradora do Estado e suas instituições, e que o operariado tinha imensas desvantagens devido ao sistema político dominante. Por sua vez, Sampaio considerava que a economia capitalista não era produto unicamente da relação entre burguesia e operariado, mas que contava com uma classe social, conhecida genericamente como "classe média", que tinha atribuições fundamentais na produção econômica, bem como na formação social e na elaboração do sentido de nacionalidade. Sampaio compreendia a classe média, não como caudatária ou rebotalho das duas classes sociais predominantes, a burguesia e o operariado, mas como uma classe em si e para si, pois era fator de produção da tecnologia, essencial para a reprodução do capital, como parte da produção da mais-valia relativa. A tecnologia não era um subproduto do capital em si e seus produtores não eram os próprios donos do capital. A tecnologia advinha do conhecimento aplicável e aplicado que derivava da ciência, que provinha, por sua vez, da lógica clássica ou sistêmica. A classe média era o segmento de uma sociedade capitalista que produzia conhecimento, desenvolvia tecnologia, organizava ou melhorava constantemente a infraestrutura logística do capital (transporte, comunicação, sistematização), aprimorava (ou não) a educação em geral e a educação prática, dava sentido discursivo à nacionalidade e abria o horizonte de comunicação com o mundo exterior. Não é coisa pouca.

Para Sampaio, a grande falha dos economistas em geral e dos brasileiros em particular era não entenderem esse papel autônomo e fundamental dessa classe social na produção e reprodutibilidade do capital. O fato de o próprio Karl Marx ter desconsiderado a classe média como fator de produção do capital, e ter se concentrado exclusivamente na interação conflitiva entre burguês e operário, o inclinou a pensar que o capitalismo seria um sistema feito para reduzir o operariado a condições de vida cada vez piores, cujo único remédio seria a emergência de sua autoconsciência de classe e a consequente luta revolucionária. Ao contrário, na visão "sampaiana", sendo o capitalismo formado por três classes sociais, produtoras dos três fatores de produção que criaram a mais-valia (sempre relativa), a tendência de um equilíbrio ainda que desajustado decorreria desse inter-relacionamento de classes sociais. Não um paraíso nem o fim da história, evidentemente, mas uma dinâmica social que levaria ao desenvolvimento das forças produtivas (como pensara Marx) até o limite final das possibilidades dessas forças, limite este ainda não alcançado. É certo que um dia o capitalismo vai se esgotar, como se esgotaram os demais modos de produção econômica, mas não será por força da autoconsciência da classe trabalhadora nem nos moldes voluntaristas do leninismo.

Aplicando essa visão geral da crítica da economia política tanto marxista quanto liberal para o Brasil, Sampaio apontava para a classe média como o mal maior, mas também como a saída para o nosso problema maior, que seria a histórica e abominável exploração econômica, social e cultural do povo trabalhador em geral, não os operários de fábrica exclusivamente, mas especialmente os que não tinham carteira assinada (garantia do trabalho formal) e os que viviam de biscates. A sobrevivência econômica desse povão destituído só seria alcançável ao custo de um baixíssimo nível de expectativas de vida.

A classe média brasileira não cumpre o papel que o capitalismo prevalente no Brasil dela requer, qual seja, de providenciar meios tecnológicos, administrativos e normativos para melhorar a produção de mais-valia relativa e assim aliviar a exploração do operário e, por consequência positiva, contribuir para uma produção econômica e social mais equânime. A classe média brasileira, ao contrário, providencia uma péssima educação formal e prática para o operariado e para o trabalhador comum; não contribui efetivamente para a construção de uma infraestrutura eficiente pela má qualidade de seus técnicos ou pela pouca disposição de assumir responsabilidades éticas e morais na realização de construções que dependem da interveniência de políticos. Por fim, a classe média intelectual brasileira se divide com facilidade inesgotável, esvaziando assim sua responsabilidade pela formulação do conteúdo cultural e político da nação. Por consequência negativa, o papel mais acentuado da classe média na sociedade brasileira é de manipular os meios de ascensão social da classe trabalhadora, do povão, de tal sorte que, mesmo aumentando sua parca renda, esse povão fique sempre com poucas possibilidades de realizar uma aproximação na participação social, política e cultural na sociedade brasileira. Por exemplo, se ao longo de quase 130 anos de republicanismo, o povão passou de 5% de analfabetos para 95% de alfabetizados, ainda assim sua entrada em cursos superiores e o consequente acesso ao conhecimento moderno estão condicionados aos ditames normativos produzidos por um sistema educacional (regido por segmentos da classe média) que dificulta de todos os modos, seja pela linguagem cifrada, seja pelo apego aos modismos intelectuais ou seja pela insuficiência de ensino, a participação desse povão na vida cultural e política da nação.

Em suma, é por decisão parcialmente consciente e parcialmente inconsciente da classe média que o sistema social brasileiro continua regido por um divisor fundamental, o estamento social, em que uma minoria participa e contribui para a vivência cultural dominante, enquanto a maioria, o povão, continua ausente dessa vivência, confinado a um patamar inferior do indefectível sistema social estamental.

Os capítulos neste livro que tratam da economia e do sistema social brasileiro têm clara inspiração na visão de Sampaio sobre a estrutura da economia capitalista da atualidade.

Na formação social brasileira Sampaio reconhecia a nossa história nos moldes descritos por Darcy Ribeiro e Raymundo Faoro. Vivemos um sistema de classes produzido pela dominância do elemento português, conectado umbilicalmente à metrópole, e pela vivência inter-racial e interétnica dos índios autóctones e dos negros africanos. Como a maioria dos intelectuais brasileiros, Sampaio considerava que essa mestiçagem se deu pelo predomínio do elemento africano sobre o aborígene e o português na formação do povão. Considerava que os sentimentos mais profundos de convivência social, a percepção da morte e de sua redenção, e a sensibilidade estética do povão advinham substancialmente da tradição e da convivência do negro africano em sua integridade histórica e na atualidade. Considerava que a divisão entre povão e elite era constitutiva dos nossos principais problemas não somente econômicos, mas também políticos e sociais. Essa divisão perpetuava-se pela cultura de divisionamento, a qual, como explicado logo acima, resultava da ação negativa das prerrogativas de ação social da classe média. Sampaio via somente com dificuldades que no coração do povão pulsavam por igual um tambor africano e um maracá indígena. Assim escreveu em seu principal livro sobre o Brasil, intitulado *Brasil: luxo ou originalidade*, publicado por sua própria iniciativa e custo um ano antes de sua morte prematura.

É precisamente naquilo que chamou de "registro cultural" que Sampaio achava que o Brasil encontraria sua problemática principal de entendimento e a eventual saída de suas aporias e dificuldades históricas. Nesse sentido, Sampaio se emparelhava com Vilém Flusser, por motivos semelhantes, mas também por motivos adicionais. A visão de Sampaio sobre a formação do Brasil era de ordem histórica de longo percurso. O Brasil seria um país de cultura mista, não só por sua mestiçagem étnico-cultural, mas também pelo desenvolvimento advindo da Europa. O Brasil política e existencialmente estaria engastalhado no meio do caminho entre um velho e dissoluto feudalismo português, que produziu uma elite patrimonialista, e um capitalismo vivenciado de permeio e de modo desequilibrado, que produziu uma classe média corporativa e infiel a seu propósito social. De soslaio essa classe média mira o povão, tenta auscultá-lo, e sabe que não toca sua alma, a não ser por um processo de identificação só em raros momentos alcançado. Já o povão desvia seu olhar e pelos ouvidos sente o ruído desqualificado de ritmo e de propósitos integrativos das intrigas e querelas da classe média desleal.

Entrementes, seguindo Flusser, só a cultura salvará o Brasil. Que cultura seria essa?

Sampaio seguiu uma linha antropológica e filosófica do que seria cultura. Eis sua definição:

> Cultura é o modo próprio de ser do homem em coletividade, que se realiza em parte consciente, em parte inconscientemente, constituindo um sistema mais ou menos coerente de pensar, agir, fazer, relacionar-se, posicionar-se perante o Absoluto e, enfim, reproduzir-se.

Com isso em mente a cultura brasileira é vista como estando em processo transformador, com elementos que lhe dão centralidade e elementos que lhe dão saída de fuga e transcendência. Estando a sociedade brasileira dividida em dois estamentos em que se mesclam as lealdades de interesses econômicos, sentimentos religiosos, a constituição étnicor-racial, os respectivos históricos de dominação e subordinação, eis que nossa cultura necessita de fortes mediações para que a sociedade não se parta em duas, ou se desmorone em pedaços. As mediações culturais são o que mais agregam e dão consistência ao brasileiro. A primeira é a vontade de sociabilidade, que se abre para o reconhecimento do outro como semelhante (não igual) a si, por quem se socorrem e se alegram mutuamente. Dessa mediação criam-se os laços de solidariedade e identidade maior. A segunda é a vontade do saber, que deslancha o ímpeto pelo conhecimento do outro e do mundo ao redor. Essas duas mediações se energizam uma à outra. A terceira, dado o hiato de diferença entre os dois submundos estamentais, é a vontade da própria mediação, do querer juntar, que produz a ânsia pela criação, quer dizer, a criatividade. Essa criatividade é a própria vontade de transcendência da cultura brasileira. Transcender, no caso brasileiro, quer dizer reconciliar as partes divididas e formar uma nova síntese, não propriamente dialética, se não hiperdialética, pois a união das duas partes não destrói todos os elementos que as compuseram originalmente. De tal modo que sempre haverá na futura cultura brasileira a cadência africana, o pulsar indígena, a harmonização europeia, e os ritmos e voleios melodiosos dos árabes, dos asiáticos e de quem mais chegar. E também suas dissonâncias.

17. *Conclusão*

Pensando bem, as explanações deste último parágrafo não se encontram propriamente em qualquer escrito de Sampaio. Estão implícitas, certamente, sobretudo nos textos em que ele tratava da criatividade brasileira no Carnaval, em que opunha a vontade da criatividade à vontade do luxo. Mas, confesso que aqui são sínteses hiperdialetizadas com minha própria visão, em uma mescla que inclui outrossim as reflexões de Vilém Flusser e as proposições político-culturais de Darcy Ribeiro.

Se eu fosse desenvolver uma teoria da cultura brasileira incluiria também muitos dos autores aqui analisados, a começar por Antônio Vieira e José Bonifácio, longínquos antecessores da visão nativista do

Brasil. Na verdade, Vieira foi o pioneiro da visão utópico-delirante, aquela que propunha o *Quinto Império*, a quinta civilização mundial como a última revelação de Deus na Terra. Contudo, incluiria também as demais visões, a começar pela visão conservadora que deu centralidade à identidade de um todo, de uma unicidade para aquém da realidade social. Pois, de algum modo, os conservadores, que têm muito de reacionário na sua ânsia pela permanência ainda que intranquila do controle da nação, foram também, a seu modo, delirantes, bandeirantes, sertanejos, aventureiros, gente também deslocada do mundo, como diria Sérgio Buarque de Holanda. E também considero aqui a visão dos liberais, os que acreditam na racionalidade do comportamento, na competitividade dos homens e das culturas, na individualidade do agente econômico, do pensador, do artista. Como negar a realidade do capitalismo dominante, nascido do desfazimento do feudalismo, explorador e comunicador, criador da mundialização?

O certo, para mim, é que a cultura brasileira é uma síntese hiperdialética das quatro visões que se formaram na história brasileira pelo menos desde a Independência, quando o brasileiro se achou com poder para desgarrar-se do mundo português de uma vez por todas e habitar definitivamente neste mundo tropical. Habitar o Brasil, estar neste mundo, não mais ser um ente deslocado, eis nosso maior propósito filosófico e cultural. Para isso haveremos de contar com todas as forças e atributos que conquistamos ao longo de mais de quinhentos anos de existência. Esse processo, como diriam Darcy e Flusser, haverá de se realizar tanto por esforço consciente com ação objetiva, quanto por entrega inconsciente, porém com confiança, à ação mediadora e integrativa das quatro visões que compõem o nosso processo cultural. Fé e engajamento, como queria Sampaio, eis os dois comprometimentos do ser brasileiro para com seu semelhante e sua comunidade maior.

Capítulo 9
Erguendo-se paulatinamente para a historicidade

O verso do nosso hino nacional que declama "deitado eternamente em berço esplêndido" e, ainda por cima, o outro, "ao som do mar e à luz do céu profundo" não poderiam ser mais característicos do desejo nem tão secreto de todo brasileiro de pertencer a um mundo de bem-estar, ou melhor, de bem-viver e de bem-aventurança. Por esses versos, se é que as palavras de um hino possam refletir ou influenciar um desejo inconsciente coletivo, nós, brasileiros, nos colocamos, de certo modo, como um povo singelo e inocente ao acreditarmos que habitamos uma terra gigantesca, de uma natureza esplendorosa, com um povo bravo que não foge à luta e augurando um futuro de luz, paz e amor. Alguma mente gaiata pode interpretar nosso hino como um surto de exaltação à autocomplacência, porém, a esta altura deste livro, nem vou redarguir, e sigo adiante.

Todo brasileiro sente-se de um modo quase instintivo um bem-aventurado, eis nosso autocomplacente destino. Não posso imaginar de onde exatamente vem isso. Darcy Ribeiro poderia dizer que vem do sentimento causado pelo despertencimento do mundo anterior, da 'ninguendade' constituída nos primeiros momentos da mestiçagem, que retirou de seus contribuintes indígena, branco e negro quase tudo que eram antes, formando uma nova raça e uma nova espiritualidade. Gente nova destinada à felicidade, dizia o delirante Darcy. Mas, por que a mestiçagem traria esse conforto de bem-aventurança? Darcy dizia que vinha dos negros, de sua alegria de viver – até na desgraceira –, de seu ritmo corporal e estética religiosa que embalavam uma nova sensibilidade. Vilém Flusser até poderia concordar com essa ideia, mas acrescentaria que o brasileiro é o que é por já ser misturado e que essa mistura o fez viver fora da história careta do europeu. Gilberto Freyre diria que os portugueses tinham muito a ver com isso, gente destemida e culturalmente maleável, já que eles eram produto de caldeamentos raciais e culturais prévios. Por *défault*, caberia a mim dizer que vem do indígena que, afinal, deu a base demográfica para que a Colônia se fizesse forte e ubíqua. E por outros motivos mais, como o senso de liberdade, o viver aqui e agora, a reprodutibilidade prodigiosa, o espírito de comunidade, de determinação e de autossacrifício. O caldeamento dos três, sim, e dos mais que vieram de todos os cantos da Terra, deu esse mistério precioso que somos nós.

Vamos retomar a explanação mais geral pelo método hiperdialético desde o começo. Na época em que os portugueses foram se apossando do litoral do Brasil e passaram a colonizá-lo, eles não eram propriamente um povo feliz, tal como podemos dizer do brasileiro, mas também não eram um povo desanimado ou desiludido como o são agora, aliás, como tem sido desde que perderam o Brasil. Os portugueses tinham então um espírito criativo, inovador, ousado e até abusado. Havia sem dúvida a sombra ominosa da Espanha nos seus costados e, com efeito, não demorou muito para serem mais de uma vez por ela ameaçados em sua soberania. Oitenta anos foram suficientes para Portugal tomar conta do litoral brasileiro, 120 anos para se apoderar de seu quinhão do Tratado de Tordesilhas e pouco mais de 250 anos para regularizar todo o processo de controle e expansão por um vasto e incomensurado território. (E, para coroar, nossos seringueiros nos adicionaram o Acre, nosso estado caçula.)

Nesse tempo, o ingente português tornou mestiço todo um novo povo, primeiro, de um modo até franco e ingênuo, concubinando-se com as jovens indígenas que, por gosto próprio e por gosto de seus pais e irmãos, traziam o português para seu círculo familiar, tornando-o genro e cunhado, com as vantajosas obrigações de reciprocidade mútua; depois, impondo-se pela violência de dominador, subjugando as vontades, estuprando, amasiando-se, mas também, já homem comum, já feito mestiço e mulato, namorando e casando-se com as negras, mulatas, índias, caboclas, escravas ou livres, fazendo filhos e filhas que também foram se multiplicando na tarefa de miscigenação, mestiço com mestiço dá mais mestiço, e formando uma população cada vez mais vasta, sem nunca deixar de ser variada e multifacetada, e por diversas razões mais favorecida para cuidar deste vasto quinhão territorial. Quando chegaram os momentos de se subdividirem, como nas rebeliões do Quilombo dos Palmares, da Confederação do Equador, da Farroupilha, da Balaiada e da Cabanagem, sempre surgiram forças internas para amenizar as diferenças e todos se sentirem como uma unidade. Essas forças internas, sendo políticas, desejosas da constituição de um Estado, vinham dos portugueses, ou melhor, dos luso-brasileiros que comandavam a nação. Mas havia forças internas culturais e essas advinham da nossa prodigiosa miscigenação que já formara uma população culturalmente homogênea, fortemente indígena na demografia e fortemente negra na sensibilidade religiosa, que deu liga a distantes populações e distintas formas de sobreviver. Uma força conjunta centrípeta, um desejo de identidade impulsionaram a formação do Brasil de tal sorte que as dispersões regionais foram facilmente agregadas em um todo só. Comparem só nosso caso com os processos sociopolíticos que desagregaram os países andinos ou os centro-americanos!

Assim, não tenhamos dúvidas: desde cedo emergiu uma identidade coletiva (nacional, se quiserem) no Brasil, em seus vários momentos históricos, por essas duas razões: a política e a cultural. Tenho consciência de apresentar essa tese contrariando uma maioria de pensadores brasileiros que sempiternamente argumentam e pretendem impor a ideia de que a nação brasileira é uma estrovenga que só se formou por causa da força marcante do Estado, isto é, do poder central constituído que impingiu uma agregação e uma unidade nacional sem ao menos ter em conta a consciência política de uma população considerada ignorante e não participativa. E que essa população, dispersa em múltiplas formas de existência, de acordo com as circunstâncias econômicas e adaptações regionais, descendente de ex-escravos e ex-servos e portugueses decaídos, ignorante, analfabeta e não participativa, não contribuíra com nada, a não ser sua passividade, para a formação da nação brasileira.

A ideia de unificação à força e sem sentido histórico-cultural parece-me derivar de uma visão conservadora do mundo brasileiro, por dispensar a participação do povão em sua formação político-cultural. Por essa visão, o povão vem sendo caracterizado como uma "massa amorfa". Entretanto, a mesma visão é explicitada por intelectuais e historiadores de tendência de esquerda, marxista ou pós-modernista, caracterizada, por esse lado, como um povão insciente de seu papel político, portanto, desconstituído de espírito de classe, não tanto por indolência congênita (digamos, uma posição mais direitista), mas por ter sido oprimido continuadamente por tão longo tempo. Coitado!

A convergência dessas duas vertentes para o mesmo alvo dá uma pista para pensarmos que algo mais estaria por trás dessa visão conjunta. Este algo é uma tendência da intelectualidade brasileira, já denunciada há muitos anos por Darcy Ribeiro, de olhar o Brasil por binóculos emprestados de pensadores europeus, marxistas, liberais e conservadores, sejam eles construtores de teorias sociológicas de largo espectro e longo prazo ou comentaristas de conjunturas atuais.

Assim, por uma nova visão, vejo a implicância brasileira de deitar-se em berço esplêndido não como uma falta de identidade nem de ausência de participação político-cultural. Vejo-a como um sonho de expectativa e de esperança a ser realizado em futuro próximo. Por outro lado, vejo a insistência na visão anterior como fruto de um abismo criado desde sempre entre um povão constituído pelo processo histórico como povo novo, que se agrega pela cultura, e uma elite engastalhada em dois mundos históricos distintos, o feudal-patrimonialista e o capitalista-individualista. O abismo foi criado pelo sistema social de estamentos, derivado do mundo feudal, que teima em continuar a exercer um papel político-social de domínio sobre a integridade da nação. Para isso, ele tem de continuar a reprimir, oprimir, suprimir e obstruir o estamento social subordinado, o povão. E denegri-lo.

De que forma poderemos sair desse pântano já tão pisoteado e ressequido? Esta não é uma pergunta séria para um simples antropólogo, mas, alá!, não se deve fugir dos desafios. Na conclusão deste livro que considera o Brasil em uma situação de estar ao mesmo tempo aqui e além do que já foi e do que parece ser, há que se propor o que ele pode ser e poderá vir a ser. Isto é, a sua inevitabilidade.

Os muitos pensadores que escreveram sobre o Brasil o fizeram por vários motivos: por curiosidade, por afeição, por obrigação, alguns com desdém, vários por fé ou por engajamento. Muitos trataram do país por um viés lógico ou outro, enfatizando um aspecto da realidade e deixando de lado outros aspectos integrantes do ser social. Uns pesquisaram muito, esmiuçaram bibliotecas e arquivos e leram documentos antigos, alguns estiveram presentes eles mesmos nos acontecimentos que descrevem. Alguns não citados aqui escreveram inspirados por sentimentos poéticos e literários, em que a ficção se mistura com uma realidade não percebida pelo reles sociólogo.

Quase todos, brasileiros e estrangeiros de boa-fé, se abriram para entender a história brasileira e sua cultura de tal modo que em pouquíssimos casos há desprezo pela nação. Charles Darwin, quando aqui esteve em 1832, na famosa viagem do Beagle, enojou-se com o modo cruel com que se tratavam os escravos e as crianças pobres, mas não saiu falando horrores do povo. Talvez o único a falar mal em absoluto tenha sido o conde de Gobineau, o francês que passou um ano como embaixador no Rio de Janeiro, em 1869-1870, tendo-se tornado amigo de dom Pedro II, e que desancou o povo como feio e degenerado. Ele foi só o mais feroz entre um número grande de darwinistas sociais e eugenistas, estrangeiros e brasileiros por igual, que não pouparam a população brasileira das críticas à miscigenação. Entretanto, passado o tempo e por obra e graça da antropologia cultural e de Gilberto Freyre, saímos do estigma de degenerados, mas caímos em outras armadilhas contra nossa autoestima, outras negatividades. Nosso problema não é mais genético, e sim cultural. Somos agora chamados e nos chamamos a nós mesmos de subdesenvolvidos, incompetentes, malemolentes, corruptos e irresponsáveis. Desse imenso pântano é difícil escapar, a não ser encarando os problemas de frente, que é o que faremos agora ao tratarmos, uma por uma, dessas cinco qualificações negativas. Que as positividades emerjam nas contraposições.

Subdesenvolvidos são os países com baixo índice de desenvolvimento econômico (produção econômica baixa *per capita* e população majoritariamente pobre); social (desigualdade de riqueza e de acesso a benefícios públicos e oportunidades); política (instituições políticas antiquadas, pouco estáveis ou dependentes de autoritarismos) e cultural (baixo índice de escolaridade e/ou de produção científica, tecnológica e artística). Subdesenvolvimento/desenvolvimento é um binômio criado a partir da década de 1940 para definir a discrepância econômica entre os países de economias sólidas (em virtude dos processos capitalistas de industrialização e mecanização da economia rural, lastreados em sociedades politicamente estáveis) e os países de economias frágeis, com as deficiências já apresentadas. Reconhecido o problema, a questão se dividia em duas estratégias de ação, conforme as respectivas visões políticas. Pelo lado liberal na economia e conservador na política, a estratégia era a de buscar meios para "deslanchar" uma economia subdesenvolvida. Deslanchar (ou *take-off*, em inglês) foi o termo usado por um dos teóricos "liberal-conservador", Walt Rostow, com influência junto ao governo norte-americano e o respectivo setor da ONU, para favorecer a inserção de políticas de mudanças nos países ditos subdesenvolvidos que provocassem a diversificação da economia e o aumento de sua produtividade. Para isso, as políticas públicas deveriam incluir investimentos na educação básica, técnica e administrativa, abertura de mercados, incentivos financeiros e fiscais e outras tais ações de uma economia liberal. Pelo lado da esquerda, a estratégia para sair do subdesenvolvimento era criar ou fortalecer o mercado interno, obter condições de melhorar os salários, especialmente o salário-mínimo, fazer uma reforma agrária para criar uma classe rural média e autônoma, desenvolver políticas de equilíbrio regional, diminuir o poder dos banqueiros e rentistas, fortalecer os segmentos mais avançados da economia e, por fim, impor uma atitude mais autônoma diante do poder capitalista internacional. Para os mais radicais de esquerda, isto implicava a assunção de uma plataforma de crítica aos centros de poder mundial, cognominados de imperialismo, unidos por nexos de interesses econômicos, claro, mas também por laços culturais, sociais e civilizacionais.

Em certo momento considerou-se que chamar um país de subdesenvolvido seria sinal de menoscabo, daí passaram a falar em país "em desenvolvimento", talvez também para diferenciar um México de El Salvador ou um Brasil do Paraguai. Mas, aí, ao final, por imposição de uma linguagem diplomática, todos passaram a ser considerados em estágios diferenciados de desenvolvimento.

A questão do desenvolvimento permanece como um objetivo para os economistas que se autodenominam desenvolvimentistas por manter os princípios e estratégias econômicos originários do debate das décadas de 1950 e 1960. Nesse sentido, subdesenvolvimento continua a ser um conceito operativo, ainda que os itens de reconhecimento desse subdesenvolvimento sejam de outros graus e naturezas do que eram até

1980, por exemplo. Não mais faltam educação básica para todos, bens de consumo, empregos para uma maioria significativa da população, educação superior produzindo conhecimento e tecnologia para alavancar empresas de ponta (em áreas como petróleo, construção de navios, mineração industrial e agronegócio), mercado interno e mercado externo, e outras áreas econômicas que antes não havia ou eram muito precárias. A questão do desenvolvimento é de outra ordem: é o aumento do *gap* entre esta economia dita em desenvolvimento e uma economia dita desenvolvida, e o poder de controle e manipulação cada vez mais concentrado nas economias desenvolvidas, consideradas centrais. Assim, continuamos a ser, apesar do nosso tamanho territorial e população, uma potência periférica.

Incompetente é um adjetivo que nos afeta mais de perto do que subdesenvolvido, pois trata-se de uma qualificação de ordem individual, não derivada diretamente de um processo econômico. O Estado, a empresa, o serviço público são incompetentes porque *quase sempre* as pessoas que lá trabalham o são. É claro que são incompetentes também porque suas funções são mal estruturadas ou seus setores de trabalho são mal geridos. Ser incompetente quer dizer não ser capaz de realizar uma tarefa conforme algum padrão esperado. Esse padrão diz respeito a qualidade ou a tempo gasto. Ninguém duvida de que temos esse defeito com certa gravidade e que isso compromete o desenvolvimento do país. Ele deriva de vários motivos, sendo um deles a educação básica que, em geral, é inferior em comparação com a de outros países. Essa educação não favorece à pessoa comum realizar uma tarefa simples sem esforço invariavelmente redobrado, como consertar um vazamento de uma pia ou reformatar um computador que deu pau. Outro motivo vem do próprio modo cultural de se trabalhar no Brasil, que se pauta por menos concentração, menos foco na tarefa e mais atividades desviantes, especialmente a conversa. Melhorar a educação básica parece até possível, ainda que dificultoso, como vemos em nossa história passada e recente, com tantos planos e tão poucos resultados positivos. Já o motivo cultural merece mais consideração. Nosso modo de ser incompetente está em nós por motivos profundos de vivência histórica, herança da escravidão, da servidão, do trabalho involuntário, do trabalho mal remunerado e, por tudo isso, tem sido de alguma valia para nos ajudar a suportar essas imposições e as mudanças culturais e econômicas que nos arrebatam pelo inesperado e nos arrebentam pelo modo como acontecem. Agrega-se a isso um terceiro motivo, talvez consequência do segundo, pois é também de natureza cultural, ainda que realizado conscientemente, que é o pouco comprometimento ou a recusa implícita, variada de pessoa a pessoa, ao trabalho. Esses dois pontos agravam-se mutuamente, particularmente no serviço público, o que o leva a um alto custo para o Estado e para o bem-estar da cidadania.

A incompetência brasileira varia de região para região, de estado para estado, e os três motivos apresentados também. Em regiões ou estados onde esses motivos estão perdendo sua validade, como São Paulo, a competência brasileira se eleva acima da normalidade nacional e dá a esses estados uma alavancagem econômica e cultural exponencial. Não há como os demais estados e regiões brasileiros e suas elites econômicas e culturais não tomarem tento dessa realidade e procurarem fazer algo a respeito, sob pena de ficarem cada vez mais para trás.

Malemolente não é propriamente o sujeito preguiçoso, mesmo porque a preguiça é uma espécie de pecado venial da época medieval. Ou é, como diria Monteiro Lobato, uma questão de verme e bicho do pé. O personagem Macunaíma, de Mário de Andrade, suspirava "Ai, que preguiça!", toda vez que seus irmãos o chamavam para alguma atividade em conjunto, demonstrando que essa atitude tinha a ver tanto com a recusa ao trabalho quanto com a recusa à cooperação. Malemolência é tudo isso, mas é sobretudo um sentimento existencial de não estar engajado na vida que se passa ao seu redor. Se, em uma família, alguém toma a frente de alguma tarefa, os outros escapam de se comprometer, fogem de qualquer possibilidade de ter de perder seus preciosos tempos com aquilo que pouco lhes interessa. No trabalho, o malemolente é o último a se voluntariar para qualquer nova tarefa, o que o faz tentar compensar com a atitude de mostrar-se bom sujeito, de bom papo. Aliás, se a malemolência fosse menos frequente, o malemolente seria sempre malvisto. Acontece que sua frequência é tal que a malemolência é compensada com boas charlas na hora do trabalho e após.

Gostar de conversar – sentir prazer em ouvir as histórias do outro e ter prazer em se abrir para o outro – é uma característica louvável da cultura brasileira, observada por muitos estrangeiros, entre eles Stefan Zweig e Vilém Flusser. Diz muito sobre a nossa cordialidade, nosso amor ao outro. Mas essa característica não precisa funcionar como compensação da malemolência.

Não estar engajado no mundo tem como resultado o ensimesmamento nos limites de sua própria vida. Para muitos brasileiros viver para sua família, para sua parentela, para seu círculo de amizades é o máximo de extensão de suas participações sociais. Há que se ir adiante. Viver também para a sociedade, para um projeto mais amplo, com algum sacrifício pessoal, é ação engajada que qualquer comunidade requer de seus membros. Nosso maior exemplo é o marechal Rondon, que dedicou quase toda sua vida a ajudar os povos indígenas a sobreviver na nação moderna brasileira e a encontrar um lugar digno dentro dela. Na tradição cultural já passada, o catolicismo promovia o sentido de comunidade mais ampla, mas esta influência ficou para trás, na melhor das hipóteses sobrevive no sentimento conservador do brasileiro. Sentimento este bastante fragilizado pela cultura da pós-modernidade. De outro lado, pelo pensamento de esquerda, o sentimento de comunidade ampla e universal era dado pela ética do Partido Comunista, nos seus áureos tempos, que exigia a solidariedade para com todos os oprimidos. Por compartilhamento, mesmo quem não fosse de esquerda também se identificava com essa atitude, via ensinamentos de filósofos como Jean-Paul Sartre e seu nêmesis Raymond Aron, e de brasileiros como o jurista Heráclito Sobral Pinto e o jornalista Barbosa Lima Sobrinho. O sentido brasileiro de comunidade vem também de indígenas e africanos que o exercem por injunção social. A solidariedade, a reciprocidade, o sentimento de dar e receber são injunções sociais presentes nas culturas equilibradas. A nossa mestiçagem cultural, vivenciada em uma sociedade partida ao meio, talvez tenha deteriorado esse sentimento de engajamento social. A elite não quer saber de pensar nos subordinados, a classe média está por conta de si e o povão nem quer saber por que fazer algo por alguém fora de seus próximos, muito menos, por algo abstrato que sirva apenas ao estamento dominante. É preciso que tenhamos clareza de que nossa cultura mestiça precisa se assumir assim como tal, ser cultura nova mestiça, em que o caldeamento das contribuições étnicas deve preservar e exercer as qualidades de seus contribuintes originais. Assumir esse posicionamento é o mesmo que assumir a historicidade do brasileiro, nos termos propostos por Vilém Flusser. Não é coisa fácil, é um processo que, para ser autêntico e não artificial, tem de ser realizado tanto de modo inconsciente, na interação de instituições e pessoas, quanto de modo consciente e intelectual, pela reflexão autoconsciente por parte daqueles que buscam pensar os problemas brasileiros. O Capítulo 5, que tratou da classe média, suas mesquinhezas e seus potenciais, é um chamamento à saída da malemolência.

A consciência de sermos *corruptos* é bastante dolorosa. Na tomada de consciência mais profunda do brasileiro – que em geral se dá em momentos não de solitude, mas de conversa edificante com amigos e colegas –, muitos declaram que o Brasil é corrupto de cabo a rabo, do padre da paróquia ao porteiro do prédio, do bandido matador ao bandido de gravata e capital. Exceção aos que estão na roda da conversa. Furtar um bombom no supermercado e desviar milhões de dinheiro público se equiparam nesses momentos de minha culpa, minha máxima culpa. Entretanto, essas angústias são passageiras, pois são fruto da formalidade de nossa ética, não estão no âmago de nosso comportamento moral, conforme vimos no Capítulo 1.

Pois, ninguém que não seja pego com a mão na botija se considera corrupto. Aliás, mesmo quem é pego em flagrante tem justificativas para se considerar inocente. São muitas, e todas têm abrigo em nossas leis criminais. A operação Lava Jato está mostrando o quanto de cinismo existe na política brasileira e, pelo outro lado, o quanto de poder a elite de políticos e empresários tem em instrumentos jurídicos à sua disposição de defesa. Nossas leis de proteção dos direitos civis esparramam-se em filigranas de justificativas de tal modo que, quando um juiz quer usar de uma interpretação mais rígida, logo é vilipendiado de déspota pelos advogados de defesa e pelos que de algum modo têm culpa em cartório. Na Corte Suprema da Justiça brasileira, os ministros se revezam em condenar alguém à prisão e em seguida dispensá-lo de maiores constrangimentos, sempre por motivos os mais refinados. O público queda-se pasmo, sem capacidade de poder esganar nenhum deles. Em meados de 2018, ninguém é capaz de prever o que vai acontecer no Brasil em matéria de renovação de nossa moral e de nossa ética, após a Lava Jato. Só podemos sonhar e almejar o melhor.

Com efeito, a alta corrupção no Brasil é corrigível à medida que a sociedade realizar algumas ações específicas. Havemos de apelar para a criatividade de nossos juristas para fundarmos instituições jurídicas e sócio-jurídicas que instalem no coração da nação algumas dessas ações. A começar pelo senso de punibilidade para todos. Por exemplo, à medida que as injustas *blitzen* da Lei Seca ameaçam com multas extorsivas, os motoristas moderam a bebedeira nas sextas-feiras e assim diminuem os acidentes de trânsito. *Mutatis mutandi*, prender políticos corruptos e empresários corruptores pode servir de exemplo para que a punibilidade seja entendida como regra geral para todos.

Outra mudança fundamental é instituir o sentido de respeito ao *bem público* como um bem que pertence a todos e que deve ser partilhado com todos, não podendo haver posse e usufruto pessoal de tal bem. Isto é o que poderia quebrar o eixo moral do patrimonialismo, tão presente na subcultura da elite brasileira, pelo qual o bem público é açambarcado pelo político ou administrador como se fosse quase um direito de cargo. Não é tarefa fácil, pois, conforme analisado por muitos antropólogos brasileiros, à frente Roberto DaMatta, esse sentimento está entranhado no mais profundo de nossa raiz cultural de privilégios, concessão de favores, corporativismo e autoritarismo. Tomar essa atitude como simples crime de peculato (desvio de recursos públicos) é fazer pouco da natureza rígida de costumes de longa duração que ainda encontram meios sociais e econômicos para continuar.

Em última análise, a alta corrupção brasileira só arrefecerá a ponto de se nivelar com a alta corrupção de outros países ditos desenvolvidos – que é o máximo a que podemos almejar por enquanto – quando o sistema estamental brasileiro, que criou e preserva a dicotomia entre "ricos e pobres", "elite e povão", "Brasil moderno e Brasil atrasado", "brancos e pretos", for rompido pelas forças éticas da sociedade brasileira, por vias culturais, políticas e jurídicas, com a contribuição de mudanças no sistema econômico vigente no país para controlar e arrefecer o poder político da elite econômica. Se a garantia maior da queda na corrupção for a punibilidade, que ela seja aplicada com igualdade para todos. Que se explodam as restrições sociais e econômicas às condições de igualdade para todos nos principais setores da vida social: educação, saúde, trabalho, dignidade pessoal e religiosa.

Quem é *irresponsável* no Brasil? Interessa aqui a responsabilidade social, não aquela que diz respeito a ações pessoais no âmbito social mais próximo, como a família. Neste aspecto, quase todos os brasileiros são responsáveis, como mães e pais, filhas e filhos etc. A responsabilidade social significa uma atitude de comprometimento com as atividades pessoais no âmbito social mais amplo, como o trabalho, a participação política e a vivência cultural. E nisso há muitos brasileiros irresponsáveis.

A irresponsabilidade no trabalho, que se realiza como desprezo, distração e escape, resulta no custo alto de tarefas malfeitas, de repetição de atividades e de mais pessoas para a mesma tarefa. A irresponsabilidade na participação política significa a indiferença à coisa pública, a acomodação com a má administração de sua cidade, o aceite da corrupção e a recusa em assumir posições éticas diante das pressões dos patrões e dos poderes constituídos. Na vivência cultural, a irresponsabilidade significa não só a indiferença, mas a fuga à realidade de viver em um mundo cheio de desigualdade social e discriminação contra a grande maioria da população.

A irresponsabilidade brasileira advém do sentimento generalizado de que ninguém pode fazer algo por aquilo que está fora de seu alcance pessoal. Apartar uma briga na rua, por exemplo, pode dar em revide contra quem se mete nela. Cobrar de um funcionário uma rapidez no seu requerimento pode resultar em uma demora maior. Exigir que um juiz se paute por coerência nos seus julgamentos poderá lhe custar mais que uma admoestação.

A irresponsabilidade brasileira custa muito caro para o país e para o indivíduo que, de algum modo, depende do outro. Tornar-se responsável é um ato de consciência pessoal, mas as injunções sociais são fundamentais para que as decisões pessoais responsáveis encontrem abrigo, aceitação e valorização.

Todos os nossos grandes defeitos são corrigíveis. A consciência desse propósito deve ser tomada junto com a questão mais larga a ser superada, qual seja, a partição da sociedade brasileira em duas entidades sociais: o estamento dominante e o estamento subordinado. O estamento dominante constitui-se por alguns segmentos sociais bastante evidentes: uma alta elite econômica, com capital na indústria, nos bancos, no rentismo, no agronegócio, exibindo ares patrícios; uma classe média que exerce funções intelectuais, técnicas e administrativas, insegura porém de sua capacidade de realizar sua função econômica primordial, qual seja, a de ajudar a aumentar a produtividade da economia, e que em quase todos os momentos históricos se mira nos meneios da alta elite; e uma classe operária treinada nos ofícios de uma economia cada vez mais tecnológica e tendente à automatização, o que desafia essa classe à luta pelo aperfeiçoamento técnico e pelo melhoramento de suas condições de vida.

O estamento subordinado constitui-se pela maioria absoluta da população, algo em torno de 60% dos brasileiros. Em tempos passados a cultura geral brasileira os caracterizava como os "pobres" em oposição aos "ricos". Foram neste livro frequentemente chamados de "povão", denominação ambiguamente distanciada e carinhosa, se não esperançosa. Constituem-se fenotipicamente pela maior mestiçagem brasileira, formada de sangue indígena, africano e europeu, em proporções variadas por região geográfica. No Norte e nos sertões são mais indígenas, no litoral mais africanos, no Sul mais europeus. Seja como for, em sua totalidade são vistos pelo estamento dominante como distanciados das oportunidades de educação e participação político-cultural na ampla sociedade. É entre eles que a mestiçagem continua a se realizar sem titubeios nos ambientes sociais de favelas, arrabaldes, vilas e cidades do interiorzão brasileiro. Se houvesse, que Deus nos livre, uma hecatombe no Brasil, seriam eles que recuperariam o espírito de mesclagem que formou o país com suas qualidades de tolerância racial, respeito individual e solidariedade social.

É pela inserção na classe operária do estamento dominante que o povão encontra os melhores meios de furar a barreira da discriminação estamental que ele sofre. Com a expansão da economia industrial, trabalhadores desqualificados de ofício migraram para as cidades e se fizeram operários qualificados, passando a participar no estamento dominante, por meio de sindicatos e de uma educação melhorada, entendendo sua função na economia e seu papel na sociedade. Um deles virou presidente da República. Assim, há muitos casos de gente oriunda do povão que subiu na vida por capacidade empreendedora própria, como o marchante goiano que formou a empresa JBS, ou por um empenho extraordinário na formação técnica e intelectual, como tantos professores, engenheiros e ministros das principais Cortes Jurídicas do país.

Contudo, esses "muitos casos" não são suficientes para derrubar a barreira estamental. É preciso que a nação inteira, sob a responsabilidade e liderança da classe média intelectualizada e técnica, se engaje definitivamente na tarefa hercúlea de abrir as portas da educação e da participação político-cultural ao povão. Mesmo porque, ao visarmos com profundidade histórico-cultural nossa presente angústia com as formas de violência que sacodem a sociedade brasileira, veremos que essa violência tem algo mais entranhado na alma do brasileiro do que a simples gana de querer dinheiro e poder. Há a vontade de demolir os muros que dividem a nação, caracterizada deste modo como uma vontade de vingança pela história de discriminação e rejeição. Haveremos de tomar consciência do processo histórico que vivemos e de nos posicionarmos favoravelmente ao seu desfecho pelo engajamento na vontade de constituir uma nação única, ainda que, provisoriamente, desigual por motivos econômicos.

Se este livro parece tão crítico da classe média é porque quer sacudi-la de seu torpor histórico e de suas atitudes egóticas, a fim de que ela tome as rédeas do processo de engajamento pelo Brasil. A classe média detém a função de produzir uma mais-valia pelo conhecimento, pela ciência e pela tecnologia, eis sua contribuição econômica primordial. Mas ao se fazer senhora do conhecimento que se faz poder, ela realiza outras tarefas igualmente importantes, como elaborar os termos e as condições para a educação de todos (lembremos aqui de Anísio Teixeira), posicionar as pessoas a entender e se relacionar com o mundo contemporâneo, de certo modo, hipermoderno, e, sobretudo, formular o discurso do todo, da nação e da humanidade. A classe média detém essa prerrogativa enquanto ela for a única nessa função. Contudo, à medida que o conhecimento, seja como ciência, como filosofia ou como arte, for se espalhando por todos os segmentos sociais e se tornar essencial à produção da economia e da cultura, todas as demais classes sociais (quebrado no Brasil o muro estamental) irão exercer tarefas e funções parecidas com as que a classe média exerce atualmente, portanto, irão se aproximar da classe média e, de certo modo, nela se diluir. Ao mesmo tempo, as características arraigadas das outras classes, sejam as da alta elite, sejam as da classe operária, seja no âmbito urbano, seja rural, irão se esparramando, se infiltrando umas nas outras, mediadas pelas características mais gerais e fluentes da classe média. *Pace* Adam Smith e Karl Marx, o futuro do mundo está na disposição de compartilhar o conhecimento adquirido ou captado originalmente pela classe média para todas as demais classes sociais, que também serão produtoras desse conhecimento. A igualdade tão almejada, desde que o homem a perdeu na formação das organizações de poder centralizado (há uns 6.000 anos na Eurásia e há uns 4.000 anos na África e nas Américas), poderá ser repensada, visualizada e potencialmente alcançada a partir dessa nova visão da história aqui levemente esboçada. E, para coroar este breve vislumbre utópico, isso poderá ser realizado por meio da cultura brasileira.

Exceto por uma minoria ínfima de sociedades igualitárias – que nunca passaram pela mó da desigualdade social, na qual a individualidade do ser resplandece na coletividade –, o mundo vive no desigualitarismo social. Uns poucos homens e mulheres detêm mais riqueza e mais poder do que uma maioria substancial das sociedades contemporâneas. Isto traz infelicidade e agressividade. Em alguns aspectos econômicos e políticos, essa desigualdade tem aumentado, em outros, diminuído. A internet auspicia uma janela de comunicação entre as mais diferentes pessoas, o que pode ajudar no processo de diminuição da desigualdade se, ao menos, outros fatores econômico-culturais emergirem, como a diminuição da ânsia consumista e a horizontalização das relações sociais. Um cidadão mundial pode estar emergindo, com uma individualidade própria, indefinida ainda nos termos sociológicos conhecidos. Contudo, a internet, a informática (em termos gerais) e seus novos *robber barons* detêm um inédito e incomensurável poder de controle e manipulação.

O homem novo há de surgir no Brasil, já queria o estrangeiro Vilém Flusser. Mas esse homem não é propriamente um homem como tal, mas um homem-mulher, isto é, um homem com qualidades femininas e, ao mesmo tempo, uma mulher com qualidades masculinas, *gratia plena* aos baianos Pepeu Gomes e Gilberto Gil. Com efeito, essa mulher já vem surgindo há mais tempo que o homem. À custa de muito sacrifício pessoal, ela emerge com uma força telúrica de quem quer compensar os milhares de anos perdidos, a desigualdade imposta pelo patriarcado e pelas formas prévias do poder masculino. É uma mulher que desenvolve suas qualidades que haviam sido reprimidas ou embutidas no âmago do seu ser, agora em explosão. Qualidades como ousadia, decisão e determinação para realizar tarefas antes alocadas ao homem; qualidades como clareza, sistematicidade e liderança no trabalho, antes domínio masculino. Tudo isso está se dando a partir de uma qualidade já por demais feminina, a criatividade para pensar o diferente e duvidar do mais evidente. Enquanto isso, o homem masculino está mais devagar no seu processo de recriação e vai lentamente incorporando as qualidades mais tradicionalmente femininas, como não se acomodar na certeza de suas ações, relativizar o seu ego narcísico e adquirir um senso melhor de responsabilidade pela vida e pela comunidade.

O importante para nós, brasileiros, é que a mulher brasileira não só acompanha essa tendência mundial, mas, em muitos aspectos, está à frente desse movimento em outros países ditos desenvolvidos. A mulher brasileira está majoritariamente nas universidades, em todas as ciências e profissões, inclusive as tradicionalmente masculinas, como as engenharias e a matemática, nos ofícios mecânicos e na coleta de lixo, nas Forças Armadas e nos sínodos religiosos. Na política ela ainda se retrai, em parte porque não está disposta a participar da corrupção de origem patrimonialista, em parte porque a agressividade masculina tem se intensificado muito nos últimos tempos. Haverá de aumentar nos próximos anos. É auspicioso que essa mulher conte com a simpatia e o apoio da mulher mais velha, suas mães e avós, que, se no primeiro momento se escandalizaram com o ímpeto e o alcance da liberdade feminina, hoje se rendem à ousadia de suas filhas e netas e sentem que algo importante está acontecendo na sociedade. O senso mais profundo feminino é o da continuidade da vida e da sociedade, e isso leva à busca de entendimento entre contendores. Políticos e juízes femininos melhorariam em muito a justiça e a ética no país.

Vendo essa mulher, não podemos esquecer de que muito antes dessa insurgência feminina já havia no Brasil a mulher trabalhadora que apanhava algodão e café no campo, que hoje sai de casa para arrumar as casas das patroas e vender acarajé nas ruas, e havia a mulher sacerdotisa dos candomblés e das pajelanças com seus filhos e filhas de santo debaixo da saia, e havia a mulher livre para o amor com quem a atraísse. Se essa mulher não é vista como responsável pela emergência da mulher atual, ela está aí e para além de si, como uma pioneira e um símbolo do potencial feminino.

No momento em que o homem e a mulher brasileiros adquirirem qualidades inatas e instintivas mútuas, o ser brasileiro dará um salto de qualidade para trabalhar pela melhoria da sociedade. A mulher certamente está fazendo a sua parte, mas o faz também facilitada por uma abertura tácita do homem e da ampla sociedade para isso acontecer. Então, mulher e homem estão de algum modo se entendendo, ao menos por meio de sinais, como em uma nova dança de acasalamento. Valerá ainda mais quando eles se entenderem por atos conscientes.

As quatro visões que este livro reconhece como criações intelectuais de brasileiros – a visão conservadora, a utópica, a nativista e a liberal – não respondem, cada uma *per se*, pela vastidão e pela complexidade da cultura brasileira e suas aspirações. Mas nada será entendido no Brasil sem levarmos em consideração cada uma delas. Para produzir a visão mais completa do Brasil, que dê conta de sua forma de ser e existir, melhor, então, seria uma mistura dessas quatro visões, mas não uma mistura simples, como em uma salada de frutas, e sim uma mistura em que as qualidades de uma visão incidam sobre as qualidades das outras visões, se energizem mutuamente e formem uma visão integrada. Esse processo foi chamado de hiperdialético pelo filósofo Luiz Sérgio Sampaio. Seria chamado de consciência de historicidade por Vilém Flusser. E, por Darcy Ribeiro, de transfiguração cultural.

Vale é sabermos que uma nova visão sobre o Brasil está emergindo à medida que o país amadurece e encara seus problemas sem receio de estar dando um passo além de suas pernas, com ousadia e transparência nos seus atos, dos quais todos podem participar. Nada pode ser desperdiçado para que possamos nos entender melhor. As possibilidades históricas estão aí, não podemos perder tempo.

Agradecimentos

Muitos amigos e estudantes me ouviram ao longo de quarenta anos de conversas, debates e aulas sobre os eventos e temas que me faziam pensar e sobre as ideias que me surgiam sobre o Brasil. Agradeço em especial a José Luiz dos Santos, antropólogo, colega e amigo desde o final dos anos 1970 em que lecionei na Unicamp. Agradeço ao velho amigo de infância Romel Bezerra, com quem nunca perdi o laço de amizade, pela leitura atenta e os comentários sem rodeios sobre todos os capítulos deste livro. Agradeço demais a Paul Heritage por ter lido o livro inteiro com o olhar de um inglês que vive há trinta anos no Brasil, sabe das coisas e pesca no ar aquilo que está entranhado nos nativos. Agradeço aos muitos amigos, colegas e alunos da Unicamp, UFF, Uerj, Macalester College e da UFRJ por terem me ouvido com atenção e debatido suas ideias comigo. Em especial, nesses últimos anos, Virginia e Greg Chaitin, Luiz Pinguelli Rosa, Francisco Antônio Doria, José Carlos de Oliveira, José Carlos Rodrigues, Evandro Ouriques, Numa Ciro, Sílvia Ramos, Tatiana Sampaio, Adelino Mendes, Elizabeth Brea, Francisco Araújo, Flávio Gordon, Cecilia Costa Junqueira, Esteban Lopez Moreno, Luciene da Silva Santos, Kátia Gorini, Moreno Barros, Nelson Job e Aleh Valença.

Um agradecimento especial aos meus filhos Gabriel, Francisco, João Mércio e Anita, cada um dos quais, a seus modos, sempre me escutaram como quem não quer nada, e tempos depois vinham conversar sobre algum tema já discutido, como que para confirmar que haviam entendido muito além do que conversáramos.

No final da etapa recebi o acolhimento entusiasmado do editor José Mario Pereira e a atenção percuciente de Luciana Messeder, que me fez ver que sempre há um jeito mais interessante de dizer algo complicado.

Das três pessoas a quem dedico este livro *in memoriam*, tive contato muito próximo com Darcy Ribeiro e Luiz Sérgio Coelho de Sampaio, e li todas as suas obras. Eu os escutava e eles me escutavam e debatíamos juntos. É claro que suas ideias e exemplos estão impregnados em meu ser e não temo dizer que gosto que isso tenha acontecido. Presto minhas homenagens a eles e agradeço com ternura aos seus parentes vivos. De Vilém Flusser em pessoa só tenho a dizer que gostaria muito de tê-lo conhecido.

Por fim, um beijo de amor a Christina Apovian, que nesses dois anos de escritura do livro olhou de um modo diferente para o que saía borbulhando dos papéis e das conversas e não deixou nada por menos.

Índice Remissivo

A

"Aqui já é outro Portugal" – 268
A.R. Radcliffe-Brown – 341
Abolição – 25, 75, 129, 205, 210, 310
Absoluto – 15, 73, 174, 235, 258, 259, 380, 387
Adam Smith – 132, 192, 195, 396
Afonso Celso – 212
África – 31, 35, 64, 96, 100, 103, 109, 110, 139, 159, 267, 309, 397
Africano – 18, 19, 25, 31, 35, 75, 109, 120, 274, 356, 364, 367, 368, 371, 379, 380, 395
Agricultura – 135, 159, 162, 178, 196, 217, 290, 372
Alberto Torres – 211, 212
Aldeia – 107, 138, 163, 165, 167
Aleijadinho – 357
Alforria – 75
Alfredo Bosi – 309, 341
Algodão – 99, 118, 135, 140, 181, 200, 203, 206, 398
Ambrósio Fernandes Brandão – 268, 275, 278
Americano – 51, 65, 66, 87, 94, 189, 215, 227, 262, 291, 314, 339, 342, 351, 360, 365, 366, 371, 388
Américo Vespúcio – 270, 330
Amor – 15, 25, 34, 40, 168, 169, 170, 180, 185, 230, 249, 328, 329, 355, 374, 375, 383, 391, 398, 402
André Rebouças – 309
Animismo – 35, 120, 121, 160
Anísio Teixeira – 61, 321, 338, 339, 340, 361, 366, 396
Anita Malfatti – 321
Antonio Cândido de Mello e Souza – 21, 210, 341, 363
Antônio Gonçalves Dias – 20, 206
Antônio João Andreoni – 282
Antônio Risério – 366-369
Antônio Vieira – 106, 116, 199, 278, 279, 282, 287, 326, 366, 371, 381
Antropologia – 17, 29-33, 57, 61, 105, 132, 138, 160, 176, 181, 190, 203, 215, 231, 243, 255, 258, 290, 301, 310, 311, 316, 317, 323, 324, 338, 340, 344, 360, 362, 367, 387
Arcaico – 322, 375
Aristóteles – 73, 102, 254-258
Arraial – 302
Arte, artista – 68, 201, 359, 360, 367, 371, 373, 374, 396
Ascensão da mulher – 22, 397-399
Ásia – 35, 235
Astrojildo Pereira – 336
Auguste Comte - 208, 299

Autóctone – 76, 207
Autoengano – 40
Autoestima – 59, 387
Autoimagem – 21, 38, 39, 47, 63, 84, 91
Autoridade – 37, 42, 48, 49, 50, 70, 71, 81, 117, 119, 153, 229, 236, 239, 284, 285, 286
Autoritarismo – 22, 71, 75, 226-231, 245, 315, 348, 393
Azpicuelta Navarro – 330

B

Bahia – 55, 104, 106, 107, 122, 163, 179, 182, 200, 205, 268, 272, 275, 278, 302, 303, 311, 312, 339, 366, 367
Baiano – 105, 233, 270, 357, 368
Bairro – 44, 151, 170, 174, 176, 190, 340, 348, 356
Balaiada – 122, 128, 385
Barão de Mauá – 207, 208, 294, 298
Batavos – 278
Belém – 106, 133, 161, 179, 205, 368
Benjamim Constant – 304
Bernardo Pereira de Vasconcellos – 297, 305
Borogodó – 34, 35, 89
Bureau of Indian Affairs – 291
Burguesia, burguês – 27, 187, 189, 190, 195, 228, 240, 250, 251, 253, 314, 319, 328, 334, 343, 357, 358, 371, 373, 374, 377

C

Cabanagem – 107, 122, 128, 385
Caboclo, mulato, curiboca – 25, 31, 65, 66, 206, 209, 274, 374, 384

Caçador-coletor, pescador, agricultor – 18, 95, 108, 109, 111, 141, 149, 159-162, 164, 165, 169, 177, 187, 179, 181, 255, 267, 299
Cacique – 154
Caetano Veloso – 366, 373
Café – 107, 142, 151, 189, 203, 287, 332, 334, 358, 398
Caio Prado Jr. – 20, 331-336, 350, 377
Câmara Cascudo – 323
Cana de açúcar – 58, 100, 103, 115, 166
Candomblé – 120, 121, 244, 326, 356
Canibalismo, antropofagia – 105, 271, 272, 344, 358
Canudos – 302
Capistrano de Abreu – 20, 216, 268, 300, 301, 302, 303, 307, 315, 331, 332
Capitalismo, capitalista, capital – 27, 28, 30, 31, 32, 34, 46, 49, 51, 52, 54, 57, 63, 68, 73, 74, 85, 98, 99, 100, 103, 110, 113, 116-119, 127, 129, 131, 134, 139, 145, 146, 154-158, 188, 191-198, 204, 205, 208, 211, 214, 217, 218, 221-225, 227, 228, 230-232, 239-243, 251-254, 258, 260-262, 279, 281, 283, 293-295, 298, 308, 321, 328, 330, 332-335, 337, 338, 343, 344, 346, 349-352, 354, 355, 363, 373, 377, 378, 380, 382, 387, 388, 392, 394
Cara de pau – 67, 68, 330
Caraíba – 119
Carlos Drummond de Andrade – 355, 375, 321
Carnaval – 15, 355, 357, 366, 367, 371, 372, 381
Castro Alves – 20, 33, 205, 297
Catolicismo, católico (a) – 96, 110, 117, 119-121, 152, 313, 391

Ceará – 107, 134, 279
Ceasa – 44
Celso Furtado – 21, 334, 377
Chico Buarque – 85
Cícero – 121
Cidade – 147, 149, 150, 151, 171, 172, 176, 177, 179, 206, 221, 224, 235, 274, 275, 284
Ciência – 15, 61, 87, 90, 117, 118, 132, 146, 187, 188, 191, 192, 195, 196, 198, 215, 217, 231, 237, 253, 254, 255, 257, 258, 260, 261, 262, 284, 285, 286, 294, 298, 299, 300, 317, 324, 333, 338, 341, 342, 343, 354, 360, 377, 396, 398
Científico – 21, 113, 117, 152, 177, 188, 189, 191, 204, 209, 221, 222, 237, 240, 256, 266, 284, 285, 286, 289, 300, 313, 314
Civilização – 48, 49, 74, 123, 124, 137, 214, 224, 234, 239, 248, 258, 261, 281, 282, 289-292, 304, 310, 313, 326, 330, 360, 362, 381
Clarice Lispector – 355
Classe alta – 189, 222, 227
Classe baixa – 174, 177, 233
Classe média – 17, 24, 25, 27-29, 32, 46, 49, 50, 51, 55, 56, 62, 71, 75-78, 88, 93, 95, 102, 103, 120, 145, 146, 149, 150, 151, 156, 170, 173, 174, 176, 187-191, 193-214, 217-222, 224-227, 229, 230, 241, 258, 259, 260, 262, 263, 286, 287, 288, 293, 296, 305, 319, 320, 321, 335, 337, 343-345, 347, 352, 357, 360, 362, 364, 373, 377, 378, 379, 380, 391, 392, 394, 396, 397
Classe social – 30, 37, 45, 47, 79, 93, 94, 104, 123, 149, 150, 193-195, 240, 253, 260, 334, 342, 343, 344, 377

Claude Lévi-Strauss – 341, 345
Clero – 27, 116, 191, 198
Código Civil – 305
Collor – 229, 245, 309, 350, 361
Colonizadores – 76, 110, 272
Colonos – 77, 104, 107, 114, 115, 275, 279, 280
Comunismo, comunista – 75, 158, 212-215, 219, 223, 226, 228, 233, 239, 308, 316, 317, 322, 327, 331, 332, 334-338, 340, 350, 357, 358
Concílio de Trento – 119
Consciência – 24, 25, 27, 40, 54, 63, 77-79, 90, 123, 145, 184, 197, 198, 205, 226, 248, 257, 280, 309, 359, 360, 365, 385, 392, 394, 396, 399
Conservadorismo, conservador – 16, 20, 22, 74, 102, 219, 241, 244, 269, 287, 288, 293, 294, 296-298, 300, 309, 315-317, 326, 331, 336, 345, 347, 370, 386, 388, 391, 399
Constituição – 27, 30, 50, 51, 77, 82, 96, 101, 112, 180, 194, 196, 197, 205, 216, 245, 252, 279, 286, 290, 304, 305, 309, 314, 345, 381, 385
Copa do mundo – 59
Coroa – 77, 96, 105, 133, 139, 200, 289
Corporativismo, corporativista – 57, 58, 59, 98, 116, 156, 228, 294, 393
Corrupção – 28, 38, 48, 50, 51, 81, 83, 85, 88, 115, 145, 158, 228, 346, 347, 348, 351, 392, 393, 394, 398
Corrupto – 392
Cristão novo, cripto-cristão – 103, 202, 275
Cultura – 18, 19, 21, 23, 24, 26, 28, 29, 31, 33-42, 46, 47, 51-56, 59, 62, 67, 68, 70-72, 75, 78-80, 82, 84-86, 89-91, 97, 106, 119, 122, 124, 126, 129, 130, 132, 141, 145, 152, 159, 160,

162-165, 167, 169, 174, 176, 177, 179, 180, 183, 184, 185, 190, 195, 215, 222, 226, 227, 228, 230, 233, 234, 241, 244, 258-262, 272, 282, 286, 290, 292, 293, 295, 305, 308, 316, 321, 324, 325, 327-330, 338, 341, 343, 355-360, 364, 367-370, 372, 374, 376, 379-382, 387, 390, 391, 395-397, 399

D

Daimon – 89
Dante Moreira Leite – 21, 341
Darcy Ribeiro – 19, 21, 34, 35, 56, 61, 66, 110, 222, 231, 233, 241, 266, 290, 293, 306
Darwin – 72, 205, 208, 209, 300, 301, 310, 387
Darwinismo social – 20, 32, 209, 293, 303, 309, 310, 311, 312, 316, 331
Degenerescência – 301, 303, 311
Deleuze – 61, 73, 220, 229, 236, 238, 239, 240, 242, 245, 248, 261
Derrida – 61, 229, 239
Deus – 76, 108, 148, 173, 209, 234, 237, 242, 248, 249, 253, 273, 274, 284, 307, 312, 357, 375, 382, 395
Dialética – 17, 30, 32, 33, 117, 193-195, 229, 232, 247-250, 253, 258, 259, 284-286, 335-338, 343, 362, 363, 373-376 381, 382
Dilma – 38
Direito – 27, 28, 44, 49, 50, 58, 63, 71, 74, 79, 82, 118, 134, 150, 152, 188, 204, 210, 218, 219, 249, 279, 298, 301, 305, 306, 369, 393
Ditadura – 22, 157, 188, 201, 218, 223, 226-229, 241, 245, 308, 336-338, 340, 342, 346, 353, 371

Doença – 59
Dom João IV – 116, 279
Dom João VI – 301
Dom Pedro I – 77, 288, 296, 298
Dom Pedro II – 77, 288, 256, 296, 298
Donald Pierson – 341
Durkheim – 343, 300, 307, 317

E

Educação – 43, 52, 66, 68, 89, 102, 117, 152, 153, 188, 190, 191, 199, 200, 219, 220, 226, 243, 245, 260, 261, 263, 282, 283, 286, 308, 313, 314, 335, 339, 340, 351, 352, 354, 360, 361, 362, 365, 366, 377, 378, 388, 389, 393, 395, 396
Elite – 17, 21, 24, 25, 27, 29, 30, 43, 49, 51, 55, 75, 87-89, 93, 99, 101, 102, 113, 114, 116, 117, 120, 122, 124, 137, 139, 146, 155, 179, 187, 188, 199, 200, 204, 206, 208, 212, 213, 216, 218, 219, 233, 266, 267, 278, 280, 282, 283, 285, 287, 288, 293-297, 309, 311, 314-316, 319-321, 331, 332, 334, 335, 341, 343-347, 351, 358, 362, 374, 379, 380, 386, 391-396
Emilio Willems – 341
Empregado – 23
Engels – 362, 193, 194, 195, 250, 252
Engenharia Militar – 204
Epidemias – 273
Escola de Sociologia de São Paulo – 342-345
Escola Parque – 339
Escolasticismo, escolástico – 117
Escravo – 18, 23, 55, 96, 110, 111, 127, 144, 180, 251, 301, 327, 332

Espanha – 31, 47, 113, 268, 273, 274, 278, 279, 281, 283, 291, 384
Estado Novo – 306, 316
Estados Unidos da América – 47, 56, 85, 131, 132, 158, 198, 200, 205, 215, 220, 225, 228, 242, 288, 291, 321, 323, 327, 337, 350, 354, 363, 364, 365
Estamento, social, inferior, superior, dominante, dominado, subordinado – 17, 27-29, 49, 50, 51, 56, 58, 63-65, 76, 77, 93-96, 98, 99, 101-104, 107-109, 111, 112, 115, 118, 120, 122, 124, 125-130, 137, 142, 145, 149, 150, 153-157, 157, 179, 180, 181, 182, 185, 187, 198, 199, 201, 203, 220, 218, 283, 284, 294, 379, 386, 391, 394, 395
Ética – 22-26, 34-39, 41, 42, 46, 47, 55, 72-78, 80-82, 84-90, 101, 145, 188, 190, 193, 194-196, 208, 221, 241, 254, 260, 263, 286, 300, 338, 343, 391, 392, 398
Euclides da Cunha – 20, 210, 211, 293, 300, 302, 303, 313, 322, 325
Eugenia – 310
Eugênio Gudin – 333, 352, 353
Europeu – 64, 113, 206, 209, 221, 287, 291, 300, 350, 358, 364, 371, 373, 374, 384, 395
Evangélico – 121, 148

F

Farroupilha – 122, 385
Fazendeiros – 58, 100, 101, 114, 118, 134, 199, 206, 267, 277, 280, 287, 324, 334
Fernando Henrique Cardoso – 131, 245, 327, 341, 349
Fernão Cardim – 268
Ferreira Gullar – 336, 359

Feudalismo, feudal, semifeudal – 28, 55, 113, 155, 191, 198, 281, 328, 333, 334, 346, 347, 350, 380, 382, 386
Florestan Fernandes – 21, 66, 326, 341, 342, 343, 344
Folclore, folclórico – 210, 301, 302, 323, 327
Forro – 180
Foucault – 61, 73, 220, 229, 236, 239, 240, 242, 261
França – 27, 28, 31, 88, 112, 158, 190, 204, 232, 240, 252, 271, 272, 277
Francisco Adolpho de Varnhagen – 20, 206, 268, 275, 277, 297, 301
Franz Boas – 215, 317, 324
Frei Vicente de Salvador – 274
Funai – 134, 163, 242

G

Gabriel Soares de Souza – 268, 274, 275
Gaiola – 33, 171-173, 182, 183
Geisel – 226
Getúlio Vargas – 88, 214, 262, 307, 316, 322, 330, 332, 333, 340, 341, 350
Gilberto Freyre – 18, 20, 34, 266, 267, 316, 322-328, 332, 339, 340, 342, 345, 368, 371, 384, 387,
Goiás – 107, 134
Goulart – 362
Graciliano Ramos – 336, 355
Grão-Pará – 106, 114, 133, 140, 280
Gregório de Mattos – 199
Greve – 190, 223, 224, 231, 244, 245, 246, 249, 259, 261, 262
Guajá, Guajajara, Tenetehara, Tupinambá, Potiguar, Xingu, Kayapó, Kaingang, Avá-Canoeiro, Aimorés, Tapuia, Puri, Coroado, Botocudo, Munduruku, Karib, Aruak, Tupiniquim, Turiwara, Asurini, Parakanã,

Urubu-Kaapor, Boxímano – 133, 159-170, 175
Guariba – 161, 164, 165
Guerra dos Bárbaros – 106, 113, 279
Guerra fria – 88, 336, 344
Guimarães Rosa – 355, 375

H

Hans Staden – 277
Hausa – 159
Hélio Oiticica – 359
Heráclito – 234-238, 244, 247, 254-258, 391
Herbert Baldus – 341
Hiperdialética – 29, 30-33, 35, 195, 258, 259, 376, 381, 382
História – 17, 18, 21, 30-32, 34, 37, 47, 49, 56, 58, 61, 73, 81, 88-91, 95, 106, 116, 129, 132, 135, 137, 168, 193, 199, 202, 203, 206, 210, 212, 213, 215, 216, 228-230, 232, 239, 242, 249, 250, 252, 253, 258, 259, 262, 266-269, 272, 274, 277, 281, 283, 284, 292, 297, 299, 300, 301, 307, 315, 320, 322, 323, 326, 327, 330, 333-335, 338, 340, 344, 345, 349, 351, 355, 362-364, 368, 370-372, 374, 376, 378, 379, 382, 384, 387, 389, 390, 396, 397
Holanda – 41, 133, 279
Homens bons – 280
Honestidade – 41-47
Honesto – 38, 42

I

Igreja – 57, 58, 116, 121, 127, 152, 284, 300, 304, 323
Imagens – 119, 124, 302
Incompetência – 59, 71, 87, 373, 390
Inconsciente – 35, 40, 63, 73, 78, 145, 170, 220, 224, 232, 235, 257, 259, 281, 376, 379, 382, 383, 392
Indian Removal Act – 291
Índios domésticos – 108
Índios, indígena – 17-20, 24, 26, 31, 33-35, 58, 64, 76, 77, 90, 93, 98, 101-111, 113, 114, 115, 117, 119-126, 128, 130, 132-135, 137-144, 154, 159, 162, 163, 164, 174, 175-181, 199, 200, 201, 203, 206, 207, 212, 216, 233, 243, 267, 270-283, 286, 288-292, 294, 295, 297, 301, 303, 304, 305, 306, 309, 312, 313, 315, 316, 327, 328, 331, 333, 343, 350, 357, 358, 360, 361, 367, 368, 371, 372, 374, 379, 380, 381, 383-385, 395
Individualidade – 51, 123, 196, 382, 397
Ineficiência – 48, 51, 55, 91, 145, 158, 220, 262
Inglaterra – 31, 113, 132, 204, 240, 283, 288, 300
Inquisição – 116, 202, 281
Instituição – 90, 120, 155, 181, 191, 219, 223
Instituto – 105, 107, 156, 198, 268, 275, 311, 313, 361, 370, 375
Internet – 40, 154, 172, 225, 226, 265, 352, 376, 397
Irresponsabilidade, irresponsável – 71, 91, 154, 263, 373, 393, 394

J

Jean de Léry – 277
Jean-Paul Sartre – 391
Jeitinho – 48, 69, 70, 220, 329

Jesuitismo, jesuíta – 106, 116-200, 207, 268, 276, 280, 282, 285, 286
João Cabral de Melo Neto – 355
Joaquim Barbosa – 150
Joaquim Nabuco – 20, 205, 297
Jorge Amado – 336, 355, 366
José Artur Giannotti – 341
José Bonifácio – 19, 20, 24, 25, 33, 77, 107, 205, 216, 266, 279, 282, 287, 297, 298, 303, 304, 316, 322, 331, 345, 355, 381
José de Souza Martins – 341
José do Patrocínio – 297, 309
José Lins do Rego – 355
Judaísmo, judeu – 22, 60, 208, 215, 252, 324, 368, 370
Junta de missão – 105
Jurista – 150, 209, 298, 348, 364, 391
Karl Marx – 132, 192, 377, 396
Liberalismo, liberal – 16, 20, 35, 208, 214, 241, 243, 288, 289, 294, 296-298, 308, 317, 328, 331, 347, 350-354, 378, 388, 399
Liberdade – 26, 76, 77, 89, 111, 123, 137, 167, 200, 209, 211, 220, 224, 279, 286, 369, 384, 398
Lígia Clark – 359
Língua geral – 276, 283
Luiz Carlos Prestes – 213, 335
Luiz Gonzaga – 173
Luiz Sérgio Sampaio – 222, 399
Lula – 38, 148, 149, 245, 263, 365
Luso – 18
Luso-brasileira – 102-105, 107, 124, 133, 137, 138, 178, 182, 282, 283

M

Machado de Assis – 309, 355, 151
Malandro – 85
Malemolência – 48, 55, 56, 91, 390, 391, 392
Manifesto dos Pioneiros – 339
Manoel Bomfim – 20, 210, 211, 216, 302, 303, 312-313
Manuel Bandeira – 321, 375
Manuel da Nóbrega – 105, 273
Maranhão – 55, 106, 107, 113, 132-135, 140, 141, 162, 200, 204, 206, 262, 273, 277, 279, 280, 311
Marilena Chauí – 341
Mário de Andrade – 20, 321, 322, 357, 390
Mário Ferreira dos Santos – 345
Marquês de Pombal – 24, 98, 200
Marxismo – 189, 195, 217, 240, 246, 250, 254, 259, 260, 286, 313, 343, 344, 345, 347
Massacre – 106, 134
Mata Atlântica – 182
Mato Grosso – 106, 182, 305
Max Weber – 49, 328, 343, 346
Medicina – 118, 204, 311, 312
Mercador – 85
Meritocracia – 49, 156, 222
Mestiçagem, mestiço – 29, 34, 35, 64, 65, 75, 109, 111, 114, 115
Mestre Vitalino – 357
Michel de Montaigne – 271
Miguel Reale – 341, 345, 370
Minas – 233, 283, 332
Minas Gerais – 134, 139, 141, 150, 163, 182, 200, 272, 273, 283, 315, 348, 374
Modernidade – 27, 28, 30, 73, 74, 117, 160, 189, 212, 217, 220, 237, 244, 263, 283, 292, 319, 320, 329, 335, 347, 391
Modos de pensar – 16, 20, 112, 257, 325

Modos de ser – 64, 113, 258, 360
Monarquia – 25, 28, 88, 90, 98, 120, 121, 142, 155, 208, 211, 285, 288, 296, 297, 330
Monteiro Lobato – 312, 390
Moral – 22-25, 28, 29, 37-39, 41, 42, 44, 46, 50, 59, 71, 72, 74, 77, 81, 84-90, 185, 190, 198, 203, 205, 212, 214, 215, 220, 223, 242, 263, 286, 300, 302, 315, 325, 338, 351, 392, 393
Moreno – 67, 401
Morte – 18, 35, 111, 135, 142, 159, 160, 166, 172, 197, 226, 255, 258, 262, 274, 277
Múltiplo – 234, 244, 247, 248, 250, 255
Muro de Berlim – 337

N

Nativismo, nativista – 16, 20, 29, 35, 78, 213, 281, 289, 295, 296, 297, 301, 303, 307, 308, 309, 313, 320, 321, 322, 330, 331, 335, 356, 364, 365, 374, 381, 399
Naturalismo – 35
Negro – 18, 20, 26, 31, 33, 64, 65, 111, 127, 150, 180, 209, 216, 232, 283, 301, 309, 311, 316, 323, 326, 327, 331, 332, 368, 379, 383
Negromestiço – 366, 367
Nelson Rodrigues – 59, 175
Nhanderu – 357
Nheengatu – 276, 283
Nina Rodrigues – 311

O

Octavio Ianni – 336, 341
Ofício – 139, 153, 173, 197, 395
Olavo de Carvalho – 345

Oliveira Viana – 212, 312, 315-317, 322, 328
ONG – 156, 157, 183, 242
Operariado – 129, 189, 251, 319, 320, 336, 377, 378
Oriente Médio – 35, 44, 129, 209, 250
Orixá – 31, 119
Oswald de Andrade – 20, 321, 322, 336, 357, 358
Ouro – 44, 96, 133, 166, 200, 203, 232, 268, 274, 283, 332

P

Paideia – 39, 42, 44, 46, 69, 89, 225, 283, 285
Pajé – 119, 273
Papagaio – 12, 19, 159, 175, 181, 231
Paraíba – 202, 275, 279
Parmênides – 234, 235, 237, 238, 247, 254-257
Partideiros – 58, 100, 114, 115, 127
Partido dos Trabalhadores, PT – 245, 263, 330, 337, 338
Passarinho – 19, 33, 170-174, 176, 177, 180, 181, 183, 185
Patriarcal – 328, 332, 334
Patrimonialismo, patrimonial – 27, 28, 49, 98, 113, 116, 127, 129, 145, 155, 156, 198, 329, 346, 348, 398
Paulo Prado – 331
PCB, partidão – 217, 223, 226, 334-338, 343
Peculato – 48-50, 348, 393
Pedreiro – 85, 128, 146, 147, 148, 150, 190
Perdigão Malheiro – 297
Pernambuco – 104, 106, 114, 133, 148, 179, 182, 206, 275, 278, 323
Pero Magalhães de Gândavo – 266, 274

Pero Vaz de Caminha – 270
Plantador – 103
Platão – 73, 235, 238, 244, 247, 248, 254-257
Plínio Salgado – 321, 322
Porto Alegre – 300, 320, 368
Portugal – 20, 24, 27, 47, 60, 64, 95, 103, 109, 113, 115, 116, 118, 198-204, 206, 268, 273, 278, 279, 280, 282, 283, 287, 334, 346, 347, 384
Positivismo, positivista – 75, 88, 193, 208, 211, 286, 290, 298, 299, 300-304, 306-309, 314, 322, 337, 339
Pós-modernidade, pós-modernismo, pós-modernista – 65, 66, 74, 217, 220, 237, 286, 343, 345, 359, 364, 386, 391
Povão, povo, povinho – 16, 17, 12, 20, 21, 22, 25, 28, 29, 30-33, 37, 55, 56, 59, 65, 75, 79, 87-89, 93, 96, 105, 112, 119-121, 129-135, 142, 144, 153, 159, 174, 177, 179, 180, 185, 187, 193, 201, 209, 212, 213, 216, 218, 229, 233, 236, 242, 258, 263, 268, 278, 280, 290, 292-295, 301-303, 312, 316, 320, 328, 335, 343, 344, 345, 347, 348, 350, 352, 354, 357, 360-363, 371, 373, 374, 375, 378, 379, 380, 383-387, 391, 393, 395, 396
Pré-capitalismo, pré-capitalista – 55, 103, 333
Preconceito – 26, 63-65, 125, 266, 323, 324
Prisioneiro – 277
Produtibilidade – 51-53, 155, 253, 350, 377, 384
Proletariado – 149, 192, 194, 251, 253, 260, 287, 338
Protágoras – 235, 238
Punibilidade – 82, 83, 393

Q

Quilombo – 111, 126, 138, 385
Quinto Império – 281, 326, 331, 381

R

Raça – 94, 150, 152, 155, 188, 205, 211, 212, 215, 267, 293, 303, 310, 311, 313, 316, 324, 383
Racial – 33, 64, 65, 75, 93, 103, 115, 152, 215, 221, 291, 295, 301, 310, 313, 323, 324, 326, 327, 342, 368, 395
Racismo – 21, 48, 63, 65, 66, 111, 209, 211, 226, 292, 326, 342, 365
Rachel de Queiroz - 355
Raymond Aron – 345, 391
Raymundo Faoro – 344, 346, 347, 348, 379
Recife – 119, 200, 205, 209, 278, 298, 300-302, 320, 323, 375
Reciprocidade – 50, 136, 143, 159, 169, 384, 391
Regência – 296
Reino Unido – 282
Religião – 27, 30, 37, 41, 93, 94, 102, 119, 120, 121, 124, 138, 152, 155, 174, 197, 205, 207, 211, 247, 268, 273, 283, 299, 307, 338, 361, 367, 375
República – 25, 80, 87, 89, 116, 122, 142, 200, 201, 210, 211, 280, 286, 290, 296, 304, 305, 306, 312, 316, 330, 346, 395
Republicanismo – 75, 208, 288, 300, 379
Revolução – 25, 75, 122, 193, 195, 200, 201, 212-214, 233, 241, 251, 253, 261, 262, 286, 287, 296, 307, 314, 317, 327, 331, 332, 334-336, 338, 339, 341, 344, 374

Revolução de Trinta – 262
Rio de Janeiro – 17, 33, 56, 87, 88, 90, 106, 115, 146, 147, 151, 170, 171, 177, 179, 200, 203, 205, 213, 231, 236, 300, 303, 311-313, 315, 320, 339, 340, 341, 355, 357, 361, 367, 375, 387
Rio Grande do Norte–106, 131, 202, 279, 301
Rio Negro – 283
Rio São Francisco – 268, 274, 357
Roberto Mangabeira Unger – 222, 364, 365, 366
Roberto Marinho – 174
Roberto Schwarz – 341
Roberto Simonsen – 333, 352, 353
Roger Bastide – 336, 341
Roma – 20, 94, 331
Rondon – 290, 300, 303-307, 361, 391
Rui Barbosa – 297, 322
Rússia – 47, 74, 214, 331, 335

S

Santa Cruz – 203, 266, 274
Santo Agostinho – 73, 284
Santos – 62, 119, 124, 148, 149, 179, 205, 273, 345, 401
São Luís – 133, 179, 200, 205, 262, 277, 278, 280, 368
São Paulo – 17, 22, 25, 44, 35, 77, 83, 88, 104-107, 141, 148, 149, 179, 203, 213, 226, 233, 277, 300, 305, 315, 320, 321, 331, 332, 341, 342, 345, 357, 360, 361, 367, 368, 369, 370, 373, 375, 390
São Tomás de Aquino – 73, 117, 254, 256, 284
Sarney – 229, 245, 376
Século XIX – 134, 140, 142, 146, 155, 161, 193, 204, 207, 210, 217, 243, 266, 274, 285, 286, 294, 297, 298, 309, 310, 324, 325, 355, 356, 358
Século XVI – 106, 114, 140, 179, 268, 274, 276, 330
Século XVII – 98, 106, 109, 111, 116, 133, 140, 266, 268, 278, 282, 285
Século XVIII – 64, 98, 199, 256, 271, 272, 283
Século XX – 32, 104, 118, 121, 129, 134, 195, 209, 211, 319, 324, 339, 377
Semana de Arte Moderna – 212, 213, 321, 374
Semisservil – 144, 127, 128, 135
Senhores de engenho – 58, 99, 100, 114, 116, 118, 199, 201, 267, 284, 328
Sérgio Buarque de Holanda – 20, 58, 86, 325, 328, 341, 382
Seridó – 202
Servil – 18, 142, 275, 280, 314, 350
Servo – 23
Sexo – 159, 271, 323
Sexual – 22, 64, 111, 115, 126, 148, 179, 267, 275
Sílvio Romero – 209, 210, 298, 300, 302, 313, 322
Sistema – 19, 31, 51, 53, 77, 79, 82, 83, 94-96, 98, 102, 104, 113, 126, 129, 130, 135, 139, 145-147, 150, 152, 157, 169, 187, 191-196, 214, 222, 223, 230, 240, 241, 252, 256, 257, 281, 282, 284, 294, 295, 300, 304, 307, 308, 313, 340, 341, 344, 348, 351, 360, 361, 364, 376, 377, 379, 380, 386, 393
Socialismo, socialista – 219, 231, 239, 313, 338, 344, 349, 351
Sociedade – 17, 23, 25, 32, 37, 41, 47, 49, 51, 53, 57, 58, 62, 69, 71, 73, 76, 78, 80, 85, 89, 93, 104, 107, 111, 115, 117, 123, 125, 126, 132, 133, 138, 141, 145, 149, 153, 155, 157, 159,

170, 178, 182, 187-190, 192-199, 201, 211, 215, 216, 218, 220, 222, 224, 230, 231, 242, 245, 246, 251, 254, 255, 258, 260, 261, 275, 276, 278, 281, 287, 293-295, 305, 307, 308, 314, 322, 324, 325, 328, 329, 332, 333, 337, 350, 352, 354, 358, 360, 362, 364-366, 368, 373, 377-381, 387, 391-399

Sócrates – 73, 234, 235, 238, 244, 247, 248, 257

Sofismo, sofista – 238

Solidariedade – 36, 58, 65, 83, 84, 107, 123, 143, 150, 155, 196, 245, 329, 367, 381, 391, 395

SPI – 134, 305, 361

Stefan Zweig – 34, 222, 331

Suborno – 48, 50, 81

T

Tapajós – 272

Tecnologia – 30, 51-55, 62, 143, 146, 187, 188, 190-192, 194-197, 199, 221, 222, 226, 251, 253, 257, 260, 262, 286, 294, 299, 335, 377, 389, 396

Temer – 38

Thomas More – 221

Tobias Barreto – 209, 298

Tocantins – 161-163, 273

Tráfico negreiro – 110, 205, 289

Tráfico – 83, 100, 109, 110, 182-184, 205, 289

Tratado de Madri – 114

Tridentino – 96, 117, 120, 313

U

Umbanda – 121, 356

União Soviética – 214, 215, 328, 331, 334, 337, 338

Universidade – 21, 50, 132, 150, 176, 188, 191, 215, 219, 223, 224, 225, 245, 252, 259, 311, 324, 325, 338-341, 348, 361, 362, 364, 370, 375

USP – 341-345, 323, 325, 326, 333

Utopia, utopismo, utópico – 16, 20, 35, 214, 215, 331, 358, 364, 366, 368, 370, 381, 397, 399

V

Vaticano – 117, 120, 284

Velha República – 312, 316

Vendedor – 83, 151

Verdade – 247, 252, 284, 285, 317, 321, 324, 329, 349, 353, 359, 381

Victor Nunes Leal – 348, 349

Vila – 134, 171, 179, 332, 348, 375

Vilém Flusser – 22, 34, 331, 344, 345, 357, 368, 370, 380-383, 391, 397, 389, 402

Villa-Lobos – 356

Vira-latismo, vira-lata – 59, 60

Von Martius – 266, 267

W

Waldseemuller – 270

Wikipédia – 255

Wlademir Dias Pino – 359

Wright Mills – 189

X

Xerimbabo – 12, 19, 159, 164, 168, 169, 170, 174, 175, 176, 180, 181, 183, 184, 185

Impressão e acabamento

psi7 | book7